KB160846

조선후기 통신삼사의 국내활동

이 저서는 2019년 대한민국 교육부와 한국학중앙연구원(한국학진흥사업단)의
한국학총서 사업 지원을 받아 수행한 연구임(AKS-2019-KSS-1130012)

조선후기 통신삼사의 국내활동

임선빈

경인문화사

책을 내면서

　나는 그동안 조선시대 역사에 주된 관심을 지니고 공부해 왔지만, 통신사에 관한 연구는 나의 주 전공이 아니었다. 2018년에 방촌황희연구원의 의뢰를 받아 「기해사행 통신부사 황선의 관직생활」을 연구하여 발표한 것이 통신사에 관한 최초의 공부였다. 그런데 당시 이 글을 준비하면서 '조선통신사 기록물'이 2017년에 유네스코 세계기록유산으로 등재되면서 일반인의 통신사에 관한 관심이 높아졌고, 그동안 학계의 관련 연구성과도 많이 축적되었지만, 일본에 다녀온 통신사들의 국내에서의 활동에 대해서는 여전히 연구가 미흡하다는 사실을 알게 되었다. 조선시대 관료들의 삶에 대해 관심이 많았던 나로서는 이러한 학계의 연구성과가 아쉬웠다. 특히 조선후기 일본에 통신사로 다녀온 35명의 통신 삼사들은 당대 일본에 관한 최고의 전문가였다고 할 수 있을텐데, 이들에 대한 연구도 충분히 이루어지지 않았음을 보고 통신 삼사 연구에 관심을 갖게 되었다.

　조선후기 35명의 통신 삼사에 관한 연구를 본격적으로 해 보고 싶었다. 일본에 다녀온 통신사들은 조선후기 당대에 외국을 가장 오랜 기간 다녀온 인물들인데 그들의 경험이 당시 국내에서 어떻게 제대로 활용되었는지 그 성격과 한계를 밝힌다면, 21세기 국제화 시대를 살아가는 오늘날의 우리에게도 일정한 교훈과 시사점을 주지 않겠는가? 또한 조선후기 일본에 통신사가 파견되던 시기는 동아시아 삼국이 안정을 되찾으면서 평화적인 교류가 이루어졌던 시기이니, 이러한 시기에 통신사행의 주역이었던 통신 삼사의 구체적인 활동상 연구는 오늘날의 한·일간 외교에도 도움을 줄 것이 아니겠는가?

일본의 에도막부는 쇄국정치 시기이지만, 조선에 비해 이미 서양문물이 많이 들어와 있었으며, 이 시기 일본은 장기간 전쟁이 멈춘 평화기로 국내의 사회가 안정되고 문화는 번창하고 있었다. 이를 직접 목격하고 돌아온 사람들이 통신사였고, 그 가운데 통신삼사는 당대를 대표하는 지식인이었다. 사행 후 이들의 생각과 행동이 어떠했는지 살핌으로써 조선후기 사회를 이해하는데에도 도움이 될 것이다. 통신 삼사는 귀국 후에 중앙정치는 물론 지방의 목민관이나 관찰사 등으로 근무하면서 역량을 발휘한 경우도 많이 있다. 그러나 그동안 이들이 근무했던 고장에서조차도 오늘날에는 그들의 통신사 경력이 잘 알려져 있지 않다. 본 연구를 통해 통신 삼사의 경력과 국내활동이 확인될 경우, 향후 지방문화콘텐츠로도 적극 활용될 수 있을 것이라고 생각했다.

본 연구는 이와 같은 소박한 생각으로 시작한 것이다. 그리하여 2019년에 한국학진흥사업단의 저서지원사업 공모(연구기간 3년)에 응모하였는데, 덜컥 선정되었다. 당시 나의 관련 논문은 기해통신사행의 부사로 다녀온 황선에 대한 연구 단 한편 뿐이었다. 이후 3년간 부지런히 공부를 하면서 통신 삼사에 관한 연구를 진행했다. 당시 1년간은 한국학중앙연구원에 연구직으로 재직 중이었으나, 2년간은 한중연에서 정년퇴직한 후였기 때문에 다행히 연구에 많은 시간을 할애할 수 있었다. 그 결과물이 이번의 『조선후기 통신삼사의 국내활동』 출판서이다. 조선통신사에 관심을 갖고 연구할 기회를 마련해준 한국학진흥사업단에 감사한다.

연구를 시작하면서 나의 고향인 공주에 조선통신사충청남도연구회가 결성되어 있었고, 대학 은사이신 윤용혁 선생님께서 연구회의 회장으로 단체를 이끌고 있음을 확인했다. 연락을 드리자 반가워하시면서 이후 공주에서의 학술행사에 우선적으로 발표할 기회를 마련해 주었다. 이 책의 제4장에 실린 4편의 개별 인물에 관한 연구 가운데 3편(황신, 신유, 김이교에 관한 연구)은 연구 기간 중에 이렇게 발표한 후 학술지에 게재했던 글이다. 학술행사의 발표와 학술지 게재를 통해 검증받으면서 부족한 부분은 보완하고 연구의 깊이가 더해질 수 있어서 다행이다. 지면을 통해 감사를 드린다.

졸저를 경인한일관계연구총서로 발간할 수 있게 되어 영광이다. 도움을 주신 한정희 경인문화사 대표님과 손승철 강원대 명예교수님, 그리고 멋진 책으로 편집해 준 경인문화사 편집부의 김지선 실장을 비롯한 직원들에게도 감사드린다. 끝으로 퇴직 후에도 여전히 학문의 길을 걸을 수 있도록 배려해 주는 아내 박선영과 어려운 여건에서도 잘 자란 아들·딸(임준혁·임지수)에게도 항상 고맙다.

2024년 5월

임 선 빈

차 례

제1장

머리말

통신사(通信使)는 조선에서 일본 막부(幕府)의 장군(將軍, 쇼군)에게 보낸 공식 사절단을 일컫는다. 일본의 막부에서 조선으로 보낸 사절을 일본국왕 사(日本國王使), 조선에서 일본 막부에 보낸 사절을 통신사라 불렀다. 조선 의 국왕 사절단이 일본의 막부 장군에게 파견된 것은 조선전기 18회, 조선 후기 12회였다. 조선전기 18회의 사절 명칭은 통신관(通信官)·회례사(回禮 使)·보빙사(報聘使)·통신사 등 다양했으며, 통신사라는 이름으로 파견된 사 절은 8회였다. 임진전쟁 이후의 조선 정부는 덕천막부(德川幕府)에 12회의 사절단을 파견하였다. 국교 재개기에 파견된 세 차례 사절단의 명칭은 회답 겸쇄환사(回答兼刷還使)로서 전후 처리를 위한 과도기적 사행이었고, 1636년 (인조 14)에 이르러 통신사란 명칭이 부활하였다. 이후 1811년(순조 11)까 지 아홉 차례에 걸쳐 통신사란 명칭으로 파견되었다. 그런데 회답사와 통신 사는 모두 국서를 지참한 왕의 사절단이라는 점, 원역(員役)의 구성과 사행 노정 등 유사한 점이 많기 때문에 이를 합쳐서 12회의 통신사로 인정하고 있다.[1]

조선 후기 210여 년 동안 12회에 걸쳐 파견된 통신사행의 규모는 1607년 (선조 40) 정사 여우길(呂祐吉) 이하 504명, 1617년(광해군 9) 정사 오윤겸 (吳允謙) 이하 428명, 1624년(인조 2) 정사 정립(鄭岦) 이하 300명, 1636년 (인조 14) 정사 임광(任絖) 이하 475명, 1643년(인조 21) 정사 윤순지(尹順之) 이하 462명, 1655년(효종 6) 정사 조형(趙珩) 이하 488명, 1682년(숙종 8) 정 사 윤지완(尹趾完) 이하 475명, 1711년(숙종 37) 정사 조태억(趙泰億) 이하 500명, 1719년(숙종 45) 정사 홍치중(洪致中) 이하 479명, 1748년(영조 24)

---

1) 통신사의 개념에 대해서는 손승철, 「조선시대 '통신사' 개념의 재검토」, 『조선시대 사학보』 27, 5~32쪽, 2003 참조.

정사 홍계희(洪啓禧) 이하 475명, 1763년(영조 39) 정사 조엄(趙曮) 이하 472명, 1811년(순조 11) 정사 김이교(金履喬) 이하 336명이다. 300여 명에서 500여 명에 이르는 각 통신사행의 인적 구성은 삼사(정사·부사·종사관)를 비롯하여 제술관·역관·군관·양의(良醫)·사자관(寫字官)·의원·화원·서기(書記)·자제군관·별파진(別破陣)·전악(典樂)·이마(理馬)·소동(小童)·노자(奴子)·숙수, 취수(吹手)와 각종 기수(旗手)를 비롯한 악대 및 의장대 일행, 사공과 격군 등 다양한 수행원들로 이루어져 있었다.[2]

근세 동아시아 삼국은 조선 중국 일본 모두 해금체제하에 쇄국정책을 취하고 있었다. 일본의 에도[江戶] 막부는 16세기 중반에 유입된 그리스도교 및 남만문화의 강력한 보급과 확대에 위협을 느껴 17세기 중엽 쇄국체제를 수용했고, 이는 결국 다른 나라와의 외교관계 축소로 이어졌다. 정식 외교관계를 맺은 나라는 조선뿐이었다. 이 시기에는 정부간 공식적인 사절단의 왕래를 제외한 민간의 교류가 금지되었다. 이러한 상황하에서 조선의 통신사행과 부경사행은 동아시아를 관통하는 거의 유일한 정보 통로이자 문화교류의 파이프였다. 조선의 입장에서 통신사와 부경사(赴京使)가 획득한 외국의 지식, 정보, 학술, 문화가 어떻게 수용되고 상호 교차하였는가를 밝히는 것은 중요한 과제이다.[3]

조선후기 통신사행은 조선과 일본의 지식인들이 접촉할 수 있는 공식적인 통로였다. 일본인은 동래의 왜관까지 밖에 올 수 없었고, 54회 파견된 조선의 문위행(問慰行)은 비록 통신사에 비해 횟수는 많았지만 역관(譯官)을 중심으로 해 대마도에 가서 실무적 현안을 해결하는 사행이었다. 반면에 조

2) 통신사행의 인적 구성에 대해서는 심민정, 「조선후기 通信使 員役의 선발실태에 관한 연구」, 『한일관계사연구』 23, 73~121쪽, 2005.
3) 하우봉은 통신사에 대한 연구사 검토에서 통신사와 부경사를 통한 문화 교차가 서울에서 어떻게 이루어졌는지를 밝히는 것을 앞으로의 과제 가운데 하나로 제시하고 있다. 하우봉, 「통신사 연구의 현황과 과제」, 『비교일본학』 43, 1~20쪽, 2018. 15쪽.

선인으로서 일본의 수도인 에도까지 왕래하며 일본의 지식인들을 광범위하게 만나 교류하는 일은 통신사행원만이 가능했다. 조선후기 양국교류는 통신사행을 통해 이루어졌다고 해도 지나친 말이 아니다. 조선에서 일본에 관한 정확하고 상세한 정보를 입수하는 것 또한 통신사행을 통해서였다.

　이러한 통신사에 대해서는 그동안 한국과 일본에서 많은 연구가 이루어졌다. 또한 통신사 연구에 대한 연구사적 검토도 이훈(2001), 손승철(2002), 장순순(2005), 심민정(2007), 조광(2008), 이와가타 히사히코(2016), 하우봉(2018) 등에 의해서 비교적 자세히 다루어졌다.4) 이를 토대로 한국에서의 통신사 연구 현황을 살펴보면, 2000년까지는 127편이 확인된다. 이는 일본에서 2002년까지 381편의 연구성과가 있었음에 비교해 볼 때, 질적인 수준은 물론 양적인 측면에서도 저조하다. 그러나 2000년대 이후에는 한일간 연구의 역전현상이 나타나고 있다. 우선 2015년까지의 박사학위논문 30편 가운데 한국에서 18편이 발표되었으며, 일본에서 발표된 12편의 박사학위논문도 8인이 한국인이다. 일반논문도 일본은 100여 편에 미치지 못한 반면 한국에서는 300여 편 이상 발표되었으며, 일본에서 발표된 논문도 절반 정도는 한국인의 발표이다. 특히 최근에는 통신사 관련 기록물이 2017년에 세계기록유산으로 등재되면서 더욱 관심의 대상이 되고 있다. 향후 연구 성과는 더욱 축적될 것으로 예상된다.

　이와 같이 최근 통신사에 관한 연구가 활발하게 이루어지고 있으나, 연

---

4) 이훈, 「한국에 있어서의 한일교류사 연구와 과제」, 『일본학』 20, 143~168쪽, 2001; 손승철, 「조선시대 통신사연구의 회고와 전망」, 『한일관계사연구』 16, 41~59쪽, 2002; 장순순, 「통신사 연구의 현황과 과제」, 『한일역사공동연구보고서』 2, 105~35쪽, 2005; 심민정, 「조선후기 대외관계사 연구의 회고와 전망: 국내 대일관계 연구를 중심으로」, 『항도부산』 23, 291~325쪽, 2007; 조광, 「통신사에 관한 한국학계의 연구성과와 쟁점사항」, 『한일역사공동연구보고서』 2, 319~337쪽, 2008; 이와가타 히사히코, 「조선통신사 연구에 대한 비판적 검토와 제안」, 『지역과역사』 38, 105~132쪽, 2016; 하우봉, 「통신사 연구의 현황과 과제」, 『비교일본학』 43, 1~20쪽, 2018.

구 주제는 여전히 편향되어 있다. 문화교류에 너무 치중되어 있고, 역사나 정치외교사적 연구가 부족하다. 조선이 왜, 어떤 의도로 통신사를 파견했는지, 국내에서의 준비와 생각, 행사, 의례, 통신사제 개혁, 귀국 후의 활동과 영향 등에 대한 문제의 본격적인 접근이 매우 부족함이 지적되고 있다.[5)]

조선후기 수백 명에 달하는 통신사 역원들이 12차례나 일본에 다녀왔다면[연인원 5,357명], 그들이 일본의 이국적인 환경과 문화를 체험한 이후 국내에 돌아온 후의 활동도 주목해 보아야 할 것이다. 특히 통신삼사와 제술관 등은 당대 양반관료사회에서 문관 양반의 신분이었으며, 유력한 지배층이었다. 그들은 통신사행을 수행한 이후에도 국내에서 중요한 정치적 역량을 발휘하고 있었으며, 학술적 문화적 활동도 활발했다. 당대의 사회에서 일본에 관한 한 일종의 '오피니언 리더'라고도 할 수 있다. 따라서 이들의 귀국 후의 국내활동은 더욱 주목할 필요가 있다. 그러나 이에 대해서는 연구가 거의 이루어지지 않았다.

조선후기 35명의 통신삼사 가운데 경섬, 오윤겸, 박재, 신계영, 김세렴, 윤순지, 조경, 신유, 조형, 남용익, 윤지완, 조태억, 임수간, 황선, 홍계희, 조명채, 조엄 등에 관한 인물 연구가 확인된다. 그러나 이들에 관한 연구도 주로 사행록이나 문학적 측면을 다룬 연구가 많고, 이들의 통신사행 경험을 국내의 정치 문화적 활동과 연계하여 다룬 경우는 김세렴, 남용익, 윤지완, 황선, 조엄 등 소수의 인물 외에는 찾기 어렵다.

본 연구는 조선후기 12회에 걸친 통신사행에서 정사 부사 종사관의 직무를 띠고 일본에 다녀온 통신삼사 35명의 국내활동에 대해 살펴 보았다. 이들의 일본 통신사 업무수행이 국내 정치활동에 어떠한 영향을 미쳤는지 그들의 관력(官歷)과 외교활동을 중심으로 살펴보았다. 나아가 이와 같은 통신사행 경험의 의미와 한계에 대해 논하였다. 이는 통신삼사 개인의 인물

---

5) 하우봉은 통신사연구의 앞으로의 과제 4가지 중 하나로 주제의 편향성을 제시하고 있다. 하우봉, 앞의 논문(2018), 16쪽.

이해는 물론, 조선후기 사회의 성격을 이해하는 데에도 도움이 될 것이다.

조선후기 통신사 일행은 창덕궁에서 국왕의 어명을 받은 후, 일본 쇼군[將軍]에게 보내는 국서와 예물을 소지하고 한양을 출발하였다. 부산에 이르러 해상운항에 적합한 날씨를 기다린 후, 쓰시마(対馬)에서 마중 나온 영빙참판사(일명 통신사호행차왜)의 안내를 받으며 배를 타고 쓰시마에 착륙했다. 그리고 다시 제반 준비를 갖추어 에도(江戶, 현재의 도쿄)를 향하여 머나먼 길을 떠났다. 쓰시마에서 오사카까지는 해로를, 오사카에서 에도까지는 육로를 이용했다. 에도에 가서는 쇼군을 알현하여 조선 국왕의 국서를 전달하고 쇼군의 회답서를 받은 뒤 다시 갔던 길을 한양까지 되돌아와 국왕에게 복명하면서 임무를 마쳤다. 대마역지통신의 제12차 통신사행을 제외한 11회는 에도까지 다녀왔으며, 사행 기간은 평균 9개월이나 걸렸다.

본 연구는 이상의 조선후기 통신사행에 참여한 삼사 35명을 주된 연구대상으로 하였다. 연구를 수행하는 방법으로는 문헌자료의 분석을 위주로 하였다. 당초에는 현지조사 및 답사(국내, 일본)를 병행할 예정이었으나, 연구를 진행하는 시기에 코로나19가 창궐한 상황으로 인해 현지 답사는 제대로 수행하지 못하고 추후의 과제로 미루었다. 통신삼사의 국내활동에 대해서는 통신사 행위에 대한 자료만이 아니라, 국내의 정치적 사회적 문화적 관련 자료의 수집과 활용이 필요하다. 이 점에서 관찬자료, 연대기자료, 문집자료, 고문서자료 등도 활용가치가 있다. 통신사행원이 직접 남긴 사행록과 삼사의 국내활동을 살피기 위해 문집과 고문서류, 관찬자료를 함께 활용하였다.

본 연구의 궁극적 목적은 통신사 경험이 조선후기의 국정에 어떻게 반영되었고, 사회문화적 활동으로 나타났는가에 대해 구체적인 상황을 확인하고, 그 성격과 한계에 대해 살피는 것이었다. 통신사의 일본 사행 수행이 조선후기 당대로서는 매우 긴 기간의 해외 체류 경험이었다. 조선후기 중국에 다녀오는 연행사는 사행기간이 5개월[북경 체류기간 60일 이내] 내외였다.

그러나 통신사의 사행기간은 짧게는 5개월(1617년), 길면 1년이나 걸렸다. 1763년 계미통신사의 사행은 8월 3일에 출발하여 이듬해 7월 8일에 복명하였으니, 11개월 5일이나 걸리는 긴 노정이었다. 그러함에도 불구하고 그동안 연행사의 귀국 후 활동에 비해 통신사의 그것은 관심대상이 되지 못했다.

조선후기 통신사의 해외 경험이 당대의 사회에 어떠한 영향을 미쳤는가? 그들의 귀국 후 국내활동은 어떠한 의미를 지니는가? 일본에서의 견문이 국내활동에 어떻게 반영되었는가? 등은 충분한 호기심의 대상이다. 일본에서의 체류가 선진국 경험까지는 아니지만, 이색적인 경험인 것은 분명하다. 이러한 경험으로 그들의 세계관, 인생관이나 사고방식에 변화가 초래되지는 않았을까?

통신사행의 인원이 300명 내지 500명에 달하기 때문에 함께 다녀온 역관을 비롯한 기타 수행원들에게도 통신사행은 영향을 미쳤을 것이다. 그러나 하위 직급의 통신사 원역들의 경우에는 일부 제술관을 제외하고는 충분한 자료가 남아 있지 않아서 이를 살피기에 한계가 있다. 반면에 통신삼사의 경우에는 귀국 후에도 활발한 정치활동을 했을 뿐만 아니라, 외교활동과 사회문화적 활동도 주목된다. 또한 이들은 모두가 유교지식인이었기 때문에 남긴 기록물도 많다. 따라서 본 취지의 연구가 가능하다. 그리하여 우선 통신삼사의 국내활동을 주목해 보았다.

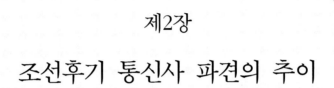

제2장

조선후기 통신사 파견의 추이

1. 1607년의 회답겸쇄환사 [정묘통신사]

- 통신삼사: 정사 여우길(呂祐吉), 부사 경섬(慶暹), 종사관 정호관(丁好寬)
- 조선국왕: 선조(宣祖, 재위 1567~1608)
- 일본쇼군: 도쿠가와 히데타다(德川秀忠, 재위 1605~1623)
- 대마도주: 소 요시토시(宗義智[平義智], 재위 1588~1615)

　7년간에 걸친 전쟁이 1598년 12월에 종결된 지 8년 남짓 지난 1607년 1월 조선은 일본에 회답겸쇄환사를 파견했다. 조선과 일본은 전쟁이 끝나고 10년도 지나지 않아 국교를 재개했다. 여기에는 조선과 일본 양국의 당시 복잡한 국내 상황이 배경으로 작용했다. 조선은 일본과의 적대관계를 완전히 종결하여 민심을 안정시키고 일본에 포로로 끌려간 피로인을 쇄환해야 할 현실적인 고민이 있었고, 일본에서 새로 집권한 도쿠가와 이에야스(德川家康)의 에도(江戶)막부는 조선과 국교를 맺은 뒤 새로 동아시아 국제관계에 참여하고자 하는 목적이 있었다. 특히 에도정권의 반대 진영에 참여했던 대마도주는 대마도번의 재정부활과 도쿠가와 정권의 신임을 얻기 위해 조선과의 통교가 급선무였다.

　대마도주는 전쟁이 끝난 직후인 1599년(선조 32)부터 조선에 여러 차례 사자(使者)를 파견하여 화호를 청했다. 또한 올 때마다 임진왜란 당시 포로로 잡혀간 조선인을 동반하여 왔다. 조선은 수차례에 걸친 일본의 화호 요청 사실을 명(明)에 알리는 한편, 1600년 6월에는 드디어 동래부에 살고 있는 군관(軍官) 군공정(軍功正) 김달(金達), 교생(校生, 군공참봉) 박희근(朴希

根), 통사(通事) 이희만(李希萬) 등을 각별히 간택하여 서계(書契)에 대한 예조(禮曹)의 회답을 가지고 대마도에 다녀오도록 했다.[6] 이것이 조선측에서 통교 의사를 밝힌 최초의 일이었다.

1600년 8월에는 조선에 와 있던 명나라군도 완전히 철수하고, 같은 해 일본에서는 세키가하라전쟁[關が原の戰]으로 도쿠가와 이에야스가 정권을 완전히 장악하게 되었다. 이후의 강화교섭은 조일 양측 모두 적극적인 자세로 진척시켜 나갔다. 교섭 방법은 일본 측이 대마도주를 통하거나 혹은 대마도주가 독단적으로 사신을 파견했을 때에는 부산포 왜관에서 조선 측이 접대하는 방식으로 이루어졌고, 조선 측에서도 정식으로 대마도에 사신을 파견하여 상대국의 정세를 탐색하고 교섭을 진행시켰다.

1601년 6월에는 왜인 10명이 일본국의 강화문서(講和文書) 2건(件)과 우리 나라 사람으로 포로가 된 남녀 2백 50명 및 전 현감 남충원(南忠元)을 데리고 3척의 배를 타고와 부산(釜山)에 정박하였다. 평의지·평조신·정성 등이 보낸 강화문서는 수신처가 조선의 예조로, 강화하자는 청을 거듭 밝힌 것이었다[7] 조정에서는 이를 막중한 일로 인식하여 비변사 단독으로 결정하지 못하고, 대신 및 2품 이상의 관원이 모여 각자 헌의하였다. 『선조실록』에는 42명의 각자 개진한 의견이 자세히 수록되어 있다.[8]

1602년 1월에는 동래 소모진(東萊召募陣)의 천총(千摠) 전계신(全繼信)으로 하여금 손문욱(孫文彧)과 사역원 정(司譯院正) 김효순(金孝舜) 등과 함께 유정(惟政)의 서신을 가지고 가서 평조신에게 전달하면서 대마도를 정탐하고 강화 제의 여부를 확인하도록 했다.[9] 이후 서계를 지참한 대마도주는 적극

---

6) 『선조실록』 권126, 선조 33년 6월 15일(병술). 대마도에 다녀온 후, 김달은 당상으로 陞品되고 박희근은 奉事로 승서되었다. 그러나 일행의 하인들에게는 별다른 논상이 없었다[『선조실록』 권207, 선조 40년 1월 14일(무인)].

7) 『선조실록』 권138, 선조 34년 6월 28일(갑오), 『선조실록』 권139, 선조 34년 7월 2일(정유).

8) 『선조실록』 권139, 선조 34년 7월 4일(기해).

적으로 조선에 교섭을 요청했다.[10] 특히 통신사라는 이름으로 덕천가강이
있는 곳까지 사신을 파견하기를 요구했다.[11] 1603년 2월 덕천가강이 정이
대장군(征夷大將軍) 직위에 올라 강호막부를 열자, 일본 측의 강화교섭 요구
는 부산에서 종래와 같이 통상무역을 할 수 있도록 개시(開市)를 허가하는
것뿐만 아니라, 정식 통신사 파견 요청으로 확대되었다.[12] 그러나 별 진전
이 없다가 1604년(선조 37) 8월 조선에서 일본의 국내 사정을 정탐하기 위
해 승려 유정(惟政)과 손문욱(孫文彧)을 탐적사(探賊使)로 대마도에 파견하면
서 상황은 급변하였다. 이들 탐적사가 휴대한 서계에는 대마도민의 왜관교
역을 허락한 내용이 실려 있었다. 탐적사 일행은 대마도주의 안내로 12월에
는 경도(京都, 교토)에서 덕천가강과 덕천수충(德川秀忠, 도쿠가와 히데타다)
을 만났다.[13] 탐적사는 국교재개에 관한 막부의 진의와 정세를 정탐하고,
이듬해 4월 귀국했다. 탐적사의 귀국을 전후로 해서 1390명 정도의 피로인
이 송환됨으로써 양국의 신뢰 관계는 훨씬 진전되었다.[14]

　조정에서는 일본과의 국교 회복 문제에 많은 논쟁도 있었으나, 점차 긍
정적으로 검토하기 시작하면서 통신사 파견에 대해서도 본격적인 논의가

---

9)『선조실록』권144, 선조 34년 12월 29일(임진),『선조실록』권145, 선조 35년 1월
　17일(경술). 당상 전계신은 특명으로 인해 僉知에 제수되었고, 손문욱은 그때의 승전
　으로 갑진년에 당상으로 승품되었고, 김효순은 그때의 승전으로 을사년에 당상으로
　승품되었으며, 일행의 하인들에게는 본도에서 각기 1년씩 復戶하게 했다.『선조실록』
　권207, 선조 40년 1월 14일(무인).
10)『선조실록』권150, 선조 35년 5월 4일(을축).『선조실록』권152, 선조 35년 7월 20
　일(기묘).
11)『선조실록』권157, 선조 35년 12월 5일(임진).
12)『선조실록』권172, 선조 37년 3월 5일(을묘).
13) 덕천수충은 1605년 2월 24일 수행하는 무리 100,000여 명을 이끌고 3월 21일 경도
　에 상경하였으며, 4월 7일 덕천가강으로부터 장군 직위를 물려받아 막부의 2대 장
　군이 되었으며, 1606년 새롭게 조영된 江戶城으로 옮겼다.
14) 손승철,「송운대사(사명당) 대일사행의 외교사적 의미」,『조선통신사, 타자와의 소
　통』, 215~233쪽 참조.

이루어지기 시작했다. 그러나 문제는 여전히 존재하였다. 덕천가강 명의로
된 공식적인 서계 한 장 없이 국교를 재개할 수는 없었다. 1606년 4월에는
비변사의 비밀 계사를 가지고 2품이상의 관원을 부르도록 명하여 의견을
모았다.[15] 31명이 참여하여 찬반론이 극심하였으나, 현실적인 실리를 챙기
자는 의견도 제기되었다. 비변사에서 조정의 의논을 널리 수합한 것으로 복
계(覆啓)하자, 선조는 '나의 뜻은 전에 이미 말하였다. 비변사에서 의논하여
처리하라.'고 전교했으며, 이에 대한 비변사의 논의 결과는 통신사(通信使)
라는 명칭을 쓰지 않고 보낸다면 일본을 왕래한다 하더라도 안 될 것이 없
다는 입장을 제시하였다.[16]

조선은 대마도를 통해 도쿠가와 정권에 강화교섭의 전제로 2가지 조건을
제시하였다. 하나는 덕천가강 명의의 국서를 보내라는 것이었고, 다른 하나
는 전쟁 중에 선릉(宣陵, 성종의 능)과 정릉(靖陵, 중종의 능)을 도굴한 도적
을 잡아 보내라는 것이었다. 덕천가강의 국서를 보내라는 것은 일본이 임진
왜란의 침략 행위를 사죄하지 않으면 강화 요청에 응할 수 없다는 강한 의
지를 나타낸 것이다. 동시에 왜란 이후 일본 국내사정에 대한 정확한 정보
확인과 일본의 최고 통치권자와 조선 왕이 교류한다는 기본 원칙에 충실하
였기 때문이라고 할 수 있다. 도굴범의 송환은 능을 도굴한 행위가 개인적
인 범죄가 아니라 조선이라는 국가를 범한 것으로 보고, 이에 대한 응징이
라는 의미를 갖고 있는 것이다. 조선은 왕릉의 도굴로 일그러진 국가의 체
면을 다시 세우고자 했다.

일본측 대응은 처음에는 냉담했다. 최후의 담판을 짓기 위해 전계신 일
행은 1606년(선조 39) 8월 대마도로 건너갔다. 그런데 불과 1개월 만에 국
서의 초안이 도착하고, 곧이어 대마도인 2명이 압송되어 왔다. 조정에서는
예상보다 빠르게 이루어진 것에 대해 의심을 하면서 논란이 거듭되었지만,

---

15) 『선조실록』 권198, 선조 39년 4월 5일(계묘).
16) 『선조실록』 권198, 선조 39년 4월 16일(갑인).

조선으로서는 명분과 실리에서 유리한 결과를 얻었기 때문에 일본과의 강화를 계획하고 사절의 파견과 왜관의 신축을 결정하였다.

그런데 조선에서 파견한 사절단의 명칭은 일본이 요구한 '통신사'가 아니었다. 조정에서는 일본을 믿을 수 없기 때문에 '통신(通信)'이라는 칭호는 사용할 수 없고, '통유사(通諭使)'로 하자는 제안도 있었고,[17] 일본에서 먼저 글을 보내어 오고 우리는 회답하는 것이므로 회유사(回諭使)라 칭하는 것이 체모에 맞을 듯하다는 의견도 있었으나, 선조는 회답사(回答使)라 칭하자고 하였다.[18] 그러나 회답사가 출발한 이후 선조는 승정원에 비망기를 내려 다시 사신의 명칭에 대해 다음과 같이 재론한다.

군주는 백성에게 부모의 도리가 있다. 백성들이 오랑캐에게 잡혀가 예의를 아는 나라의 백성들로서 장차 오랑캐 나라의 백성이 되게 되었으니 슬프지 않을 수 있겠는가. 전날 회답사에게 그곳에 이르러서 쇄환에 관한 일을 스스로 주선해 보도록 허락했으나, 이 말은 허술한 듯하여 그가 능히 쇄환해 올 것인지를 기약하지 못하겠다. 또 회답사를 보내면서 마땅한 명칭이 없는 것도 마음에 걸린다. 이제 위에서 보내거나 혹 예조에게 글을 보내게 하여 곧장 의리에 의거, 우리나라의 포로를 모두 쇄환시켜 두 나라의 우호를 다지게 하라고 하여 한 번 그들의 뜻을 떠보는 것이 마땅하다. 사신의 칭호를 포로로 잡혀간 사람들을 쇄환하는 것으로 명분을 삼을 경우 그 호칭을 회답쇄환사라고 하는 것도 한 계책일 것이다.[19]

그러나 바로 그날 선조는 다시 다음과 같은 비망기를 내렸다.

전부터 일본을 왕래하는 사신은 통신사라 칭해 왔고 회답사란 호칭은 없었다. 이번에도 그 명칭을 생각해보다 적당한 명칭이 없어서 부득이 회

---

17) 『선조실록』 권202, 선조 39년 8월 23일(기미).
18) 『선조실록』 권203, 선조 39년 9월 7일(계유).
19) 『선조실록』 권207, 선조 40년 1월 4일(무진).

답사라 칭했다. 만일 쇄환사로 부르기로 한다면 회답(回答) 두 글자는 지워
버려라. 서계 가운데에는 먼저 그들의 정성스런 뜻에 대해 답하고 인해서
사리를 들어 말하여 붙잡아간 우리 백성의 쇄환을 청해야 할 것이다. '우리
백성은 바로 천자의 적자(赤子)이니 고국으로 쇄환시켜 각기 그들의 생업에
편안히 종사케 하는 것이 진실로 교린의 도리이다.'라는 내용으로 만든다
면 사리에도 편할 것이다. 또 회답사와 쇄환사 가운데 왜적들이 만일 따져
묻기를 '전부터 통신사로 호칭하였는데 지금은 왜 통신이라 호칭하지 않고
다른 호칭을 사용했는가? 이는 반드시 뜻이 있는 것이다. 통신하고 싶지 않
아서 다른 핑계를 대어 우리를 시험하는 것은 아닌가?' 하면서 이로 인해 힐
문해 온다면 어떻게 할 것인가. 이에 대해서도 미리 말을 만들어 대비해야 할
것이다. 아울러 의논하여 조처하도록 비변사에 말하라.[20]

비변사에서는 이에 대한 논의 결과를 다음과 같이 아뢰었다.

　　삼가 전후 성교(聖教)를 보건대 사신의 행차에 우리 나라 피로인(被擄人)들
을 모두 쇄환코자 한다 하였습니다. 무릇 이를 보고 듣는 자로서 누군들 감
격치 않겠습니까. 구구하게 이런 거조를 하는 것은 백성을 위해 굽히는 것
이니, 사신의 명호를 회답 겸 쇄환사(回答兼刷還使)라고 칭하고 중국 조정에
주문(奏文)할 때에도 이러한 뜻을 언급하는 것이 마땅하겠습니다.[21]

위 기사는 『선조실록』에는 누락되어 있던 것으로 『선조수정실록』에 실
려 있는 것이다. 선조도 이와 같은 비변사의 계를 따름으로써, 결국 임란 후
일본에 파견되는 사신의 정식 명칭은 임진왜란 당시 잡혀간 피로인을 귀환
시킨다는 의미까지 담아 '회답겸쇄환사'로 정해졌다.[22]
　사신의 선발은 어떻게 할 것인가? 일찍이 1606년 9월에 대신들이 의논하

---

20) 『선조실록』 권207, 선조 40년 1월 4일(무진).
21) 『선조수정실록』 권41, 선조 40년 1월 1일(을축) 3번째기사.
22) 1607년의 회답겸쇄환사 파견에 대해서는 김문자, 「임진왜란 이후 조·일간의 국내
　　사정과 통신사 파견; 회답겸쇄환사 파견을 중심으로」, 『항도부산』 38, 2019 참조.

여 사신 후보자 삼망(三望)을 의망했는데, 선조는 시종(侍從) 중에서 이름난 사람을 의망해야 할 것이라는 기준을 직접 제시하기도 했다.[23] 그러나 일본측에서 요구하는 것이 있으면 반드시 잘 응변(應變)해야 후환(後患)이 없을 것이므로 오로지 계려(計慮)가 있는 자를 뽑아서 비망(備望)하였다는 이조의 기준이 받아들여져, 통신정사는 여우길(呂祐吉, 1567~1632)로 정해졌다.[24] 여우길은 1596년 사신의 일행으로 명나라에 다녀온 경험이 있으며, 1604년에는 동 유격(董遊擊)의 접반관(接伴官) 업무도 수행했으니, 국제감각과 임기응변에 능한 인물이라고 하겠다. 그런데 회답사의 정사로 선발되었을 때 여우길의 직책은 서반의 직명인 첨지(僉知)였으므로 가함(假銜)을 받았다. 다른 나라에 사명을 받들고 가기 때문에 부절(符節)도 지급받았다.[25] 부사는 홍문관 교리 경섬(慶暹, 1562~1620)으로 정해졌다. 그도 1598년(선조 31) 진주사(陳奏使) 최천건(崔天健)의 서장관(書狀官)으로 명나라에 다녀온 경력이 있었다. 종사관은 정호관(丁好寬, 1568~1618)이었다. 종사관의 칭호에 대해서는 논란이 있었다. 처음 종사관으로 계하되었으나, 당시 사행의 전례를 경인년의 예에서 찾았기 때문에 서장관으로 호칭할 것인가를 논의하다가 최종에는 종사관으로 결정하였다.[26] 그런데 서장관은 사헌부의 감찰을 겸대하지만, 종사관은 감찰을 겸대하지 않는다. 따라서 서장관과는 달리 종사관은 사행의 역원을 규검하는데 한계가 있었다. 그리하여 종사관에게는 별도의 사목을 만들어 주어 일행을 수검하는 책임을 전담토록 하였다.[27] 그러나 감찰을 겸대하지 않은 종사관의 파견으로 인해 일본 통신사

---

23) 『선조실록』 권203, 선조 39년 9월 15일(신사).

24) 『선조실록』 권203, 선조 39년 9월 16일(임오).

25) 『선조실록』 권206, 선조 39년 12월 20일(갑인).

26) 『선조실록』 권206, 선조 39년 12월 8일(임인), 『선조실록』 권206, 선조 39년 12월 12일(병오), 『선조실록』 권206, 선조 39년 12월 16일(경술).

27) 『선조실록』 권206, 선조 39년 12월 22일(병진), 『선조실록』 권206, 선조 39년 12월 23일(정사).

행 역원의 잠상(潛商) 등 위법행위에 대한 규검은 이후의 통신사 파견에서
도 끊임없이 논란이 되었다.

임진왜란을 직접 체험한 선조의 입장에서는 일본과의 통교에 신중을 기
할 수밖에 없었다. 선조는 사신이 출발하기 달포 전부터 사신이 일본에서
어떻게 응대해야 할지에 대해서도 예상 질문과 답변까지 준비하여 철저히
연습하도록 지시하였다. 선조는 1606년 11월 비망기로 직접 다음과 같이
지시했다.

> 회답사(回答使)가 갔을 때 왜적들이 묻는 말이 있거나 혹은 협박하는 일
> 이 있을 때는 대답에 마땅함을 잃어서는 안된다. 중대한 일이니 말을 잘해
> 서 좋은 내용으로 응대한다면 전쟁을 하지 않고도 남의 군대를 굴복시킬
> 수 있는 것이다. 한 번 말을 주고받는 가운데도 국체(國體)의 경중이 달려
> 있는 것으로, 응대할 때에 혹시 조금이라도 실언하면 모욕과 수치를 당하
> 는 데 그칠 뿐만이 아니니 삼가지 않을 수 있겠는가. 이제 다음과 같이 조
> 목을 열거하니 비변사는 조목에 따라 말을 만들어 지시해 줌으로써 뜻밖
> 의 일에 대비토록 하라. 이 밖에 비변사에서 할 말이 있으면 함께 지시해
> 주라.[28]

이에 대해 비변사는 선조가 직접 내린 문목 11조목에 대한 답변을 준비
했다. 다소 장황하지만, 이를 문답형식으로 제시하면 다음과 같다.[29]

> 문: 우리 일본의 힘을 귀국에 가한 것은 바로 질풍이 낙엽을 쓰는 것과
> 같아서 귀국의 산천과 토지가 이미 우리의 소유가 되었었다. 그런데
> 우리들이 서울을 도로 돌려주고 군사를 거두어 바다를 건너 돌아왔
> 던 것은 귀국의 위력을 두려워해서도 아니고 천병(天兵)에게 쫓겨서

---

28) 『선조실록』 권205, 선조 39년 11월 9일(갑술).
29) 『선조실록』 권205, 선조 39년 11월 9일(갑술). '문'은 선조가 내린 조목이고, '답'
   은 비변사에서 준비한 것이다.

도 아니었다. 일본과 조선은 형제의 나라로 1백 년 전 옛날의 우호
를 생각해서 귀국의 사직을 보전하게 하려고 해서일 뿐이다. 이것은
우리가 귀국에게 큰 덕을 베푼 것인데도 귀국에서는 아직까지 한 번
도 치사하지 않았으니 이것이 무슨 예의인가?

답: 우리 나라가 일본에 대해서 화목한 우호관계를 도모해 온 지 오래되
었다. 그런데 뜻하지 않게 임진년에 수길(秀吉)이 까닭없이 군대를
출동시켜 우리의 무방비를 틈타 곧장 쳐들어와서는 백성들을 도살
하고 선릉(先陵)에까지 욕을 보였으니, 이웃 나라의 도리에 있어 어
찌 이럴 수가 있는가. 다행히 중국과 매우 가까운 덕분에 중국에서
군사를 보내 구원하여 우리의 강토를 찾아 주었다. 이 뒤로 우리 나
라는 귀국을 원수처럼 여겨 왔는데 원수의 나라에 어찌 사신을 보내
어 먼저 사례할 수가 있겠는가. 깊은 원수를 갚지 못하여 마음 속에
지극한 통분이 남아 있으니 두 왕자를 보내고 안 보낸 것은 생각할
겨를도 없었다. 대체로 양국에서 전쟁을 한다면 의당 곡직(曲直)을
가지고 승부를 내야지 하필 억지를 부릴 필요가 있겠는가?

문: 이왕의 일은 지금에 와서 따질 필요가 없다. 양국이 통호(通好)하고
사신이 왕래하여 옛날 진(秦)과 진(晉)처럼 화친하는 것이 바로 오늘
에 달렸으니, 묵은 감정을 버리고 새로운 일을 도모하는 것이 백성
을 위하는 계책이 될 것이다. 귀국에서는 의당 해마다 예폐금(禮幣金)
수천 냥과 비단 수천 필, 쌀 수천 석을 보내야 되고 왕자와 대신을
인질로 보내야 한다. 그렇지 않으면 후회해도 소용없을 것이다.

답: 새 관백(關伯)은 수길의 하던 짓을 모두 바꾸고 양국의 옛 우호를 닦
으려 하여 먼저 서장을 보내고 또 능침을 범한 적을 결박하여 보내
었다. 우리 나라도 새 관백의 덕의(德義)를 좋아하는 정성을 알았기
때문에 사신을 보내온 것이다. 그런데 지금 따르기 곤란한 세폐(歲幣)
와 인질을 청하면서 공갈하듯이 하고 있다. 그렇다면 평씨(平氏)와
다를 것이 어디 있는가. 할 짓이 아니라고 생각한다.

문: 교린(交隣)과 통호(通好)에 있어 피차간이 한 집안과 같은데 어찌 서로 시기하여 의심을 둘 수가 있겠는가. 옛날 일본이 왕래했던 도로는 웅천(熊川)·제포(薺浦)·부산(釜山)이었는데 그뒤 부산 한 길만 터놓았을 뿐이니, 이는 문을 막으려 한 것이다. 웅천·제포의 길을 막은 것이 임진년에 대병(大兵)이 곧바로 부산으로 쳐들어 가는 것을 막는 데에 무슨 도움이 되었는가. 지금부터는 세 길을 모두 열어서 왕래에 편리하게 하라.

답: 양국이 통호함에 있어 신의를 서로 미덥게 한다면 수레가 다닐 수 있는 일로(一路)라도 사신들이 마음대로 왕래할 수 있을 것이다. 웅천·제포의 길은 우리 선조(先祖) 때부터 막은 지 이미 오래되었으니 지금 다시 열기는 어렵다.

문: 일본 제진(諸鎭)의 거추(巨酋)들에게 구례대로 관직을 제수하라.

답: 자고로 이웃 나라와 통호함에 있어 임금이 서로 빙문(聘問)하는 것이 예의인 것이요 남의 신하와는 사사로운 교통이 없는 법인데 어찌 이웃 나라의 신하에게 관직을 제수할 수가 있겠는가. 지난해 일본이 혼란하여 통일되지 못하였으므로 제추(諸酋)들이 각기 전호(殿號)를 써서 사신을 보내 왕래하였으나 지금은 관백이 제도(諸島)를 통합하여 호령이 한 곳에서 나오고 있으니, 잘못된 규례를 그대로 따라 다시 전왜(殿倭)를 설치할 수는 없는 일이다. 이는 우리 나라가 허락할 수 없는 일일 뿐만 아니라 귀국에서도 통렬하게 혁파해야 될 일이다.

문: 대마도에 대해 옛날에는 쌀 2백 석씩을 주다가 중간에 1백 석으로 개정하였다. 이제 도주(島主)가 능침을 범한 적을 결박하여 바쳤으니 귀국에 큰 공이 있는 것이다. 의당 구례에 비추어 쌀 2백 석 외에 수백 석을 더 주어 공로에 보답하는 뜻을 보여야 할 것이다.

답: 임진년에 맹약(盟約)을 깨뜨린 것이 평수길(平秀吉)의 짓이라고는 하나 사실은 대마도의 왜가 향도(嚮導)하였던 것이다. 따라서 능침을 범한 적을 결박하여 바친 것은 겨우 속죄한 것일 뿐인데 무슨 공이 있다고 하겠는가. 그러나 우리 나라는 은총이 천지같이 깊고 도량이 하

해같이 넓어 이번 굴지정의 사행(使行)에도 예의로 대접하였고 상전(賞典)도 있었다. 세사미(歲賜米)에 대해서는 다시 조약을 강정한다면 혹 양급(量給)할 수도 있을 것이다.

문: 대마도에 관직을 제수하는 인원수도 구례(舊例)에 의거할 것은 물론, 이들 모두에게 높은 관직을 제수해야 될 것이다.

답: 대마도는 우리 국경과 가까워 왜인들이 전부터 우리 나라에 정성을 바쳐온 지 오래되었으므로 그 공에 따라 관직을 제수하여 공로에 보답하였던 것이다. 지금 비로소 왕래가 허락되었다고는 하지만 어찌 갑자기 관직의 제수를 의논할 수 있겠는가.

문: 일본이 천조(天朝)에 조공을 바치고자 하니 귀국은 의당 선도하여 진달해 줄 것은 물론, 귀국의 일로(一路)를 열어 왕래하게 해야 한다.

답: 조공을 바치는 일에 있어서는 천조에서 거절한 것이 아니라 일본 스스로 끊은 것이다. 왜냐하면 가정(嘉靖) 연간에 공을 바치러 갔던 왜인이 중원(中原)에서 작란을 하였으므로 물리쳐 왕래가 끊겼던 것이다. 지난해 책사(冊使)가 나왔던 것도 진실로 천조의 관대한 은전에서 나온 것이었는데, 전 관백이 책사를 거만스레 대접하였다. 이 때문에 천자(天子)가 진노하여 「일본은 믿기 어렵다.」 하고, 당초 동방의 일을 주장했던 사람인 석 상서(石尙書)와 심유경(沈惟敬) 같은 자를 감금하고 호되게 추궁하였기 때문에 이 뒤로부터 천조의 논의가 매우 준엄하였다. 이와 같은 일은 우리 나라로서는 황공스러워 감히 입도 열 수 없거니와 더구나 우리 나라에게 길을 열라는 말은 천조에서 더욱 금기(禁忌)하는 바이다. 그러니 절대로 이 조항은 다시 말하지 말고 반복해서 잘 분변하여 다른 의심이 생기지 않도록 하라.

문: 귀국에서는 늘 천병(天兵)이 나라 안에 가득하다고 하는데, 상세히는 모르겠지만 중국 장수는 누구누구고 진영은 어느어느 곳에 머물고 있으며 군사의 수는 얼마나 되는가? 또 귀국에서는 어떻게 접제(接濟)하고 있는지 상세히 들려주기 바란다.

답: 수년 전에는 천병이 온 나라에 가득하였었으나, 지금은 군문(軍門)·
제독(提督)·총병(總兵)·비어(備禦)·유격(遊擊) 등 큰 아문(衙門)은 평양(平
壤)의 서쪽으로 물러가 주둔하고 있는데, 수미(首尾)의 연결이 거의
천리나 되고 천하의 맹장(猛將)과 경졸(勁卒)이 모두 여기에 모여 있
다. 군량은 수륙(水陸)으로 운반하여 산처럼 쌓여 있고 군사들은 배
불리 먹고 즐기며 말은 말구유에서 뛰놀고 있다. 천조의 방비에 대
한 포치(布置)의 규모는 대략 이와 같으나 어느어느 장수가 어느 곳
에 주둔하는지와 군병의 다소에 대한 일은 군기(軍機)에 관계되는 것
이니 어찌 감히 경솔하게 말할 수 있겠는가.

문: 우리가 임진년에 종군(從軍)하여 귀국의 형세를 관찰하였다. 그런데
성(城)을 두고 말한다면 평지에다 주먹만한 돌을 쌓아서 모양이 제비
집과 같았고 법도 없이 넓고 크기만 하여 형용을 갖추지 못했기 때
문에 늙거나 병든 사람도 한 번에 뛰어오를 수 있었다. 기계(器械)를
두고 말한다면 군대는 규율이 없어 보기에 흰 양떼 같았고 우리의
대포 소리를 들으면 실성하여 달아나곤 하였는데 모르겠지만 이는
무엇 때문이었겠는가. 이는 귀국이 병서(兵書)는 알지 못하고 진부한
문자만 숭상하였기 때문에 그렇게 된 것이 아니겠는가. 그 설명을
들려주기 바란다.

답: 우리 나라는 태평을 누려 온 지 2백여 년만에 갑자기 병란을 당한
탓으로 변방을 지키던 장수들이 방어하지 못하였기 때문에 적병이
깊이 들어오게 되었으니, 진실로 통분한 일이었다. 그러나 옛날 월
왕(越王) 구천(句踐)은 전쟁을 치르고 남은 5천 명의 패잔병을 거느리
고 회계산(會稽山)에 들어가 머물렀으나 마침내 오(吳)에게 원수를 갚
았고, 전단(田單)은 즉묵(卽墨)의 작은 성으로도 제(齊)의 70여 성을 수
복하였다. 그러니 병세(兵勢)의 강약이나 한 때의 승패야 말할 것이
뭐 있겠는가. 임진년에 세성(歲星)이 우리 나라의 분야로 들어왔는데,
세성이 임한 것은 바로 복성(福星)이 임한 것이나 같다. 그래서 예로
부터 세성이 임한 나라를 침범하는 경우 처음에는 뜻을 이루었다 하
여 마침내는 반드시 자패(自敗)하고야 말았다. 수길(秀吉)도 세성을 범

하면서 우리 나라를 침범하였기 때문에 과연 자패하여 죽고 말았으
니, 천심(天心)의 소재를 알 수 있는 것이다. 그리고 요즈음 우리 나
라는 중흥(中興)의 운수가 돌아와서 천명(天命)이 이미 새로워져 사람
들의 마음이 화락하고 집집마다 용맹을 뽐내는 장정들이 있는가 하
면 사람마다 모두 적개심을 품고 있다. 성지(城池)의 높고 깊음과 기
계의 예리함과 용병(用兵)하여 승리하는 병법을 한결같이 당법(唐法)을
따르고 있으니, 역시 예전에 비할 바가 아니다.

이 외에 문목에 대한 답사 형식이 아니지만, 상황 변화에 따른 대처도 다
음과 같이 2조목이 제시되었다.

○ 상께서 '앞일이란 변동이 있게 마련이어서 미리 단정할 수 없는 것이
   다. 사신이 들어간 뒤 가강(家康)이 병으로 죽거나 일본에 전쟁이 있
   게 되거나 수뢰(秀賴)가 다시 일어나거나 사기(事機)가 변천되거나 하
   면, 사신의 진퇴를 어떻게 할 것인가?' 하셨는데, 천하의 일이란 변화
   가 무상한 것입니다. 사신이 들어간 뒤에 만약 사기가 변천되어 이같
   은 일이 있게 될 경우에 그것을 중간에서 듣고 알았다면 형세를 보아
   주선하여 대마도로 돌아와서 급속히 치계(馳啓)하고 나서 진퇴를 결정
   하는 것이 무방하겠습니다. 그리고 진퇴할 때에는 조용하게 조처하여
   사색(辭色)을 노출시키지 않는 것이 상책입니다.

○ 상께서 '포로로 잡혀가 일본에 있는 우리 나라 백성이 몇 천 몇 만
   명인지 모른다. 백성의 부모가 되어 이를 어찌 묵과할 수 있겠는가.
   회답사로 하여금 잘 말하도록 하거나 또는 예조로 하여금 일본의 집
   정관(執政官)에게 서장을 보내게 하거나 다른 대책을 세워서 남김없
   이 쇄환시키도록 하라. 슬프게도 나의 백성이 왜적에게 포로가 되어
   이역(異域)의 풍상을 겪은 지 이미 오래되었으니 고향을 그리워하는

그들의 마음이야 어떠하겠는가.' 하셨는데, 상께서 진념하시고 빠짐 없이 쇄환코자 하시니 이는 실로 백성의 부모된 마음이십니다. 사신이 그곳에 도착하면 형세를 보아 주선하여 모두 쇄환토록 하는 것이 마땅하겠습니다. 예조에서 이서(移書)하여 곧바로 청하는 것도 불가할 것이 없을 듯합니다마는, 바로 청하였다가 허가하지 않는다면 손해되는 일만 있게 될까 염려됩니다. 전에 송운(松雲)이 보제(普濟)의 심부름으로 그곳에 왕래하였는데 가강(家康)이 신임하는 중과 서로 아는 사이라 합니다. 중은 자비(慈悲)로 마음을 다스리니 송운의 편지를 그 중에게 보내어 도모하게 하면 허락해 줄 가망도 있을 것입니다.

이 외에 선조의 문목은 아니지만, 비변사에서도 나름대로 예상 질문과 답사를 다음과 같이 4조목이나 준비하였다.

> 문: 일본이 조선에 화친을 청한 지 오래인데 늘 천조를 핑계대면서 미룬 채 허락하지 않은 지가 벌써 5~6년이 되었다. 지금에야 사신이 들어왔는데 이는 천조에서 허락하여 들여보낸 것인가, 아니면 조선 스스로 보낸 것인가? 그 설명을 듣고자 한다.
> 답: 우리 나라가 천조에 대해 일본 사정에 관계되는 모든 일은 꼭 천조에 알린 뒤에야 해왔으니, 우리 나라가 어찌 스스로 보냈을 리가 있겠는가. 근래 일본이 정성을 바친다는 뜻을 가지고 천조에 주문(奏聞)한 뒤에 들어왔다.

> 문: 포로되었던 남녀를 전후로 쇄환시킨 것이 수천 명도 넘으니 일본은 조선에 대해 공로가 있다고 할 만하다. 그러나 투항한 왜인이 적지 않는데 쇄환된 사람이 없으니 이는 모두 죽여버린 때문인가, 아니면 살아 있으나 금지시키기 때문에 돌아오지 못하는 것인가? 요시라(要時羅)는 지금 어디 있는가? 그가 살았는지 죽었는지를 알고 싶다.
> 답: 당초 천조의 장수들이 각처에 진을 치고 주둔하였는데 그때 왜인 약

간 명이 항복하여 오니 천조 장수들이 일본의 사정을 물어보려고
모두 데리고 갔다. 요시라는 당시 천조 아문에 출입하였기 때문에
그들을 수행하여 천조로 들어갔는데 우리는 그 기별을 들었을 뿐
살았는지 죽었는지의 여부는 알 수 없다.

문: 이미 통화(通和)하였다면 양국은 연속으로 사신을 보내어 상호 통문
(通問)하는 것을 항식(恒式)으로 정하는 것이 마땅할 것 같다.
답: 전부터 양국이 통호하였더라도 사신의 왕래는 드물었다. 더구나 이
제는 반드시 천조에 물어본 뒤라야 왕래가 허용될 것이므로 사신의
연속 왕래는 못할 것이다.

문: 상선(商船)이 표류하여 귀국에 도착한 것을 쇄환하지도 않았을 뿐만
아니라 배에 탑승했던 사람을 모두 죽여버렸는데 무슨 까닭인지 모
르겠다.
답: 전부터 조약(條約)에 부산의 길로 통하지 않고 다른 곳에 표류하여
도착하는 자는 모두 도적으로 논단하게 되어 있다. 우리 변경을 경
유하는 왜의 상선들이 먼저 포를 쏘면서 항거하여 싸우려는 태도를
취하므로 우리 변장(邊將)들도 부득이 무기로 접전하게 되었고 따라
서 살상이 있게 된 것일 뿐이다.'고 해야 합니다.

선조는 비변사의 예상 문답도 윤허하였다. 다만, 부산의 길로 통하지 않
고 다른 곳에 표류하여 도착하는 자는 모두 적도로 논단한다는 것은 전부
터 있던 조약이고 노인(路引)의 유무에 대한 것은 아니라고 하면서, 소위 노
인이라고 하는 것은 삼포(三浦)에 왜인들이 살고 있을 때의 일인 것 같으니,
만약 노인으로 핑계한다면 교활하기 그지 없는 것이 왜인들인지라 일부러
노인을 갖고 횡행하면서 우리의 허실을 엿보는 폐단이 없지 않을 것이므로,
이 조목은 다시 의논하여 시행하라고 지시했다.[30]

---

30) 이때는 아직 임진왜란이 끝난지 8년밖에 지나지 않은 시점이다. 당시 선조와 관료

정사 여우길과 함께 떠날 사신일행의 원역은 어떻게 구성할 것인가? 가지고 갈 물건과 예물 등의 준비는 전례를 어디에서 찾아야 할 것인가? 다녀온 사람에게 물어서 할 것인가, 무엇에 의거하여 할 것인가? 원칙적으로 경인년(1590)의 통신사행이 기준이 되었으나, 임란을 겪으면서 의거할 만한 문적(文籍)의 전례가 남아 있지 않았다. 할 수 없이 경인년에 다녀온 사람에게 물어서 이를 바탕으로 대신에게 의논한 다음 증감하여 마련하였다.[31]

여우길은 사승(使僧)도 데리고 가고 싶어 했다. 그는 덕천가강(德川家康) 부중(府中)의 일체 기무(機務)는 한두 중[僧]이 그 권세를 모두 잡았으므로 유정(惟政)이 갔을 때도 먼저 이들과 교제하여 서로 정이 도타워지게 하여 적의 정세를 정탐하는 여지로 만들었다고 들었다면서, 이번에도 저들의 정황을 살피려면 이런 계책을 버릴 수 없을 듯하니, 유정은 다시 갈 수 없더라도 그때 데리고 갔던 영리한 중 한 사람을 가려서 데려다 보조하게 하는 것이 어떠한지 아뢰었다. 그러나 선조는 중은 데려갈 수 없다고 전교하였다.[32]

사행 원역의 수는 의거할 만한 전례가 없어서 경인년에 다녀온 사신에게 물었으나 기억이 또한 분명하지 않아서 대강만을 말하므로, 이 수목(數目)을 가지고 또 각 해사에 물었더니, 사역원·도화서·양의사(兩醫司) 같은 곳에는 그 가운데에 경인년에 차출하여 보낸 수를 잘 기억하는 자가 있었으므로 대신에게 질정하여 마련하였다. 그 가운데에서 줄인 것이 별로 없으나 한통사(漢通事)는 2인이었다 하는데 왜통사(倭通事)처럼 긴요하지 않으므로 한통사 1인을 줄이고 왜통사 1원(員)을 더 차출했다. 악공(樂工)은 5인이 따라갔다 하는데 대신의 뜻이 같지 않고 평시에 악공은 데려갈 것 없다고 하였으므로 줄여 없앴다.[33]

여우길이 데려갈 군관으로는 훈련원 첨정 채겸진(蔡謙進)과 무신 겸 선전

들이 스스로 자기 검증을 진행한 의견으로 간주된다.
31) 『선조실록』 권203, 선조 39년 9월 28일(갑오).
32) 『선조실록』 권204, 선조 39년 10월 7일(임인).
33) 『선조실록』 권204, 선조 39년 10월 8일(계묘).

관(武臣兼宣傳官) 신경빈(申景濱)·나신도(羅伸道)·정운(鄭澐)과 포수(砲手) 겸
사복(兼司僕) 신충선(愼忠善)·최애립(崔愛立)과 별무사(別武士) 한사일(韓士逸)
등이 자망(自望)하였는데, 이들이 조관(朝官)·포수·별무사였으므로 선조에게
아뢰어 윤허를 받았다.[34] 그러나 당시에는 일본으로 가는 사행을 사람들이
다 꺼려 피하므로 일부의 원역은 계청되면 문득 모면하려 하여 어지러이
바꾸어도 쉽게 감정(勘定)하지 못하였다.[35] 해당 관사에서 이핑계 저핑계
대면서 방계(防啓)하였다. 침의는 전의감에서 회답사의 계사대로 박인전을
차출하여 보냈으나, 제술관과 사자관은 회답사가 계청한 사람을 해조에서
방계하고 충차하지 않아, 사신을 시켜 전례에 따라 자벽(自辟)하여 데려가
게 하였다.[36]

회답사가 대동할 군관(軍官)·역관(譯官)·의원(醫員)·화원(畫員)·사자관(寫
字官)들이 노자를 데리고 가는 사안도 논의가 되었다. 일행의 군관(軍官)·자
제(子弟)·통사(通事) 이상은 각각 노자(奴子) 한 명을 데려갔고 그 원역(員役)
들은 다 군직(軍職)을 주고 무직인(武職人)에게는 요미(料米)를 주고 임시로
사모(紗帽)를 쓰게 하였다 하는데, 이 전례대로 시행하는 것이 어떠한지 논
의하였다.[37] 우선 1590년에 전적(典籍)으로 통신사의 종사관이 되어 일본에
다녀온 이조판서 허성(許筬)에게 물었더니, 군관은 데려가는 노자가 없고
상통사(上通事)는 데려가는 자가 있는 듯한데 또한 분명히 알 수 없다고 하
였다.[38] 또한 경인년에 다녀온 통사 박대근(朴大根)이 가장 잘 안다 하여 불
러서 문의했더니 회답사 일행의 모든 일은 의거할 만한 전례가 없다고 하
였다.[39] 그러나 여우길이 이들은 모두 직(職)을 가진 의관(衣冠)의 사람들로

34) 『선조실록』 권204, 선조 39년 10월 10일(을사).
35) 『선조실록』 권204, 선조 39년 10월 16일(신해).
36) 『선조실록』 권204, 선조 39년 10월 17일(임자).
37) 『선조실록』 권204, 선조 39년 10월 20일(을묘).
38) 『선조실록』 권204, 선조 39년 10월 25일(경신).
39) 『선조실록』 권204, 선조 39년 10월 25일(경신).

서 멀리 이역에 가니, 사실 부경(赴京)의 편리하고 가까운 것에 비길 바 아니며, 노자(奴子)를 데리고 가지 않으면 적들이 보기에 극히 매몰스러울 뿐만이 아니라 몸에 지니는 행장도 보아 줄 사람이 없게 되어 사세가 극히 군색스러울 것이고, 더구나 황신(黃愼)의 사행(使行)에 이미 데리고 갔었으니 지금 감손(減損)하는 것은 옳지 않다고 거듭 아뢰어 비변사로 하여금 의논하여 조처토록 했다.40)

만반의 준비를 갖춘 회답겸쇄환사는 1607년(선조 37) 1월 정사 여우길(呂祐吉), 부사 경섬(慶暹), 종사관41) 정호관(丁好寬) 등 467명의 사절단으로 출발했다. 이들은 5월에 강호(江戶, 에도)에 도착하여 6월에 장군 덕천수충(德川秀忠, 도쿠가와 히데타다)을 만나 조선 왕의 국서를 교환하였다. 부사 경섬의 『해사록』에 실려 있는 국서의 내용은 다음과 같다.42)

조선국왕(朝鮮國王) 성휘(姓諱)43)는 일본국왕(日本國王) 전하(殿下)에게 답서를 올립니다. 이웃 나라와의 교제에는 도리가 있으니, 예로부터 그러했습니다. 2백 년 동안 바다가 조용해진 것은 모두 중국 조정의 덕택이지만, 우리나라 또한 어찌 귀국을 저버렸겠습니까? 임진년의 변란은 귀국이 까닭

---

40) 『선조실록』 권206, 선조 39년 12월 22일(병진), 『선조실록』 권206, 선조 39년 12월 23일(정사).

41) 정호관의 직함을 서장관으로 할지, 종사관으로 할지에 대한 논의가 있었는데; 최종적으로는 종사관으로 결정되었다. [『선조실록』 권206, 선조 39년 12월 12일(병오), 16일(경술)]

42) 당시 예조에서는 평상시 일본에 보내는 書契에는 늘 '爲政以德'이라는 圖書를 사용했으므로, 회답사가 가지고 갈 서계에도 반드시 도서를 써야 하므로 이 도서의 유무를 尙瑞院에 알아보니 병신년에 만든 도서가 있지만 나무로 되어 있고 모양이 거칠고 크기 때문에 이것을 그대로 사용하면 구차스러울 듯하니 평상시의 예대로 다시 만들어서 써야 할 것 같다는 계를 올려 윤허받았다.(『선조실록』 권205, 선조 39년 11월 5일(경오)) 그러나 1617년의 통신사 파견시에 이덕보(以德寶)를 다시 만든 것으로 보아(『광해군일기』[중초본] 권112, 광해 9년 2월 8일(계묘)), 선조때에는 이덕보를 새로 만들지 않았던 것으로 추측된다.

43) 조선국왕 선조의 휘는 연(昖)이었으므로 국서에는 '李昖'이라고 표기.

없이 군대를 일으켜 극히 참혹한 재앙과 난리를 만들고 심지어 선왕(先王)의 능묘(陵墓)에까지 욕이 미쳤으므로, 우리나라 군신의 마음이 아프고 뼈가 저리어, 의리상 귀국과 더불어 한 하늘을 이고 살 수 없었습니다. 6·7년 동안 대마도(對馬島)가 비록 강화(講和)할 것을 청해오기는 하였으나, 실로 우리나라가 수치스럽게 여겼던 바입니다. 이제 귀국이 옛일을 고쳐 새롭게 하여 국서를 먼저 보내와서 '전대의 잘못을 고쳤다.'고 하며 이처럼 성의를 보이니, 참으로 이 말과 같다면 어찌 두나라 백성의 복이 아니겠습니까? 이에 사신을 보내어, 보내 준 후의에 답하는 것입니다. 변변찮은 토산물을 별폭(別幅)에 갖추어 놓았습니다. 모두 잘 헤아려 주시기 바랍니다. 만력 35년 □월 □일.[44]

이에 대한 덕천수충 장군의 답서는 다음과 같다.

　일본국 원수충(源秀忠)은 조선국왕(朝鮮國王) 전하(殿下)에게 답서를 올립니다. 국서가 손에 들어와서 삼가 열어 읽으매 폈다 말았다 하면서 어찌할 줄을 몰라 기쁨을 이기지 못하였습니다. 더구나 또 여우길·경섬·정호관 세 사신이 해로와 육로 천릿길을 머다 않고 우리나라에 와서 신성한 지역의 기이한 물산을 전하시니 별폭에 기록된 대로 다 받아들이매 간절한 정성이 더욱 절절하여 감사와 부끄러움이 아울러 더해집니다. 대저 우리나라가 귀국과 이웃의 맹약을 맺어온 지 매우 오래 되었습니다. 이제 옛 국교를 닦으려 하는데 우리나라 또한 어찌 소홀한 뜻이 있겠습니까? 세력이나 이익으로 사귀는 것은 옛날 사람이 부끄럽게 여기는 바이니, 다만 신의(信義)로써 마음먹어야 할 뿐입니다. 지금 대나무 숲을 스치는 바람은 고요하고 익은 매화를 적시는 비는 향기롭습니다. 엎드려 비옵건대 철마다 몸을 잘 보살피소서. 이만 줄입니다. 용집 정미(1607, 선조 40) 5월 □일 일본국 원수충.[45]

당시 일본의 상황은 덕천가강이 1605년 4월 7일에 장남 덕천수충에게 정

---

44) 경섬, 『海槎錄』, 1607년(선조 40) 정월 작음 12일.
45) 경섬, 『海槎錄』, 1607년(선조 40) 6월 큼 11일.

이대장군 직위를 물려주고 자신을 오고쇼(大御所)라 칭하고 있었다. 막부의 2대 장군인 덕천수충은 1606년부터 새롭게 조영된 강호성(江戶城)으로 옮겨 가 있었으며, 가강이 은거한 준부(駿府, 슨푸)의 가신들이 법률이나 정책을 제시하면 가강이 재가하고 수충이 실행하는 방식으로 정치가 이루어졌다. 막부의 실권은 준부성(駿府城)에 거주하는 덕천가강이 여전히 장악하고 있었다. 여우길 일행은 귀로에 준부에서 덕천가강을 만난 후, 7월에 피로인 1,240명과 함께 한양에 돌아와 선조에게 복명하였다. 이리하여 임진왜란으로 단절되었던 양국의 통교 관계가 회복되고 두 나라 사이에 정식 외교 관계가 수립되었다.[46)]

이 시기 조선은 여진족이 후금(後金)을 건설하여 자국을 위협하는 상황에서 일본의 침략 가능성을 차단하는 것이 무엇보다 시급하였다. 그리고 일본은 1603년 덕천가강(德川家康, 1543~1616)이 막부를 개창했지만 풍신수길(豊臣秀吉, 1537~1598)의 아들인 풍신수뢰(豊臣秀賴, 1593~1615)가 여전히 대판(大坂)에 살아있어 크고 작은 정쟁이 계속되고 있었다. 조선 조정과 일본 막부는 이러한 대내외적인 불안을 타개하기 위해 국교재개에 합의한 것이다.

그러나 당초 일본에서 보내왔던 국서는 조선에서 의심하였던 것처럼 대마주가 국교회복을 갈망한 나머지 위작하였다. 국서 개작은 조선 국서의 원문에서 총 24자를 지우고 18자를 새로 써 놓는 것으로 이루어졌다. 먼저 조선이 국서를 올린다는 의미로 회답이라는 의미의 '봉복(奉復)'을 '봉서(奉書)'라 고쳤다. 그리고 조선이 일본에서 성의를 보내왔기 때문에 그 뜻에 답한다는 의미를 완전히 반대로 만들어, 조선에서 옛 외교 관계의 부활을 요청하는 것처럼 바꾸었다. 그리고 예물의 물량을 늘리기 위하여 별폭(別幅)도 개서하였다.

---

46) 손승철, 「조선통신사의 피로인 쇄환과 그 한계」, 『조선통신사, 타자와의 소통』 234~268쪽 참조.

이러한 개작은 조선의 국서가 일본의 서계에 대한 답서의 형식을 띤 것이었으므로 불가피한 일이었다. 만약 조선의 국서를 원문 그대로 장군에게 전달한다면, 그들의 국서 위조 사실이 노출될 수밖에 없기 때문이다. 조선에서는 국교 회복의 실리 때문에 위작의 국서를 인지했음에도 묵인하였다. 조선은 1607년의 회답겸쇄환사를 계기로 일단 대일 외교 관계를 정상화시켰고, 1609년(광해군 1)에는 기유약조를 체결함으로써 조선후기 대일 외교의 기틀을 마련하게 되었다.

2. 1617년의 회답겸쇄환사 [정사통신사]

- 통신삼사: 정사 오윤겸(吳允謙), 부사 박재(朴梓), 종사관 이경직(李景稷)
- 조선국왕: 광해군(光海君, 재위 1608~1623)
- 일본쇼군: 도쿠가와 히데타다(德川秀忠, 재위 1605~1623)
- 대마도주: 소 요시나리(宗義成[平義成], 재위 1615~1657)

일본의 2대 쇼군 도쿠가와 히데타다(德川秀忠)는 1614년(광해군 6) 3월 9일 종1위우대신(從一位右大臣)에 서임되었다. 그러나 1598년 토요토미 히데요시(豊臣秀吉)가 죽었을 때 6세에 불과하던 그의 적장자 토요토미 히데요리(豊臣秀賴)가 성장하면서 도쿠가와 막부에 위협적인 존재가 되었다. 도쿠가와 이에야스는 1600년 세키가하라 전투에서 승리해 일본 최고의 권력자로 부상하게 되었지만, 많은 다이묘(大名)들은 여전히 히데요리에게 충성하고 있었다. 1614년 일흔세 살의 이에야스는 히데요리의 근거지인 오사카에 반란의 움직임이 있다는 구실로 직접 병력을 이끌고 출진했다. 히데요리를 원조해준 다이묘들은 없었지만, 히데요리는 도쿠가와가 권력을 다질 때 쫓겨난 로닌(浪人)을 9만 명 이상 끌어모았고, 도쿠가와의 군대가 수적으로 훨씬 우세했지만 히데요리는 오사카 성을 끝까지 지켜낼 수 있었다. 1615년초 이에야스는 휴전을 제의했고 히데요리가 이를 받아들여 성 밖으로 둘러서 판 해자를 메꾸고 방책의 외부 방어시설을 부수도록 했다. 몇 달 뒤 이에야스는 무방비 상태인 성을 공격했다. 히데요리는 병력적 열세에도 선전했으나 이에야스와 내통하고 있던 내관 다이도코로가시라가 성 내부에 불을 질러 오사카 성은 순식간에 화염에 휩싸이고 말았다. 이에 히데요리는 전투를 포기하고 깨끗하게 최후를 맞고자 1615년 6월 4일 스물세 살의 나이로 자결하고, 그의 생모 요도도노도 자살했다.[47]

전쟁이 끝난 직후인 1615년 윤6월 히데타다는 다이묘가 머무르는 성을 제외한 모든 성을 파괴하라는 '일국일성령(一國一城令)'을 공표했다. 다이묘들의 거점을 없애 모반을 일으키지 못하도록 하는 조치였다. 그리고 또다시 7월 7일에는 교토 후시미성(伏見城)에 다이묘들이 소집되어 2대 쇼군 히데타다의 이름아래 13개조의 '무가제법도(武家諸法渡)'를 공표했다. 막번 체제의 기본이 되는 이 법에는 반역자와 살인자는 추방할 것, 성을 수리할 때는 신고할 것, 이웃 번의 동향이 수상하면 즉시 신고할 것, 사혼(私婚)을 금할 것 등의 내용이 담겨 있었다. 도요토미씨는 물론, 추후 자신에게 반기를 들 만한 세력을 애초에 뿌리 뽑고자 한 것이다. 7월 13일에는 연호를 엔나(元和)로 고치고, 7월 17일에는 조정과 문관들을 통제하는 '금중병공가제법도(禁中並公家諸法度)'를 제정하였다. 1616년 4월 17일에는 이에야스가 사망하면서 히데타다가 정국의 실권을 장악하였다.

이러한 상황에서 대마도주는 1614년 11월 도쿠가와 이에야스 아들인 히데타다(秀忠)와 천황가의 혼인을 이유로 조선에 통신사 파견을 요청하였고, 1615년 9월에는 도쿠가와 막부가 오사카를 완전히 평정하고 히데타다가 국

---

47) 당시 이 소식은 개략적으로 대마도를 통해 조선에도 전해졌다.[『광해군일기』[중초본] 권94, 광해 7년 윤8월 12일(병진)]

사를 전담하게 되면서 조선의 신사를 맞이하여 막부의 위세를 내외에 과시
하려고 또 다시 서계를 보내왔다. 조선은 전례가 없다는 이유로 이를 거부
하였으나, 1616년에도 여러 차례 통신사의 파견을 요청해왔다.48) 이 즈음
조선에서는 덕천가강의 서거 등으로 일본 국정(國情)을 탐색해야 할 필요를
느끼고 있었으므로 만약 일본이 먼저 국서를 보내 성의를 보인다면 사신을
파견할 의사가 있다고 통보하였다. 그러자 1617년(광해군 9) 1월 일본에서
'일본국왕 원수충(源秀忠)' 명의의 국서가 도착하였고, 그 안에는 다음과 같
은 내용이 있었다.

　　일본 국왕 원수충은 조선 국왕 전하께 글을 올립니다. 해마다 대마 도주
　평의성(平義成)에게 명하여 귀국의 사신을 맞이하여 오도록 하였습니다. 이
　번에도 다른 일이 아니라 두 나라 사이의 인호(隣好)가 도탑고 인의(仁義)가
　중함을 알리려는 것입니다. 그런데 얼마 전에 평의성이 고하기를 「조선의
　신사(信使)가 바다를 건너서 다시금 인호의 도타움과 인의의 중함을 보게
　되었으니, 몹시 다행스럽고도 다행스럽다.」고 하였습니다. 나머지는 모두
　다 대마 도주 평의성의 서신 안에 있을 것입니다.49)

48) 1616년 2월 2일 경상 감사는 왜인과 通信使의 교환을 허락해야 하는지의 여부에
　　대한 적당한 도리가 있을 터이니 서둘러 결정지어 回下해 달라고 장계를 올리고
　　있다. 『광해군일기』[중초본] 권100, 광해 8년 2월 2일(계묘).
49) 일본에서 보내온 이 국서도 위조 가능성이 높은 것으로 보고 있다. 대마도에서 온
　　국서는 '日本國王 源秀忠 奉書'로 되어 있었다. 당시 조선에서는 왕과 대등하게 국
　　서를 주고받을 수 있는 사람은 오직 일본국왕이라는 인식이 있었다. 일본 측에서
　　조선 왕의 외교 대상이 되는 將軍[쇼군]에게 王號가 없다면 대등한 관계 속에서 이
　　루어져야 한다는 조선 외교의 명분이 무너지기 때문이다. 그러나 일본에서는 비록
　　장군이 국정의 지배권을 가진 주권자였지만, 장군은 천황에 의하여 임명되어 그 위
　　계가 명확하게 구분되었으므로 호칭을 쉽게 바꿀 수 없었다. 이에 대마도에서는 일
　　본에서 조선에 보내는 국서에 일본국왕이라는 칭호를 사용하여 개작하였던 것으로
　　보고 있다. 그뿐 아니라 조선의 사신단이 지참한 국서도 회답 형식이었기 때문에
　　대마도는 이전처럼 來書의 형식으로 개작해야 했다. 일본의 기록에 남아 있는 조선
　　왕의 국서 형식이 '봉서'로 되어 있는 것은 그 때문으로 보고 있다. 그리고 덕천수

또한 평의성 서계의 내용은 다음과 같다.

> 신사가 바다를 건너올 것이라고 우리 전하께 이미 보고하였습니다. 해마다 저희 대마도에 조서를 내려주신 것을 생각하시어, 예전에는 잘못 되었고 지금은 올바르게 되었다는 것을 깨달으소서. 그러면 몹시 다행이겠습니다. 되도록 속히 보내 주시기 바랍니다. 신사를 맞이해 오기 위하여 귤지정을 차견하여 대기하게 하는 외에 다른 일은 없습니다. 나머지 사항은 귤지정이 모두 말할 것입니다.50)

이러한 일본 국왕의 국서를 받게 되자 조선에서는 정식으로 사신 파견을 준비하게 되었다. 1월 4일부터 회답사 차출을 논의하기 시작했고,51) 1월 17일에는 오윤겸(吳允謙)을 회답사로, 박재(朴榟)를 부사로, 이경직(李景稷)을 종사관으로 삼았다.52) 당시 조선 조정에서 내세운 일본에 사신을 파견하는 목적은 '전에 원역(員役)들을 차임해 보낸 전례에 의거해서 그 편에 보답해 주어 기미(羈縻)하는 뜻을 보이고, 겸하여 포로로 잡혀간 사람들을 쇄환해 오고, 이어 다시금 저들의 실정을 탐지하고자 하는' 것이었다.53)

한편, 사행을 준비하는 과정에서 교린사행에 사용하는 '위정이덕지보(爲政以德之寶)'가 없어 1617년 2월에 다시 만들었다. 이덕보는 상서원에서 보

충의 답서가 '日本國 源秀忠'으로 작성되자, 조선 사신들의 항의에 직면한 대마도는 조선과의 관계를 고려하여 '王' 자를 삽입하여 '日本國王 源秀忠'으로 바꾼 것으로 보고 있다.

50) 이상 일본 국서와 대마도주 서계의 내용은 조선에서 일본에 회답사를 보낸 후인 1617년 5월 명나라에 주문한 자문의 내용안에서 발췌한 것이다. 『광해군일기』[중초본] 권115, 광해 9년 5월 30일(계사).

51) 『광해군일기』[중초본] 권111, 광해 9년 1월 4일(경오).

52) 『광해군일기』[중초본] 권111, 광해 9년 1월 17일(계미).

53) 이는 회답사를 보내고 명나라에 奏聞한 咨文에서 직접 밝힌 것이다. 『광해군일기』[중초본] 권115, 광해 9년 5월 30일(계사). 광해군대 회답겸쇄환사에 대해서는 이훈, 「광해군대 '회답겸쇄환사'의 파견(1617년)과 대일본외교」, 『한일관계사연구』 52, 2015 참조.

관하고 있으면서 일본과 수답(酬答)할 때 으레 사용하였는데 전란에 잃어버려서 이 때에 이르러 공조가 다시 주조하기를 청하였으므로 예조에서 의논을 정해 주조하였다.54) 사행을 준비하던 정사 오윤겸은 4월에 사행 원역들이 물화를 사가지고 오는 것을 금할 것을 다음과 같이 청하였다.

> 신들의 이번 사행(使行)은 실로 부득이한 데서 나온 것입니다. 그런데 원수인 왜노(倭奴)들의 나라는 부모의 나라인 중국과는 정의(情義)가 같지 않습니다. 부경(赴京)하는 원역(員役)들은 비록 물화(物貨)를 싸가지고 가서 필요한 것을 사가지고 와도 참으로 크게 해가 될 것은 없습니다. 그러나 신들의 사행에 물화를 싸가지고 가서 장사하는 일이 있을 경우에는, 비단 사신들이 모욕당하고 국가가 욕을 당할 뿐만 아니라, 이익을 따지면서 서로 다투는 즈음에 점점 확대되어 일을 일으키는 걱정이 없지 않을 것입니다. 신들이 가는 중에 마땅히 엄하게 신칙해서 금지시킬 것입니다. 그러나 만약에 동행하는 사람 중에 안면이 익숙한 자가 있을 경우에는 그의 마음을 경동시킬 수가 없을 듯합니다. 바라건대 부경 행차를 수검(搜檢)하는 규례에 의거해서 경관(京官)을 파견하여 배를 탈 때 임박해서 수검하고, 적발된 사람은 잠상율(潛商律)로 논하게 하소서. 신들이 듣건대 연해(沿海)의 수수(水手)들은 대부분 포로로 잡혀갔다가 돌아온 자들이라고 합니다. 만약 이 무리들을 선격(船格)으로 충정할 경우, 이 무리들은 왜어에 능통하고 왜인들과 서로 친숙하므로, 바다를 건너간 뒤에 경과하는 허다한 관사(館舍)와 머무르는 허다한 시일 동안에, 몰래 서로 출입하면서 말을 누설하여, 사단을 야기시키는 폐단이 없지 않을 것입니다. 해사(該司)로 하여금 본도에 공문을 보내어서 포로로 잡혀갔다가 돌아온 사람은 일체 선격으로 충정하지 말게 하소서.55)

이에 대해 광해군은 윤허한다고 전교했다. 원래 부경사행의 경우에는 사행원역들의 규검 책임이 사헌부 감찰의 직임을 겸하고 있는 서장관의 업무

---

54) 『광해군일기』[정초본] 권112, 광해 9년 2월 8일(계묘).
55) 『광해군일기』[중초본] 권114, 광해 9년 4월 11일(을사).

였다. 그러나 통신사의 경우에는 서장관 대신 종사관 직함을 지니게 되면서 감찰 직무를 겸하지 않았다. 따라서 특별히 이와 같은 계를 올린 것으로 추측된다.

이후의 사행 준비는 대체로 병오년(1607)의 회답사 사행을 준거로 진행하였다. 광해군은 병오년에 회답사(回答使)가 배사(拜辭)할 때 선조(先朝)가 하교한 말 및 상사·부사·종사관에게 내려준 물품을, 그 당시에 사신으로 갔던 여우길(呂祐吉)과 경섬(慶暹)으로 하여금 일일이 서계하도록 전교하였으며, 여우길과 경섬은 '정미년 정월 12일에 배사할 때 빈청(賓廳)에서 술을 하사하였고, 세 사신에게는 모두 마장(馬粧) 각 1부씩과 정남침(定南針) 각 1부씩을 하사하였으며, 나머지 저들에게 가서 문답(問答)할 말 및 각 조항의 응당 시행해야 할 절목(節目)에 대해서는 묘당이 기일에 앞서 요리해서 품정(稟定)한 다음 알려주었으므로 배사하는 날에는 별로 하교한 말이 없었다고 아뢰었다. 또한 광해군은 사신과 종사관 외의 일행(一行) 원역(員役)에게는 모두 하사한 물품이 없었는가에 대해서도 하문하고 있다.[56] 회답사의 명칭도 병오년의 전례에 의거해서 회답겸쇄환사로 칭호를 바꾸었다.[57]

---

56) 『광해군일기』[중초본] 권115, 광해 9년 5월 27일(경인).

57) 『광해군일기』[중초본] 권116, 광해 9년 6월 26일(기미). 그런데 이와같은 두 차례에 걸친 회답사의 파견에 대해 당시 일부에서는 부정적인 시각도 없지 않았다. 실록의 사론 중에는 다음과 같은 내용도 있다. ①저 섬오랑캐들은 실로 우리 나라 대소 신민들이 만세토록 잊지 못할 불공대천의 원수이다. 通信使나 回答使를 보내는 것이 비록 부득이해서라고는 하나, 한 번도 이미 심한데 두 번씩이나 해서야 되겠는가. 어떤 사람이 회답사를 송별하는 시를 지었는데, 그 시에 '한강가에 나아가서 강가를 바라보니, 두 능의 송백에 가지가 나지 않았네.[試向漢江江上望 二陵松栢未生枝]'라고 하였는 바, 아, 통탄스럽다(시는 고 참판 尹安性이 지은 시이다) ②당시에 倭酋 家康이 아들인 家光에게 자리를 물려주었는데, 가광이 미약했기 때문에 자신이 살아 있을 때 백성들을 진압하기 위해서였다. 또 우리 나라의 사신을 오게 해서 그가 세력을 굳힌 뜻을 밝히려 했다. 그런데 우리 나라에서는 이를 눈치채지 못하고 그의 계책에 빠져들어 마치 가광을 후원하는 것처럼 하고 말았다. 대개 불구대천의 원수에 대한 복수심을 풀어버린지 이미 오래 되었는 바, 지금에야 비롯된 것

5월 28일 배사를 하고 서울을 출발한 회답겸쇄환사 일행은 7월 7일 아침
에야 부산을 출발하여 저녁에 대마도에 도착했다.[58] 사행원은 정사 오윤겸
(吳允謙) 외 428명의 사절단으로 구성되었으며, 국서교환의식은 그해 8월
경도(京都) 복견성(伏見城, 후시미성)에서 있었다. 임무를 수행하고 돌아와
계사를 올린 것은 11월 13일이다.[59] 사행의 포상으로 회답사 오윤겸과 부
사 박재는 가자하고, 종사관 이경직 이하 일행이었던 관원에게는 선조 때
상을 주었던 규례에 의거하여 시상하였다.[60]

한편, 회답사가 돌아올 때 관백(關伯)은 은자(銀子) 6천여 냥을 주었다. 오
윤겸(吳允謙) 등은 이를 받을 수 없다고 생각하였고, 사신이 왕래할 때 대마
도가 쓰는 비용이 너무 많기 때문에 돌아올 때에 대마도에 주고 왔다. 이러
한 취지의 말에 대마도의 의성(義成)과 조흥(調興) 등이 처음에는 은자를 기
쁘게 받았지만 얼마 후에 도로 부산으로 보내와 부산 왜관(倭館) 속에 두었
다. 광해군은 이 은을 왜인이 도로 가지고 들어갈 리는 결코 없으니 혹 별
인정(別人情)으로 쓰거나 영건(營建)하는 비용으로 써도 무방할 것이라고 하
면서, 급히 관원을 보내 가지고 오도록 해서 쓰고, 사신에게는 조정이 참작
해서 상전(賞典)을 베푸는 것이 온당할 듯 하다고 지시하였다.[61]

당시 삼사인 정사 오윤겸(1559~1636)은 『동사상일기(東槎上日記)』, 부사
박재(1564~1622)는 『동사일기』, 종사관 이경직(1577~1640)은 『부상록(扶桑
錄)』이라는 사행록을 각각 남겼다. 이 가운데 『동사상일기』에는 다음과 같
은 피로인 쇄환에 관한 기사가 보인다.

　　쇄환된 사람은 모두 백 이십여 명이 왔다. 장부를 보니 돈이나 곡식을

이 아니다.
58) 『광해군일기』[중초본] 권117, 광해 9년 7월 21일(계미).
59) 『광해군일기』[중초본] 권121, 광해 9년 11월 13일(갑술).
60) 『광해군일기』[중초본] 권122, 광해 9년 12월 27일(무오).
61) 『광해군일기』[중초본] 권129, 광해 10년 6월 25일(임오).

받은 사람은 백 칠십여 명이었는데, 배를 탈 때는 오십여 명이 오지 않았다. 대개 물든 것이 이미 고질이 되어 본심을 상실하여 주저하고 배반하며 정해진 뜻이 없었다. 따라서 아무리 정성을 다하여 끌어들이고 반복해서 타일러도 끝내 마음을 돌려 돌아오려고 하지 않았으며, 혹은 틀림없이 돌아가겠다 하고도 중간에 마음을 바꾸며, 혹은 배를 탈 무렵에 달아나 버리는 자가 있었다. 쇄환의 어려움이 이와 같았다.62)

앞선 제1차 회답겸쇄환사의 쇄환 활동은 비교적 순조로웠다. 통신사 파견을 성공시킨 대마도에서는 피로인 쇄환에 필요한 여러 조처를 해주며 적극적으로 통신사를 도왔고, 막부에서도 귀국하기를 원하는 포로를 억류하는 주인은 벌을 주겠다는 덕천가강(德川家康)의 명을 전했고, 이에 막부의 신뢰를 얻으려고 노력했던 번주(藩主)들은 피로인 쇄환을 막지 않았다. 게다가 조선으로 돌아가고자 하는 피로인의 자발적인 참여까지 이어졌다. 그러나 1617년(광해군 9) 통신사행의 경우에는 달랐다. 이전 사행과 마찬가지로 조선으로 돌아가기를 원하는 피로인은 돌려보낸다는 것이 대마도와 막부의 공식적인 입장이었지만, 1607년(선조 40)과는 달리 관백이 별도의 명을 내리지 않았기 때문에 통신사는 피로인 쇄환에 어려움을 겪었다. 그리고 조선의 상황이 어떤지 알기 힘들었던 피로인들은 고국으로 돌아가는 것을 망설였고, 조금이라도 안정된 생활을 영위하던 사람들은 돌아갈 생각조차 없었다. 심지어 채무 때문에 돌아갈 수 없다는 말을 듣고 통신사가 그 빚을 갚아주었음에도 불구하고 일본에 남은 피로인도 있을 정도였다.

---

62) 오윤겸, 『東槎上日記』, 1617년(광해군 9) 9월 15일.

3. 1624년의 회답겸쇄환사 [갑자통신사]

- 통신삼사: 정사 정립(鄭岦), 부사 강홍중(姜弘重), 종사관 신계영(辛啓榮)
- 조선국왕: 인조(仁祖, 재위 1623~1649)
- 일본쇼군: 도쿠가와 이에미쓰(德川家光, 재위 1623~1651)
- 대마도주: 소 요시나리(宗義成[平義成], 재위 1615~1657)

도쿠가와 막부 체제는 히데타다 시대에 들어 서서히 안정기에 접어들었다. 그는 무가제법도를 빌미로 다이묘들의 세력을 억제하는 강경책을 실시하는 한편, 체제를 안정시키는 데 필요하다면서 새로운 다이묘들을 속속 임명했다. 이때 발탁된 신진 가문은 33개나 된다. 이는 아버지 대의 공신들을 억누르고 막부 정치를 물갈이하는 효과를 가져왔다. 또한 천황 중심의 조정 세력을 완전히 억제하기 위해 천황가를 정치 일선에서 배제하고, 혼인 관계를 맺어 결속력을 다졌다. 이에 1620년 히데타다는 정실 오고우의 소생인 막내딸 마사코를 천황의 중궁으로 들여보냈다. 마사코는 이때 열두 살의 어린 나이였다. 이 결혼으로 히데타다는 천황의 정치적 움직임을 효과적으로 통제할 수 있게 되었고, 얼마 후 천황과 마사코 사이에서 두 명의 황자가 태어남으로써 황실과 막부의 관계는 완전해졌다. 히데타다는 1623년 7월 쇼군의 지위를 아들 도쿠가와 이에미쓰(德川家光)에게 넘겨주고 오고쇼(大御所)로 물러났다. 이해 8월 대마도에서는 현방(玄方, 겐보)을 사신으로 보내 덕천가광의 장군직 습직(襲職)을 통고함과 동시에 사신단의 파견을 요청하였다.

이때는 조선에서도 새로운 정권이 성립된 정치적 전환기였다. 이미 4개월 전인 1623년 3월 13일 인조와 서인(西人) 세력은 광해군을 몰아내고 정권을 잡은 후였다. 1924년 2월에는 이괄의 난도 발발했다. 조선은 일본의 요청에 대해 신중한 태도를 보이면서도 결국 1624년 5월에 사절을 파견한

다고 결정하였다. 이러한 결정에는 후금 세력의 팽창에 따른 긴장감 고조
및 대마도의 연속적인 사자 파견과 그에 따른 경제적 부담 증가 등도 요인이
되었다.63) 그러나 조선에서는 장군 습직 축하가 아니라 회답겸쇄환사라 칭
하여 사절단을 파송하였다. 이 사신단은 정사 정립(鄭岦), 부사 강홍중(姜弘
重), 종사관 신계영(辛啓榮) 이하 460여 명의 사절단으로 구성되었다.64)

　　사행은 1624년 8월 20일부터 다음 해 3월 26일까지 7개월간의 여정이었
다. 인조는 8월 20일 자정전에 나아가 회답사를 인견하였다. 다음은 인조와
정사 정립 사이의 대화이다.65)

　　　　　인조: 잡혀간 사람 중에 아직 남아 있는 자가 많으니, 쇄환(刷還)하는 일
　　　　　　　　을 착실하게 하라.
　　　　　정립: 듣건대 잡혀간 사람이 이제는 이미 남자는 장가들고 여자는 시집
　　　　　　　　가서 아들이 있고 손자가 있으므로 나오기를 원하지 않는다고 합
　　　　　　　　니다마는, 신들이 이미 명을 받았으니 감히 마음을 다하지 않겠습
　　　　　　　　니까.

　　　　　인조: 듣건대 전일에는 하인들을 단속하지 못하여 모욕당한 일이 꽤 있
　　　　　　　　다 하니, 십분 힘쓰도록 하라.
　　　　　정립: 신들이 일찍이 수은 어사(搜銀御史)를 청한 것이 대개 이 때문이었
　　　　　　　　습니다.

　　　　　인조: 모두 사신이 어떻게 하느냐에 달려 있고, 경관(京官)이 한때 점검하

---

63) 이괄의 휘하에 있던 항왜병의 위력을 직접 체험했던 인조 정권은 일본으로 回答使
　　가 가는 편에 호조로 하여금 花絲紬 수천 필을 장만해 보내어 수천 자루의 鳥銃을
　　사오게 하여서 경기 군사에게 나누어 주어 敎鍊토록 하고, 環刀도 사오도록 지시했
　　다.『인조실록』권5, 인조 2년 4월 24일(정미). 그러나 이와 같은 무역이 이루어졌
　　는지는 회답사의 복명기록에서 확인되지 않는다.
64) 『증정교린지』에서는 1624년까지의 信行節目 등의 일은 文蹟이 없으므로 고찰할 수
　　없다고 하였다.
65) 『인조실록』권6, 인조 2년 8월 20일(임인).

는 데에 달려 있지 않다. 그리고 우리 나라 사람은 이웃 나라의 일을 제대로 탐지하지 못하는데, 그대들은 이번 행차에서 반드시 낱낱이 살펴 알아내어 오라.

인조는 피로인의 쇄환에 대해 특별히 당부하고 있다. 그러나 이듬해 3월에 돌아온 회답사가 부산에서 계문한 내용에 의하면, 겨우 1백 46명을 불러모아 데리고 왔다. 이들의 태반이 호남(湖南) 사람인데 우리 지경에 이르면서는 양식이 떨어져 원통함을 호소하고 있었다. 그리하여 시급히 해조로 하여금 원적(原籍)으로 돌려보내 (부산에) 머물러 있게 되는 염려가 없게 하도록 조치해 달라고 아뢰고 있다.[66] 이제 임진왜란이 발발한지 30여년이 지난 시점으로 이미 한세대가 지나고 있었다. 이미 일본에서 삶의 터전을 잡고 일가를 이루어 살고 있었던 조선인 피로인들은 통신사의 쇄환 노력에도 불구하고 조선으로 돌아오고자 하지 않았다. 또한 조선으로 돌아간 피로인에 대한 조선 조정의 미흡한 조처도 쇄환 거부의 원인이었다. 이러한 상황에 대해 부사 강홍중(1577~1642)은 『동사록』에 다음과 같이 기록하였다.[67]

> 포로로 잡혀 온 사람으로 본국으로 돌아가기를 원하는 자가 전혀 없었고, 다만 함평 양반 최홍렬의 아내 춘이가 두 아들을 데리고 왔다. 돌아갈 마음은 진심에서 나왔으나, 다만 그 아들 순이가 일본인 아내로부터 아들을 낳고, 또 부채가 60냥에 이를 정도로 많지만, 아직 갚지 못하여 같이 돌아갈 수 없는 형편이므로 모자가 서로 붙들고 통곡하니, 들으매 측은한 마음을 금할 수 없었다. 세 사신이 상의한 끝에 일공의 나머지 쌀 33석을 순이에게 내어주어 부채를 갚게 하니, 그 사람이 감격하여 내일 그 어머니를 뒤좇아 가기로 약속하였다. 순창에 거주하던 한 여인도 또한 도망해 와서 행차를 따라 돌아가기를 원하므로 하인을 시켜 데려오게 하였다. 병조서리

---

66) 『인조실록』 권8, 인조 3년 3월 13일(신유).
67) 강홍중의 『동사록』에 대해서는 한태문, 「갑자 통신사기록 『동사록』 연구」, 『부산대 인문논총』 50, 1997 참조.

박천수의 아들 응인은 역관들을 통해 그 어머니가 아직 생존해 있는 것을 알았으면서도 돌아갈 뜻이 없고, 내수사 별좌 진상의의 아우 상례는 그 형의 서신을 받아 보고서도 또한 돌아가 볼 의향이 없었다. 이애찬이라는 사람은 소지를 올리면서까지하며 돌아갈 마음이 간절하였는데, 마침내 속이고 다시 나타나지 않았다. 이 무리들은 모두 오랑캐의 풍속에 물들어 본심을 잃어서 비록 가족의 소식을 들었건만 또한 보고자 하는 마음조차 없었으니, 깊이 통탄할 만하다.[68]

위 기록은 피로인 쇄환사로 간 조선 관료의 입장이다. 30년 전의 난리에 국가의 보호를 받지 못하고 죽을 고비를 여러번 넘기면서 사지로 끌려가서 겨우 살아있던 피로인의 입장에서는 고국 산천이 그립기만 하지는 않았을 것이다. 어쩌면 이제 고국의 고향 땅이 낯설게 느껴질지도 모를 일이다. 부산에 도착한지 열흘이 지난 1625년 3월 23일 회답사는 일본 국왕 원가광(源家光)이 우리 나라에 보낸 복사서(復謝書)를 지니고 복명하였다. 복사서의 내용은 다음과 같다.

일본 국왕 원가광은 조선 국왕 전하께 봉복(奉覆)합니다. 섣달이 되어 추위가 사람을 핍박하는 이때에 한 통의 봉서(封書)와 함께 세 사신이 온화하게 찾아주시니, 마치 봄바람 속에 앉아 있는 것 같습니다. 과인이 일본 강역을 다스리고 있으면서 갑자기 귀국의 소식을 접하고 보니, 예절을 닦아 치하하고 약간의 진귀한 토산(土産)을 보낸 것이었는 바, 그전대로 계속해서 교린을 돈독히 하는 아름다운 뜻에 감복하며, 더욱 기쁘고 위로가 됩니다. 두 나라에 만대토록 경사가 흘러가도록 하고 감히 사이가 벌어지게 하지 않을 것을 확약합니다. 삼가 계절에 따라 나라를 위해 옥체를 보중하시기 바라며, 이만 줄입니다.[69]

---

68) 강홍중, 『東槎錄』, 1624년(인조 2) 12월 24일.
69) 『인조실록』권8, 인조 3년 3월 23일(신미). 이 국서는 개작된 것으로 알려져 있다. 대마도는 조선에서 보내는 국서의 내용을 부분 개작하였으며, 예물 목록인 별폭에서도 그 수량을 늘림으로써 막부 장군의 환심을 사려 하였다. 그리고 일본에서 조

이틀이 지난 1625년 3월 25일 인조는 자정전에서 회답사 3사를 인견하여 일본의 나라 상황이 어떠한지, 관백이 전위한 것은 대체 무슨 의도인지, 강호는 한쪽 구석인 듯 한데 어찌하여 이곳에 도성을 만들었는지 등에 대해 궁금한 사항을 직접 물어보고 답변을 들었다. 그리고 인조는 '당초에는 장계한 것을 보고 쇄환해 오는 사람이 반드시 많지 않을 것이라고 여겼는데, 이번에 쇄환해 온 수가 자못 많다'고 언급했다. 쇄환사를 보내긴 했으나 이제 인조는 크게 기대하지 않은 듯 하다. 정립은 '잡혀간 지 이미 오래여서 시집가고 장가갔기 때문에 환국할 뜻이 없었으나, 신들이 마음을 다하여 탐문하고 관백도 영을 내려 귀국을 허락했는데, 마침 서해주(西海州)에서 돌아가기를 생각하는 사람들이 있다고 하기에 1백여 인을 쇄환할 수 있었다'고 아뢰었다. 또한 쇄환한 사람 중에는 포(砲)를 쏘는 재주가 있는 사람이 20여 명 있었다. 이 가운데 정예한 장정을 뽑아 훈련도감에 예속시키기로 결정했다.[70]

4월 3일에는 회답사(回答使) 정립(鄭岦)과 부사(副使) 강홍중(姜弘重)에게 가자(加資)하고, 종사관(從事官) 신계영(辛啓榮)은 승서(陞叙)하고, 역관(譯官)·군관(軍官)은 모두 차등 있게 상을 내리도록 명하였다.[71] 이와같은 통신삼사에 대한 포상은 이후의 통신사에게도 관례가 되었다.[72]

한편, 이때에도 일본의 장군 원가광은 정립(鄭岦) 등에게 은 4천 5백 15냥과 금병(金屛) 24부(部), 갑옷 아홉 벌, 대검(大劍) 세 자루 등을 주었다. 그러나 정립은 은을 받지 않고 대마도에 주어 임진왜란 당시 일본에 끌려갔던 조선인을 쇄환하는 자금으로 사용하게 하였다. 그런데 회답겸쇄환사가

선에 보내는 답서에 '日本國主 源家光'이란 명의로 되어 있어서 조선 측이 이의를 제기하자, 柳川調興[야나가와 시게오키] 등이 '國主'를 '國王'으로 고친 국서를 가져왔다. 이것도 대마도 관계자들에 의하여 개작된 것이었을 가능성이 높다. 이와 같은 국서의 개작은 1631년에 발각되었다.

70) 『인조실록』 권8, 인조 3년 3월 25일(계유).
71) 『인조실록』 권9, 인조 3년 4월 3일(경진).
72) 임선빈, 「기해사행 통신부사 황선의 관직생활」, 『민족문화연구』 81, 2018.

귀국한 후 대마도에서는 이를 다시 조선으로 보내왔다. 이에 대해 조정에서는 절반은 받아서 부산 동래부에서 왜관(倭館)에 있는 일본인들에게 사용하게 하고, 절반은 쇄환에 드는 뱃삯과 식량 구비의 비용에 쓰게 하고, 나머지는 사신들에게 처리할 것을 지시하였다. 그러나 정립 등이 상소를 올려 사양하고 대마도에서도 다시 사신을 보내어 받지 않았다.[73] 결국 이듬해 2월에 예조에서 이전 지시에 따라 분급하는 것으로 처리하였다.[74]

4. 1636년의 통신사 [병자통신사]

- 통신삼사: 정사 임광(任絖), 부사 김세렴(金世濂), 종사관 황호(黃㦿)
- 조선국왕: 인조(仁祖, 재위 1623~1649)
- 일본쇼군: 도쿠가와 이에미쓰(德川家光, 재위 1623~1651)
- 대마도주: 소 요시나리(宗義成[平義成], 재위 1615~1657)

도쿠가와 이에미쓰(德川家光, 1623~1651)는 1623년 아버지 히데타다(德川秀忠)와 함께 교토로 상경하여 7월 27일 후시미 성(伏見城)에서 정식으로 쇼군 선지를 받고 3대 쇼군으로 취임하였다. 그러나 치세 초기에는 오고쇼로 물러난 부친 히데타다가 여전히 군사 지휘권 등의 정치적 실권을 장악하여 사실상 히데타다-이에미쓰 2원 구도로 정치 체제가 운용되었다. 1632년 4월 히데타다가 사망하자 비로소 본격적으로 장군직을 수행하기 시작했다. 하타모토를 중심으로 직할 영지의 재편에 착수하여 막부의 재정 및 권력 구축을 확고하게 하였으며, 로쥬(老中), 와카도시요리(若年寄), 부교(奉行), 오메

---

73) 『인조실록』 권9, 인조 3년 5월 1일(무신). 『인조실록』 권9, 인조 3년 5월 4일(신해). 『인조실록』 권9, 인조 3년 7월 7일(계축).
74) 『인조실록』 권11, 인조 4년 2월 24일(정유).

쓰케(大目付) 제도를 도입하여 현직 쇼군을 중심으로 한 강력한 독재 체제를 확립하였다. 1635년에는 부케(武家) 법도를 개정하여 다이묘들 사이에 이미 관례로 자리잡아 있던 산킨코타이(參勤交代)를 법적으로 제도화하였다. 그는 지방의 각 번의 다이묘를 다스리기 위하여 장군의 허락 없이 다이묘들 간에 혼인하는 것을 금지하였고, 다이묘의 처자를 에도(江戶)에 살게 함으로써 다이묘가 1년마다 에도와 영지를 왕래하도록 하는 제도인 참근교대제(參勤交代制)를 만들었다. 이에미쓰는 이 제도를 통하여 다이묘들의 세력을 약화시켰고, 나아가 천황의 특권을 대폭 축소하여 막번 체제(幕藩體制)에 위협이 될 만한 요소들을 제거하였다. 또한 무사계급의 교육과 행실에 대한 규정인 무가제법도(武家諸法度)을 선포하였으며, 막부의 재원을 조달하기 위하여 농민에게 높은 세금을 부과하였다.

당시 조선에서는 이러한 일본의 국내 정세를 어느 정도는 인지하고 있었다. 1635년(인조 13) 11월 인조는 대신과 비국의 당상관을 인견하여 왜의 정세에 대해 논의하였는데, 윤방(尹昉)·오윤겸(吳允謙)은 모두 '왜인들이 아직 침범해 올 기세는 없다'고 하였고, 인조는 '관백(關白)이 전쟁에 싫증이나 총포(銃砲)를 쏘지 못하게 금지하였고, 또 사람들이 난리를 일으킬까 걱정하여 장수들의 처자들 모두 구금하여 인질로 삼았다 하니, 이러한 상황에서 다른 나라를 넘볼 수가 있겠는가. 나는 근심할 단서가 없다고 여긴다'라고 언급하고 있다.[75]

한편, 1630년대를 전후해서 조선과 일본 양국의 외교사행 체제에 변화가 나타나고 있었다. 기유약조에 의해 규정된 일본의 대조선 외교사절은 차왜의 정례화로 변하였고, 조선의 대일본 사행은 일본 막부에 보내는 '통신사'와 대마도주에게 보내는 '문위행'의 이중 체제로 조정되었다. 이런 변화는 조일 양국의 상호 외교정책의 변화에 기인한 것이었다. 이전의 세 차례에 걸친 회답겸쇄환사가 왕래하는 동안 대마도에서는 조일 양국의 국서를 개

---

75) 『인조실록』 권31, 인조 13년 11월 7일(계축).

작하였다. 그러나 1631년(인조 9) 대마도의 가신 유천조흥(柳川調興, 야나가
와 시게오키)과 대마도주 종의성(宗義成, 소우요시나리)의 알력으로 양국의
국서가 개작되었다는 사실이 폭로되었다. 이 사건을 일본에서는 유천일건
(柳川一件, 야나가와사건)이라고 한다. 이 사건 직후 1635년(인조 13) 막부는
요시나리의 요청으로 이정암윤번제(以酊庵輪番制)를 제정하고, 국서의 체제
를 확립하여 조선에 대한 방침을 정하였다. 이정암윤번제란 경도 오산(五山)
의 승려를 1년 내지 3년의 윤번으로 대마부중(對馬府中)의 이정암에 거주시
켜 조선과의 왕복 문서에 관한 일을 관장시킨 제도이다. 후에는 통신사의
접대에 관한 일도 이정암의 승려가 담당하였다.

　이러한 상황에서 1636년 일본은 '일본 태평의 축하'라는 명목으로 조선
에 통신사를 파견해 줄 것을 요청해 왔다. 조선 조정은 '태평의 축하'라는 표
면적인 이유 외에 '유천사건'에 관한 정확한 정보 수집, 도쿠가와 정권(德川
政權)의 대조선 외교정책의 진의, 이에미쓰(家光) 정권을 비롯한 일본 국내
전반의 국정 탐색, 왜관 문제의 해결 등을 위하여 통신사를 파견하였다.76)

　그런데 실록에는 통신사 파견의 준비과정과 출발에 대해서는 전혀 기록
이 보이지 않고, 1637년 3월의 복명기사만 수록되어 있다. 그 이유가 무엇
일까? 이는 병자호란으로 인해 관련자료가 소실되었기 때문일 것이다. 1637
년 2월 춘추관에서 다음과 같이 아뢴 기사가 있다.

　　강도(江都)의 변으로 본관이 옮겨 놓은 《실록(實錄)》과 《시정기(時政記)》가
　모두 흩어져 없어졌는데, 그때 서리(書吏) 한 사람이 약간 권(卷)을 수습하여
　도로 서고(書庫)에 넣어 두었습니다. 그런데 지금 듣건대 공유덕(孔有德)과
　경중명(耿仲明)이 지나간다는 말 때문에 부내(府內)가 또 다시 텅비었다고 하
　니, 필시 재차 잃어버리게 될 근심을 면하지 못할 것입니다. 급히 본관의
　관원을 파견하여 수습할 기반을 마련하게 하소서.77)

---

76) 1636년의 통신사에 대해서는 이훈, 「인조대의 국정운영과 1636년의 통신사 외교」,
　　『한일관계사연구』 56, 2017 참조.

춘추관에 보관되어 있던 실록과 해마다 편찬하여 쌓아두던 시정기를 강화도로 옮겨 놓았었는데, 강도함몰로 인해 모두 흩어져 버렸다. 따라서 『인조실록』 편찬시에 불완전한 시정기가 사용되다 보니 병자통신사 관련 실록 기사도 누락될 수 밖에 없었을 것이다.[78] 그러나 다행히 이후의 통신사 기록은 『통문관지』와 증정교린지에 자세히 수록되어 있다.

대마도추(對馬島酋) 평의성(平義成)이 예조(禮曹)에 봉서(奉書)하기를, "접때 우리 대군(大君)이 수선(受禪)하였을 때에 전사(專使)가 오기는 하였으나, 선대군(先大君)이 흥서(薨逝)한 뒤로 훨씬 더 태평하니, 통신사(通信使)를 청합니다." 하였다. 임광(任)·김세렴(金世濂)·황호(黃尿)를 보내어 치하하고, 집정(執政)에게 글을 보내어 사로잡혀 간 사람들을 돌려보내도록 요구하였다.[79]

인조 14년 병자(1635)년에 관백 가광(家光)이 우리나라의 이웃 나라와 사귀는 성의와 믿음을 알고자 하여 대마도주를 시켜서 통신사를 요청하였다. 조정에서는 차왜가 온 것은 이미 관백의 명에 의한 것이니 국서(國書)가 오지 않은 것에 구애받을 필요가 없다 하여 임광(任絖), 김세렴(金世濂), 황호(黃尿)를 보냈다.[80]

또한 증정교린지에는 인조 13년에 대마도에 간 문위역관 홍희남 등이 아직 돌아오지 않았으므로 그로 하여금 의논하여 강정절목을 결정하도록 하였음을 밝히면서, 비로소 강정절목도 수록하고 있다.[81] 이를 제시하면 다음과 같다.

---

77) 『인조실록』 권34, 인조 15년 2월 27일(정유).

78) 1643년의 통신사 파견을 준비하면서도 예조에서는 '이번 통신사의 행차에 시행해야 할 여러 일들은 병자년(1636)의 사례대로 마련해야 마땅하나, 병자년 문서가 모조리 흩어져 잃어버려 근거로 상고할 수 없기에, 갑자년(1624)의 사례대로 마련하여 덧붙인 목록에 후록'한다고 하였다.[『통신사등록』 계미 정월 초5일 예조의 계목]

79) 『통문관지』 기년 / 인조대왕 14년 병자(1636)

80) 『증정교린지』

81) 증정교린지에 강정절목이 요약되어 수록된 것은 1636년의 병자통신사부터이고, 이전의 조선후기 3차에 걸친 회답겸쇄환사의 강정절목은 수록되어 있지 않다.

○ 사신은 금년 늦가을이나 초겨울에 들여 보낸다.

○ 국서는 '일본국 대군 전하(日本國大君殿下)'라고 써서 보낸다.

○ 별폭, 잡물은 이전보다도 더하여 보낸다.

○ 삼사는 대관(大官)으로 임명하여 보낸다.

○ 원역(員役)은 이전보다 더 거느리고 온다.

○ 집정(執政)에게 주는 서계는 따로따로 작성하여 보낸다.

○ 대군(大君) 및 집정(執政)에게 예단(禮單)을 올린다.

○ 가마[轎子]와 말은 사고 파는 것을 허락한다.

○ 상물(商物)은 엄금한다.

○ 대군 앞에서 이야기할 때에 그 말을 엿듣는 것을 엄금한다.

○ 서계(書契)의 문장은 겸손하고 다정하게 써서 보낸다.

○ 남악(男樂), 양마인(養馬人), 잡예기능(雜藝技能), 그림을 잘 그리는 자[善畵者], 글씨를 잘 쓰는 자[善寫者], 명의(名醫), 승마 기술에 능한 사람[馬才人]을 거느리고 온다.

이 강정절목에 의해 앞서 대마도에서 개작한 국서에 사용되던 '일본국왕' '일본국주' 대신 '일본국대군(日本國大君)'이 사용되기 시작했다. 일본 막부의 장군을 '대군'이라고 일컫는 칭호는 이후에도 계속 사용되었다.[82] 통신사의 원역은 증가되어 475명이 다녀왔다. 주목되는 것 가운데 하나는 원역으로 '마재인(馬才人)'이 포함된 것이다. 1634년 평의성이 보낸 서계에서 '우리 전하는 귀국의 기마술을 보고 싶어 신에게 귀국의 말 잘 모는 자 한두 명과 역관 1인을 보내달라고 청할 것을 명하셨습니다'라고 하였는데,[83] 이러한 점이 반영된 것으로 추측된다. 당시 마상재인 두 명을 데리고 가서

---

82) 6대 장군 덕천가선 때에 신정백석의 주장에 따라 1711년의 사행에서는 한때 '일본국왕(日本國王)'으로 바뀐 적이 있다.

83) 『인조실록』 권30, 인조 12년 12월 10일(임진).

마상재 기술을 자랑했다.

또한 절목을 강정하는 과정에서 차왜가 "통신사가 가지고 가는 국서 중에 '대군(大君)' 2자를 '귀국(貴國)' 2자보다 높게 하고 사신이 타고 가는 3 척의 배는 채색을 하고 서책(書冊)과 명마(名馬)를 들여 보내달라."고 하므로 이를 허락하였고, 국서의 초고를 보여 달라고 요청하여 갑자년(1624, 인조2)의 전례에 의해 베껴 써서 보이니 차왜가 "우리나라는 교묘한 것을 '현(賢)'이라 하므로 '현군(賢君)' 2자를 '비승선서(丕承先緒)'로 고쳐 달라."고 하므로 이것도 허락하였다.

병자년의 통신사는 1636년 8월 11일 인조에게 하직 인사를 올리고 출발하였다.[84] 그런데 일본에서 국서 전달을 위해 강호 본서사(本誓寺)에 머물고 있던 통신사는 일본 측으로부터 사전 협의에도 없었던 일광산(日光山) 방문을 요청받았다. 당시 일광산에는 덕천가강의 원당인 동조궁(東照宮)이 있었는데, 막부는 통신사의 동조궁 참배를 원했다. 합의되지 않았던 갑작스러운 요구에 통신사의 반응은 처음에는 부정적이었으나, 일본의 태평을 축하하기 위한 파견 목적 외에도 '유천일건(柳川一件)'으로 위상이 약화된 대마도주를 옹호하고 변화된 일본의 대조선 외교정책을 탐색하는 목적이 있었으므로, 세 사신은 곤경에 빠진 대마도주를 구하기 위해 앞선 통신사의 유람을 근거로 일광산 방문 요청을 받아들였다. 다만 그 방문 목적은 참배가 아닌 '천하명승지 유람'으로 한정하였다.

통신삼사는 1637년 3월 9일 귀국보고를 하였다. 그 사이에 조선에서는 병자호란이 발발하여, 강도가 함몰되었고, 남한산성에 피난했던 인조는 삼전도에서 청태종에게 항복하는 굴욕을 당하는 등 국가가 존망의 위기를 겪었다. 인조는 통신삼사를 불러 일본의 사정을 자세히 물었다. 인조와 정사 임광 사이의 문답 내용은 당시의 일본에 대해 잘 알려주고 있다. 다음은 인

---

84) 실록에는 통신사 관련 기사가 누락되어 있지만, 정사 임광의 『병자일본일기』, 부사 김세렴의 『해사록』, 종사관 황호의 『동사록』 등의 사행록이 남아 있다.

조와 임광 사이의 문답을 재구성한 것이다.[85]

> 인조: 일본의 사정은 어떠한가?
> 임광: 그 나라는 명령이 엄하여 이웃 나라 사신에게 그들의 사정을 알지
> 못하게 하였습니다. 그러나 신이 본 바로는 관백은 군병의 일을
> 힘쓰지 아니하여 포(砲)를 쏘는 일은 완전히 폐지하였으므로 사람
> 들이 포성을 들으면 놀라 어쩔 줄 몰라 하였습니다.
>
> 인조: 일본 전선(戰船)에도 방패막이가 있던가?
> 임광: 사면에 있었고 그 사이에 장막을 설치하여 무기를 갖추어 두고 있
> 었습니다.
>
> 인조: 접대하는 예는 어떠하던가?
> 임광: 그릇은 정결하고 진수(珍羞)가 가득하였으며 대단히 사치로운데다
> 예모도 후했습니다.
>
> 인조: 그들의 사치가 중국과 비교하여 어떻던가?
> 임광: 가택의 도배는 모두 니금(泥金)을 사용하였으며, 장관의 마구간이
> 혹 수백칸이 되는데, 모두 오색으로 단장했습니다. 이러한 점으로
> 미루어 볼 때 중국보다 심하다 하겠습니다.
>
> 인조: 사치가 그러한데 그곳의 백성은 곤궁하지 않던가?
> 임광: 사치가 이미 극에 달하고 부세도 역시 무거우니 농민의 곤췌함을
> 상상할 수 있습니다.
>
> 인조: 관백의 사람됨은 어떠하였으며, 그들의 정치는 또한 어떻던가?
> 임광: 그의 속마음은 알 수 없으나 외모로 볼 때 용렬한 사람은 아니었
> 습니다. 흉년을 만났을 때는 힘껏 너그러운 정치를 행하였고 또한
> 재화를 좋아하지 않아 평수길(平秀吉)보다 훌륭하다고 하였습니다.

---

85) 『인조실록』 권34, 인조 15년 3월 9일(무신).

인조: 가광(家光)이 대대로 승습할 것이라고 하던가
임광: 가광은 아들이 없어서 족자(族子)에게 전위한다고 하였습니다.

통신사 일행은 귀국한지 달포가 지난 윤4월에 정사 임광(任絖)과 부사 김
세렴(金世濂)은 각기 한 자급씩 더하고, 종사관 황호(黃屎)은 승서하였으며,
역관 일행 등은 차등 있게 시상받는 포상을 받았다.[86] 이는 전례에 따른 것
이었다.[87]

5. 1643년의 통신사 [계미통신사]

- 통신삼사: 정사 윤순지(尹順之), 부사 조경(趙絅), 종사관 신유(申濡)
- 조선국왕: 인조(仁祖, 재위 1623~1649)
- 일본쇼군: 도쿠가와 이에미쓰(德川家光, 재위 1623~1651)
- 대마도주: 소 요시나리(宗義成[平義成], 재위 1615~1657)

일본의 에도막부에서는 1641년 9월 17일 3대 쇼군 도쿠가와 이에미쓰(德
川家光)의 장남 도쿠가와 이에쓰나(德川家綱)가 태어났다. 당시 이에미쓰는
37세의 나이에 아들이 없다가 처음으로 득남한 것이다. 이 사실은 한달 후
인 10월 초에 대마도의 무역사절을 통해 조선에도 알려졌고, 이들에 의해
내년(1642)에 조선에서도 통신사를 파견하여 축하하면 좋을 것이라는 의견
이 제기되었다. 이는 동래부사와 경상감사의 보고에 의해 조정에서도 논의
되기 시작했으며, 1642년에는 정식으로 통신사 파견 요청이 왔다. 그리고
1943년에 윤순지(尹順之)·조경(趙絅)·신유(申濡)가 통신사로 다녀왔다.[88]

---

86) 『인조실록』 권34, 인조 15년 윤4월 28일(병인).
87) 『인조실록』 권34, 인조 15년 5월 16일(계미).

대마도주 평의성(平義成)이 홍희남에게 보낸 글에서 "대군(大君)의 나이가 장차 마흔이 될 것인데, 비로소 한 아들을 얻었으니 귀국에서 축하하는 사신을 보내야 할 것이고, 일광산(日光山)에 있는 덕천가강(德川家康)의 묘후(廟後)에 새로 사당(祠堂)을 세우는데 덕천가강은 조선을 위하여 풍신수길(豊秀吉)을 섬멸하고 화호(和好)에 성실하였으니, 반드시 물건을 보내어 자취를 남겨야 할 것입니다."라고 하였다. 이에 따라 조선에서는 청나라의 병부(兵部)에 자보(咨報)하니, 회자(回咨)에 '조선과 일본은 도리가 이웃 나라에 속하니 왕이 참작하여 행하도록 하라'고 하였다. 계미통신사는 1643년 4월에 바다를 건너가서 10월에 바다를 건너 돌아왔다. 차왜가 가지고 온 절목을 강정한 내용은 다음과 같다.

○ 신행(信行)은 3월 보름에 대마도에 들어간다.
○ 대군(大君)에게 보내는 서계(書契)는 전례에 따르고 약군(若君)에게 보내는 별폭은 조금 줄이되 마필(馬匹)은 감하지 않는다.
○ 약군에게 주는 서계와 별폭에는 모두 대군에게 주는 서계에 찍는 어보(御寶)를 찍어 차등을 두지 아니한다.
○ 삼사(三使)가 일광산에 나아갔을 때에 칙필(勅筆), 종(鍾), 향로[爐], 촉대(燭臺), 화병(花瓶) 등의 물품을 마땅히 준비하여 지급하고 제문(祭

---

88) 1643년의 계미사행부터는 통신사에 관련된 문서를 연월일 순으로 모아 필사한 『통신사등록』이 남아 있어서, 이를 활용하면 자세하고 구체적인 사행 서술이 가능하다. 현존 등록은 1641년(인조 19)부터 1811년(순조 11)까지 통신사행에 관련한 공문서를 조선의 예조 전객사(典客司)에서 등사하여 유형별로 묶은 것이다. 여기에는 통신사 왕래의 시작과 마무리에 걸쳐 작성된 문서가 거의 망라되어 있다. 주요 내용은 일본의 통신사 파견 요청, 국왕의 명령과 조정의 논의, 통신사행에 대한 제반 규정과 운영에 관한 기록, 통신사와 그 수행원에 대한 행동수칙, 일본에 보낼 예물, 통신사 및 수행원의 직위와 성명, 필요한 물품을 각 도에 부담시킨 내용, 파견 후 통신사의 보고 내용, 일본에서 받아온 서계나 국서, 일본이 보낸 선물목록 등으로 주로 1차 사료로서 의의가 있다.

文)은 삼사가 가지고 가고 향전(香奠)은 귀국의 예법에 의하여 행한다.

○ 대군과 약군 앞에서 상견하는 것 및 일광산에서 예를 행하는 것은 모두 전례에 따르고 만약 그때에 틀리는 것이 있으면 모두 대마도주가 말한 대로 한다.

○ 집정(執政) 등에게 주는 서계와 별폭은 전례대로 한다.

○ 대군에게 보내는 별폭은 그 품질이 좋은 것을 골라서 하고 그 중 양색단자(兩色緞子)는 더욱 없어서는 안 된다.

○ 약군에게 보내는 별폭에서 말과 매는 없어서는 안 되고, 이외에 기귀(奇貴)한 물품 및 대모 자루로 만든 붓[玳瑁筆], 여러 종류의 붓[各色筆] 또한 보낸다.

○ 약군에게 보내는 별폭에 어보(御寶)를 찍고 또 빈 종이 한 장에 어보를 찍어서 보낸다.

○ 대군과 약군에게 보내는 별폭의 물품은 작은 종이에 써서 보내고 물건도 이에 따라 들여보낸다. 이외에도 토산물을 적당히 헤아려 덧붙여 보낸다. 삼사가 쓰는 물품은 이전보다 배수로 보낸다.

○ 집정(執政) 등의 성명을 써서 보내니 이에 따라 글을 보낸다.

○ 매[鷹子]는 지금 절기는 지났으나 반드시 54, 55마리[連]에 맞도록 하고 품종을 가려서 보낸다.

○ 일광산에 삼사가 들어갈 때에 쓸 예단을 가지고 온다.

○ 사신은 대관(大官)으로 차송(差送)하고 상하 원역은 잘 선발하여 데리고 온다.

○ 역관(譯官)의 수가 적어서 차비(差備)가 부족하므로 왜어(倭語)를 잘하는 자를 혹 3, 4인 더 데리고 온다.

○ 유자(儒者), 글씨 잘 쓰는 사람[善寫者], 화원(畫員)의 수를 더하고, 의원(醫員), 악공(樂工), 마재인(馬才人) 및 활을 잘 쏘며 기예가 있는 군관(軍官)은 활 쏘는 도구를 가지고 온다.

○ 삼사가 대군 앞에서 예를 행할 때에 신을 신을 수 없다.

○ 삼사와 상하 원역이 일본을 왕복할 때의 법제사목(法制事目)을 베껴서 대마도에 보낸다.

○ 배가 정박한 곳에서 접대하는 것은 모두 대관(大官)을 뽑아 정하였으므로, 만일 삼사가 병을 칭하며 육지에 내리지 않으면 많이 준비한 물건을 헛되이 버리는 것이 가히 아까우니 삼사 중에 한 명은 반드시 육지에 내려서 음식을 먹도록 한다.

○ 바다와 육지 곳곳에 장막이나 집을 정성스럽게 갖추어 거느리고 있으므로 하인배가 제멋대로 출입하지 못하게 하며 한결같이 대마도주의 말에 따른다.

○ 일행이 타는 말은 따로 감관(監官)을 정하여 차례로 나누어 주므로, 하인배가 자기 마음대로 뺏어 가는 습관을 엄히 금한다.

○ 삼사가 타고 온 배가 정박할 때에 혹 앞서기도 하고 뒤서기도 할 것이니 포구에서 기다렸다가 차례대로 육지에 내린다.

○ 강호(江戶)에 도착하여 일을 마친 후 대마도주의 집에서 잔치를 열도록 청한다.

○ 삼사가 탄 배는 모두 색칠을 하고 배와 노 등을 일일이 잘 갖추어 일본의 비웃음을 사지 않도록 한다.

이상의 절목 가운데 약군(若君)에게 주는 서계(書契)는 강보에 싸인 어린 아이에게 주는 것으로 지극히 의리에 맞지 않는다고 하여 생략하였다. 약군(若君)은 관백(關白) 곧 장군(將軍, 쇼군)의 아들에 대한 호칭으로 관백(關白)을 대군(大君)으로 부르는 데에서 비롯된 것이다. 일본에서는 관백의 아내를 '어대양(御臺樣, 미다이사마)'이라 부르고, 뒤를 이을 아들은 '약군양(若君樣, 와카가미사마)'이라 하였는데, 조선에서도 이에 따라 관백의 아들을 약군으로 칭하였다. 약군에게 예물을 보내기 시작한 것은 바로 이때부터였다. 이후에도 약군에게 예단은 허락하고 서계는 허락하지 않은 것이 전례가 되었다. 1711년(숙종 37년) 관백의 아들이 아직 정식으로 책봉된 것이 아니라는 이유로 예단을 없앤 뒤 그것이 규례가 되었다고 하지만, 약군에 대한 예단은 영조대에도 계속되었다. 삼사가 대군 앞에서 예를 행할 때 신을 벗는 일도 들어 주지 않았다.

대체로 조선시대 통신사행은 바로 직전에 있었던 사행을 전례로 삼아 준비하였다. 그러나 1643년의 계미사행은 7년 전에 있었던 병자사행의 문서가 모조리 흩어져 버려 잃어버렸으므로 근거로 상고할 수 없었기에, 갑자년(1624)의 사례대로 마련하였다. 다음은 1643년 정월 초5일 예조의 계목을 행도승지 정태화 차지로 입계하여 그대로 윤허 받은 내용이다.[89]

○ 사신의 반전(盤纏, 노자)등의 물자는 해당 관청에 명하여 미리 먼저 조치하게 함.
○ 사신 일행에게 하사하는 쌀은 한결같이 연경(燕京)에 가는 사신의 사례대로 마련함.
○ 사신의 장복(章服)은 부사 이상은 모두 당상관의 장복을 상의원에 명하여 만들어 지급하게 함.
○ 일행 원역(員役)의 의복과 신발(靴子) 등의 물자는 공조와 제용감에 명하여 만들어 지급하게 함.
○ 사신의 형명기(形名旗)와 둑(纛)은 본도에 명하여 만들어 지급하게 함.
○ 맞이할 때의 취라치(吹螺赤)는 본도에 명하여 정하여 보내게 함.
○ 상선(上船) 2척, 하선(下船) 2척, 소선(小船) 2척은 격군(格軍)과 함께 본도에 명하여 미리 먼저 만들고 간택하여 호송하게 함.
○ 사신이 가져가는 인신(印信) 1알은 주조된 관방인(關防印)을 갖추어 공조에 명하여 만들어 보내게 하되, 인가(印家, 도장집)와 관가(官家, 관

---

89) 『通信使謄錄』, 1643년(인조 21) 1월 5일.

방인신집)와 가죽 남라개(南羅介, 문서통)한 바리를 본도에서 만들어
대령하게 할 것.

○ 상사(上使)는 자제 2원, 군관 6원, 종 2명, 부사(副使)는 자제 2원, 군관
6원, 종 2명, 종사관(從事官)은 자제 1원, 종 1명, 왜통사(倭通事) 5원,
한통사(漢通事) 2원, 의원 2원, 화원(畵員) 1원, 별파진겸군관(別破陣兼
軍官) 2인, 포수(砲手) 2명은 감원하여, 갑자년(1624)의 사례에 의하여
각 해당 관청에서 선발하여 보냄. 사자관(寫字官)은 병자년(1636)에 2
원을 데려간 사례가 있는데, 이 사례대로 시행함.

○ 바다를 건널 때 일행을 수검(搜檢)하는 등의 일은 사신이 엄하게 금단
하여, 원역 등이 만약 함부로 범하는 일이 있으면, 조정으로 귀환한
뒤에 일일이 조사하여 계문(啓聞)함.

○ 정남침(定南針)은 관상감에 명하여 찾아 지급하게 함.

○ 일행의 원역은 각기 종 1명을 거느림.

○ 사신 이하가 관문이나 나루를 넘어갈 적에 검사할 문자가 있어야 하
는데, 갑자년(1624)의 사례에 의거 마련하여 지급함.

○ 사신이 돌아 들어올 때 갑자년(1624)의 사례에 의거하여, 우리나라에
서 사로잡혀간 인물을 쇄환(刷還)하기 위하여, 본조(本曹, 예조)에서
만들어 준 돈유공문(敦諭公文)으로 찾아다니며 쇄환하여 무마하고 보
살펴 거느리고 올 것.

○ 일본국왕에게는 '위정이덕(爲政以德)' 서계를 찍는 것이 전례였다고
하니 이대로 시행함.

○ 일본국 집정과 대마도주와 수직왜(受職倭), 수도서인(受圖書人) 등에게
는 사신이 돌아 들어올 때 차등을 두어 서신을 보내고 선물을 증정하
는 전례가 있다고 하니 이대로 마련하여 시행함.

○ 시급한 일이 있으면 파발마를 보낼 것.

○ 미진한 조건은 추가로 마련함.

계미사행 삼사의 인사는 위 조건이 마련된 다음 날인 정월 초6일에 이루어져, 병조 참의 윤순지(尹順之)를 통신 상사(通信上使)로, 전한(典翰) 조경(趙絅)을 부사(副使)로, 이조 정랑 신유(申濡)를 종사관으로 삼았다.[90] 인조는 2월 20일에 사행길에 오르는 삼사를 불러 보았다. 그리고 청나라 상황, 일광산 치제, 약군 배례 등에 대해 준비했다.[91]

계미사행에서는 1936년에 삼사가 에도에서 갑작스런 요청에 의해 일광산사에 처음 들렀던 것이 이제 정례화되어 간다. 일광산사(日光山社)는 일본의 도쿠가와 이에야스가 안장된 사당이다. 1616년 에도막부(江戸幕府)를 개창했던 도쿠가와 이에야스[德川家康]가 사망하자 처음에 구능산 동조궁(東照宮)에 유골을 안치하였다가, 이듬해 도치기현의 닛코[日光] 시에 있는 일광산(日光山) 사당을 건립하여 다시 안치하였다. 이 사당은 에도막부의 3대 쇼군이었던 도쿠가와 이에미쓰[德川家光]대에 들어 크게 확장하였는데, 사당이 준공되자 1642년(인조 20) 2월 왜차(倭差)가 와서 편액(扁額)과 시문(詩文)을 청하므로 조정이 허락하였다. 다소 논란이 있었지만 일본의 요구에 응하여 선조의 여덟째 아들인 의창군(義昌君) 이광(李珖)에게 일광정계(日光淨界)라는 큰 네 글자의 편액을 쓰게 하고 또 종을 주조하여 보내게 하였는데, 이명한(李明漢)이 서(序)를 짓고 이식(李植)이 명(銘)을 짓고 오준(吳竣)이 글씨를 썼다. 시문은 대제학 이명한으로 하여금 먼저 칠언율(七言律) 한 수를 짓도록 하고, 뽑힌 최명길·이식·홍서봉·이명한·이성구·이경전·신익성·심기원·김시국 등으로 화답하게 했으며, 이명한에게는 오언 배율(五言排律)을 더 짓도록 했다.[92] 이후 조선의 통신사가 일본을 방문할 때에는 일광산(日光山)에 제사 지낼 때의 예모에 관한 절목을 조정에서 미리 강구하여 의

---

90) 『인조실록』 권44, 인조 21년 1월 6일(신축).

91) 『인조실록』 권44, 인조 21년 2월 20일(갑신).

92) 『인조실록』 권43, 인조 20년 2월 18일(무오). 당시 김류도 뽑혔으나 그는 아버지 金汝岉이 임진 왜란에 죽었기 때문에 사양하고 짓지 않았다.

주(儀註)를 만들어 사신에게 가져가게 하고,[93] 직접 제의(祭儀)에 쓸 물건도 준비하여 치제를 지내게 하였다.[94]

계미사행은 쇄환사가 아니었지만, 피로인을 일부 쇄환했다. 사행을 떠나기 전에 윤순지는 이제 임진년부터 거의 60년이 되었으니, 아마도 그 당시 잡혀간 사람은 늙어 죽어 남아 있는 자가 얼마 없을 것이고 혹시 생존자가 있더라도 이미 그곳에 안주하여 고향 땅을 그리는 생각이 없을 듯하니, 쇄환하는 일을 어떻게 조처해야 할지 아뢰었고, 이에 대해 인조는 그들은 비록 돌아오고 싶은 뜻이 없더라도 우리의 도리로서는 마땅히 말해야 할 듯하다고 지시한 바 있다.[95] 쇄환 결과는 임진·정유년에 사로잡혀간 인민들은 모두 자손을 두고 그 땅에 안주해 살면서 고향에 돌아가려고 하지 않아 남녀 14명만 데리고 나왔다.[96] 그러나 돌아온 사람조차도 비록 본적지로 돌려보낸다 하더라도 그 친속들은 필시 생존해 있지 않을 것이니 굶주리고 추위에 떨 것이 염려되었다. 경상 감사에게 양곡을 계속 지급하게 하여 굶어 죽지 않도록 조치했다.[97]

6. 1655년의 통신사 [을미통신사]

- 통신삼사: 정사 조형(趙珩), 부사 유창(俞瑒), 종사관 남용익(南龍翼)
- 조선국왕: 효종(孝宗, 재위 1649~1659)

---

93) 『인조실록』 권44, 인조 21년 1월 23일(무오).
94) 『인조실록』 권44, 인조 21년 1월 24일(기미).
95) 『인조실록』 권44, 인조 21년 1월 23일(무오).
96) 『인조실록』 권44, 인조 21년 10월 29일(기축). 이는 10월 29일에 윤순지가 돌아오면서 대마도에서 치계한 내용으로, 오다가 도중에 병들어 죽은 자가 여섯 사람이라고도 밝히고 있다.
97) 『인조실록』 권44, 인조 21년 11월 3일(계사).

■ 일본쇼군: 도쿠가와 이에쓰나(德川家綱, 재위 1651~1680)
■ 대마도주: 소 요시나리(宗義成[平義成], 재위 1615~1657)

1651년(효종 2) 일본의 제3대 쇼군이었던 도쿠가와 이에미쓰(德川家光)가 사망하자 그의 장남이었던 도쿠가와 이에쓰나(德川家綱)가 제4대 쇼군으로 취임하였다. 도쿠가와 이에쓰나가 취임하고 2년이 지난 1653년(효종 4) 9월 대마도주(對馬島主) 소 요시나리(宗義成)가 통신사 파견 요청서를 예조 참판과 예조 참의, 동래부사와 부산첨사 앞으로 보냈다. 이어 1654년 6월과 9월에는 통신사가 1655년 8월 초순에 강호에 도착할 것을 요청하였고, 다시 1655년 1월에는 5월 하순에 대마도에 도착할 것과 8월 하순에 강호에 도착할 것을 요청하였다. 당시 일본의 도쿠가와 이에쓰나(1641~1680)는 11세의 어린 나이에 쇼군으로 즉위하여 정치를 할 수 없었기 때문에 숙부이자 후견인인 호시나 마사유키, 이에미쓰에게 충성했던 마쓰다이라 노부쓰나, 사카이 다다카쓰 등의 가신단이 그를 보좌하고 있었다. 그는 사신이 갔을 때 겨우 15세에 불과했다. 조선은 인조가 1649년에 타계하고 37세의 효종(1619~1659)이 재위(1649~1659)하고 있었다.

사행의 강정절목(講定節目)은 1654년(효종 5) 예조와 동래부의 지시를 받고 대마도에 갔던 문위역관(問慰譯官) 이형남(李亨男)·박원랑(朴元郎) 등과 대마번 사이에서 결정되었다. 절목의 내용은 다음과 같다.

○ 별폭은 계미년(1643, 인조21)의 예(例)에 의하고 그 외의 한두 가지 품목을 마땅히 더 보낸다.
○ 매[鷹子]는 현재 여름철이므로 반드시 중로에서 죽을 염려가 있으니 그 수를 배로 늘려서 들여보낸다.
○ 준마(駿馬) 2필 중에 1필은 월라(月羅)로 하고 1필은 가라(加羅)로 하는데 붉은 털이 많고 중간에 순색(純色)으로 털이 없는 것은 말 안장

을 갖추어 들여보낸다.

○ 대권현당(大權現堂) 영묘(靈廟) 앞으로 월라 준마 1필을 들여보낸다.

○ 사신 일행은 먼저 대유원(大猷院)을 참배하고 그 다음으로 대권현을 참배한다.

○ 대유원에서 제사를 지낼 때에 등롱(燈籠), 악기(樂器) 및 제물을 정성스럽게 준비하고 각종의 과일은 그 수를 배로 하며 숙수(熟手) 1명을 데리고 온다.

○ 대군(大君)에게 보내는 서계는 은으로 장식하고 옻칠을 한 궤 속에 넣고 안팎을 보자기로 싸서 보낸다.

○ 아무것도 쓰지 않은 종이[空紙]로 첩(貼)을 만들어서 전과 같이 보낸다.

○ 바다나 육지에서 대접하는데, 사신 일행이 만약 육지에 내리지 아니하면 음식을 헛되이 내버리게 되어 아까우니 한결같이 대마도주가 말하는 대로 따른다.

○ 원역의 의복은 모두 비단[緞紬]으로 하고 소동(小童) 또한 나이가 어리고 단정한 자를 데리고 온다.

○ 삼사가 탈 배는 채색하고 잘 만들어서 일본의 웃음거리가 되지 않게 한다.

○ 마상재(馬上才)는 이번 길에는 데려오지 않고 악공(樂工)은 다만 한두 사람만 데리고 온다.

○ 독축관(讀祝官)은 말 잘하는 사람을 잘 가려서 관복(官服)을 갖추어 데리고 온다.

○ 각 역참에 들어와 대기하고 있는 말들은 모두 대관(大官)과 집정(執政)의 말들인데, 원역 등이 채찍을 휘둘러 빨리 달리게 하여 이따금 죽이는 일이 있었으니, 이번에는 전과 같은 일이 없도록 한다.

○ 집정 등의 성명을 써서 보내니 이것에 의하여 글을 써 보낸다.

○ 화원(畫員)은 그림 잘 그리는 사람으로 잘 가려서 뽑고 설봉(雪峯)도

역시 데리고 온다.

○ 어필(御筆)을 써서 보낼 때에 글뜻을 은근하게 쓰도록 힘쓴다.

○ 대권현당(大權現堂)에는 특별히 향전(香奠)을 올리도록 허락한다.

이상 여러 조목을 대마도주가 일본 문자로 써서 보냈는데, 그 중 어필을 써 보내라는 것과 향전을 허락한다는 조항에 대하여는 이형남(李亨男) 등이 결코 조정에 아뢸 수 없다고 책망하고 달래었다. 그러나 그 후에 조정에서는 특별히 어필을 허락하였다. 또한 절목을 살펴본 조선 조정에서는 강정한 여러 조목 중에서 별폭(別幅)을 더 보낸다는 것은 차왜(差倭)가 오기를 기다려 그 말을 듣고 처리하기로 했으며, 매[鷹子]는 반드시 배수로 보낼 필요가 없고, 대권현당(大權現堂)에 보내는 말과 예단은 헤아려 마땅히 그 수를 감하고 그 대신 다른 물건을 들여보내기로 했다. 아무것도 쓰지 않은 종이로 첩(貼)을 만들어 보내는 일은 거절했다. 그 나머지는 모두 허락하여 시행하기로 했다.

이 절목을 살펴보면 1655년의 통신사행은 1643년의 통신사행에 준해서 준비하고 있다. 그러나 1643년의 통신사행은 약군의 탄생을 축하하는 성격인데 비해 1655년의 통신사행은 장군의 습직을 축하하는 사행이었다. 따라서 부분적으로 차이가 있다. 대유원을 먼저 참배하고 대권현을 참배하도록 하였는데, 대권현은 도쿠가와 이에야스의 묘당이고, 대유원은 얼마전에 타계한 도쿠가와 이에미쓰의 묘당으로 권현묘(이에야스의 묘당)보다 서쪽 400m 쯤에 위치했다. 이에미쓰가 1651년 4월에 죽자 시신은 일광산에 매장하고, 영묘인 대유원 축조가 이루어져서 1653년 4월에 완공되었기 때문에 통신사의 대유원 참배는 처음 이루어진 것이고, 따라서 더욱 정성을 드리도록 하였다. 대유원 치제 내용은 통신사등록은 물론, 춘관지, 증정교린지, 부상록 등에 자세히 수록되어 있다. 일본에서 원역으로 마상재는 데리고 오지 않도록 했는데, 이 또한 무단정치가 아닌 법과 제도에 의한 정치를 추구해

나가는 이에쓰나 정권의 성격을 잘 보여준다. 당시 통신사들의 사행록 기록
에서도 곳곳에서 일본의 문사와 학문의 성장이 크게 이루어지고 있음을 엿
볼 수 있다.

통신사행의 편성은 정사에 조형(趙珩), 부사 유창(兪瑒), 종사관 남용익(南
龍翼)이 선발되었으며, 당상역관(堂上譯官)·상통사(上通事)·의원 등 모두 485
명으로 구성되었다. 삼사는 1655년 4월 20일 효종을 알현하여 사직 인사를
드리고 출발하여,98) 중간 집결지인 영천과 최종 집결지인 부산에서 전별연
을 행하고, 5월 27일 부산에서 배를 탔으나, 장마비가 계속되어 출발이 지
연되다가, 6월 9일에야 출항하였다. 그러나 순항이 제대로 이루어지지 않아
7월 21일에야 대마도주 종의성과 이정암(以酊菴) 장로(長老)들의 호행을 받
으며 대마도에서 출항하였다. 강호성에 들어가 국가의례를 수행한 것은 10
월 8일이다. 사행 중에 부사선(副使船)에 실었던 예단이 도중에 젖었으므로
경상도내(道內)에 분정(分定)하여 다시 준비하도록 하였으며, 예조의 서계(書
契)도 한 번 고쳐 써서 비선(飛船)으로 들여보냈다.

강호성에서는 의례가 끝난 후 이전 사행과 마찬가지로 향연이 있었으며,
10월 18일에 덕천가강의 무덤이 있는 일광산에 도착하여 덕천가강에 대한
분향과 3대 장군 덕천가광에 대한 치제를 드렸다. 당시 조선에서는 일광산
치제 제문과 등롱(燈籠) 1쌍, 일광산 편액 제작 등 거듭된 대마번의 요청을
받아들였으며, 일광산 치제에서 을미신사는 조선 왕의 어필을 봉안하고 참
배를 끝냈다. 강호를 떠날 때 덕천가강의 국서와 선물 품목이 적힌 별폭(別
幅)을 받아서 출발하였으며, 1656년(효종 7) 2월 10일 부산에 입항한 후 20
일에 한양으로 돌아와 복명(復命)을 마쳤다. 사행일정은 모두 10개월이나
걸렸다.

당시 조선 조정에서는 통신사가 떠나기 전에 청나라에 이를 통보하였으
며,99) 연호도 청나라 3대 황제의 연호인 순치(順治, 1644~1661)를 사용했

---

98) 『효종실록』 권14, 효종 6년 4월 20일(갑술).

다.[100] 효종은 1656년 2월 28일 일본에서 돌아온 통신삼사를 불러보고, 해외에 사신으로 갔다가 1년이 지나 돌아왔으니 아픈 곳들은 없는지 위로하였다. 또한 일본의 관백이 어떤 사람인지 하문하자, 조형 등은 나이 겨우 16세이고 성품 또한 어둡고 용렬한 듯하다고 대답하고 있다. 효종은 일본이 사신들을 우대한 것은 전적으로 사신의 임무를 잘 수행했기 때문이라고 위로하였다.[101] 또한 3월 13일에는 정사 조형과 부사 유창에게 가자를 명했다.[102]

7. 1682년의 통신사 [임술통신사]

- 통신삼사: 정사 윤지완(尹趾完), 부사 이언강(李彦綱), 종사관 박경후(朴慶後)
- 조선국왕: 숙종(肅宗, 재위 1674~1720)
- 일본쇼군: 도쿠가와 쓰나요시(德川綱吉, 재위 1680~1709)
- 대마도주: 소 요시자네(宗義眞[平義眞], 재위 1657~1692)

1680년 에도막부의 제4대 쇼군 도쿠가와 이에쓰나(德川家綱)가 후사 없이 죽자, 제3대 쇼군인 도쿠가와 이에미쓰의 4남이며, 이에쓰나의 동생인 도쿠가와 쓰나요시(德川綱吉)가 1680년 8월 23일 5대 쇼군이 되었다. 그리고 1681년(숙종7) 6월 쓰나요시의 쇼군 취임 축하를 위하여 대마(對馬)를 통해 조선에 통신사 파견을 요청했다.[103] 동래 부사 남익훈(南益薰)은 장계를 올려, "차왜(差倭)의 말 중에 통신사행은 내년 7, 8월에 대마도에 도착해야 하

---

99) 『효종실록』 권14, 효종 6년 3월 1일(병술).
100) 『효종실록』 권14, 효종 6년 6월 22일(을해).
101) 『효종실록』 권16, 효종 7년 2월 28일(정축).
102) 『효종실록』 권16, 효종 7년 3월 13일(임진).
103) 『숙종실록』 권11, 숙종 7년 6월 24일(을사). 東萊府使가, 倭差가 通信使를 청하려고 장차 나아오겠다고 하였다는 것을 馳聞하였다.

고, 글씨를 잘 쓰는 사람과 6냥 무게의 화살[六兩箭]을 잘 쏘는 사람을 뽑아
서 보내며, 사신들의 성명을 회답서계(回答書契) 중에 자세히 써주고, 서계
의 초고도 베껴서 보여주며, 매의 숫자[鷹連]는 배로 하여 미리 대마도로 보
내 기르도록 하고 관백(關白)에게 아들이 있으므로 보내는 선물이 없을 수
없다고 하였습니다.”라고 보고하였다.

비변사에서는 7월 통신사의 차출을 계청하였고,[104] 12월에는 대마도주
종의진(宗義眞)이 에도에서 대마도로 돌아온 것을 위문하기 위해 대마에 건
너갔던 문위역관 변이표(卞爾表)와 한후원(韓後瑗) 등의 보고를 바탕으로 본
격적인 사행절목강정(使行節目講定)이 이루어졌다. 당시 대마도주 평의진(平
義眞)[소요시자네(宗義眞)]의 서계에서

　　내년에 통신사가 대군(大君)의 계업(繼業)을 축하하러 오겠으나, 그 서계
　(書契)와 별폭(別幅)은 글이 신중해야 하고 물건이 정비(精備)해야 합니다. 평
　의진(平義眞)이 봉작(封爵)을 이어받고 나서 처음으로 성대한 사신 행차가 우
　리 땅에 들어오게 되었는데, 우리 가종(家從) 가운데에서 마침 을미년(1655)
　의 예를 아는 자는 다 늙어서 일을 맡지 못하거니와, 이번 일행(一行)은 귀
　국(貴國)도 그러할 것으로 생각하나, 본국(本國)의 풍습은 폐주(弊州)가 잘 아
　는 바이니, 시의(時宜)에 따라 헤아려서 지휘(指揮)하여 예(禮)가 이루어지고
　일이 이루어지게 하시기 바랍니다. 그러면 인호(隣好)가 오래도록 더욱 두
　터워질 것입니다.

라고 하면서 도주(島主)와 봉행(奉行)에게서 모두 별단(別單)이 있었고, 사행
(使行)의 절목(節目)과 청구하는 물건을 조목으로 열거(列擧)하였다.[105] 27년
만에 이루어지는 통신사행이기 때문에 새로 준비해야 할 일이 많았다. 다음
은 『증정교린지』에 열거되어 있는 조목이다. 이 『증정교린지』의 조목과 실

104) 『숙종실록』 권12, 숙종 7년 7월 3일(갑인).
105) 『숙종실록』 권13, 숙종 8년 1월 15일(계해).

록의 관련기사를 통해 정리해 보자.(번호는 필자가 논의를 위해 삽입하였음)

① 등롱(燈籠)과 악기는 모두 그 구례에 따라서 하고, 등롱의 명문(銘文)
은 먼저 그 초본을 보여준다.

② 권현당(權現堂)과 대유원(大猷院) 두 곳에서는 단지 분향만 하고 엄유
원(儼有院)에서만 제사를 지낸다.

③ 예조의 도장을 찍은 종이 몇 장을 들여보낸다.

④ 왜 사공(倭沙工)은 삼사선(三使船)에 나누어 타고서 바람과 조수를 기
다리게 한다.

⑤ 일행이 타는 말을 너무 달리게 해서 길에 쓰러져 죽는 일이 없게 한다.

⑥ 일행들이 사관 밖에 함부로 나다니거나 혹 금지된 물건을 몰래 매매
하지 못하도록 한다.

⑦ 글에 능하고, 글씨를 잘 쓰고, 그림을 잘 그리고, 말을 잘 다루고, 활
을 잘 쏘고, 말을 잘 타고, 힘이 센 사람을 데리고 오도록 한다.

⑧ 상상관(上上官), 압물관(押物官), 양의(良醫)를 증원한다.

⑨ 삼종실(三宗室)과 집정(執政)에게 삼사가 주는 물건 중에 무명[木綿],
호두, 잣, 화석(花席), 유둔(油芚), 설면(雪綿), 패향(佩香), 청심원(淸心
元) 등의 물건은 동도(東都, 강호)에서 쓰는 물건이 아니다. 이 밖에
매, 인삼, 호피(虎皮), 표피(豹皮), 청서피(靑黍皮), 양피(羊皮), 백저포(白
苧布), 붓, 먹, 능단(綾緞), 색종이, 어피(魚皮), 녹두(菉豆), 백밀(白蜜),
작은 칼[小刀]을 가지고 온다.

⑩ 사신이 타는 배의 큰 노와 철정(鐵錠)은 대마도에서 실어 보내고, 의
롱(衣籠) 몇 짐도 만들어 보낸다.

⑪ 대군(大君)에게 보내는 서계(書契)는 정성스럽게 만들어서 보자기에
싸고 궤에 넣는다.

⑫ 사신 일행이 데리고 오는 사람은 채색 옷을 입는다.

⑬ 폐백(幣帛)을 싣는 말과 예단(禮單)을 싣는 말 이외에 미리 말 3, 4필
을 보내되, 얼룩말, 검은말, 자황색 등의 말을 더 보낸다.

⑭ 예단에 들어 있는 매 50마리[連] 이외에 10마리를 더 보낸다.

⑮ 바다나 육지의 각 역참에서는 예에 따라 5일지공(五日支供)을 지급하
고, 대판(大坂) 및 양도(兩都)와 그 나머지 큰 읍(邑)에서는 숙공(熟供)
으로 잔치를 베푼다.

⑯ 집정(執政) 봉행(奉行) 등 10인 이외에 대집정(大執政) 1인, 서경 윤(西
京尹) 1인, 봉행 2인에게 줄 물건을 더 가지고 온다.

이러한 절목에 대해 예조에서는 다음과 같은 의견을 제시했다.

엄유원이란 곧 일본의 선대군(先大君)의 묘호(廟號)입니다. 어필(御筆)의 편
방(扁榜)을 얻기를 청하는 것은 전례(前例)가 있기는 하나 일이 매우 중대하
니, 묘당(비변사)을 시켜 여쭈어서 처치하게 하소서. 또 '등롱·악기 따위
물건은 한결같이 구례를 따르되 등롱의 명자는 먼저 초본(草本)을 보여 주
고 모양과 고저(高低)는 우리 제도에 따르기 바란다[①].' 하였는데, 이것도
전례가 있으니, 승문원을 시켜 가려 내어 등초(謄草)하여 보내야 하겠습니
다. 또 '권현당·대유원 두 곳에는 분향만 해야 하고 엄유원에는 치제(致祭)
한다[②]' 하였으니, 이에 따라 시행해야 하겠습니다. 또 '예조의 인지(印紙)
몇 장을 가져오라[③]' 한 것은 공명첩을 말하는 것인 듯한데, 역관이 이미
쟁집(爭執)하였으니, 여전히 거절해야 하겠습니다. 대판성(大板城)과 양도(兩
都)에서 지대하는 관원에게 사신이 치경(致敬)하는 일[⑮]과, 왜인 고사(篙師)
가 세 사신의 배에 나누어 타서 바닷물과 바람을 살피는 일[④]과, 통신사
가 저들 땅에 이른 뒤에 일행이 타는 말[騎馬]을 몰아 달려서 죽게 하지 말
것[⑤]과, 일행의 인원이 관소(館所) 밖을 마구 다니며 금하는 물건을 몰래
매매하거나 문에 침을 뱉고 기둥에 새기는 짓을 못하게 하는 일[⑥]과, 사
행은 반드시 5월 안에 배를 띄워야 한다는 따위 몇 가지는 사신에게 분부
하여 이에 따라 거행하게 하고, 글을 잘하고 글씨를 잘 쓰고 그림을 잘 그
리고 말을 잘 부리고 활을 잘 쏘고 말을 잘 타고 완력이 있는 자를 데려가

는 일[⑦]은 해조(該曹)에 분부(分付)하여 가려 보내야 하겠습니다. 또 '상상
관 3원은 양의(良醫)·양역(良譯) 같으면 인원을 더하여도 무방하나, 쓸데없는
사람은 데려오지 말라[⑧].' 하였는데, 상상관이란 당상 역관을 가리키는
것입니다. 당상 역관·당하 역관과 의관(醫官) 등을 더 보내어도 무방하겠으
나, 변통에 관계되는 일이니, 묘당을 시켜 여쭈어서 처치하게 하고, 쓸데없
는 사람을 데려오지 말라는 것은 사신에게 분부하소서. 봉행(奉行) 등의 별
단에 '세 종실과 집정 몇 사람에게 세 사신이 보내 주는 물건이 여러 가지
인데, 목면·호도·백자(柏子)·화석(花席)·유둔(油芚)·설면(雪綿)·패향(佩香)·청
심원(淸心元) 따위 물건은 동도(東都)의 관인(官人)이 쓰는 것이 아니며, 그 밖
의 매[鷹]·삼·호피·표피·백조포(白照布)·붓·먹·능단·색지(色紙)·어피(魚皮)·녹
두·백밀(白蜜)·소도(小刀)는 괜찮다[⑨].' 하였는데, 세 종실이라 한 것은 그
들의 대납언(大納言) 등을 가리킨 것입니다. 이미 쓸데없다고 한 물건은 보
내 줄 것 없거니와, 초피·표피 같은 것은 혹 전례에 없던 것이라도 먼 데
사람의 청을 전혀 거절할 수 없으니, 간략하게 마련하여 보내야 하겠습니
다. 또 '세 사신[三使]의 배에 쓸 대삭·철정은 폐주(弊州)에서 실어 보내고 세
사신의 의롱(衣籠)도 스스로 만들겠다[⑩].' 하였는데, 저들을 시켜 만들게
하는 것은 매우 구차하니, 사신을 시켜 정밀하게 만들도록 힘써서 웃음거
리가 되지 않게 해야 하겠습니다. 또 '대군(大君)에게 보내는 서계는 궤에
담되 정하게 만들어야 하고[⑪], 사신 일행의 하졸(下卒)은 새옷을 입어야
하며[⑫], 폐백마·예단마 외에 3, 4필을 더 보내되 털빛[毛色]은 박(駁)·이(
驪)·자류(紫騮)를 얻기 바라고[⑬], 예단응 50연 외에 10연을 더 바란다[⑭]'
한 것은 모두 바라는 대로 주도록 허가하소서. 등롱·악기는 이번에는 엄유
원에만 치제하니, 각각 한 건씩만 만들어 보내야 하겠습니다. 집정·봉행
등 10인 이외에 4인을 더 적어서 아울러 증급(贈給)을 청한 것[⑯]은 묘당을
시켜 여쭈어서 처치하게 하소서.

이렇게 예조가 아뢴 의견에 대해 비변사에서는 편액[扁牓]의 일은 전례에
따라 시행하도록 허가하고, ⑧의관·역관을 더 보내는 것도 들어 주되, ⑬예
단마·폐백마를 더 보내는 것은 전례에 없던 일이므로 들어주어서는 안 되
겠고, ⑯집정·봉행 등 더 적은 것은 정태(情態)를 헤아리기 어려우므로 우

선 그에 따라 마련하고 사신을 시켜 형세를 보아 선처하게 하라고 하였으며, 예조에서는 다시 ⑬예단마·폐백마는 더 보낼 수 없더라도 병드는 폐단이 있을는지 모르니, 을미년(1655)의 예에 따라 경상도로 하여금 2, 3필을 미리 준비하였다가 임시하여 바꾸어 보내고, ③집정·봉행 가운데에 갈린 사람이 있으면 사신이 저 곳에 이른 뒤에 서계(書契)를 고쳐 쓰기 어려울 것이니, 직성명(職姓名)을 우선 써 넣지 말고 보내게 하라고 아뢰니, 숙종은 그대로 따랐다.106)

　이러한 강정절목의 논의가 있은 후 1682년 정월 15일 동래부사는 강호에서 보내온 통신사행절목을 치계하였는데, 거기에 다음과 같은 몇 가지 보충설명이 보인다.107)

　　관백(關白)이 미처 일광산(日光山)에 가 뵙지 않았는데, 다른 나라의 사신이 먼저 분향하는 것은 미안하니, 일광산의 분향과 엄유원의 치제 등을 모두 하지 말고, 폐백(幣帛)·향촉(香燭)만을 가져오고, 등롱(燈籠)·화병(花餠)·제수(祭需) 따위 물건을 다시 더 장만하여 보내지 말라.

　　종전에는 사행을 지공(支供)하는 음식은 다 익힌 것으로 장만 하였으나, 세 사신이 수저를 대지도 않아서 물과 뭍에서 나는 음식의 공억(供億)이 허사로 돌아갔으므로, 이제는 마른 것으로 닷새에 한 번씩 보내려 하거니와, 이따금 마지못하여 익힌 것으로 장만하는 곳이 있어서 입에 맞지 않더라도 애써 받아 주기 바란다.

　　기계(器械)를 받쳐드는 여러 집사(執事) 이외의 긴요하지 않은 사람은 많은 수를 데려올 필요가 없으니, 도합한 수가 3, 4백 인을 넘지 않게 하되, 의관·역관은 한두 사람을 더 데려와도 무방하나, 의관은 반드시 기술이 정통한 자를 가려야 한다.

　　표피·생저포(生苧布)·백저포(白苧布)·꼬리가 있는 향초피(鄕貂皮)·양피(羊皮)·

---

106) 이상은 숙종 8년 1월 15일의 실록기사에서 '先是'라는 기사로 적혀있는 내용이다. 『숙종실록』 권13, 숙종 8년 1월 15일(계해).
107) 『숙종실록』 권13, 숙종 8년 1월 15일(계해).

대추[大棗]와 몸을 온전히 갖춘 죽은 범[虎] 한 마리를 요구하였는데, 범은 온
전한 것을 구하기 어려우면 범 한 마리의 뼈 전부를 갖추어 보내기 바란다

이는 앞의 강정절목의 내용 가운데 조선과 일본 사이에 의견의 일치를
보지 못한 사항에 대한 보충 설명으로 여겨진다. 예조에서는 청한대로 시행
하되 표피는 수를 줄여서 허락하기를 청하였고, 숙종도 그대로 따랐다. 그
러나 40여일이 지난 2월 21일 예조에서는 동래부사 남익훈의 장계 내용 가
운데 미진한 부분을 다시 거론하여 윤허를 받았다. 다음은 동래부사의 장계
내용이다.

전일 도주(島主)의 별단 가운데서 '일광산의 분향과 엄유원의 치제는 모
두 다 정지하니, 등롱도 만들어 보내지 말라.'하고, 치제 때에 쓸 여러 가지
물건을 조금도 거론하지 않았습니다. 이미 치제하는 행사가 없고 보면, 악
기 따위 물건을 가져가지 않아야 할 것이고, 어필(御筆)은 더욱이 중대하므
로 주는 것을 허락하지 않아야 하겠습니다. 별단 가운데에 이른바 두 묘
(廟)라는 것은 권현·대유·엄유 세 곳 중의 어느 것을 두 묘라 한 것인지, 아
울러 관수왜(館守倭)를 시켜 도주(島主)에게 묻게 하였더니, 이제 관수왜가
말하기를 '도주의 글을 받으니 「두 묘는 대유·엄유인데, 어필은 이미 치제
가 없고 보면 보내어 주기를 청하는 것은 미안하니, 강호(江戶)에 알려서 묻
겠다. 악기·향촉·폐백은 별단대로 시행하기 바란다. 예단마는 더운 여정에
병이 나서 상할 것이 염려되니, 수를 더하여 예비하여 주기를 청한다. 또
도주의 별단과 통신사 행차의 절목은 예조의 회답을 받아서 강호에 알릴
수 있기를 바란다. 또 통신사 행차의 날짜가 멀지 않으니, 사신 이하 원역
의 관직·성명을 써 주기 바란다」 하였다.' 합니다.

이에 대해 예조는 다음과 같이 복계했으며, 비변사 또한 허락하여 시행
하기를 청하니 숙종은 그대로 윤허하였다.

두 묘의 향촉·폐백과 사신의 예단 따위 물건은 전례대로 갖추어 보내고, 어필은 회보(回報)를 기다린 뒤에 여쭈어서 정하고, 악기 따위 물건을 만들어 보내고, 예단마는 더 보내는 것을 허락하지 말고, 도주·봉행 등의 별단에 대한 회답은 전에 이미 허락하지 않았으나 이제 또 간청하니, 바라는 대로 하여 주되, 동래부로 하여금 전일 행회(行會)한 별단에 대하여 회계(回啓)의 말뜻으로 써 주게 하고, 사신·원역은 모두 써 보내게 하소서.

통신 삼사는 처음에 정사 윤지완, 부사 이언강, 종사관 임영(林泳)을 제수했다. 그러나 종사관 임영이 어버이가 나이 70세라 하여 체직되었고,[108] 박치도(朴致道)가 종사관이 되었다. 그런데 박치도는 윤반(尹攀)이 상소하여 전의 일을 논하였기 때문에 오래도록 명에 따르지 않으므로, 숙종이 박치도는 멀리 있고 행기(行期)는 다가왔다 하여, 신엽(申曅)을 이조좌랑으로 삼아 종사관으로 차출하였다.[109] 그러나 신엽 또한 코피가 나는 병이 있다고 대신(大臣)이 아뢰어서 체직되었으며, 결국 송화 현감 박경후(朴慶後)가 종사관에 임명되었다.[110] 사행의 총인원은 473명이었다. 1655년의 통신사행과는 달리 일본의 요청에 의해 마상재(馬上才)가 다시 포함되었다.

그런데 통신사행의 출발 또한 순조롭지 않았다. 3월 13일 영의정 김수항은 통신사 일행의 공역이 지극히 어려운데, 바로 농사철을 당하여 민폐도 염려되며, 치제에 관한 일도 일본으로부터 회보를 받지 못하였는데 먼저 그 땅에 들어갈 수 없으니, 가는 날짜를 조금 물리는 것이 마땅할 듯하다고 아뢰어 윤허를 받고 있다.[111] 그리고 2개월이나 지난 1682년 5월 8일에 이르러서야 드디어 통신사 정사 윤지완·부사 이언강·종사관 박경후가 한양을 출발했다.[112] 그리고 6월 18일 부산에서 출항하였고, 강호에 도착한 것은 8

108) 『숙종실록』 권13, 숙종 8년 6월 19일(을미).
109) 『숙종실록』 권13, 숙종 8년 1월 7일(을묘).
110) 『숙종실록』 권13, 숙종 8년 1월 23일(신미).
111) 『숙종실록』 권13, 숙종 8년 3월 13일(신유).
112) 『숙종실록』 권13, 숙종 8년 5월 8일(을묘).

월 21일이었다. 8월 27일에 국서를 봉정하고, 9월 12일에는 강호를 떠나, 11월 16일에 다시 한성으로 돌아왔다. 『숙종실록보궐정오』에는 통신사 윤지완의 행실에 대해 다음과 같이 수록되어 있다.

> 통신사 윤지완이 일본으로부터 돌아왔다. 윤지완은 몸가짐이 매우 엄하여, 추호도 누(累)가 되는 행동이 없었다. 왜인과 만나서 오로지 신의(信義)로써 하고, 하는 말이나 처리하는 일들도 모두 엄중하며, 멀리 내다보는 헤아림과 깊은 식견이 있어, 왜인들이 공경하지 않은 자가 없었다. 돌아올 때에 왜인이 한 개의 물건도 가지지 않은 것을 보고, 굳이 (선물을 가지고 갈 것을) 청하니, (윤지완이) 웃으면서 말하기를, '백한(白鷳)은 우리 나라에 없는 새이니, 가지고 갈 것이다.' 하고서, 한 쌍을 가지고 와서 좋아하는 사람[好事者]에게 주었다. 뒤에 왜사(倭使)가 오게 되면, 반드시 안부를 물었는데, (그것이) 오랫동안 계속되었다.[113]

이러한 통신사의 인품에 감동한 대마도주도 통신사가 돌아온 뒤에 두왜(頭倭)를 보내어 삼사에게 글을 전하고, 아울러 병풍 2쌍을 보내면서 사신들의 필적을 요청하므로 허락하여 써 주도록 하였다. 또한 숙종은 11월 19일에 통신사 윤지완·이언강은 모두 가자하고, 종사관 박경후는 승진하여 서용했으며, 역관 이하에게도 차등을 두어 논상(論賞)하였다.[114] 한편, 일본의 막부에서는 임술통신사의 접대를 위해 1681년 9월 3일 각 번에 접대 준비를 지시하였고, 9월 27일부터 접대 담당자를 임명하는 등 접대 체제를 정비하였다. 통신사를 맞이하는 일본 각 지역의 준비는 매우 성대하였고, 통신사 접대에 필요한 물품을 준비하기 위하여 재정적 부담이 컸다. 그러나 막부의 명령이기 때문에 재정적 압박을 감수해야 했다. 강호성에서의 빙례 절차는 이전 사행과 거의 차이가 없었다. 다만 이전과 달리 장

---

113) 『숙종실록보궐정오』 권13, 숙종 8년 11월 16일(기미).
114) 『숙종실록』 권13, 숙종 8년 11월 19일(임술).

군 앞에 설치된 발이 얼굴을 볼 수 없을 정도로 내려져 있었다. 이에 대하여 삼사가 항의하면서 배례를 거부하였고, 대마번주는 막부에 건의하였지만 들어주지 않자, 반대로 삼사를 설득하여 겨우 배례의식을 마칠 수 있었다. 빙례가 끝나고 예에 따라 향연이 있었으며, 다음 날 예단을 증정하였다.

한편, 통신사행의 왕복 여정에서 일본의 유학자나 문인 들이 통신사행의 숙소를 방문하여 한시를 주고 받는 등 문화교류도 활발하게 이루어졌는데, 이곳에 의학자들도 있었다. 통신사 일행에는 반드시 의원 2명이 있었으며, 1682년 임술통신사행 때부터는 일본 측의 요청으로 양의(良醫) 1명이 추가로 포함되었다. 임술통신사행은 일본을 방문했을 때 일본 국정의 탐색, 특히 정치·군사·경제에 관한 정보를 수집하였다. 귀국 직후 정사 윤지완이 동래에서 올린 장계에는 일광산 치제의 중지, 장군 덕천강길의 취임 사정, 일본 국내의 사정, 조약 체결 과정 등이 기록되어 있다.[115]

8. 1711년의 통신사 [신묘통신사]

- 통신삼사: 정사 조태억(趙泰億), 부사 임수간(任守幹), 종사관 이언방(李彦邦)
- 조선국왕: 숙종(肅宗, 재위 1674~1720)
- 일본쇼군: 도쿠가와 이에노부(德川家宣, 재위 1709~1712)
- 대마도주: 소 요시미치(宗義方[平義方], 재위 1694~1718)

에도막부의 제5대 쇼군 도쿠가와 쓰나요시는 아들인 도쿠마츠(德松)가 1683년에 다섯 살의 나이로 사망했기 때문에 1704년 이메미쓰(家光)의 3남으로, 갑부번(甲府藩)의 번주이자 재상인 도쿠가와 쓰나시게(德川綱重)의 아

---

115) 『숙종실록』 권13, 숙종 8년 11월 7일(경술).

들 도쿠가와 이에노부(德川家宣)를 양자로 삼았다. 쓰나요시가 1709년에 63
세의 나이로 사망하자, 이에노부가 뒤를 이어 제6대 쇼군이 되었다.

신묘통신사행에 대한 막부의 접대 준비는 1709년(숙종 35) 1월 5대 쇼군
도쿠가와 쓰나요시(德川綱吉)가 사망한 때로부터 1711년 11월 1일 조선 왕
의 국서를 일본 쇼군에게 전달하는 의식 절차인 전명의식(傳命儀式)을 행할
때까지 약 2년 반의 기간이 소요되었다. 우선 막부는 1709년 츠치야 마사나
오(土屋政直, 1641~1722)를 통신사 접대 총책임자로 임명하였다. 임무는 통
신사 일행 500명과 일본인 수행원 2,000여 명의 대규모 인원의 원활한 운영
과 접대를 위한 외교 의례, 재정 문제, 숙소와 음식 접대, 연로의 시가지 정
비와 치안 문제 등이었다. 그리고 접대의 실무 지휘 담당자와 실무진을 임
명하였다. 1710년에는 연로변의 정비를 시작하여 시가지의 가옥을 정비하
고 청소, 화재 예방, 예의범절, 도시경관 정비, 의복 청결 등 구체적인 지시
사항을 담은 포고문을 시달하였다.

한편으로는 1709년 5월 21일에 관백고부차왜를 파견하고, 9월 9일 관백
승습고경차왜를 파견했으며, 1710년 5월 23일 통신사 청래차왜 파견, 1711
년 2월 11일 통신사 호행차왜 등이 파견되어 같은 해 7월 5일 통신사행이
일본을 향해 동래부 부산포를 출발할 때까지 약 2년이 넘게 소요되었다. 통
신사가 돌아올 때에는 이를 호위한 호환차왜단이 1712년 2월 25일 부산포
에 도착하였으며, 동년 6월 23일 대마도로 귀국하였다. 모두 3년 3개월이라
는 긴 시간이 소요된 것이다.

1710년에 관수왜가 절목을 강정하기 위해 역관을 대마도에 미리 보낼 것
을 요청하였다. 그러나 조선 조정에서는 을미년(1655, 효종6), 신유년(1681,
숙종7) 두 해는 문위관이 돌아올 때 의논해 온 절목에 의하였고, 계미년
(1643, 인조21)에는 문위관이 대마도에 들어간 일이 없었기 때문에 차왜가
절목을 가지고 왔으므로, 지금 따로 역관을 대마도에 보낼 필요가 없다고
여겨 수역(首譯) 이석린(李碩麟)을 동래부에 보내서 그로 하여금 강정하도록

하였다. 강정절목은 다음과 같다.

○ 국서(國書), 예물(禮物), 삼사신 예단은 한결같이 임술년(1682)의 예(例)
에 따라 준비한다.

○ 강호(江戶)의 근시(近侍)와 집정(執政), 경윤(京尹)에게 보내는 서계와
별폭은 모두 없앤다.

○ 예단을 싣는 말은 병으로 상할 염려가 있으니 미리 한 필을 끌고 오
도록 한다.

○ 사신의 사예단은 전에 비해서 더 준비한다.

○ 상사선(上使船)은 푸른 기에 붉은 글씨로 '정(正)' 자를 쓰고, 부사(副
使)의 배는 황색 기에 흰 글씨로 '부(副)' 자를 쓰고, 3선(三船)은 붉은
기에 백색으로 '종(從)' 자를 쓰며, 복선(卜船)은 각각 그 기선(騎船)에
따라서 표시한다.

○ 삼사가 승선하는 배와 짐을 싣는 배의 짚으로 만든 돛은 보기에 흉하
므로, 무명으로 만든다.

○ 아랫사람들이 길에서 실례(失禮)를 하여 붙잡히는 일이 없도록 엄금한다.

○ 저군(儲君)은 나이가 어려서 예(禮)를 행하기가 어려우니, 이번에는 사
신들이 예를 행하는 것과 별폭은 그만둔다.

○ 일광산에 분향하고 대유원에서 제사 지내는 등의 일은 임술년(1682)
의 예에 따라 모두 폐지한다.

○ 임술년 통신사행 때 상관(上官) 중에 혹 무례해서 역관의 지휘에 불복
하는 자가 있다고 한다. 이들은 귀족의 자제들로 문벌이 본래 높기
때문에 이와 같다. 이번에는 이런 사람들을 데리고 오지 말도록 한다.

○ 사행이 막부장군(幕府將軍)을 인견할 때, 말을 전하고 뜻을 통하는 것
은 오직 상상관(上上官)에게 있다. 그런데 역관이 반드시 사람마다 언
어에 능통하지 않으므로 임술년(1682)의 박재흥과 같은 자를 뽑아 보내

고, 상통사도 또한 말이 능통하고 사정에 밝은 사람을 데리고 온다.

○ 임술년 통신사행 때에 역관이 많지 않아서 움직일 때마다 지장이 있었으므로 이번에는 군관은 줄이더라도 말을 아는 역관을 더 데리고 오도록 한다.

○ 데리고 오는 사람의 수는 한결같이 전규(前規)에 의한다.

○ 삼사신의 관직과 성명을 관수왜(館守倭)에게 글로 알린다.

○ 글 잘하고, 글씨 잘 쓰고, 활 잘 쏘는 사람과 마상재(馬上才)는 전례에 의하여 데리고 온다.

○ 별폭의 매[鷹]와 말[馬]은 매번 길이 멀어서 병이 날 염려가 많았으니 이번에는 정한 수 이외에 더 보내도록 하고, 말의 빛깔은 여기서 보내는 그림에 의하여 혹 검정색이나 혹 얼룩빛으로 골라 보낸다.

이러한 강정절목에 대해 조선에서는 모든 조목이 규정 이외의 일은 아니므로 모두 시행하도록 허락하고, 그 중에 당하역관을 더 보내라고 한 것은 전례가 없으므로 허락하지 않았다. 조선후기 일본에 통신사를 파견하는 것이 이제 8차에 이르고, 대개 전례를 따르면서 항례화되고 있었기 때문에 순조로운 듯 보였다. 그러나 일본에서 당시 장군의 정치 고문이었던 아라이 하쿠세키(新井白石)의 통신사빙례 개정·개혁에 의하여 일본국왕호(日本國王號)·범휘(犯諱) 문제 등 많은 마찰이 발생하였다.

신정백석은 대등과 간소화라는 기본 방침을 세우고 장군 호칭을 대군(大君)에서 국왕(國王)으로 변경할 것, 장차 장군이 될 약군에 대한 빙례의 중지, 예조에서 노중(老中)에게 보내는 폐백과 서계의 정지, 강호까지 가는 중간에서 통신사에게 베풀어 주는 연향의 축소, 강호성에 들어가 장군을 만날 때 국서를 정사(正使)가 받들고 전달할 것 등 통신사 대우의 적정화, 경비의 절약, 일본의 예(禮)에 따르게 한다는 등 통신사 접대 규정을 개정하려고 했기 때문에 통신사 출발 전부터 조선 조정 내에서 많은 논란을 불러일으켰

다.116) 신정백석이 통신사 접대 규정을 개정하려고 했던 이유는 막부의 전
례와 의식을 정비하여 장군의 권위를 높이기 위해서였다.

통신 삼사에는 정사 조태억(趙泰億), 부사 임수간(任守幹), 종사관 이방언
(李邦彦)이 제수되었으며, 역원은 삼사를 비롯하여 480여 명이었다. 이들은
1711년 5월 15일 서울을 떠나 이듬해 2월 25일 귀국하였다. 이들이 1711년
5월 15일 사폐하면서 숙종이 인견하는 자리에서도 예단의 문제는 논란 대
상이었다.117) 그러나 강정절목의 내용을 따라 지참하지 않기로 했다. 일본
장군의 호칭을 대군에서 국왕으로 바꾸는 문제는 더 논란이 되었다.

1711년 5월 15일 정사 조택억 이하 500여 명의 신묘 통신사 일행은 홍정
전(興政殿)에서 숙종을 배알한 후 왕성을 출발하였다. 정사 조태억의 의견에
따라 내려갈 때에 충주·안동·경주의 세 곳은 을미년(1655)·임술년(1682)의
예에 의하여 연향(宴享)을 정지하고, 단지 동래에서만 설연(設宴)하도록 했
다.118) 그런데 통신사 일행이 일본에 건너가기 전 부산에서 순풍을 기다리
고 있을 때 대마번주 종의방(宗義方)으로부터 '일본국왕복호(日本國王復號)'
문제가 들어 있는 서계가 동래 부사를 통해 예조에 보고되었다.119) 통신사
가 국서를 휴대하고 한양을 이미 출발한 후인 5월 하순에 이루어진 복호에
관한 통고는 조선 정부에게는 갑작스런 서식개정 요구였다. 중국에서 대군
은 천자(天子)를 칭하고, 조선에서는 왕의 적자(嫡子)를 부르는 칭호라는 것
이 그 이유였다. 당시 조정에서는 왕호의 개정이라는 외교 의례는 중요한
문제임에도 불구하고 상대국의 준비나 사정을 참작하지도 않았고, 더구나
통신사의 출발 후에 요청하는 등 국제 의례를 전적으로 무시한 행동이었으
므로, 처음에는 거부를 표시하였으나 격렬한 논의를 거듭한 끝에 현실 중시
론을 취하게 되었다. 결국 일본의 복호 요구는 우리나라를 모욕하는 것이

116)『숙종실록』권50, 숙종 37년 4월 12일(경오), 5월 13일(신축).
117)『숙종실록』권50, 숙종 37년 5월 15일(계묘).
118)『숙종실록』권50, 숙종 37년 1월 25일(갑인).
119)『숙종실록』권50, 숙종 37년 5월 25일(계축).

아니라 국내의 대명(大名)에게 장군의 권위를 과장하려는 의도가 있다는 것과, 일본이 처음에는 일본국왕이라고 하였고 후에 대군이라고 고쳤기 때문에 조선도 개서해 왔던 것인데, 지금에 와서 다시 왕이라고 칭하는 것을 금할 수는 없다는 것, 일본 장군이 국내에서 왕이라고 개칭한 것을 알면서 국서를 고쳐 보내지 않을 수 없다는 의견으로 논의가 모아졌다.120) 통신사 일행이 개작된 국서를 가지고 부산을 출발한 것은 7월 5일이었다.

1711년 11월 통신사 일행은 조선 왕의 국서를 장군에게 전하기 위하여 강호성으로 들어갔다. 11월 18일에 강호에 도착하여 21일에 연향례(宴饗禮), 12월 초1일에 전명례(傳命禮)를 행하였다. 초3일에는 내정(內庭)에서 음악을 베풀면서 통신사 일행으로 하여금 들어와 보게 하였고 이어 정전(正殿)에서 연향이 베풀어졌다. 그리고 초7일에는 별도로 귀신(貴臣) 경극(京極)과 대선대부(大膳大夫) 원고의(源高義)가 찾아와 위문하고 주찬(酒饌)과 차[茶]를 보냈는데 하졸(下卒)에까지 미쳤다. 11일에는 일행이 국왕에게 가서 사례하고 이어 국서(國書)를 받았다. 일본 국왕이 친히 전수(傳授)하고, 또 별폭(別幅) 물건(物件)을 별전(別殿)에 베풀고는 통신사로 하여금 간심(看審)하게 한 후에 내어 전해 주었다. 12일에는 또 시종(侍從) 풍전수(豊前守) 이씨(伊氏)의 전연(餞宴)이 베풀어졌다. 일찍이 전번 사행(使行)은 전명(傳命)하던 날에 이어서 연향(宴饗)을 행하고 회답 국서(回答國書)는 사자(使者)가 관소(館所)에 와서 전해 주었는데, 이번에는 세 번 내정에서 접견하고 음악을 베풀어 국서를 전했으며, 별도로 주찬을 보내고 여러 번 위로하는 연향을 한 것이 모두 각별히 우대하는 뜻이었으니, 이는 국왕이 새로 정한 의절(儀節)이었다.

그런데 회답 국서를 받고 나온 후에 즉시 열어 보았더니, 제6항(行)의 '감(感)'자 아래에 우리 중종대왕의 어휘(御諱)를 범하였고, 또 서면(書面)에 현심(弦心)을 하지 않았으며, 봉(封)에도 역시 쓴 글을 싼 종이가 없이 위는 봉하지 않고 다만 두 줄로 '봉복 조선 국왕 전하서(奉復朝鮮國王殿下書)'라 썼

120) 『숙종실록』 권50, 숙종 37년 5월 27일(을묘).

을 뿐, 그들 국왕의 성명(姓名)을 쓰지 않았으며, 또 보(寶)를 찍지 않았고, 또 '근봉(謹封)'이라 쓰지 않았다. 이는 단지 우리 나라의 서식(書式)과 서로 틀릴 뿐 아니라, 또 임술년의 회답서(回答書) 봉식(封式)과도 같지 않은 것이었다.

일본에서는 종래 범휘(犯諱)의 규제가 없었기 때문에 이 문제 역시 신정백석의 조일 양국의 대등화라는 방침에서 비롯된 것이었다. 신묘신사는 조선 왕의 휘자를 범한 답서를 그대로 가지고 귀국할 수도 없고, 그렇다고 빈손으로 귀국할 수도 없었지만, 계속적인 항론은 사신의 굴욕이며 국가의 치욕이 되고 장래도 우려된다고 판단하였다. 그래서 대마도주에게 휘자를 범한 답서를 반환하고 동시에 서둘러 조선 조정에 치계를 하여 조선 국왕의 (왕의) 국서를 고쳐 보내도록 한 후 일본에서 국서를 고쳐 양국의 국서를 조선으로 돌아가는 길목에서 교환하되 서식은 개정하지 말고 전례대로 하며, 이것을 규약으로 맺을 것을 제안하였다. 이렇게 해서 양자의 타협이 이루어지고, 이 문제는 양국이 각자 국서를 고쳐서 대마도에서 교환하는 것으로 일단락을 보게 되었다.[121] 이 분쟁 과정에서 대마도주는 통신사행이 귀국길에 대판성(大阪城)에 도착하였을 때 강호성에서 범휘자를 고쳐서 내렸다는 강호에서의 상황을 보고하였다. 이에 대하여 통신사의 정사였던 조태억은 조선 조정에 즉시 알렸다.[122] 결국 대마도에서 고쳐진 국서의 교환이 이루어지고 통신사는 귀국하였는데, 그 귀국 도중에 비바람에 의하여 부사의 선박이 파손되어 사망자도 생기고 선박들이 뿔뿔이 흩어져 표류하는 상태가 되었다가 겨우 경상 좌수영에 도착하였다. 왕성에 들어간 통신사 일행은 곧바로 구속되어 정사·부사·종사관은 감금되었다가[123] 이후 삭탈관직을 당한 후 한양에서 쫓겨나는 처벌을 받았다. 역관들도 수역(首譯)은 정배

---

121) 『숙종실록』 권50, 숙종 37년 12월 30일(갑신).
122) 『숙종실록』 권51, 숙종 38년 1월 9일(계사).
123) 『숙종실록』 권51, 숙종 38년 3월 9일(임진).

하고, 당상 역관은 도배(徒配)하며, 당하 역관은 결장(決杖)하였다.[124]

　사실 이상과 같은 외교 의례 변경을 둘러싼 일련의 사건은 조선만이 아니라, 일본 내에서도 큰 논쟁거리가 되었다. 신정백석은 통신사행 접대의 총책임자였던 노중(老中) 토옥정직과 대학두(大學頭) 임봉강(林鳳岡), 대마도의 우삼방주(雨森芳洲) 등으로부터 많은 비판을 받았다.

9. 1719년의 통신사 [기해통신사]

- 통신삼사: 정사 홍치중(洪致中), 부사 황선(黃璿), 종사관 이명언(李明彦)
- 조선국왕: 숙종(肅宗, 재위 1674~1720)
- 일본쇼군: 도쿠가와 요시무네(德川吉宗, 재위 1716~1745)
- 대마도주: 소 요시노부(宗義誠[平義誠], 재위 1718~1730)

　에도막부의 6대 쇼군 도쿠가와 이에노부(德川家宣)는 재위 3년 만인 1712년 11월 12일 51세의 나이로 사망하였다. 그리고 이듬해인 1713년에 이에노부의 4남인 도쿠가와 이에쓰구(德川家繼)가 5세의 나이로 뒤를 이어 7대 쇼군이 되었다. 이에쓰구가 장군직에 올랐다는 소식은 그해 5월에 고경차왜(告慶差倭) 평륜구(平倫久)를 통해서 조선에도 전해졌다. 당시 동래부사였던 이명준(李明浚)은 일본 측에 보내는 외교문서인 서계(書契)에 가계(家繼)의 '계(繼)' 자를 피하여 쓰지 말 것을 조선 조정에 요청하였다.[125] 이에쓰구는 어린 나이에 장군이 되었기 때문에 당시 실권은 측근 보좌 격인 마나베 아키후사(間部詮房)에게 있었으며, 유학자인 아라이 하쿠세키(新井白石)가 제안

---

124) 『숙종실록』 권51, 숙종 38년 3월 27일(경술).
125) 『숙종실록』 권53, 숙종 39년 5월 30일(병오).

하는 여러 정책, 즉 정덕금은(正德金銀)의 발행, 정덕장기신례(正德長崎新例)
의 발포 등이 추진되었다. 그러나 이에쓰구는 병약하여 1716년 4월 8세의
나이로 사망하였으며, 짧은 재위 기간 때문이었는지 장군직의 습직을 축하
하는 통신사의 파견 논의는 없었다.

　이에쓰구의 요절로 2대 쇼군 도쿠가와 히데타다(德川秀忠)의 남자 후계자
혈통이 끊어지자, 히데타다 동생 가문에서 쇼군 직위를 잇게 되어 전 기이
태수(紀伊太守) 도쿠가와 요시무네(德川吉宗)가 8대 쇼군이 되었다.[126] 그의
장군직 계승을 계기로 조일 간에 항례가 되어 온 통신사 교섭이 시작되었
다. 한편, 32세의 나이에 8대 장군으로 취임한 요시무네는 취임직후 6대 장
군 도쿠가와 이에노부(德川家宣) 이래 어용인(御用人)인 마나베 아키후사(間
部詮房)·아라이 하쿠세키(新井白石) 등을 파면하고 쇼군 친정정치를 확립하
였다. 이후 향보개혁(享保改革)을 추진하였다. 당시까지의 문치정치의 중요
성을 축소시키고 무단정치(武斷政治) 중심의 도쿠가와 이에야스(德川家康)
시대 방식으로 돌아갈 것을 촉구하였으며, 검소와 검약을 중시하며 무사들
의 풍속 개선을 강조하였다. 조세제도를 개혁하여 정면법(定免法)·상미령(上
米令) 등을 시행하여 막부의 재정을 안정시켰으며, 토지 개발을 장려하였고,
족고제(足高制)를 통해 지출을 축소하고 관료제도를 개선하였다. 또한 소송
기간을 축소하여 판결이 빠르게 진행되도록 한 사법제도의 개혁과 화재 대
책 마련, 대오(大奧)의 정비, 직소 상자[目安箱] 설치를 통한 백성들의 의견
과 불만 반영, 의료 정책의 개선, 외국서적 수입 기준 완화 등 사회 전반에
걸쳐서 개혁과 변화가 이루어졌다. 이러한 에도막부의 변화는 통신사행에
도 영향을 미쳤다.

　에도막부의 노중(老中) 쯔찌야 마사나오(土屋政直)는 대마번주를 시켜 조
선에 고부·고경참판사(告訃·告慶參判使)를 파견하여 사실을 알렸고, 다시 대
마는 1717년 10월 23일에 수빙참판사(修聘參判使)를 보내어 조선이 2년 후

---

126) 『숙종실록』 권57, 숙종 42년 6월 9일(정유).

에 통신사를 파견해 줄 것을 정식으로 요청하였다.127) 조선 조정에서는 숙종 44년(1718) 초부터 통신사 파견에 대한 논의가 이루어지기 시작했다. 우선 동래부사 조영복이 장계를 올려 통신사를 시기에 맞추어서 차출할 것을 건의했고, 2월 30일에 영의정 김창집은 세자에게 조영복의 장계 내용을 해조에 분부하여 시행하고 아울러 접위관의 보고서를 기다렸다가 사신도 차출할 것을 아뢰었다.128) 당시에는 숙종이 건강이 좋지 않아 왕세자[후의 경종]가 대리청정을 하고 있었기 때문에 정무를 왕세자가 주관하고 있었다. 문위역관 한후원(韓後瑗) 등이 강정하여 가지고 온 절목은 다음과 같다.

○ 관백(關白)의 대호(大號)는 대군(大君)이라 일컫고, 국서(國書)의 안팎 격식은 한결같이 임술년(1682)의 예(例)에 따른다.

○ 강호(江戶)의 집정(執政)과 경윤(京尹)에게 예조에서 보내는 서계와 별폭은 임술년의 예에 따른다.

○ 근시(近侍)에게 선물을 주고 받는 일은 잠시 동무(東武)의 지시를 기다린다.

○ 일광산(日光山) 분향과 다섯 곳에서의 노연(路宴)은 중지한다.

○ 저군(儲君)에게 보내는 예단과 통신사의 배례(拜禮)는 폐지한다.

○ 통신사는 오직 한 번만 관백을 만난다.

○ 매는 20마리만 골라 보낼 것이지만, 더운 때를 당하여 죽을 염려가 있으니 수효를 더 가지고 온다.

○ 준마(駿馬)는 보낸 그림과 같이 잘 골라 안장을 갖추어 보낸다.

---

127) 이상의 기해통신사 파견 동기에 대해 기해사행의 제술관으로 다녀온 신유한은 '일본 關白 源吉宗이 새로 즉위하여 對馬島太守 平方誠으로 하여금 使者를 보내어 東萊倭館에 와서, 새 임금이 나라를 이어 받았으니 예전처럼 國書를 받들고 와 이웃간의 친목을 표시하기를 청하므로 조정에서 허락하였다.'라고 기록하였다[申維翰, 『海游錄』上, 肅廟 44년 무술 정월 일].

128) 『숙종실록』권61, 숙종 44년 2월 기유(30일).

○ 말은 이마(理馬)로 하여금 먼저 거느리고 오게 하고, 매는 잘 기르는
  자[善養者]로 하여금 한두 사람을 일행 속에 충원하여 데리고 온다.
○ 일행의 수는 임술년의 예에 의한다.
○ 의원은 나이가 많고 의술이 뛰어난 자를 데리고 온다.
○ 마상재와 활을 잘 쏘는 사람은 재주가 뛰어난 자를 데리고 온다.
○ 연로를 가고 올 때에 상관(上官) 이상은 마른 음식으로 대접하고, 중
  관(中官) 이하는 익힌 음식으로 대접한다. 배에 있을 때와 중로에 체
  류할 때는 모두 마른 음식으로 한다.
○ 상상관(上上官)은 일행 중에 긴요한 소임을 맡고 있으므로 일본 풍속
  을 익히 알고 말에 능통한 사람이 오도록 한다.
○ 바다나 육지에서 접대하는 관원은 모두 벼슬이 높은 사람이므로 일행
  에 따라오는 관리들이 업신여겨서는 안 된다.
○ 일행의 여러 사람들은 일이 있으면 오직 대마도 사람들과 서로 의논
  할 뿐이요, 절대로 일본인이 사는 곳에 출입하지 않도록 한다.
○ 대마도 객관(客館)에 도착하여 5일지공을 나누어 줄 때, 일을 맡은 사
  람 이외에는 절대로 함부로 출입하지 못한다.
○ 따라온 관리 중에 금법을 범한 자가 있으면 삼사(三使)에게 보고한 뒤
  대마도에 돌아온 이후에 처리하며, 대마도 사람이 금법을 범하면 역
  시 대마도에서 처리한다.
○ 일행이 타는 말은 모두 각주(各州)의 태수(太守)가 타던 말이니 마음대
  로 채찍으로 때려서 길에서 죽게 하는 일이 없도록 한다.

이 강정절목에 의하면 1719년의 통신사행은 조선과 일본의 이견이 가장
심했던 1711년의 사행이 아닌 그 이전 사행인 1682년에 준해서 준비되고 있
다. 따라서 조선에서는 별 이견이 없었으며, 모두 허락해서 시행하게 하였다.
『증정교린지』에는 당시 우리가 써 보낸 절목도 다음과 같이 수록되어 있다.

○ 통신사가 바다를 건너기 전에 여러 가지를 미리 정리하고 기다려 지체함이 없도록 한다.

○ 삼사(三使)의 군관(軍官)들은 모두 이름난 무인들이니 각별히 우대한다.

○ 삼사의 서기(書記)는 혹 대과(大科)에 급제하고 높은 벼슬에 올라 있는 사람 중에 명망있는 자를 데리고 갈 것이므로 특별히 더욱 잘 대접한다.

○ 회례별폭(回禮別幅)은 되도록 정밀하고 좋은 것으로 하도록 힘쓴다.

○ 삼사를 모실 일본통사(日本通事)는 우리 말을 잘하고 인사에 밝은 사람으로 가려 정한다.

○ 두 나라 사람이 혹 서로 싸우면, 먼저 그 도리를 잃은 사람부터 각자 엄히 다스린다.

○ 모든 일은 한결같이 임술년(1682)의 예(例)에 의한다.

○ 통신사 일행이 지나가는 바다나 육지 곳곳에서 5일 동안 먹을 양식과 반찬 및 일공(日供)을 한결같이 정해진 수효에 의해서 대접해야 한다. 그 중에 혹 떨어진 물건이 있을 경우 반드시 그 물건으로 채울 수 없으면, 그 지방 토산물 중에서 비슷하고 좋은 물건이 있을 때는 그 물건으로 대신 바치도록 한다. 그 물건의 크기나 양은 한결같이 전에 정한 수효에 의하여 채운다.

1718년 4월 3일에는 약방에서 입진(入診)하여 침을 놓기를 끝낸 숙종의 어전에서 통신사 차출에 앞선 통신사행의 폐단과 경비 절감에 대한 논의가 이루어졌다. 영의정 김창집은 통신사가 지나가는 연로(沿路)에서 접대하는 것이, 다른 사객(使客)에 비해 지극히 우대하기 때문에 작은 고을에서 들어가는 경비도 수백 냥에 이르니, 마땅히 감생(減省)하는 방도가 있어야 하겠다고 아뢰었다. 제조 민진후는 통신사가 지나가는 곳은 마치 난리를 겪은 것과 같으니, 지금 경비를 감생하더라도 또한 반드시 풍성하고 사치스러워질 것이라고 우려를 표했고, 도제조 이이명은 통신사의 노자(奴子)도 삼중

(三重)으로 된 자리를 깐다고 하니 그 밖의 것은 미루어 짐작할 수 있다고 하였다. 그러나 숙종은 바다를 건너는 사행(使行)은 실로 살고 죽는 일과 관계되기 때문에 이처럼 사치스럽게 접대하는 예가 있는 것이라고 하면서, 신묘년(1711)에 경비를 억제하여 줄이자는 청이 있었으나 끝내 허락을 받지 못했던 것도 이유가 있었기 때문이라고 하였다. 하지만 대신들의 계달이 이와 같으니 경비를 감생하도록 분부하되, 너무 매몰찬 지경에 이르지 말게 하는 것이 마땅하다는 절충안을 지시하였다.129)

통신사의 정사에는 홍치중(洪致中), 부사에는 황선(黃璿), 종사관에는 이명언(李明彦)이 임명되었고, 총사행원은 474명이었다. 그런데 사실 처음부터 통신부사로 황선이 정해진 것은 아니었다. 처음에는 1718년(숙종 44) 9월 17일 정사효(鄭思孝)를 통신부사로 제수했다.130) 그러나 12월 7일 사헌부에서는 일본에서 전대(專對)하는 임무, 즉 외국에 사신으로 나간 사람이 본국과 상의 없이 임의로 물음에 대답하거나 임시로 일을 처리하던 것은 반드시 한 시대에 가장 뛰어난 인재를 선발해야 하는데, 정사효는 지난 경력이 이미 가벼워 물정에 맞지 않으니 통신부사에서 개차(改差)하기를 청하였다.131) 처음에는 받아들이지 않았으나, 사흘 후에 다시 사헌부에서 통신부사 정사효의 개차를 청하였고,132) 결국 황선으로 바뀌게 되었다.133)

---

129) 『숙종실록』 권61, 숙종 44년 4월 신사(3일). 직전의 통신사행인 제8차 사행[1711년, 신묘사행]에서 대마도에서 돌아오는 귀국 도중에 비바람에 의하여 부사의 선박이 파손되어 사망자도 생기고 선박들이 뿔뿔이 흩어져 표류하는 상태가 되었다가 겨우 경상 左水營에 도착한 사고도 있었다.

130) 『승정원일기』 510책(27책) 숙종 44년 9월 17일(임진).

131) 『숙종실록』 권62, 숙종 44년 12월 경술(7일), 『승정원일기』 511책(27책) 숙종 44년 12월 7일(경술). 정사효(1665~1730)는 온양정씨로 숙종 15년(1689) 증광시에서 병과로 급제하였으며, 숙종 23년(1697) 중시에서 갑과 1위[8명의 급제자 중에서 장원]로 급제하기도 했다. 정유악의 아들로 예빈시 정(1697), 능주목사(1711), 상주목사(1716) 등을 지냈으며, 1718년 당시 54세로 부사과였다. 이후 강원도관찰사, 승지, 전라도관찰사 등을 거쳤으며, 1728년 무신란에 관련되어 파직당한 후 하옥되어 국문을 받던 중에 장살 당했다. 당색은 남인이다.

통신사 파견이 구체화되자 정책적인 사안이 논의되기 시작했다. 먼저 1719년(숙종 45) 1월 19일 그동안 동래부사로 있던 조영복을 승지로 제수하였다.[134] 또한 1월 25일에는 비변사의 차대 때 훈련대장 이홍술이 근래에 각궁(角弓)은 종자가 멸절되어 각 군문의 군기(軍器)와 궁자(弓子)를 만들 수가 없으니, 통신사의 행차 때 금령을 늦추어 그들로 하여금 많은 수량을 무역해 오기를 청하자, 세자가 이를 허락하였다.[135]

4월 11일 진시에 통신 삼사 이하가 대궐에 나아가 절하고 하직하였다. 제술관 역관 사자관 외에 군관과 서기는 숙배가 없었다. 왕세자는 존현각에 앉아 맞이하였다. 이 자리에서 홍치중 등은 차왜에게 보낼 예조의 서계를 역관이 받아가는 문제, 왜공미(倭供米)를 수급(輸給)할 때 화수(和水)의 폐단을 신칙(申飭)하는 문제, 왜홍목(倭洪木) 수표(手標)의 매입을 금하는 문제 등에 대해 언급하고 논의하였다.[136] 세 사신은 국서를 받들고 절월을 받아, 숭례문으로 도성을 나왔으며, 관왕묘에 이르러서는 일행이 청포(靑袍)로 바

---

132) 『승정원일기』 511책(27책) 숙종 44년 12월 10일(계축).

133) 기해사행에서 통신사의 자질로 '專對'능력이 중요하게 거론된 것은, 직전의 통신사행인 1711년(숙종 37)의 신묘사행에서 발생한 외교마찰 때문이었다. 당시 일본에서 덕천막부 6대장군 家宣의 侍講이었던 新井白石의 주도로 통신사빙례 개정·개혁이 이루어짐으로써, 통신사행 도중에 日本國王號·犯諱 문제 등 많은 마찰이 발생했다. 신묘통신사는 돌아온 후에 문책을 당하여 삼사는 도성에 들어오자마자 곧바로 구속되어 감금되었다가, 削奪官爵 후 門外黜送되는 엄한 처벌을 받았고, 교섭의 실무를 맡았던 역관들도 流配와 杖刑 등의 처벌을 받았다. 그러나 기해통신사행에서는 이와 같은 일본의 외교의례 개변이 대내외적으로 많은 문제를 일으키자 일본에서 8대 장군 吉宗의 명에 따라 1682년 임술통신사행의 의례로 회귀하였으므로 실제 '전대'능력이 발휘되지는 않았다. 신묘통신사행의 의례문제에 대해서는 하우봉, 「조선시대의 통신사외교와 의례문제」, 『조선시대사학보』 58, 조선시대사학회, 2011 참조.

134) 『숙종실록』 권63, 숙종 45년 1월 임진(19일).

135) 『숙종실록』 권63, 숙종 45년 1월 무술(25일).

136) 『숙종실록』 권63, 숙종 45년 4월 11일(계축). 『승정원일기』 515책(27책) 숙종 45년 4월 11일(계축).

꾸어 입었고, 이날 양재역에서 잤다.

이렇게 기해사행의 대장정이 시작되었다. 삼사와 상상관, 제술관 등을 포함한 475명 일행은 4월 11일 한성을 출발하여 5월 13일에 부산에 도착하였고, 6월 6일에 대마로부터 조선의 사신을 호행하는 영빙참판사(迎聘參判使)가 부산에 도착하자, 같은 달 20일에 부산을 출발하여 일본으로 향했다. 그리고 10월 1일에는 에도[江戸]에서 의례를 통해 쇼군[將軍]에게 국서를 전달했다.

에도에서는 10월 11일에 일본 관백의 화답 국서를 받았으며, 13일에 관백의 명으로 관반이 베푼 상마연에 참석하고, 15일에 에도를 출발했다. 돌아오는 길은 갔던 길을 그대로 밟아 왔다.[137] 다음해 1월 6일에는 대마로부터 부산까지 송빙참판사(送聘參判使)의 호위를 받아 귀국 한 후, 1월 24일에 한성으로 돌아오면서 사행을 마쳤다.[138] 그런데 통신사 일행이 서울에 도착하기도 전인 숙종 46년(1720) 1월 21일 이비(吏批)에서 홍치중은 예조참의로, 황선은 장악원 정으로 제수되었다.[139] 23일에 판교에서 자고, 24일에는 아침에 한강을 건넜다. 태상시(太常寺)의 하인 몇 사람이 미리 와서 기다리고 있었다. 세 사신의 행차는 성남(城南) 관왕묘에 도착하여 일제히 홍단령(紅團領)으로 갈아 입고 차례로 말을 타고 서울에 들어가서 복명하였

---

137) 구체적인 사행노정과 행사 및 내용에 대해서는 申維翰의 『海游錄』 참조.

138) 통신사의 국내사행노정은 갈 때는 좌도를 경유하여 가고, 올 때는 우도를 경유하여 돌아왔다. 좌도는 양재-판교-용인-양지-죽산-무극-숭선-충주-안보-문경-유곡-용궁-예천-풍산-안동-일직-의성-청로-의흥-신령-영천-모량-경주-구어-울산-용당-동래의 경로이다. 한양 유곡 구간은 영남대로와 일치하지만, 경상도에 이르면 안동, 경주 등으로 우회한다. 우도는 유곡에서 직진하여 낙동진을 건너, 대구까지 읍을 지나지 않고 직행하는 영남대로와 달리 문경에서 함창-상주-오리원-선산-인동-송림사-대구-오동원-청도-유천-밀양-무흘-양산을 거쳐서 동래로 가는 경로이다. 국내사행노정에 대해서는 정영문, 「통신사가 기록한 국내사행노정에서의 전별연」, 『조선통신사연구』 7, 조선통신사학회, 2008 참조.

139) 『승정원일기』 521책(28책) 숙종 46년 1월 21일(무자). 장악원은 주로 국가와 왕실의 공식적인 행사에서 樂, 歌, 舞를 담당한 예조 소속의 정3품 관서이다.

다.[140] 다음 날인 1월 25일에 숙종은 일본에 사신으로 다녀온 노고를 치하하여 홍치중·황선 등은 가자하고 이명언 등은 승진하여 서용하라는 비망기를 내렸다.[141]

10. 1748년의 통신사 [무진통신사]

- 통신삼사: 정사 홍계희(洪啓禧), 부사 남태기(南泰耆), 종사관 조명채(曹命采)
- 조선국왕: 영조(英祖, 재위 1724~1776)
- 일본쇼군: 도쿠가와 이에시게(德川家重, 재위 1745~1760)
- 대마도주: 소 요시유키(宗義如[平義如], 재위 1732~1752)

8대 쇼군 도쿠가와 요시무네는 1745년 9월 은퇴를 선언하고, 쇼군 자리를 장남 도쿠가와 이에시게(德川家重)에게 물려주고 오고쇼(大御所)로 물러났다. 그런데 이에시게는 언어 장애가 심하고 병약하여 정무를 제대로 수행하지 못하였고, 사실상 바쿠후의 실권은 요시무네가 쇼군 은퇴 후에도 6년 뒤인 1751년 음력 6월 20일 68세로 사망할 때까지 계속 장악하고 있었다. 그러나 쇼군직의 습직이 있었으므로, 일본에서는 통신사의 파견을 요청하였다.

조선에는 관백의 퇴위 사실이 1745년 11월에 알려졌다.[142] 요시무네의 퇴위를 알리는 차왜[關白退休告知差倭]가 조선에 건너오고, 이어 이에시게의 장군직 계승을 알리는 차왜[關白承襲告慶差倭]가 파견되었다. 조선에서는 당

---

140) 신유한 『해유록』, 『승정원일기』 521책(28책) 숙종 46년 1월 24일(신묘). "謝恩, 禮曹參議洪致中, 掌樂正黃璿."
141) 『승정원일기』 521책(28책) 숙종 46년 1월 25일(임진).
142) 『통신사등록』 제9책, 을축 11월 19일.

시 전례인 1624년 덕천수충(德川秀忠)의 퇴휴 사례에 관한 등록이 없어져 참고할 수 없었으므로, 차왜가 올 경우에 대비한 논의가 일찍부터 시작되고 있다.[143] 관백의 승습 경사를 알리는 대차왜[告慶差倭]가 1746년 4월에 왔으며,[144] 통신사를 청하는 차왜[信行請來差倭]는 1747(영조 23) 2월에 왔다.[145] 동래 부사 홍중일(洪重一)과 접위관 정한규는 신묘년(1711)의 예에 의해 훈도 신영래로 하여금 접대하게 했으며, 장계와 함께 차왜가 별지로 올린 신행절목(信行節目)을 조정으로 올려보냈다. 당시 통신사청래차왜가 바친 별지의 내용은 다음과 같다.

○ 오는 무진년(1748) 통신사행은 한결같이 기해년(1719)의 예에 의한다.
○ 국서(國書)의 서식은 기해년의 예에 따른다.
○ 태대군(太大君) 및 저군(儲君)에게는 모두 예물을 보내고, 삼사신(三使臣)이 배례한다.
○ 예조에서 집정(執政), 경윤(京尹) 및 대마도에 보내는 서계에는 모두 '귀대군(貴大君)'이라고 쓴다.
○ 삼사의 관직과 성명을 관수(館守)에게 써서 보낸다.
○ 매의 숫자[鷹連]는 전례에 따라 미리 정한 수 외에 더 보낸다.
○ 준마(駿馬)는 전례에 의거하여 가져오되, 보낸 그림과 같이 안장을 갖추어 골라 보낸다.
○ 이마(理馬)와 매를 기르는 사람[養鷹人]을 데리고 온다.
○ 마상재(馬上才)를 뽑아 보내고 말은 3필을 들여보낸다.
○ 글 잘하고, 글씨 잘 쓰고, 그림 잘 그리고, 활 잘 쏘는 사람을 데리고 온다.

---

143) 『통신사등록』 제9책, 을축 12월 초1일.
144) 『통신사등록』 제9책, 병인 4월 초10일.
145) 『통신사등록』 제9책, 정묘 2월 27일.

○ 집정(執政)과 경윤(京尹)에게는 매를 각 1마리씩 보내고, 수를 더 가지고 온다.
○ 상상관(上上官)은 일본의 풍속을 잘 알고 말이 능통한 자를 뽑아서 보낸다.
○ 일행의 인원은 350인을 한도로 데리고 온다.
○ 이정암 장로(以酊菴長老) 및 접반 장로(接伴長老)와 만송원(萬松院)에 주는 서계와 별폭은 전례에 따라 갖추어 보낸다.

별지에 보이는 태대군(太大君)이란 곧 물러가서 쉬는 옛날 관백으로서, 예물을 보내고 배례하는 등의 일은 전례가 없었던 일이므로 논란이 되었다. 결국 이치에 근거하여 허락할 수 없으나 마침내 특별한 하교로 인하여 시행토록 하였다. 집정(執政)에게 보내는 매[鷹子]의 일과 일행의 인원을 350인만 데리고 오라는 일은 꾸짖고 타일러 허락하지 않는다는 뜻으로 동래부에 회답하도록 하였다.

일본의 통신사 파견 요청을 받은 조정에서는 1747년 3월 18일 통신삼사를 의망하여 3월 21일에 정사 홍계희, 부사 남태기, 종사관 조명채를 차출하였다.[146] 또한 예조에서는 통신사 행차에 시행해야 할 여러 가지 일들[통신사응행절목]을 기해년의 사례에 준해서 마련하였다.[147] 통신사 종사관이 가져갈 일행의 금단절목[통신사종사관재거일행금단절목]도 기해년 사례대로 마련하였다.[148]

조선에서는 통신사가 떠나기 직전인 11월에 수역(首譯) 현태익(玄泰翼)을 동래부로 보내서 동래부사와 함께 관수(館守) 및 재판차왜(裁判差倭)와 더불어 상의해서 절목을 고치도록 하였다.[149] 그 절목 이름이 '수역강정절목'으

---

146) 『통신사등록』 제9책, 정묘 3월 18일조.
147) 『통신사등록』 제9책, 정묘 3월 26일조.
148) 『통신사등록』 제9책, 정묘 4월 13일조.
149) 『통신사등록』 제9책, 정묘 11월 24일조.

로, 그 내용의 요지는 다음과 같다.150)

○ 내년에 통신사행의 모든 일은 수빙사(修聘使)가 왔을 때에 이미 강정
　 하였고, 삼사(三使)가 길을 떠날 시기를 이미 강호(江戶)에 보고하였으
　 니, 그때를 당해서 다시 어기는 일이 없도록 한다.

○ 동무(東武)의 역대의 휘자(諱字)는 서계(書契)에 쓰지 않는다.

○ 태대군(太大君) 및 저군(儲君)에게 보내는 별폭 중에 연월일과 성명을
　 쓴 밑에 주인(朱印)을 찍는다.

○ 태대군 및 저군에게 보내는 별폭 중에 준마 2필과 매 1마리를 보낸다.

○ 통신사 일행의 인원수는 수빙사가 이미 강정하였으니, 한결같이 기해
　 년(1719)의 예에 따라 한 사람도 가감하지 않는다.

○ 집정(執政) 및 경윤(京尹)에게 보내는 서계도 기해년의 예에 따른다.

○ 집정 5원과 경윤 1원의 성명을 써서 보내니 예조의 서계에 이렇게 쓰
　 도록 한다.

○ 통신사 일행의 인원수를 써 보내 동무(東武)에 보고하여 각처에서 대
　 접하는 것을 미리 준비하려는 것이니, 그때를 당해서 늘리거나 감하
　 게 되면 몹시 난처하다.

○ 기해년(1719, 숙종45) 통신사행 때는 잠시 경도(京都)에 머물렀지만,
　 이번에는 하룻밤을 묵도록 한다.

○ 대불전(大佛殿) 및 33간당(十三十間堂)에 삼사가 갔다 온다.

○ 상조우 실위사(上鳥羽實爲寺)에 삼사 및 상상관이 가서 관복을 정제할
　 때에는 과자를 접대할 것인바, 이것은 비록 전례에는 없으나 이번에
　 는 행하도록 한다.

○ 바다와 육지에서 대접할 음식은 모두 미리 살펴 준비해야 하고, 삼사

---

150) 이는 『증정교린지』에 실려있는 요약된 내용이다. 『통신사등록』에는 요약되지 않
　 은 자세한 내용이 보인다.

중에 만일 대접을 받지 않고 먼저 배로 떠나면 만류하기 어려우니 이번에는 그렇게 하지 않도록 한다.

○ 통신사가 배로 출발할 때에 편벽되게 귀국 선장의 말만 들어서 간혹 만사일생(萬死一生)의 위험이 있으니 이번에는 폐주(弊州 대마도)의 선장(船將)과 상의하도록 한다.

○ 도중에 사용하는 말은 각 고을의 태수들이 손님을 접대하기 위하여 내어놓은 것이니, 마음대로 달리지 않도록 한다.

○ 접반장로(接伴長老)의 산호(山號)와 법명(法名)은 '영구산 천룡사 취암승견(靈龜山天龍寺翠巖承堅)'이다.

○ 구 태수(舊太守)에게는 삼사 및 상상관과 여러 판사(判事)가 사예단(私禮單)을 주었으므로 현재 태수에게도 마찬가지로 거행한다.

○ 일행 중의 모든 일은 대마도주가 오로지 맡아서 하므로 삼사(三使)는 도주와 의견이 맞은 뒤에라야 일이 모두 순조롭게 될 것이니, 이 뜻을 조정에서는 삼사에게 단단히 타일러 경계하도록 한다.

○ 종실(宗室) 5원, 집정(執政) 5원, 경윤(京尹) 1원, 근시(近侍) 2원, 집정 이하 여러 관원 20여 원에게는 삼사가 모두 사예단을 지급한다.

○ 두 명의 장로와 구 태수, 그리고 친척 10여 원에게도 삼사가 모두 사예물(私禮物)을 지급하며, 성명은 대마도에 이르면 자세히 알 것이다. 이 밖에 예물은 그때를 당하여 보낼 곳이 많을 것이므로, 수효를 넉넉히 마련해서 궁색함이 없도록 한다.

그런데 이 수역강정절목은 전례도 없는 것으로 불경하고 외람된 것이 있어 문제가 되었다. 이에 대해 11월 25일 조정에서 좌의정 조현명이 신행(信行)의 수역 현태익이 올려 보낸 절목은 지극히 해괴하고, 내백(萊伯)이 전례에 따라 올려 보낸 것도 또한 잘못 되었음을 지적하자, 승지 김상적이 그 장계와 절목을 읽은 후 논의를 시작했다. 이 자리에서 영조는 절목 안의 동무(東武), 경도유숙(京都留宿) 등 몇 가지 용어에 대해 하문한 뒤, "절목 가운데 관백을 전하(殿下)라고 칭했으니 이미 지극히 외람되고, 도주 태수(島主太守)를 칭전(稱殿)함은 모양이 매우 해괴한데, 내백(萊伯)이 엄한 말로 물리치지 못한 것이 심히 해괴하다."고 하면서, "태수는 예단(禮單) 중에 본래 없던 것인데, 저들이 어찌 감히 방자하게 써서 올리는가? 내백의 일은 더욱 해괴하다. 현태익이 어찌 이 절목에 사체(事體)를 손상함이 있음을 몰랐단 말인가? 감히 성명(姓名)을 쓰라고 말한 것은 존경의 뜻이 없다. 저들이 비록 자존(自尊)하더라도 나는 드러내 놓고 휘(諱)를 써야 하는가? 조정의 기강을 멀리 있는 오랑캐에게 보여 주어야 마땅하다. 수역 현태익을 관문(館門) 밖에서 효시하고 내백 역시 마땅히 엄중히 처리하도록 하라."고까지 지시하였다.

이어서 "교린(交隣)은 예(禮)·신(信)일 뿐이다. 예는 곧 경(敬)이고, 신은 곧 성(誠)이다. 만약 두 가지 것이 없으면 어떻게 교린하겠는가? 지금 동래부에서 올려 보낸 절목에 불경(不敬)하고 외설(猥褻)한 것이 있는데, 부사와 역관이 된 자가 능히 엄준하게 배척하지 못하고 감히 전달하였으니 일의 해괴함이 이보다 심한 것이 없다. 나라의 기강을 세우고 교린을 중히 여기는 도리에 있어 각별히 엄하게 처리하지 않을 수 없다. 부사 김상중과 역관 현태익을 도사(都事)를 파견하여 곧 잡아 오고, 전 정(正) 민백상을 동래 부사에 제수하니, 오늘부로 사조(辭朝)하라."고 하교하였다.[151]

수역강정절목에서 논란이 되었던 부분은 비변사의 감결로 동래부에 다음과 같이 내려갔다.

그 제3조에 말하기를, "태대군(太大君) 및 저군(儲君)의 별폭 중에 연월일

---

151) 『영조실록』 권66, 영조 23년 11월 25일(신해). 이후 동래부사 김상중과 수역 현태익은 잡아다가 엄히 문초한 후, 일이 무심코 이루어진 것을 참작하여 극변으로 정배되었다. 『영조실록』 권66, 영조 23년 12월 12일(무진).

아래 주인(朱印)을 찍는다라고 운운한바, 태대군에게 보내는 별폭에 관백에게 하는 예(例)에 따라 어휘(御諱)를 쓰도록 한 일은 이미 특별한 하교가 있었으나 저군의 별폭에는 원래부터 어휘를 쓰는 일이 없었는데, 이에 감히 혼동해서 말을 했으니 몹시 무엄한 일이다. 일본의 어휘는 줄을 바꾸어[別行] 특별히 쓰고, 우리나라는 연월일 밑에 2자를 쓰라고 하니, 비단 높여 쓰지 않았을 뿐 아니라 '휘(諱)' 자를 쓰지 않고 '명(名)' 자를 쓴 것은 더욱 무엄한 일이다. 또 '보(寶)' 자를 쓰지 않고 '인(印)' 자를 쓴 것 또한 몹시 해괴한 일이다." 하였고,

제7조에 말하기를, "통신사 일행의 인원이 만일 그때를 당해서 증감이 있으면 지극히 난처하다고 했는데 너희들이 반드시 전례를 굳게 지켜 어긋남이 없게 하려는 것은 알겠으나, 집정(執政) 이하 여러 관원을 후록(後錄)한 내용 중 종실(宗室)은 이전에 비해 2원이 많고 집정과 근시(近侍)는 각각 1원씩 더 많으니, 이것은 원래 작정했던 수효를 마음대로 증감시키면서 우리나라로 하여금 오직 저들의 명령대로 좇으라는 것인즉 몹시 해괴한 일이다." 하였다.

제15조에 말하기를, "구 태수(舊太守) 존전(尊前)과 현재의 태수[時太守] 존전에게 똑같이 거행하라고 하였는데, 소위 구 태수라는 것은 두 나라가 통화(通和)한 이후로 없던 이름인데 갑자기 새로 만들어냈으니 더욱 해괴하다. 또 '존전(尊前)'이라는 칭호도 몹시 해괴하고 더구나 구 관백의 예에 비교한다는 것은 더욱 참람되고 외람된 일이다." 하였으며,

제16조에 말하기를, "삼사신은 대마도주와 의견이 맞은 뒤에라야 순조로운 도리가 있다고 하였는데, 이 뜻은 조정이 삼사신을 단단히 타일러 경계하도록 할 일이고, 사신이 도주와 왕래하고 서로 만났을 때에 각각 성의와 예를 다하면 진실로 순조롭지 않을 염려가 없을 터인데, 이렇게 외람된 청을 어찌 감히 조정에까지 알려 번거롭게 한다는 말인가." 하였다.

맨 끝의 조목에 "'전양(殿樣)'이라는 명칭은 곧 도주를 가리키는 것인데 이는 자기들끼리 쓰는 존호인 것을 어찌 감히 전에 없던 명칭을 새로 조정에 말한단 말인가." 하였다. 이러한 조건들을 일일이 책망하고 타이르도록 하라고 하였다.

새로 동래부사에 제수된 민백상(閔百祥)은 12월에 담당 역관을 시켜 절목을 돌려주고 다시 비변사 감사(甘辭)의 뜻을 베껴서 차왜(差倭) 및 재판왜(裁判倭) 등에게 보이고 책망하였다. 이에 대한 답은 "별폭 중에 연월일 아래에 운운한 것은 곧 삼사신(三使臣)의 성명을 가리킨 것이요, 도서(圖書)에는 역시 주홍(朱紅)을 쓰기 때문에 주인(朱印)으로 잘못 쓴 것이다. 베껴 쓸 때에 삼사신의 '삼(三)' 자를 잘못해서 빠뜨리고 쓰지 않은 것이다. 비록 예조참판이라도 오히려 감히 바로 '성명'이라는 두 글자를 쓰지 못하고 '휘(諱)'라고 쓰는 것인데 어찌 감히 지극히 엄존하고 지극히 공경하는 자리에 곧바로 쓰겠는가. 실상이 이와 같으니 황송하기 그지없다."라고 운운하고, "통신사 일행의 인원 문제는 혹 그때를 당해서 증감하면 대접하는 절차가 실로 난처하기 때문에 한 말이다."라고 운운하고, "종실(宗室), 집정(執政), 근시(近侍)의 수를 더한 사안은 지난번 통신사행 때도 혹 더해지고 혹은 감해지기도 하였는바 이는 오늘날에 마음대로 증감하는 것이 아니니 마땅히 삼사(三使)가 부산에 내려온 뒤에 상상관(上上官)과 상의해서 결정지을 것이다. 구 태수와 현 태수에게 한가지로 거행한다라고 말한 것은 사신들의 사예단(私禮單)을 넉넉히 준비하라는 말이고, '전양(殿樣)'이라는 명칭과 '태수 존전(太守尊前)'이라는 칭호는 항상 입에 익었기 때문에 글자로 옮겨지기에 이르렀으니 실로 몹시 황송해서 몸둘 바를 모르겠다."고 하면서 마무리되었다.

이러한 우여곡절 끝에 통신사 일행은 1747년 11월에 사폐(辭陛)하고 1748년 3월에 배를 타고 출발하였으며, 5월에 왜도(倭都)에 도착하여 예폐(禮幣)를 전하였고, 윤7월 30일 돌아와 복명하였다. 그런데 통신사 일행은 일본 악포(鰐浦)에서 부사 남태기가 탄 배에 불이 일어나서, 배에 실었던 물건과 사람이 불에 탔다. 예물로 가지고 가던 인삼 72근, 흰 무명 20필, 부용향(赴蓉香) 3백 10매와 배에 탔던 사람들의 양식쌀[糧米]·노자(路資)·의복 등이 아울러 불에 탔으며, 불에 타죽은 사람이 2명이고, 화상을 입은 사람은 10여 명이나 되었다. 예단의 물건이 많이 불타 없어졌으므로 새 물건을 다

시 마련해서 관왜(館倭)에게 전하여 비선(飛船)으로 들여보냈다. 윤7월 30일
서울에 도착하여, 통신사 일행이 입궐(入闕)하여 영조에게 복명(復命)하였는
데, 이날의 실록기사에는 다음과 같은 사론이 있다.

> 통신사의 일행이 모두 5백여 인이었고 대동한 편비(編裨)들은 모두 문벌
> 이 있는 이름난 무관(武官)들을 선발하였으며 기예(技藝)를 지닌 백공(百工)들
> 이 다 따라갔는데, 홍계희가 강력하게 제지하지 않았고 또 만리(萬里) 먼 길
> 을 수행한다 하여 차마 법으로 다스리지 않았기 때문에 무관들이 교만 방
> 자하여 멋대로 행동하였고, 또 주장(主將)이 관대하게 대하는 것을 믿고서
> 도착하는 곳마다 횡포를 부림에 있어 돌아보아 꺼리는 것이 없었다. 홍계
> 희 등이 부산(釜山)에서 4개월 동안 머물고 있었는데, 70고을에서 돌려가며
> 이들을 지공(支供)하느라 온 도내(道內)가 말할 수 없이 피폐되었고 열읍(列
> 邑)이 거의 몇 해 동안 소복(蘇復)되지 못하였다. 대마도(對馬島)에 이르러 세
> 사신이 육지에 올랐으나 예폐와 반전(盤纏)은 모두 배에 있었는데, 부선(副
> 船)에서 실화(失火)하여 모두 다 타버렸고 죽은 사람도 3인이나 되었다. 이
> 런 사실이 보고되자 좌의정 조현명(趙顯命)이 건의하여 삼폐(蔘幣)와 희자(餼
> 資)를 다시 준비하여 보냈는데, 이 때문에 국가의 저축이 탕진되었으니, 어
> 떤 사람은 말하기를, '배에서 화재가 발생한 것은 이에 일부러 불을 지른
> 것인데 조정을 속인 것이다.' 했다.
> 　사신은 말한다. 나라에 기강이 없어지고 인심이 옛날과 같지 않다. 이때
> 를 당하여 왕명을 받고 국경을 나감에 있어 수백 인을 대동하고서 교활한
> 나라로 깊숙이 들어가게 되었으니, 비록 군법(軍法)으로 한결같이 제재하여
> 도 오히려 난잡하게 될까 두려워했어야 할 것인데, 홍계희 등은 태연히 느
> 긋한 마음으로 길에 올라 스스로 '대체로 벌써 조치하였는데 내가 무엇을
> 말할 것이 있겠는가?'라고 여겼으므로, 유폐(流弊)가 이런 지경에 이르렀어
> 도 어떻게 함이 없었으니 개탄스러움을 이루 다 말할 수 있겠는가?[152]

또한 다음과 같은 기사도 실려 있다.

---

152) 『영조실록』 권68, 영조 24년 윤7월 30일(임오).

사행(使行)이 바다를 건너 모두 세 번 육지에 오르고 수천 리를 가서야 비로소 강호(江戶)에 도착했는데, 이곳은 곧 관백(關白)이 거처하는 곳으로 지리(地理)가 매우 험하였고 경유한 곳의 성호(城濠)는 견고하고 완벽하여 포석(砲石)으로 분쇄할 수 있는 정도가 아니었다. 호에는 모두 물이 가득 차 있었는데 깊이가 두어 길이나 되었으며, 성문에는 조교(弔橋)가 설치되어 있었다. 길가에는 전사(廛肆)가 벌려 있었고 여리(閭里)는 모두 조리 있게 구획되어 문란하지 않았다. 3보(步)가 1칸[間]이고 60간이 정(町)이 되는데, 정에는 중문(重門)을 설치하여 가는 데마다 모두 이와 같았다. 문호(門戶)에 자리를 깐 척도까지도 모두 같아서 조금도 일정하지 않은 것이 없었고 여염(閭閻)의 성대함은 중국(中國)보다 더 나았다. 대체로 모두 군법(軍法)에 의거하여 나라를 세워 법도를 수명(修明)하였으므로 의복(衣服)과 포설(鋪設)에도 모두 법제가 있고 민졸(民卒)의 장물(章物)에도 아울러 표지(標識)가 있어서 향리(鄕里)의 문지기에게 묻지 않더라도 무슨 고을인지 알 수가 있게 되어 있었다. 사행이 도착하는 곳마다 시끄럽게 떠드는 일이 없었고 희궤(餼饋)를 빠뜨리는 일이 없어 우리 나라와 견주어 보면 규모와 법령이 정칙(整勅)되었을 뿐만이 아니었으며, 이 나라에는 과거(科擧)로 인재를 선발하는 일이 없고 모두 세습(世襲)하고 있었다.

나라에는 모두 70개의 주(州)가 있는데, 주에는 모두 태수(太守)가 있고 태수에게는 모두 부수(副守)가 있다. 태수의 가속(家屬)은 모두 강호에 유치(留置)되어 있는데, 각주(各州)의 태수들은 한 해에 반년은 강제로 강호에 머물게 하며 그 부수로 하여금 머물러서 주(州)의 일을 다스리게 하고 있다. 백성들은 사송(詞訟)이 없고 문학(文學)을 숭상하지 않는데, 대개 글을 쓸 데가 없기 때문이고 오직 승도(僧徒)들은 간간이 문자를 아는 사람이 있었다. 우리 사신(使臣)이 오면 반드시 국(局)을 설치하고 개인(開印)하는데, 대저 수창(酬唱)한 것은 빠짐없이 수집하여 화한수창록(和韓酬唱錄)이라고 호칭하였으니, 이는 왜인(倭人)이 스스로를 화림(和林)이라 일컫고 우리 나라는 삼한(三韓)이라는 호칭이 있기 때문인 것이다. 그들의 이름이 수창록에 오르게 되면 그 영광이 등영(登瀛)에 비견될 정도이다.

관백(關白)이 새로 서면 반드시 우리 나라에다 사신을 보내 줄 것을 청하는데, 사신이 그 나라에 도착하게 되면 제도(諸島)에 호령하는 패문(牌文)에 '조선(朝鮮)에서 조공을 바치러 들어온다.'고 하기에까지 이르러 국가의 수

욕(羞辱)이 막심하였다. 그러나 사명을 받들고 간 사람은 매양 일이 생길까 두려워서 그대로 두고 못들은 체하기 일쑤였다. 홍계희 등이 강호에서 7일 동안 머물고 돌아왔는데, 왕복한 노정(路程)에 소요된 날수가 모두 5개월이 었고 사폐(辭陛)한 때부터는 모두 9개월이 되었다. 그런데 이들의 기강이 해이한 탓으로 데리고 간 임역(任譯)들이 재화(財貨)를 탐하여 사생(死生)을 잊고 설치느라고 저들의 사정은 전혀 탐지하지 못한 채 우리 나라에 대한 말은 이미 여지없이 죄다 누설하였으니, 저들 가운데 만일 인물이 있었다 면 반드시 우리 나라에 인물이 없다고 여겼을 것이다.

사신은 말한다. 이적(夷狄)의 나라에 임금이 있는 것이 중화(中華)의 나라 에 임금이 없는 경우만도 못하다고 하였다. 우리 나라의 제도(制度)는 번번 이 중화를 본받고 있는데도 이제 정형(政刑)과 법령(法令)이 도리어 오랑캐만 도 못하였다. 그리하여 신사(信使)가 가서 오랑캐들에게 위엄을 보이지 못 한 것은 물론, 사적으로 뇌물을 받으면서도 사양할 줄을 몰랐으니, 수모를 받는 것이 그칠 기한이 없게 되었다. 저들 가운데 우리 나라의 사정을 엿 보는 사람이 있다면 장차 어떻게 여겼겠는가? 임진년에 귤강광(橘康廣)이 부기(府妓)가 향물(香物)을 움켜쥔 것을 보고서 '너희 나라가 장차 망하게 될 것이다.'라고 했는데, 지금의 국세(國勢)를 임진년에 견주어 보면 그때에 어 림도 없는 상황이다.153)

8월 5일 영조는 통신사를 불러 보고 왜국의 사정에 대해 자세히 묻고 들 었다.154) 그리고 관례에 따라서 통신사 정사 홍계희와 부사 남태기에게 모 두 품계(品階)를 더하여 가계(加階)하게 하고, 종사관 조명채에게 자품(資品) 을 더하여 가자(加資)하게 하였다가, 곧 가계(加階)하게 하였다.

---

153) 『영조실록』 권68, 영조 24년 윤7월 30일(임오).
154) 『영조실록』 권68, 영조 24년 8월 5일(정해).

11. 1763년의 통신사 [계미통신사, 갑신통신사]

- 통신삼사: 정사 조엄(趙曮), 부사 이인배(李仁培), 종사관 김상익(金相翊)
- 조선국왕: 영조(英祖, 재위 1724~1776)
- 일본쇼군: 도쿠가와 이에하루(德川家治, 재위 1760~1786)
- 대마도주: 소 요시나가(宗義暢[平義暢], 재위 1762~1778)

9대 쇼군 도쿠가와 이에시게(德川家重)는 1760년 4월 맏아들 도쿠가와 이에하루(德川家治, 1737~1786)에게 쇼군직을 물려주고 오고쇼로 물러났다.[155] 쓰시마번(對馬藩)에서는 관백손위차왜를 파견하여 관백의 퇴임을 알렸다. 조선이 이에시게의 퇴임을 연락받은 것은 1760년 12월이다.[156] 조정에서는 곧바로 이에하루의 장군 취임을 축하하는 통신사 파견에 필요한 예단을 준비하는 논의가 이루어졌고, 다음 해인 1월 8일에는 동래부가 홍명한(洪名漢)이 장계를 받고 덕천가치의 취임 확인과 곧 건너올 신관백승습고경대차왜(新關白承襲告慶大差倭)에 대비하여 경접위관의 파견을 고려하였다.[157]

통신사의 파견을 정식으로 요청하기 위한 신사청래차왜(信使請來差倭)의 도착이 동래부사에 의하여 보고되고, 경접위관(京接慰官)과 차비역관(差備譯官)의 파견이 허가된 것은 1762년 4월 6일이었다. 4월 7일 통신사청래차왜의 하선연(下船宴)과 다례가 있었으며, 이날 동래부사 권도는 신병으로 참석하지 못하고, 접위관 정창성이 전례대로 실시하였다. 이때 차왜는 "통신사 일행이 내년 6월 상순에 배를 출발하여 9~10월 사이에 에도에 도달하며, 세 사신의 관함(官銜)과 성명을 써서 미리 도중(島中)에 통보하여 에도에 전달

---

155) 도쿠가와 이에시게는 1761년 7월 13일 49세로 타계했다.
156) 『통신사등록』 경진년(1760) 12월 17일조에 수록된 12월 8일 동래부사 홍명한의 장계에 이 내용을 전하고 있다.
157) 『비변사등록』 영조 36년 12월 27일조. 『비변사등록』 영조 37년 1월 8일조.

하려고 하며, 이번에는 마땅히 도해역관을 청하여 통신사 절목을 강정(講定)해야 하나, 양국에 폐단이 없지 않으니, 수역(首譯) 중 1인이 내가 돌아가기 전까지 속히 내려와서 상세히 강정한 연후라야 막중한 행차가 다다랐을 때 군색하고 급박한 폐단이 없을 수 있다."라고 말했다. 차왜가 바친 별지의 내용은 다음과 같다.

○ 내년의 통신사행은 한결같이 무진년(1748)의 예(例)에 따른다.
○ 국서(國書)의 서식은 한결같이 무진년의 예에 따른다.
○ 예단(禮單)과 별폭(別幅)의 물건은 각별히 정성을 다해 준비한다.
○ 삼사의 관직과 성명을 즉시 써서 보낸다.
○ 매는 전례대로 미리 준비하는데 이전과 비교하여 더 보낸다.
○ 준마(駿馬)는 보낸 그림과 같이 안장을 갖추어 골라 보낸다.
○ 이마(理馬)와 매를 기르는 사람은 전례대로 통신사행 인원의 수효 안에 포함시켜 보낸다.
○ 마상재(馬上才)의 말은 먼 길을 달리게 되므로 병이 날 염려가 있으니 전례에 따라 3필을 끌고 온다.
○ 집정(執政)과 경윤(京尹) 등에게는 매를 각각 1마리씩 전례대로 들여보내되, 혹 병이 날 근심이 있으니 예(例)에 따라 더 보낸다.
○ 상상관(上上官)은 두 나라 사정에 밝고 또 말이 잘 통하는 사람을 선발하여 보낸다.
○ 통신사 일행의 인원은 무진년(1748)의 예에 따라 데리고 온다.
○ 이정암 장로(以酊菴長老)와 접반 장로(接伴長老)와 만송원(萬松院)에 보내는 서계와 별폭은 예조에서 전례대로 갖추어 보낸다.

차왜가 바친 별지를 참조하여 강정절목을 마련하였다. 당시 수역(首譯) 최학령(崔鶴齡)은 사유가 있어서 부역(副譯) 이명윤(李命尹)을 동래부로 보내어 차왜(差倭)와 더불어 강정하도록 한 강정절목은 다음과 같다.

○ 금번 통신사행의 국서식(國書式)과 대례(大禮) 등의 절차는 한결같이
   무진년(1748)의 예에 따른다.
○ 예조에서 집정(執政)과 경윤(京尹)에게 보내는 서식은 무진년의 예에
   따르며, 집정의 성명은 강호(江戶)에서 글이 온 후에 통지한다.
○ 삼사는 모든 일을 순조롭게 처리하도록 힘써 아무런 폐단 없이 갔다
   오도록 한다.
○ 바다와 육지의 행로 중에는 불을 금한다.
○ 바다와 육지의 여러 곳에서 접대하는 관원은 통신사의 일행에게 예모
   를 잃지 말아야 한다.
○ 삼사신이 본주(本州 대마도)에 들어오면 한 차례의 연향을 행한 후에
   즉시 배에 올라야 하고, 바람이 불기를 기다려 선박을 운행하는 것은
   오로지 본주에 맡겨 만에 하나라도 걱정이 없도록 한다.
○ 통신사의 일행 중에 만약 하고 싶은 말이 있으면 즉각 일을 맡고 있
   는 사람을 통해서 처리해야 하며, 마음대로 출입하거나 혹 싸우고 서
   로 다투는 폐단은 없어야 한다.
○ 여러 곳에서 대접하는 절차는 강호(江戶)의 결정을 기다렸다가 즉시
   통지하고, 강호 객관(客館)에서 5일지공(五日支供)을 들여보낼 때에 잡
   인(雜人)은 출입할 수 없다.
○ 수행하는 사람 중에 혹 방자하여 금법을 어기거나 제도를 염두에 두
   지 않는 자는 삼사신(三使臣)에게 고하여 다스리게 한다.

이상 두 차례의 절목은 모두 무진년(1748)에 이미 행한 예(例)이므로 모
두 시행토록 허락하였다.

그런데 갑신통신사는 양국간에 사행 일정의 협의가 원만치 않았다. 1762

년 10월 조선에서는 왜관 관수에게 1763년 6월에는 승선이 어려워 8~9월로 미루고 싶다는 것을 전달했으나 의견조율이 제대로 이루어지지 않았다. 대마도에서는 일정 연기에 대한 회신 없이 출발시기도 협의하지 않은 채 재판차왜, 통신사호행차왜의 선문두왜 등이 오다가, 1763년 5월 12일에 통신사호행차왜가 6월 승선의 서계를 가지고 왜관에 도착하였다. 이것은 대마도와 에도 사이의 협의가 미진했기 때문이었다. 통신사호행차왜는 통신사가 출발하기 5~6개월 전에 나오는 것이 전례였기 때문에 6월은 기일도 촉박하고, 대마도의 통신사가 머물 관사도 수리중이었으므로, 통신사 출발일을 관상감에서 길일을 택하여 7월 15일에 서울을 출발하여 8월 27일 진시에 부산에서 배를 타고 출발하는 승선일자를 정하였다.

그러나 통신사 정사 임명 문제로 통신사 출발일이 다시 변경되었다. 먼저 1762년 8월에 통신사의 정사에 서명응·정존겸·송영중, 부사에 엄린·임희교·이재협, 종사관에 이득배·김상익·김재순이 각각 3망으로 올라갔는데, 이 가운데 수망의 서명응(徐命膺), 엄린(嚴璘), 이득배(李得培)가 각각 3사에 임명되었다. 그런데 1763년(영조 39) 7월에 이조참의로 있던 서명응이 판서와 함께 이조참판 조명채(曺命采)를 배척한 죄로 함경도 종성(鍾城)에 유배되었으므로,[158] 통신정사를 정상순(鄭尙淳)으로 바꾸어 임명하였다.[159] 그러나 정상순이 어머니가 늙었다는 이유로 먼 길을 떠나는 것을 꺼려하여 누차 계칙(戒飭)해도 명을 받들지 않았다. 영조는 '명을 받은 사람이 모두 규피(規避)하고 있으니, 정상순을 죄주지 않으면 다른 사람을 면려시킬 수 없다.'고 하면서, 그를 김해로 정배(定配)하고, 조엄(趙曮)에게 대신하게 하였다.[160] 이에 앞서 7월 5일에 통신부사는 이인배(李仁培), 종사관은 홍낙인으로 교체했었는데,[161] 홍낙인의 경우에도 조엄과 친혐(親嫌)이 있어서 종

158) 『영조실록』권102, 영조 39년 7월 7일(임술).
159) 『영조실록』권102, 영조 39년 7월 8일(계해).
160) 『영조실록』권102, 영조 39년 7월 13일(무진).
161) 『영조실록』권102, 영조 39년 7월 5일(경신).

사관도 김상익(金相翊)으로 바뀌었다.162) 이러는 사이 서울 출발일은 7월 15일에서 7월 30일, 다시 7월 20일, 또 다시 8월 3일 등으로 변경되었으며, 8월 20일 동래에 도착한 후 40여일 부산지역에 머물다가, 10월 6일 부산을 출발하여 일본으로 갔다.

영조는 7월 24일 통신사 조엄·이인배·김상익 등을 소견하여 교린의 중대함을 언급하고, '약조(約條)를 어기고 조정에 수치를 끼치는 자, 기이하고 교묘한 물건을 사서 은밀히 많은 이익을 노리는 자, 저들과 술을 마시어 감히 나라의 법금(法禁)을 어기는 자는 모두 사신(使臣)으로 하여금 먼저 목을 베고 나서 아뢰게 하라.'는 칙교를 써서 내렸다.163) 그리고 8월 3일에 정사 조엄, 부사 이인배, 종사관 김상익이 사폐하니, 영조는 삼사를 불러보면서 친히 이릉(二陵)의 송백(松柏)이란 글귀를 읊고 한동안 감동하였다가, 이윽고 '잘 갔다가 잘 오라[好往好來]'는 네 글자를 어필(御筆)로 세 폭(幅)을 써서 나누어 주고 위유(慰諭)하여 보냈다.164) 이처럼 삼사는 영조에게 하직 인사를 할 때까지 여러 차례 교체되었다. 1762년 8월에 처음 지명된 3명은 아무도 최종 삼사가 아니었다. 출발 2개월 전에 편성된 최종삼사는 정사와 부사는 교체되었고, 종사관도 처음의 수망이 아닌 차망의 김상익으로 바뀌었다. 당시 통신사로 일본에 다녀오는 사행은 많은 위험이 도사리고 있었기 때문에 대부분 꺼리는 일이었다. 다음은 원래 명천부사까지 지냈으나 군영의 죄를 받았다가 풀려나 군관으로 차출되어 사행에 참여한 민혜수가 출발하기 전 소회를 담은 기록이다.

임금께서 즉위하신 지 39년 계미, 일본국 관백 원가중(源家中)이 죽고 그 아들 가치(家治)가 자리를 이어받으니 구례에 따라 알리고 통신사를 청하였다. 조정에서는 이를 허락하고 황해감사 서명응을 정사로 삼고 홍문관 교

---

162) 『영조실록』 권102, 영조 39년 7월 13일(무진).
163) 『영조실록』 권102, 영조 39년 7월 24일(기묘).
164) 『영조실록』 권102, 영조 39년 8월 3일(정해).

리 엄인을 부사로 삼았으며 홍문관 수찬 이득배를 종사관으로 삼았다. 나
는 명천부사로서 외람되이 군영의 죄를 받았으나 5월에 북쪽 변경에서 풀
려 돌아와 이번 사행에 왔다. 왕역(往役)의 의리로 마땅히 평탄함과 험난함
을 가려 감히 피함을 꾀할 수 없을 것이다. 그러나 본래 천식과 현기증이
있어 비록 보통 나루에서 배를 타더라도 갑자기 아찔하고 혼미해 엎어져
인사불성이 되는데, 하물며 넓디넓은 푸른 바다에 고래 같은 큰 파도가 출
몰하고 악어 소굴이 감추어져 있으니 갈 수는 있으나 돌아올 수 없을 것을
근심한다. 또 전후 통신사의 사행을 생각해 보면 삼방의 비장은 반드시 당
대의 모범이 될 만한, 문무를 모두 갖춘 뛰어난 인재를 가려 뽑아야 한다.
데리고 간 자는 국가의 위엄을 빛내고 다른 나라와는 다른 특이한 풍속을
꺼리는 뜻을 드러내어 우연이 아님을 밝혀야 한다. 그러나 생각해 보니 나
는 거칠고 서투르며 학문과 재주가 얕고 보잘 것 없는 가장 낮은 실력으로
선배들을 뽑은 뜻에 진실로 부끄러운 까닭에 힘써 사양하였으나 뜻을 이루
지 못해 억지로 맡은 일에 힘썼다. 뜻밖에 세 사신이 일로 벌을 받아 파직
되니 다시 부제학 조엄, 교리 이인배, 수찬 김상익이 새로 제수되었는데 이
에 8월 3일에 임금께 하직인사를 드렸다. 나는 부사 소속인데 노비 천근(千
斤)을 데리고 남쪽으로 떠났다.[165]

이와 같이 사행원들은 바닷길을 통해 이동하는 것 자체에 대한 두려움이
컸다. 통신사행의 전체 노정 중 한양에서 부산까지의 국내 노정과 일본 대
판(大坂)에서 강호(江戶)까지를 제외한 나머지 길은 바닷길을 통해 이동하였
다. 그러다 보니 예상치 못한 기상 악화나 험난한 해저 지형 때문에 해상
조난 사고를 당할 위험이 높았다. 삼사의 임명부터 원활하지 않았던 갑신통
신사는 항해도 출발부터 순조롭지 않았다. 10월 6일 부산을 출발하여 대마
도에 도착하기 전에 높은 파도로 물마루에서 정사가 탄 1기선의 치목(鴟木)
은 물속으로 빠졌고, 2기선의 치목은 바다로 나가자마자 부러졌으나 부산포
로 회항할 수 있는 상황이 아니라 노를 덧대고 묶어서 배를 계속 몰아 사스

---

165) 閔惠洙, 『槎錄』.

우라에 도착할 수 있었다. 부복선(副卜船)의 선장은 배안에서 낙상하여 내상을 입고 치료받다가 죽는 일까지 일어났다. 이처럼 일본으로의 사행은 목숨을 담보로 하는 힘들고 위험한 노정의 연속이었다.[166]

사행의 노정은 계속 지연되어 1763년 8월 3일 한양을 출발하고, 10월 6일 부산을 출항했으나, 대마도 일기도 남도의 세 섬을 지나는데 무려 두달 20일이 지나갔다. 그리하여 이듬해인 2월 16일에야 강호(江戶)에 도착했다. 막부 장군에게 조선 왕의 국서를 전하는 전명의식(傳命儀式)은 2월 27일에 있었다. 그런데 돌아오는 길에도 사고가 발생했다. 통신사 일행이 대판성(大坂城)에 머물렀을 때 도훈도(都訓導) 최천종(崔天宗)이 왜인에게 살해당했다. 삼사가 한달간 대판에 그대로 머물면서 여러 가지로 조사를 하여 범인을 체포하여 사형에 처하도록 하였다.

통신사는 1674년 7월 8일에 한양으로 돌아와서 영조에게 복명하였다. 돌아온 세 통신사를 소견한 영조는 왜국(倭國)의 풍속과 인물에 대해 물어보고 아울러 그들의 자급을 올려주었으며 역관들에게도 관례대로 상을 주었다.[167]

1764년 갑신통신사는 강호를 방문한 마지막 통신사이다. 당시 정사 조엄은 대마도에서 고구마를 들여왔다. 다음은 고구마를 처음 본 조엄의 서술이다.

> 섬 안에 먹을 수 있는 풀뿌리가 있는데 이름을 감저(甘藷) 또는 효자마(孝子麻)라 부른다. 일본음으로 고귀위마(古貴爲麻)이다. 그 생김새가 산약(山藥)과 같고 무뿌리(菁根)와도 같으며 오이나 토란과도 같아 그 모양이 일정하지 않다. 그 잎은 산약 잎사귀 비슷하나 조금 크고 두터우며 조금 붉은색을 띠었다. 그 넝쿨 역시 산약의 넝쿨보다 크고 그 맛이 산약에 비해 조금

---

166) 이외에도 小童 김한중은 오사카에서 풍토병으로 죽었으며, 격군 이광하는 미친 증세가 일어나 제 목을 찔러 죽었다.

167) 『영조실록』 권104, 영조 40년 7월 8일(무오).

강하고 실로 진기(眞氣)가 있으며 반쯤 구운 밤맛과 비슷하다. 생으로 먹을 수 있고 구워서도 먹으며 삶아서 먹을 수도 있다. 곡식과 섞어 죽을 쑤어도 되고 썰어서 맑은 술이나 정과(正果)를 만들 수도 있다. 또는 떡을 만들거나 밥에 섞거나 되지 않는 것이 없으니 흉년을 지낼 좋은 재료라 할 수 있다. 지난해 좌수나포(左須奈浦)에 처음 도착했을 때 감저를 보고 여러 말을 구해서 부산진으로 보내어 종자를 삼게 하였는데, 지금 귀로에 또 이것을 구해서 장차 동래의 교리(校吏)들에게 줄 예정이다. 일행 중의 여러 사람들도 그것을 얻은 자가 있으니 이것을 과연 능히 다 살려서 우리나라에 널리 퍼뜨리기를 문익점이 목화를 퍼뜨린 것과 같이 한다면 어찌 우리 백성에게 큰 도움이 아니겠는가. 또 동래에 심은 것이 만약 넝쿨을 잘 뻗는다면 제주 및 다른 섬에도 옮겨 심는 것이 마땅할 듯하다. 들건대, 제주의 흙은 대마도와 닮은 것이 많다고 하니 그 감저가 과연 잘 번성한다면, 제주민이 해마다 봉양을 위해 나창(羅倉)의 배를 띄워 곡식을 운반하는 것을 거의 없앨 수 있을 것이다. 다만 토질이 맞는지 아직 자세하지 못하고 토산(土産)이 다 다르니 과연 그 번식이 뜻대로 될지 또한 어찌 기약할 수 있겠는가.168)

12. 1811년의 통신사 [신미통신사, 역지통신(易地通信)]

- 통신사: [조선] 정사 김이교(金履喬), 부사 이면구(李勉求) / [일본] 정사 오가사와라 다다카타(小笠原忠固), 부사 와키사카 야스타다(脇坂安董)
- 조선국왕: 순조(純祖, 재위 1800~1834)
- 일본쇼군: 도쿠가와 이에나리(德川家齊, 재위 1786~1837)
- 대마도주: 소 요시카쓰(宗義功[平義功], 재위 1785~1812)

1786년 일본의 10대 쇼군 도쿠가와 이에하루(德川家治)가 사망하고, 1787

---

168) 조엄, 『海槎日記』 1764년(영조 40) 6월 18일.

년 그의 양자인 도쿠가와 이에나리(德川家齊)가 쇼군(將軍)직을 이어받았다.
1786년 10월 6일 덕천가치의 부고를 왜관 관수가 조선측 역관에게 전달했
으며, 1787년 3월 14일 정식으로 관백고부차왜 등번경이 왜관에 도착했고,
7월 5일에는 관백고경승습차왜 평창상이 왜관에 도착했다가 11월 24일 대
마도로 돌아갔다. 조선에서는 차왜를 접대하면서 통신사 청래에 대한 준비
를 하고 있었다.[169]

그러나 1788년 통신사청퇴차왜(通信使請退差倭)가 비로소 나와서 연빙(延
聘)이라 칭하고 관백(關白)의 뜻을 전하였다. 서경(西京 경도)에 불이 나서
재력이 다 없어졌고, 동무(東武 강호)에 해마다 흉년이 들어서 통신사행을
접대할 가망이 거의 없으므로 잠시 시기를 물려 정하여 점차 좋아지기를
기다려 달라고 하였다. 처음에는 규정 이외의 일이라 해서 접대를 허락하지
않았는데, 차왜가 끝내 돌아가지 않았다. 막부에서 빙례 연기를 주도한 마
츠다히라 사다노부(松平定信)는 '계속되는 흉년으로 서민들이 곤궁하고 교
통의 요지가 쇠퇴하여 접대를 담당하는 다이묘(大名)들이 경제적 어려움을
호소하고 있다는 것'을 그 이유로 들었다. 실제 일본에서는 1783년 이래 소
위 덴메이(天明) 대기근이 계속되었으며, 1786년에는 강호와 동북 지역에서
대홍수를 비롯하여 전국적인 대흉작 때문에 수확이 1/3로 감소되는 실정이
었다. 그 결과 각지에서 폭동과 쌀 소동이 일어나는 등 사회불안이 가중되
고 있었다. 이러한 때에 백성 구제라는 커다란 현안을 앞두고 막대한 재력
을 기울여 조선 통신사를 맞이하기는 어렵다는 것이 막부의 판단이었다.

1789년(정조 13)에 동래 부사 김이희(金履禧)의 장계에 대한 판부(判付)
내에서 "이것은 보통 약조를 어기는 것과는 차이가 있다. 통신사를 마땅히
보내야 하나 그 일을 담당할 만큼 재력이 허락할 때에 한한다. 지금과 같이
물리기를 요청하면 우리의 교린(交隣)하는 도리에 있어서 어찌 사신을 보낼

---

169) 1811년의 역지통신에 대해서는 정장식, 「1811년 역지통신과 통신사」,『조서통신사
사행록 연구총서』8, 251~286쪽 참조.

수가 있겠는가. 또 원래 정했던 시일과 어긋난다고 해서 끝내 이를 거절하여 오랫동안 지체하는 폐단을 만든단 말인가. 특별히 허락하도록 하니 경접위관(京接慰官)을 보내어 접대하도록 하고, 또 그들이 요청한 통신사의 파견을 늦추는 일도 역시 그대로 시행토록 하라."고 하였다.170) 조선은 처음에는 막부의 연기 요청을 거부하였으나, 여러 차례 논의를 거듭한 끝에 정조(正祖)의 뜻에 따라 연기 요청을 받아들인 것이다.

1791년에 차왜가 또 와서 '의빙(議聘)'을 칭하면서 관백의 명령을 전하기를, 통신사 일행이 강호(江戶)까지 갈 것이 아니라, 대마도(對馬島)까지만 오도록 함으로써 피차간의 폐단을 덜자고 하였다.171) 이 또한 규정 밖의 일이어서 접대하지 않았는데, 차왜가 이렇게 버티어 4년이 되어도 돌아갈 생각이 없었다.172) 1794년에 비로소 다만 서계(書契)만 바치고 돌아가겠다고 하므로 이를 허락하였다.173) 1791년(정조 15) 막부가 빙례 연기에서 더 나아가 역지빙례를 추진한 것은 통신사 접대에 막대한 경비가 지출된다는 경제적 이유가 제시되고 있다. 그러나 이면적으로는 18세기 이래 막부 안에서 조선에 대한 인식 변화가 나타난 것이 중요한 요인이기도 하였다. 처음 조선에서는 선례가 없는 일이라 해서 역지빙례의 뜻을 전하는 일본 측 서계(書契)의 접수마저 단호히 거부하였으나, 조선의 입장에서도 통신사 일행이 강호까지 가게 되면 그만큼 많은 경비를 부담해야 하였고, 예단으로 가져가는 물품을 마련하는 일도 결코 쉬운 것이 아니었다. 따라서 통신사 일행의 인원, 예물, 접대 비용 따위를 줄이기 위한 하나의 방법으로서 일본의 역지빙례 요청을 신중하게 고려해 볼만 하였다. 한편 일본과 조선의 외교 교섭 사무를 맡고 있던 대마번에서는 막부의 방침을 지지하는 오모리(大森) 일파가 실권을 장악하면서 역지빙례를 성사시키기 위하여 적극적으로 교섭에

---

170) 『정조실록』 권27, 정조 13년 2월 14일(신축).
171) 『정조실록』 권33, 정조 15년 11월 24일(을미).
172) 『정조실록』 권42, 정조 19년 윤2월 1일(계미).
173) 『정조실록』 권40, 정조 18년 8월 27일(신사).

나서게 되었다.

　1796년에 문위행(問慰行)이 갔을 때, 역관이 대마도 봉행(奉行)들과 통신사의 일을 의논했는데, 대접하기 어렵다는 뜻이 현저하므로 드디어 이 내용을 돌아와서 조정에 보고하였다. 1797년에 특별히 보낸 문위당상역관(問慰堂上譯官) 박준한(朴準漢)이 관수왜(館守倭) 및 대마도의 여러 봉행(奉行)들과 강호(江戶)에 왕복할 일을 상의했는데, 10년을 물려서 정하기로 관수왜 원창명(源暢明)의 약서(約書)를 받아가지고 왔다. 그 약서의 내용은 다음과 같다.

　　　이번에 본주(本州 대마도) 봉행이 강호에 가서, 통신사는 10년 기한으로 물려 정하는 일을 겨우 동무(東武)에 아뢰어 결정하였다. 통신사는 교린의 정의(情誼)로서 행하지 않으면 안 되는 것이다. 그때에 이르러 마땅히 사신을 요청하러 올 것인즉 다시는 시기를 늦추지 않는다는 것을 미리 약정함으로써 일을 기다리고자 한다. 무오 8월 일.

　1804년 에도막부는 5년 후 역지빙례를 실시할 것을 명하였으며, 이 사실은 대마도를 통하여 조선에 전해졌고, 막부의 서계도 조선에 전달되었다. 이에 조선에서는 강정역관(講定譯官)을 일본 대마도에 파견하여 역지빙례 실시를 위한 구체적인 실무 교섭을 벌인 후, 강정역관이 귀국하여 일본에서 합의를 보지 못한 안건을 조정과 상의한 뒤 그 결과를 가지고 왜관(倭館)에서 일본을 상대로 마지막 교섭을 벌이고자 하였다.

　1805년(순조 5)에 통신사를 청하러 온 차왜가 나와서 다시 간절히 장소를 바꾸어 통신사를 보내달라고 하였으나 또 허락하지 아니하였다.[174] 그러나 10년 동안을 서로 버티면서 간절히 애걸하기를 그치지 아니하므로, 줄곧 완강히 거절하는 것은 절대 먼 나라를 무수(撫綏)하는 도리가 아니기 때문에, 1809년(순조 9) 문위 당상역관 현의순(玄義洵), 당하역관 변문규(卞文

---

174) 『순조실록』 권7, 순조 5년 11월 12일(신유).

圭), 면담 당상역관 최석(崔昔) 등 강정역관 일행이 대마도에서 교섭하고 돌아왔다.175) 이 교섭 과정에서 조선은 역지빙례가 막부의 방침이라는 것, 일본의 재정적 어려움이 심각하다는 것을 확인할 수 있었다. 그리고 이들의 귀국 후 조선에서는 역관 일행의 보고를 토대로 하여 강정역관과 대마번 가로(家老) 사이의 협정안에 기초하여 통신사행 절목을 정하기로 하였다.

1810년 강정역관에 현식(玄烒)을 임명하고 이어서 현의순을 별견강정역관에 임명하여 왜관에서 마지막 협상을 벌이도록 하였다. 대마도와 왜관에서 있었던 두 차례의 교섭에서는 통신사 접견, 국서·서계의 교환과 관련된 의식이 가장 중요하게 논의되었다. 강정절목의 내용은 다음과 같다.176)

○ 역지통신은 지금 처음으로 하는 것이므로 약조는 길이 지키고 어긋남이 없도록 한다.
○ 두 나라의 서식(書式)은 한결같이 옛 규례에 따른다.
○ 대호(大號)는 마땅히 대군(大君)이라 칭할 것이며 이에 의하여 써서 보낸다. 예조에서 보내는 일본 사신(日本使臣)과 대마도(對馬島)에의 서계에서는 모두 '귀대군(貴大君)'이라고 칭한다.
○ 두 나라의 서계가 오고 가는 의식 절차는 피차 똑같이 한다.
○ 조선 사신은 상사(上使) 부사(副使)를 차출하고, 일본 사신도 역시 상사 부사를 차출한다.
○ 두 나라 사신의 상견례(相見禮)는 피차 동일하게 한다.
○ 조선 사신은 기일(忌日)을 즉시 써서 보내고, 일본은 휘자(諱字)를 써서 보낸다.

---

175) 『순조실록』 권8, 순조 6년 1월 6일(갑인), 3월 10일(무오), 3월 11일(기미), 동 권9, 순조 6년 5월 20일(정묘), 12월 10일(계미), 동 권10, 순조 7년 4월 20일(임진), 7월 29일(기사), 9월 2일(경자), 『순조실록』 권11, 순조 8년 4월 25일(신묘), 5월 30일(을축), 8월 6일(기해), 동 권12, 순조 9년 5월 12일(신미).
176) 『순조실록』 권13, 순조 10년 11월 11일(임술).

○ 사신의 관직과 성명을 한결같이 옛 규정에 의하여 써서 보내고, 일본 사신의 성명도 써 보낸다.

○ 일행의 인원은 350인을 넘지 않는다.

○ 기선(騎船) 2척과 복선(卜船) 2척으로 바다를 건넌다.

○ 마상재(馬上才)는 없앤다.

○ 별폭의 물건은 두 나라가 서로 공경하여 제일 좋은 물건으로 상세하게 잘 선택한다.

○ 매와 준마(駿馬)는 전례를 살펴 잘 골라서 들여보내는데 죽을 염려가 있으므로 예에 따라 수효를 더 보내고, 매를 기르는 사람[喂鷹者] 한두 명을 전례에 따라 데리고 오며, 이마(理馬)와 안장을 갖춘 준마는 먼저 보낸다.

○ 글 잘하고 글씨와 그림에 능한 사람을 데리고 온다.

○ 사신은 금년 섣달에 내려와서 내년 정월에 바다를 건넌다.

○ 상상관(上上官)은 일본 사정을 익히 잘 알고 말이 능숙한 사람을 보낸다.

○ 조선 국서(國書)와 일본 두 사신의 서계(書契)의 초본을 베껴서 보낼 것이며, 일본의 답서 또한 베껴 보내어 피차가 대마도(對馬島)에서 만났을 때 체류하는 폐단이 없도록 한다.

○ 바다나 육지의 행로 중에는 각별히 불을 금한다.

○ 일행에게는 각별히 타일러서 피차 다투는 일이 없도록 한다.

○ 사신이 강호(江戶)에 들어가지 않으므로 집정(執政), 경윤(京尹), 종실(宗室)과 연로에서 응접하는 여러 관리에게 주는 예조의 서계(書契)와 사신의 사예물(私禮物)은 일체 모두 없앤다.

○ 조선이 보내는 공·사예단(公私禮單)은 기록한 바에 따라 시행한다.

○ 이정암(以酊菴), 가번 장로(加番長老), 만송원(萬松院) 등이 피차 주고받는 것은 일체 없앤다.

○ 일본의 휘자(諱字)는 강(康), 충(忠), 광(光), 강(綱), 길(吉), 선(宣), 계(繼),

종(宗), 중(重), 치(治), 기(基), 제(齊), 경(慶)이다.

○ 일본의 상사(上使)는 소립원 대선대부(小笠原大膳大夫) 원충고(源忠固)이고, 부사(副使)는 협판중무대보(脇坂中務大輔) 등안동(藤安董)이다.

○ '일본국 정사 원공 합하(日本國正使源公閤下)'라 칭한다.

○ '일본국 부사 등공 합하(日本國副使藤公閤下)'라 칭한다.

○ 강호(江戶)의 접대관(接待官) 6원의 성명은 대마도에 도착하면 자세히 알아서 써 준다.

○ 대마도에서 쓸 사신들의 사예물(私禮物)의 여러 가지 잡물은 구례(舊例)에 의하여 준비한다.

○ 이 외에도 그때를 당하면 예물을 보낼 곳이 있을 것이니 넉넉히 마련해서 궁색한 폐단이 없도록 한다.

○ 이번 사행에 술을 금하는지 아닌지를 통지하여 준다.

강정절목의 내용에 따라 장군의 칭호는 대군(大君)으로 하였으며, 양측에서는 모두 상사(上使)와 부사(副使)만을 보내되, 인원은 350명 이내로 하여 규모를 줄일 것을 결정하였다. 예물 역시 장군을 제외한 어삼가(御三家), 노중(老中)의 것은 모두 폐지하고, 사신의 사적인 예단도 생략하기로 하였다. 조선에서 파송되는 기선(騎船)과 복선(卜船)의 숫자도 각 2척으로 감해졌다. 한편, 『순조실록』에는 차왜강정절목 외에도 공예단과 증급(贈給)하는 예단(禮單) 물건(物件), 통신사의 응행사건, 통신사가 가지고 가는 일행의 금단절목도 함께 수록되어 있다. 이 가운데 통신사의 응행사건(應行事件)은 다음과 같다.

1. 사신의 발정(發程) 날짜 및 도해(渡海) 날짜는 관상감(觀象監)으로 하여금 택일(擇日)하여 거행한다.
1. 사신의 반전(盤纏) 등의 물건을 해조(該曹)로 하여금 미리 준비하게 한다.

1. 사신 일행에게 주는 쌀은 전례를 참작하여 마련해 제급(題給)한다.
1. 두 사신의 장복(章服)은 상의원(尙衣院)으로 하여금 준비하여 주게 한다.
1. 일행 원역(員役)의 의복과 화자(靴子) 등의 물건은 공조(工曹)와 제용감(濟用監)으로 하여금 만들어 주게 한다.
1. 사신의 형명(形名)·기독(旗纛)은 본도(本道)로 하여금 만들어 주게 하는데, 상사와 부사의 절월(節鉞)은 호조(戶曹)와 공조(工曹)로 하여금 각별히 만들어 보낸다.
1. 영봉(迎逢)하는 취라치(吹螺赤)는 본도로 하여금 정해 보내게 한다.
1. 사신이 가지고 가는 인신(印信) 일과(一顆)와 관(關)의 주조는 모두 공조로 하여금 준비하게 한다.
1. 기선(騎船) 2척, 복선(卜船) 2척과 격군(格軍)을 미리 수조(修造)하고 간택하여 호송한다.
1. 바다를 건널 때 일행을 수검(搜檢)하는 등의 절차는 사신이 엄히 금단(禁斷)하고, 원역(員役) 이하에게 만약 간람(奸濫)하고 모범(冒犯)하는 일이 있으면, 조정에 돌아온 후 낱낱이 사계(査啓)한다.
1. 정남침(定南針)은 관상감(觀象監)으로 하여금 찾아서 주게 한다.
1. 일행의 원역은 각기 노자(奴子) 1명을 거느린다.
1. 사신 이하가 관진(關津)을 넘어가면 마땅히 간검(看檢)하는 문자가 있어야 하니, 계미년의 예에 의해 차비(差備)하여 마련해 준다.
1. 일본 국왕 앞으로의 서계(書契) 가운데는 으레 위정이덕보(爲政以德寶)를 사용하니, 이번 또한 이에 의해 시행한다.
1. 일본의 두 사신과 대마 도주 등에게 사신이 돌아올 때에 차등을 두어 치서(致書)하고 증물(贈物)하는 것은 이에 의해서 시행한다.
1. 사신이 가지고 가는 예단(禮單)은 일본 국왕 및 약군(若君) 이하에게 각기 차등이 있으니, 증급(贈給)하는 물건은 호조와 본도(本道)로 하여금 미리 준비하게 한다.

1. 사신이 출발할 때 일본의 두 사신과 도주 이하에게 본도에서 치서(致書)하고 증급하는 규례가 있으니, 전례에 의해서 치서는 승문원(承文院)으로 하여금 조사(措辭)를 찬출(撰出)한다.
1. 시급한 공사(公事)가 있으면 발마(撥馬)로 행회(行會)한다.
1. 사행이 발정(發程)한 후 궤연(饋宴)은 계미년의 예에 의해서 동래(東萊)의 마지막 도착 고을에서만 한다.

조선 통신사는 정사 정3품 이조 참의 김이교(金履喬), 부사 종3품 홍문관(弘文館) 전한(典翰) 이면구(李勉求)[177]를 비롯하여 모두 328명으로 구성되었다. 이들은 1811년 3월 29일 대마도 부중(府中)에 도착하였다. 일본 측 정사 오가사와라 다다카타[小笠原忠固], 부사 와키사카 야스타다(脇坂安董)를 비롯한 일행들은 4월 15일에 도착하였다.

빙례는 대마번주의 저택에서 행해졌다. 국서 전달식을 비롯하여 모두 네 차례의 외교 의례가 있었다. 제일 먼저 막부의 상사가 통신사의 객관을 방문하여 장군의 뜻을 대신 전하는 객관위로의(客館慰勞儀)가 있었으며, 이어서 대마번주의 거성에서 조선 왕의 국서를 전달하는 전명의(傳命儀), 대마번주가 베푸는 향연인 사연의(賜宴儀), 대마번주 거성에서 막부의 답서를 받아오는 수답서의(受答書儀)가 있었다. 이어 통신사는 6월 25일에 대마도를 떠났고, 7월 27일 한성으로 돌아와 순조에게 복명하였다. 일본의 통신사가 도쿠가와 이에나리(德川家齊) 쇼군에게 복명한 것은 8월 15일이다.

역지빙례의 목적대로 일본 측에서는 통신사 빙례에 따르는 비용의 절감이 이루어졌다. 역지빙례를 위해 대마번에서는 객관의 신축, 관사(館舍) 수리, 항구·도로의 정비 등을 실시하였다. 하지만 빙례가 대마도에서 막부로부터 역할을 위임 받아서 치루는 것이었기 때문에, 그 비용 부담은 모두 막부의 재정 원조로 해결할 수 있었다. 게다가 당시 통신사 빙례에 들었던 체재

---

177) 『순조실록』 권13, 순조 10년 10월 10일(신묘).

비용을 그 이전의 1763년 계미사행과 비교하면 약 1/4 이상을 절감할 수 있었다. 이는 사행 과정에서 양국의 경제적 부담을 덜어 주는 데 기여하였다.

　조선후기 열두 차례의 통신사행 중 11차까지는 대체로 덕천막부(德川幕府)의 정치적 거점이자 일본의 정치·경제적 중심지였던 강호(江戶)에서 국서 교환 빙례가 이루어졌으나, 1811년 통신사행은 장소를 바꾸어 종전의 강호가 아닌 대마도에서 교빙(交聘)이 이루어졌으므로 역지빙례(易地聘禮) 혹은 역지통신(易地通信)이라 칭하였다. 이 빙례는 조선후기 260여 년 동안의 대일외교사에서 마지막 통신사 빙례가 되었다.

　1811년 역지빙례 이후에는 일본에서 약 60년에 걸쳐 4명의 쇼군이 더 교체되었지만, 통신사의 내빙은 다시 이루어지지 않았다. 1858년에 14대 쇼군직을 세습한 도쿠가와 이에모치(德川家茂)는 1876년 대마도에서 역지빙례를 하기로 합의했지만, 1866년에 병사(病死)하여 이루어지지 않았다.

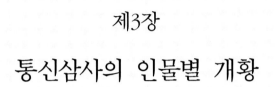

제3장

통신삼사의 인물별 개황

[표 1] 조선후기 통신사행 및 삼사 현황178)

회차	사행연도	임무	총인원	삼사	성명	생몰	사행직전 연령	사행직전 관직	주요관직·최종관직	기타
1	1607년 (선조 40)	강화·국정 탐색 및 피로 인쇄환	467	정사	呂祐吉	1567~1632	41	僉知(假銜)	공홍도관찰사(1618)	별시문과(1591), 명 다녀옴(1596), 陳慰使(1614)
				부사	慶 暹	1562~1620	46	司僕寺 正	호조참판(1618)	증광문과(1590), 陳奏使의 서장관(1598), 『海槎錄』
				종사관	丁好寬	1568~1618	40	工曹 佐郎	지평(1613), 군자감정(과직)	별시문과(1602)
2	1617년 (광해 9)	피로인쇄환 ·오사카 평정축하	428 (78)	정사	吳允謙	1559~1636	59	僉知中樞府事	예조판서, 좌의정, 영의정(1628)	별시문과(1597), 賀謝使(1622) 『東槎日錄』
				부사	朴 梓	1564~1622	54	前 典翰	강릉부사, 해조군(1618)	별시문과(1602), 『東槎日記』
				종사관	李景稷	1577~1640	41	兵曹 正郎	강화유수, 병조참판(1627)	증광문과(1606), 내〈행〉강화교섭시접반사, 『扶桑錄』
3	1624년 (인조 2)	피로인쇄환 ·소현습위 축하	300	정사	鄭 岦	1574~1629	51	安東府使	공조참판	별시문과(1600)
				부사	姜弘重	1577~1642	48	南陽府使	성천부사, 강원감사(1633)	식년문과(1606), 명도독의 함관사(1635), 『東槎錄』

178) 이 표는 장순순, 「조선후기 대일교섭에 있어서 尹趾完의 通信使 경험과 영향」, 『한일관계사연구』 31, 2008의 93~96쪽 '〈표 1〉 삼사의 사행 전후 관력과 임면비, 『己亥使行 通信副使 黃璿의 관직생활』, 『민족문화연구』 81, 2018의 218~219쪽 '〈표〉 조선후기 통신 삼사의 관직·을 주로 참조하고, 일부를 보완하여 작성하였다.

회차	사행연도	임무	총인원	삼사	성명	생몰	사행당시		주요관직·최종관직	기타
							연령	관직		
				종사관	辛啓榮	1577~1669	48	正言	동부승지(1634), 판중추부사(1667)	알성문과(1619), 숙천(1637), 소현세자 부빈객 심양행(1639), 사은사(1652)
4	1636년 (인조 14)	태평축하	475	정사	任絖	1579~1644	58	同副承旨	황해도관찰사, 도승지, 동지중추부사(1642)	중광문과(1624), 소현세자 좌부빈객으로 심양행(1643), 『丙子日本日記』
				부사	金世濂	1593~1646	44	執義	동부승지(1638), 평안도관찰사(1644), 호조판서	중광문과(1616), 『海槎錄』
				종사관	黃床	1604~1656	33	司藝	영남어사(1645), 동래부사(1645), 대사성	중광문과(1624), 사은사 부사, 『東槎錄』
5	1643년 (인조 21)	소군탄생축하	462	정사	尹順之	1591~1666	53	兵曹 參知	공조판서, 좌참찬(1663)	정시문과(1620), 연행사 부사
				부사	趙絅	1586~1669	58	典翰	이조·형조판서, 판중추부사	정시문과(1626), 『東槎錄』
				종사관	申濡	1610~1665	34	吏曹 正郞	도승지(1650), 형조·호조·예조참판	별시문과(1636), 사은사 부사(1652), 『海槎錄』
6	1655년 (효종 6)	소군습직축하	488 (103)	정사	趙珩	1606~1679	50	大司諫	좌참찬, 예조판서	별시문과(1626(괴방)), 식년문과(1630), 『扶桑日記』
				부사	兪瑒	1614~1690	42	獻納	예조참의, 개성부유수	중광문과(1650)
				종사관	南龍翼	1628~1692	28	校理	경상감사(1667), 형조판서, 참조·판돈 예문관제학(유배)	정시문과(1648), 『扶桑錄』

회차	시행연도	임무	총인원	삼사	성명	생몰	사행직전		주요관직·최종관직	기타
							연령	관직		
7	1682년(숙종 8)	소군습직 축하	475(113)	정사	尹趾完	1635~1718	48	兵曹 參知	경상감사(1684, 예조참판, 우의정(1694), 영중추부사(1703)	증광문과(1662), 숙종묘정배향
				부사	李彦綱	1648~1716	35	修撰	경기감사(1696, 예조판서, 형조판서(1710), 좌참찬	증광문과(1678), 사은사(1695)
				종사관	朴慶後	1644~1706	39	副司果	황해도관찰사, 병조참판	증광문과(1675), 정사 접반사
8	1711년(숙종 37)	소군습직 축하	500(129)	정사	趙泰億	1675~1728	37	吏曹 參議	경상감사(1720, 예조참의(1714), 대제학, 좌의정(1727)	식년문과(1702), 반송사(1722)
				부사	任守幹	1665~1721	47	掌樂 正	승지(1720)	임성문과(1694)『東槎錄』
				종사관	李邦彦	1675~?	37	兵曹 正郎	정언, 설서	식년문과(1702)
9	1719년(숙종 45)	소군습직 축하	479(110)	정사	洪致中	1667~1732	53	大司成	예조판서(1725, 우의정(1727), 영의정(1730)	정시문과(1706)『海槎日錄』
				부사	黃璿	1682~1728	38	輔德	대사간(1727, 경상감사(1728)	증광문과(1720)
				종사관	李明彦	1674~?	46	兵曹 正郎	의주부윤, 대사헌	정시문과(1712) 동지사 부사(1721), 사은사 부사(1723), 사은사겸진주부사(1728)
10	1748년(영조 24)	소군습직 축하	475(83)	정사	洪啓禧	1703~1771	45	戶曹 參議	예조참판(1750, 병조판서(1750), 이조·예조판서, 판중추부사	별시문과(1737)

회차	시행연도	임무	총인원	삼사	성명	생몰	사행당시전 연령	사행당시전 관직	주요관직·최종관직	기타
				부사	南泰耆	1699~1763	49	碩善	의주부윤(1753), 대사간(1755), 예조판서(1762)	정시문과(1732)
				종사관	曹命采	1700~1764	48	副校理	대사헌, 예조참판(1754)	정시문과(1736), 『奉使日本時見聞錄』
11	1763년 (영조 39)	쇼군승계 축하	472 (106)	정사	趙曮	1719~1777	45	吏曹 參議	예조참판(1765), 이조판서(1770), 평안도관찰사	정시문과(1752), 『海槎日記』
				부사	李仁培	1716~1774	48	校理→修撰	예조참의, 대사간(1768)	식년문과(1756)
				종사관	金相翊	1721~미상	43	修撰	도승지(유배), 사	정시문과(1725), 시은사 부사(1765)
12	1811년 (순조 11)	쇼군승계 축하	336 대마도	정사	金履喬	1764~1832	48	副提學	이조판서, 평안도관찰사, 예조판서, 우의정(1831)	식년문과(1789), 순조묘정배향, 『辛未通信日錄』
				부사	李勉求	1757~1818	55	副修撰	의주부윤, 대사성(1817)	별시문과(1803)
				종사관	-	-	-	-	-	-

1. 1607년의 정묘통신사

1) 정사 여우길(呂祐吉)
[1567(명종 22)~1632년(인조 10) / 66세]

① 가계 및 배경

여우길의 본관은 함양(咸陽)이고, 자는 상부(尙夫)이며, 호는 치곡(稚谷), 치계(稚溪 혹은 痴溪)이다. 문과방목에 의하면, 증조부는 여세침(呂世琛), 조부는 여숙(呂淑), 부친은 통덕랑 여순원(呂順元)이다. 외가는 경주이씨로 모친은 문과에 급제하고 의정부 사인(舍人)을 지낸 이영(李瑛)의 딸이며, 처가는 사천(泗川) 목씨로 목종현(睦從賢) 딸과 혼인했다.

여우길은 선조 23년(1590) 24세에 증광시에서 진사시에 3등 10위[합격자 100명 가운데 40위]로 입격하였으며, 다음해인 선조 24년(1591)에 25세로 별시에서 을과 1위[亞元, 15명의 합격자 가운데 2위]로 급제했다. 방목의 거주지는 한성[京]이다. 형으로 여흥길(呂興吉)과 여유길(呂裕吉)이 있으며, 아우 여인길(呂裀吉)이 있다. 여유길(1558~1619)은 문과 급제자이고, 여인길(1579~?)은 무과 급제자이다.

[표 2] 여우길의 주요관직

왕력 (서력)	나이	품계	본직	겸직	주요활동/비고
선조 26 1593	27		호조 정랑[정5품]		2월/재임
			사간원 헌납[정5품]		8.1./제수
선조 32 1599	33		공주목사[정3품]		8.10./재임중
선조 34 1601	35		시강원 보덕[정3품]		6.22./제수
			군기시 정[정3품]		9.11./재임
			사헌부 장령[정4품]		11.22./제수
선조 35 1602	36		사헌부 장령[정4품]		1.1./재임
			성균관 사예[정4품]		2.2./제수
			양주목사[정3품]		8.2./재임
선조 36~39		통훈대부 [정3품하]	행 성균관 직강[정5품]	겸 춘추관 기주관	명종실록 편수관
선조 37 1604	38		예빈시 부정[종3품]		3.5./제수
			군기시 정[정3품]		9.6./제수
				겸 선전관	10.21./재임
선조 39 1606	40	(가자(加資))			9.9./成均館造成 포상
			첨지중추부사[정3품당상]		10.11./제수
				회답사 정사	12월(사행 출발)
선조 40 1607	41		사옹원 정[정3품당하]		1.23./제수
			봉상시 정[정3품당하]		4.8./제수
				회답사	윤6.29./재임
				통신사 정사	7.19./일본에서 돌아옴
			동지중추부사[종2품]		8.13./제수(통신사 상사)
광해 0 1608	42	(가자)		도청	8.6./加一資
			연안부사		8.30./재임, 11.7./유임
광해 2 1610	44	(가자)		동지사 부사	윤3.25./포상·加一資
			한성부 우윤[종2품]		8.18./제수

왕력 (서력)	나이	품계	본직	겸직	주요활동/비고
				평안도 안무사	2.12./임명[호패청]
광해 4 1612	46		오위도총부 부총관[종2품]		1.6./제수
		(가자)			8.9./정유재란때의 공으로 원종공신 녹훈
광해 6 1614	48			진위사	5.15./진위사 [연경으로 출발]
광해 7 1615	49		강원 감사[종2품]		6.18./제수
광해 9 1617	51				5.27./정사통신사에 자문
광해 10 1618	52				1.4./폐모론 동참
			공홍 감사[종2품]		6.8./제수
광해 12 1620	54		공홍 감사[종2품]		2.1./재임[장계]

② 사행 전 사환

여우길은 임진왜란이 발발하기 전해인 1591년(선조 24)에 별시 문과에 을과로 급제했으므로, 정8품의 품계를 받고 관직생활을 시작했을 것이다. 그런데 2년 후인 1593년에는 이미 정5품직인 호조 정랑에 재임하고 있다. 아마 임진왜란이라는 변수가 작용하여 빠른 승진이 이루어진 듯 하다. 특히 임진왜란 중에는 1596년에 사신의 일행으로 명나라에 다녀왔으며, 임진왜란이 끝난 1999년에는 정3품직인 공주목사에 재임하고 있다. 이후에는 병조 정랑·평안도 도사·사간원 정언·지평(持平)·장령(掌令)·직강(直講) 등을 역임하고, 1603년에는 밀양부사를 거쳐 정3품 당상인 첨지중추부사(僉知中樞府事)에까지 올랐다.

③ 통신사행

여우길은 1607년(선조 40) 정3품 당상직인 첨지중추부사로서 회답겸쇄환사(回答兼刷還使)의 통신정사가 되어 부사 경섬과 함께 임진왜란 후 첫번째 사절로 일본에 건너가 국교를 다시 열게 하고 임진왜란 때의 포로 1,240명을 데리고 돌아왔다. 일본에서 돌아온 후, 그 공로를 인정받아 동부승지(同副承旨)로 발탁되었다.

④ 사행 후 활동

통신사행을 다녀온 여우길은 국제정세에 밝은 당상관으로서 활발한 활동을 했다. 승지로 근무하던 여우길은 광해군이 즉위할 즈음에는 연안부사로 근무하고 있었는데, 광해군은 백성을 잘 다스릴 수 있는 자를 얻기 어려우니, 여우길을 그대로 유임시켜 어진 수령들을 권장토록 하였다.[179] 광해군 2년에는 호패청에서 팔도안무사를 보낼 때 평안도 안무사로 다녀왔으며,[180] 광해군 4년에는 정유재란 때 중국 장수를 접견할 때의 공으로 가자하고 원종 1등공신에 녹훈되었다.[181] 그리고 광해군 6년(1614)에는 진위사로 표문을 받들고 명나라에 다녀왔다.[182] 이후에는 강원도관찰사를 거쳐 1618년 공홍도관찰사(公洪道觀察使)를 역임하였으며, 1617년의 정사통신사행에는 사전에 여러 가지를 자문하기도 했다. 여우길은 광해군대 전반기에 2품직의 고위직으로 관직생활을 수행하다가, 청주목 임소에서 졸(卒)하였다.

---

179) 『광해군일기[정초본]』 권10, 광해 즉위년 11월 7일(경인).
180) 『광해군일기[정초본]』 권36, 광해 2년 12월 7일(무인).
181) 『광해군일기[정초본]』 권56, 광해 4년 8월 9일(경오).
182) 『광해군일기[정초본]』 권78, 광해 6년 5월 15일(병인).

⑤ 기타

여우길은 성품이 너그럽고 모질지 않아 화요(華要)의 직에 오랫동안 머무를 수 있었으며, 탁월한 외교가로서 전란 이후의 처리를 담당하였고, 지방관으로서도 선정을 베풀었다. 또한 회답사 업무를 수행하고 일본에서 돌아와 왜인(倭人)들이 강항의 충의와 절개를 칭송한다며 동사록(東槎錄)에 기록하여 아뢰었으나, 북인들이 꺼리어 강항을 등용하지 않았다고 한다.

2) 부사 경섬(慶暹)

[1562(명종 17)~1620(광해군 12) / 59세]

① 가계 및 배경

경섬의 본관은 청주(淸州)이고, 자는 퇴부(退夫)[사마방목은 퇴보(退甫)]이며, 호는 삼휴자(三休子)·석촌(石村)·칠송(七松)이다. 증조부는 경세청(慶世淸), 조부는 경혼(慶渾), 부친은 경시성(慶時成)이다. 경혼(1498~1568)은 중종 28년(1533)에 문과에 급제하고, 홍문관 부제학, 충청도관찰사, 좌부승지 등을 역임했으며, 경시성(1536~미상)은 선조 16년(1583)에 문과에 급제하고 예천군수(醴泉郡守)를 지냈다. 외가는 죽산박씨(竹山朴氏)로 모친은 돈녕부정(敦寧府正) 박난영(朴蘭榮)의 딸이며, 처가는 전주(全州) 이씨로 문과출신으로 첨정을 지낸 이극강(李克綱)의 딸과 혼인했다.

경섬은 선조 23년(1590) 29세에 증광시에서 생원시에 3등 5위[합격자 100명 가운데 35위]로 입격하였으며, 같은 해의 증광시에서 문과에도 병과 22위[40명의 합격자 가운데 32위]로 급제했다. 방목의 거주지는 한성[京]이다. 동생으로 경선(慶選), 경괄(慶适), 경달(慶達) 등이 있다.

[표 3] 경섬의 주요관직

왕력 (서력)	나이	품계	본직	겸직	주요활동/비고
선조 27 1594	33		승문원 정자[정9품]		1.20./재임, 탄핵으로 파직
선조 28 1595	34			교사 접반관	6.26./상중으로 체직
선조 30 1597	36		세자시강원 사서[정6품]		10.2./제수
선조 31 1598	37		사간원 정언[정6품]		1.22./제수
			사헌부 지평[정5품]		2.29./제수
			사간원 헌납[정5품]		4.28./제수
			사헌부 지평[정5품]		5.25./제수
				진주사 서장관	7.1./배사
선조 32 1599	38		사헌부 지평[정5품]		2.7./재임
			통례원 찬의[정5품]		2.13./제수
			세자시강원 필선[정4품]		2.18./제수
			사헌부 장령[정4품]		2.28./제수
			사헌부 장령[정4품]		3.28./제수
			세자시강원 필선[정4품]		4.23./제수
			사헌부 장령[정4품]		윤4.22./제수
			사헌부 장령[정4품]		5.4./재임
			세자시강원 필선[정4품]		5.11./제수
			사헌부 장령[정4품]		5.25./제수
			세자시강원 사서[정6품]		6.11./제수
			사간원 헌납[정5품]		6.14./제수
			사헌부 장령[정4품]		7.24./제수
			사옹원 정[정3품당하]		8.8./제수
			세자시강원 문학[정5품]		8.21./제수
			세자시강원 필선[정4품]		9.16./제수
선조 34 1601	40		영광군수[종4품]		1.30./재임, 3.21./승직 명
			남원부사[종3품]		12.10./제수

왕력 (서력)	나이	품계	본직	겸직	주요활동/비고
선조 36~39		어모 장군	행 용양위 부호군	겸 춘추관 편수관	명종실록 편수관
선조 39 1606	45		성균관 사성[종3품]		39.4./제수
			성균관 사성[종3품]		4.23./제수
			홍문관 수찬[정6품]		5.25./제수
			홍문관 교리[정5품]		8.4./제수
			사도시 정[정3품당하]		11.4./제수
				회답사 부사	12월(사행 출발)
선조 40 1607	46			통신사 부사	7.19./일본에서 돌아옴
			승정원 동부승지[정3품당상]		8.13./제수(통신사행보답)
광해 1 1609	48		승정원 좌부승지[정3품당상]		2.6./재임
			승정원 우부승지[정3품당상]		4.1./재임
			승정원 우승지[정3품당상]		7.3./제수
			황해도 관찰사[종2품]		8.26./제수
광해 3 1611	50		승정원 승지[정3품당상]		4.20./제수
			승정원 좌승지[정3품당상]		7.25./제수
광해 5 1613	52		형조 참의[정3품당상]		8.29./제수
			병조 참의[정3품당상]		9.16./제수
광해 8 1616	55		충청도 관찰사[종2품]		1.23./제수
광해 9 1617	56		공홍도 관찰사[종2품]		4.22./재임
			호조 참판[종2품]		6.2./제수
광해 10 1618	57		호조 참판[종2품]		1.4./재임
광해 11 1619	58		행 판결사		9.26./재임

② 사행 전 사환

경섬은 1590년(선조 23, 29세) 증광문과에 병과로 급제하였으나, 실록에서는 선조 27년(1594)에도 정9품직인 승문원 정자(正字)에 보임되어 있으며, 귀근으로 수개월간 자리를 비운다고 탄핵을 받아 파직되고 있다. 다음해에 상중이라고 교사 접반관(敎師接伴官)에서 체직되고 있는 것으로 보아 부모님 병중에 있었던 것으로 보인다. 상례(喪禮)를 마친 후에는, 1597년(선조 30) 세자시강원 사서(司書), 1598년(선조 31) 사간원 정언(正言)을 거쳐서, 사헌부 지평(持平)과 사간원 헌납(獻納)을 역임하였고, 1598년에는 진주사(陳奏使)의 정사(正使)인 최천건(崔天健)을 따라 서장관(書狀官)으로 명나라에 다녀왔다. 중국에서 돌아 온 후, 1599년(선조 32) 세자시강원 필선(弼善)을 거쳐서 사헌부 장령(掌令)으로 근무했다. 그러나 1600년(선조 33) 대간의 탄핵을 받고 유배되었던 홍여순(洪汝諄)이 조정으로 돌아오자, 그를 탄핵했던 사람들을 모두 축출하였는데, 그 영향으로 경섬도 1601년(선조 34) 영광군수(靈光郡守)로 좌천되었다. 그런데 전라도 암행어사로 파견된 홍문관 부교리 이정혐(李廷馦)이 경섬은 정사를 엄정하고 분명하게 하며 부역을 공평하게 하는 등 그의 치적이 호남에서 가장 뛰어나다고 선조에게 보고하면서, 12월에 남원 부사(南原府使)로 승진하였다. 1606년(선조 39) 내직으로 들어와 성균관 사성(司成)이 되었고, 홍문관 수찬(修撰)을 거쳐서, 홍문관 교리(校理)에 임명되었다.

③ 통신사행

1607년(선조 40) 홍문관 교리로서 통신사 여우길(呂祐吉)과 함께 회답 겸 쇄환사(回答兼刷還使)의 통신부사가 되어 임진왜란 후 첫번째 사절로 일본에 건너가 국교를 다시 열게 하였고, 임진왜란 때의 포로 1,240명을 데리고 돌아왔다.

④ 사행 후 활동

경섬은 일본에서 돌아온 후, 그 공로를 인정받아 동부승지(同副承旨)로 발탁되었다.[183] 광해군이 즉위한 후에도 1609년(광해군 1)에 좌부승지(左副承旨), 우부승지(右副承旨), 우승지를 지내다가 8월에 황해도 관찰사가 되었다. 외직의 임기를 마친 후에는 다시 1611년(광해 3) 3월에 좌승지가 되었다. 1613년(광해군 5)에는 형조 참의, 병조 참의를 역임하였으며, 1616년(광해군 8)에는 충청도 관찰사가 되었다가, 1617년(광해 9)에 다시 조정으로 들어와 호조 참판(戶曹參判)이 되었고, 1619년(광해군 9)에 장예원 판결사가 되었으나, 1620년(광해군 10)에 향년 59세로 죽었다.

⑤ 기타

대북의 이이첨(李爾瞻)과 정인홍(鄭仁弘) 등은 인목대비(仁穆大妃)를 폐위시키려고 문무백관으로 하여금 궁정의 뜰에 나가 대비를 폐위하도록 광해군에게 차례로 상소하도록 한 정청(庭請)운동에 이를 반대한 서인(西人)의 중진은 참여하지 않았으나, 경섬은 1618년(광해군 8)의 정청에 참여하였다. 묘소가 경기도 여주시 흥천면 대당리(大塘里)에 있다.

3) 종사관 정호관(丁好寬)
[1568년(선조 1)~1618년(광해군 10) / 51세]

① 가계 및 배경

정호관의 본관은 나주(羅州)[압해(押海)]이고, 자는 희율(希栗)이며, 호는 정곡(鼎谷), 금역(琴易)이다. 문과방목에 의하면, 증조부는 정옥형(丁玉亨), 조부는 정응두(丁應斗), 부친은 정윤복(丁胤福)이다. 정옥형(1486~1549)은 중종

---

183) 『선조실록』 권215, 선조 40년 8월 13일(계유).

8년(1513)에 문과에 급제하고, 병조판서 형조판서 좌찬성 등을 역임하였고, 정응두(1508~1572)는 중종 29년(1534)에 문과에 급제하고, 좌찬성 평안도관찰사 판중추부사 등을 역임했으며, 정윤복(1544~1592)은 선조 즉위년(1567)에 문과에 급제하여 사헌부 대사헌을 지냈다. 5대조인 정자급부터 고조부 정수강도 문과에 급제했으니, 정호관까지 6대가 과거에 급제한 가문이다. 외가는 청주 한씨로 어머니는 사헌부 감찰 한경상(韓景祥)의 딸이며, 처가는 전주이씨로 이광립(李光立)의 딸과 혼인했다.

정호관은 선조 34년(1601) 34세의 나이에 생원시에 2등 25위[100명의 합격자 가운데 30위]로 입격하였으며, 선조 35년(1602)의 별시에서 35세에 을과 2위[탐화, 11명의 합격자 가운에 3위]로 급제하였다. 방목의 거주지는 한성([京])이다. 형 정호공(丁好恭)과 동생 정호선(丁好善), 정호서(丁好恕)도 문과 급제자이다.

[표 4] 정호관의 주요관직

왕력 (서력)	나이	품계	본직	겸직	주요활동/비고
선조 36 1603	36			춘추관 기사관	3.11./재임
			예문관 검열[정9품]		7.22./재임
			예문관 대교[정8품]		12.19./제수
선조 37 1604	37			춘추관 기사관	2.20./재임
			승정원 주서[정7품]		3.27./제수
			예문관 대교[정8품]		6.22./제수
			예문관 봉교[정7품]		6.26./제수
			성균관 전적[정6품]		12.25./재임
선조 38 1605	38		병조 좌랑[정6품]		6.20./제수
선조 39 1606	39		공조 좌랑[정6품]		11.16./제수
				통신사 서장관	12월 일본에 파견
선조 40	40			통신사 서장관	7.19./일본에서 돌아옴

왕력 (서력)	나이	품계	본직	겸직	주요활동/비고
1607			성균관 사예[정4품]		8.1./제수
광해 0 1608	41		형조 정랑[정5품]		6.16./재임
광해 1~8		보공장군	행 충무위 부사직	실록청 기주관 (記注官)	선조실록 편수관 명단
광해 4 1612	45				2.28./공초 받음
광해 5 1613	46		세자시강원 문학[정5품]		3.17./제수
			사헌부 지평[정5품]		4.28./제수
광해 6 1614	47		부사직		2.21./재임
			군자감 정[정3품당하]		3.17./재임
광해 7 1615	48		전 문사낭청(問事郎廳)		1.4./서용 지시
			여산군수[종4품]		윤8.23./제수
					12.29./加一資 (역옥 추국 공로 포상)
광해 8 1616	49	통정대부	흥해군수[종4품]		1.14./加通政

② 사행 전 사환

정호관은 1602년(선조 35) 별시 문과에 을과로 급제했으므로, 정8품의 품계를 받았을 것이다. 다음해인 선조 36년의 관직은 예문관 검열과 대교라는 전임사관이다. 한림팔원이라고도 부르는 전임사관은 검열에 뽑히면, 타직으로의 이동 없이 차례차례 승진하였다. 정호관도 검열에서 대교를 거쳐 선조 37년에는 정7품직인 봉교에 이르렀으며, 전임사관직을 떠나면서 참상관인 성균관 전적이 되었다. 이후에는 병조 좌랑과 공조 좌랑이 되었다. 선조 39년에 통신사 종사관이 되었다.

③ 통신사행

정호관은 1607년(선조 39)에 회답사 여우길(呂祐吉) 일행의 일본사행에 1607년 종사관으로 다녀왔다. 종사관의 칭호를 경인년(선조 23, 1590)의 서장관 허성의 사례에 따라 서장관으로 부를 것인가 논란이 있었으나, 최종적으로는 신숙주가 훈련 주부로서 종사관의 호칭을 띠고 오간 사례에 의해 종사관으로 정해졌다.184) 12월에 출발하여 이듬해 7월 19일에 돌아왔다.

④ 사행 후 활동

정호관은 1613년(광해군 5) 사헌부 지평 때 영창대군을 죄주자는 주장을 맨 처음 한 인물로 알려져 있다. 1614년 2월에는 정온이 〈갑인봉사〉를 올려 영창대군을 죽게 한 강화부사 정항을 참하고 영창의 위호를 추복(追復)하여 예장(禮葬)할 것을 청하면서, 폐모론을 발의한 정호관, 윤인, 정조를 극변에 안치시킬 것을 청하였다가 논죄되었다. 당시 정호관은 군자감 정으로 있었는데, 오히려 정온의 죄를 가볍게 해줄 것을 상소하였다가 파직당하기도 했다.

---

184) 『선조실록』 권206, 선조 39년 12월 12일(병오), 16일(경술). 그런데 『선조실록』에 수록되어 있는 이상의 내용과는 달리 신숙주는 세종 23년에 통신사 변효문과 함께 서장관의 직함을 지니고 일본에 다녀왔다. [『세종실록』 권102, 세종 25년 10월 13일(갑오).]

2. 1617년의 정사통신사

1) 정사 오윤겸(吳允謙)

[1559년(명종 14)~1636년(인조 14) / 78세]

① 가계 및 배경

오윤겸의 본관은 해주(海州)이고, 자는 여익(汝益), 호는 추탄(楸灘)·토당(土塘)이다. 증조부는 사섬시주부(司贍寺主簿) 오옥정(吳玉貞), 조부는 감찰 오경민(吳景閔), 부친은 선공감역 오희문(吳希文)이다. 외가는 연안 이씨(延安李氏)로 어머니는 군수 이정수(李廷秀)의 딸이다.

1559년 10월 12일 서울 숭교방(崇敎坊)에서 태어났으며, 선조 13년(1580, 22세)에 경주이씨 군기시 첨정 이응화(李應華)의 딸과 혼인하였다. 선조 14년(1581, 23세) 우계 성혼의 문하에서 수학하였으며, 선조 15년(1582) 24세에 진사시에 3등 45위[100명의 합격자 가운데 75위]로 입격하고, 선조 30년(1597)에 39세로 별시에서 병과 1위[19명의 합격자 가운데 7위]로 급제하였다. 방목에 기록된 거주지는 한성([京])이다. 동생 오윤해(吳允諧)도 1610년에 문과에 급제했다.

[표 5] 오윤겸의 주요관직

왕력 (서력)	나이	품계	본직	겸직	주요활동/비고
선조 33 1600	42		세자시강원 문학[정5품]		12.14./제수
선조 34 1601	43		홍문관 부수찬[종6품]		1.8./제수
			세자시강원 사서[정6품]		2.19./제수
			홍문관 수찬[정6품]		2.25·29./제수
			이조 좌랑[정6품]		5.11./제수, 8.19./면직
			성균관 전적[정6품]		8.23./제수

왕력 (서력)	나이	품계	본직	겸직	주요활동/비고
			홍문관 수찬[정6품]		9.24./제수
				원접사 문례관(問禮官)	11.8./임명
			홍문관 교리[정5품]		12.2./제수
선조 35 1602	44			문례관	3.5./재임 서계
			성균관 전적[정6품]		3.27./제수
			성균관 직강[정5품]		4.25./제수
			경성 판관[종5품]		5.20./제수, 10.1./재임
선조 40 1607	49		성균관 사예[정4품]		2.25./제수
			안주목사[정3품]		4.13./제수
광해 0 1608	50		성균관 직강[정5품]		9.20./제수
광해 1 1609	51	통정 대부		함경도 어사	4.24./언급
			동래 부사[종3품]		5.22./제수, 가자
광해 2 1610	52		동래 부사[종3품]		3.18./재임
				경상도 안무사	2.12./임명[호패청]
			호조 참의[정3품당상]		12.22./제수
광해 3 1611	53		승정원 동부승지[정3품당상]		1.20./제수, 3.1./재임
			승정원 좌부승지[정3품당상]		4.8./재임
광해 5 1613	55		광주 목사[정3품]		10.9./제수
광해 9 1617	59			회답사	1.17./임명
			첨지중추부사[정3품당상]		4.25./제수
				회답사	5.29./재임[출발?]
				회답사	7.21./부산 출항 [대마도 도착]
				회답사	11.13/入來啓辭
			첨지		11.25./재임
				(회답사)	12.27./가자 지시
광해 10 1618	60		행 첨지중추부사		1.4./재임

왕력 (서력)	나이	품계	본직	겸직	주요활동/비고
				등극사(登極使)	3.4./지시, 4.3./재임
			동지중추부사[2품]		4.17./제수
				등극사	5.6·9./재임
			지중추부사[정2품]		7.14./제수
광해 14 1622	64			등극정사(登極正使)	7.22./5.25.등주도착 보고 내용
				등극사	10.17./9.6.북경출발~26. 등주도착 보고내용
				등극 상사(登極上使)	10.20./15일 선사포 도착
			의정부 좌참찬[정2품]		12.16./특지제수[特除]
광해 15 1623	65			등극사	1.14./귀국한 상태
			사헌부 대사헌[종2품]		3.16./제수, 5.27./재임
				원자 보양관(輔養官)	5.7./임명
인조 1 1623	65		이조 판서[정2품]		9.1./재임
				동지사	윤10.2./재임
				지사	윤10.16./가자[국청 포상]
			이조 판서[정2품]		윤10.22./재임
				지사	1.6./경연
인조 2 1624	66		이조판서[정2품]		3.25, 6.24./재임
				동지사	4.19, 5.13, 9.6./경연
			지돈령부사[정2품]		1.3./제수
				세자시강원 우빈객	1.9./제수
인조 3 1625	67		형조 판서[정2품]		1.16./제수, ~7.1./재임
				세자 사부	1.28./가자[왕세자책봉례]
			예조 판서[정2품]		4.30./제수, 6.4./재임
				지사	5.4.~12월/경연
			이조 판서[정2품]		1.6./재임
인조 4 1626	68			빈객	6.17./재임
			의정부 우의정[정1품]		10.2./제수[卜相]
인조 5	69		의정부 우의정[정1품]		~8.9./재임

왕력 (서력)	나이	품계	본직	겸직	주요활동/비고
1627			의정부 좌의정[정1품]		9.4./제수, ~재임
인조 6 1628	70		의정부 좌의정[정1품]		~7.3./재임
			판돈령부사		7.16./제수
			의정부 영의정[정1품]		11.21./제수, ~재임
인조 7 1629	71		의정부 영의정[정1품]		재임
인조 8 1630	72		의정부 영의정[정1품]	유도대신	11.10./인조 능행
인조 9 1631	73		의정부 영의정[정1품]		8.27./체직[17차례사직서]
			판중추부사[종1품]		8.28./제수
			영돈령부사[정1품]		9.24./제수
인조 10 1632	74		영돈령부사[정1품]		
인조 11 1633	75		영돈령부사[정1품]		
			의정부 좌의정[정1품]		9.19./제수[←原任]
인조 12 1634	76		의정부 좌의정[정1품]		재임
인조 13 1635	77		의정부 좌의정[정1품]		재임
				영경연	4.3./재임
인조 14 1636	78		의정부 좌의정[정1품]		1.3./재임
				산릉 총호사	1.12./
			의정부 좌의정[정1품]		1.19./졸

② 사행 전 사환

오윤겸은 진사시에는 24세에 입격했으나, 문과 급제는 39세로 늦었다. 그
는 진사가 되어 성균관에 입재하여 수학하였는데, 1589년(선조 22, 31세)의
전강(殿講)에서 수위를 차지하여 영능(英陵) 참봉에 제수되었고, 선조 24년
(1591, 33세)에는 봉선전 참봉이 되었다. 그러나 1592년에 임진왜란이 일어
나자, 선조 26년(1593, 35)에 양호체찰사 정철의 종사관으로 발탁되었으며,

선조 28년(1595, 37세) 2월에는 세자익위사 시직, 7월 부수를 거쳐 위수가 되었다. 그리고 평강 현감으로도 근무했다.

오윤겸은 선조 30년(1597) 39세의 나이에 현감의 전력으로 문과 별시에 응시하여 병과 1위(07/19)로 급제하였다. 이후에는 선조 33년(1600, 42세)에 세자시강원 문학, 선조 34년(1601, 43세) 1월 부수찬. 2월 세자시강원 사서, 수찬, 5월 이조 좌랑, 8월 전적, 9월 수찬, 지제교, 12월 부교리 등 요직에 제수되었다. 그러나 선조 35년(1602, 44세) 스승인 우계 성혼이 모함을 받자 곤경에 처한 스승 성혼을 변호하다가 시론(時論)의 배척을 받아 체직되었고, 경성 판관으로 출보(黜補)되었다. 선조 37년(1604, 46세)에는 모친상을 당했다.

선조 40년(1607, 49세) 성균관 사예를 거쳐, 4월에는 안주 목사로 부임하여 안주성을 축조하였다. 광해군 즉위년(1608, 50세) 7월에 북도 순안어사(巡按御史)로 함경도 민폐를 조사하였고, 광해군 1년(1609, 51세) 1월에 사도시 정, 3월에 통례원 좌통례를 거치면서 당상관인 통정대부로 올라갔다. 외직인 동래 부사를 거친 후, 광해군 2년(1610, 52) 12월에는 정3품 당상인 호조 참의가 되었다. 광해군 3년(1611, 53세) 1월 동부승지에 제수되었는데, 오윤겸은 성혼이 모함을 받은 것이 해결되지 않았으므로 상소하여 사직을 청했으나 불허되었고, 3월에 우부승지를 거쳐 좌부승지가 되었다. 이때 정인홍이 상차하여 문원공 이언적과 문순공 이황을 심하게 헐뜯자, 동부승지 김상헌과 함께 계사를 올려 정인홍이 현인(賢人)을 모함한 것을 논하였다. 그리하여 10월에 강원도 관찰사로 좌천되었다. 그러나 1년 남짓 관찰사로 재임하면서 기민(饑民) 구제, 영월 단종 묘 수축(1612, 광해군 4, 54세) 제례 절차와 각 고을로부터의 제수 마련 법식을 제정해 이후 이를 준용토록 하였다. 광해군 4년 12월에 체직되어 첨지중추부사가 되고, 광해군 5년(1613, 55세)에 부친의 봉양을 위하여 외직을 청해 광주 목사에 부임했으나, 12월에 부친상을 당했다.

③ 통신사행

1617년(광해군 9, 59세) 첨지중추부사가 되어 1월 17일에 회답 겸 쇄환사(回答兼刷還使)의 정사로 임명받았다. 2월에 상서원에서 보관하고 있으면서 일본과 수답(酬答)할 때 으레 사용했으나 전란중에 잃어버린 '위정이덕지보(爲政以德之寶)'를 다시 만들어 사용하기 시작했고,[185] 9월에는 회답사 오윤겸은 신하의 사행에 물화를 사가지고 오는 것을 금할 것을 청하여 윤허를 받았다.[186] 오윤겸을 비롯한 일행은 7월 7일에 부산에서 출항하여 대마도에 도착했고, 11월 13일에 돌아왔다. 오윤겸 일행은 사행 400여 명을 이끌고 일본에 가서 임진왜란 때 잡혀갔던 포로 150여 명을 쇄환하였다. 12월 27일에는 가자의 명이 내려졌다.

④ 사행 후 활동

통신사로 다녀온 후에 가자되었으므로, 1618년(광해군 10, 60세)의 오윤겸 관직은 행 첨지중추부사였다. 이해에 북인들에 의해 폐모론이 제기되자 오윤겸은 폐모론이 제기되어 의견을 수합할 때 이의를 진달하였으며, 정청(庭請)에도 불참했다. 이로 인해 탄핵을 받자 동대문 밖에서 대명(待命)하였으며, 벼슬을 그만두고 광주 선영 아래의 토당(土塘)으로 물러나 화를 피했다. 광해군 12년(1620, 62세) 6월에는 부인상을 당했다.

1622년(광해군14, 64세)에는 명나라 희종의 즉위를 축하하기 위한 하극사(賀極使, 賀登極使)로 선발되어, 육로가 후금에 의해 폐쇄되었으므로 바다로 명나라를 다녀왔다. 그리고 그 공으로 12월 6일에 의정부 좌참찬에 국왕의 특지로 제수되었다. 그리고 이듬해[인조 1, 1623, 65세]에 인조반정이 일어나자 대사헌에 제수되었고, 3월에 동지춘추관사 겸 상의원 제조, 4월에

---

185) 『광해군일기[정초본]』 권112, 광해 9년 2월 8일(계묘).
186) 『광해군일기[정초본]』 권114, 광해 9년 4월 11일(을사).

동지경연사를 겸하였고, 5월에 원자 사부, 활인서 제조, 우참찬 겸 지의금부사, 8월에 이조 판서 등에 제수되었다. 인조 2년(1624, 66세)에 이괄의 난이 일어나자 왕을 공주까지 호종하였다. 인조 3년(1625, 67세) 1월에 지돈녕부사, 형조판서, 예조판서, 이조판서 등에 제수되었고, 세자시강원 우빈객을 겸직하였다. 인조 4년(1626, 68세)에는 의정부 우의정에 올랐으며, 인조 5년(1627, 69세) 정묘호란이 일어나자 왕명을 받들어 자전과 중전을 모시고 먼저 강도로 피난하였고, 환도 뒤 9월에는 좌의정에 제수되었다.

인조 6년(1628, 70세)에 판돈녕부사를 거쳐, 11월에는 영의정에 제수되었다. 인조 9년(1631, 73세) 인조의 생부인 정원군(定遠君)을 원종(元宗)으로 추숭하고 또 부묘(祔廟)하려는 논의가 일자 불가하다고 진달하였고, 판중추부사를 거쳐 9월에 영돈녕부사로 물러났다. 인조 11년(1633, 75세) 9월에는 좌의정 재임 기로소에 들어갔으며, 인조 13년(1635, 77세) 2월에 원종대왕부묘도감 도제조를 맡았고, 12월에 인렬왕후가 승하하자 총호사로서 힘쓰다가 과로로 병을 얻었으며, 인조 14년(1636, 78세) 1월 19일에 졸하였다. 4월에 용인현 모현리에 장사 지냈다. 인조실록의 오윤겸 졸기는 다음과 같다.

> 좌의정 오윤겸이 졸하였다. 윤겸은 일찍이 성혼(成渾)의 문하에서 종유하였으므로 학업에 자못 연원이 있었으며, 사람됨이 온순하고 청아하고 단정하고 순수하여 사림에게 추앙을 받았다. 혼조(昏朝) 때 신사(信使)로 일본에 들어갔는데 몸가짐이 간이하고 깨끗하여 왜인들이 공경하고 복종하였다. 조정에 돌아온 지 몇 해가 못 되어 요동 지방이 오랑캐에게 함락되었으므로, 우리 나라 사신들이 등주(登州)·내주(萊州)의 해로를 통하여 중국에 들어갔는데, 사신으로 떠났던 두어 무리가 잇따라 바다에 빠져 죽었다. 그러므로 또 사신을 파견하게 되자, 사람들이 모두 뇌물을 바치고 면하기를 도모하여 마침내 오윤겸이 가게 되었다. 그러나 윤겸은 꺼리는 안색이 조금도 없이 태연히 길을 떠났다. 계해년에 반정이 되자 제일 먼저 대사헌에 제배되었고, 얼마 안 되어 이조 판서로 옮겼다가 병인년에 드디어 의정에 제배되었다. 청백하고 근신함으로써 몸을 지켰으며, 사람을 사랑하고 선비

들을 예우하였으므로 어진 정승이라고 일컬어졌다. 그러나 경국 제세의 재
능과 곧은 말을 하는 기풍이 없어서 명성이 정승이 되기 전보다 떨어졌다.
을해년에 능(陵)의 변괴가 생겨 명을 받들고 가서 실태를 살폈는데, 사람들
의 말썽이 크게 나자 교외에 나가 대죄(待罪)하였다. 그러자 상이 위로의 유
시를 내려 불러 들였는데, 이때에 이르러 죽었다. 임종할 때에 아들에게 명
하여 시호를 청하지 말고 비를 세우지 말라고 하였는데, 사람들이 모두 훌
륭하게 여겼다.[187]

⑤ 기타

오윤겸에게는 1663년(현종 4)에 충간(忠簡)이라는 시호가 내려졌으며, 광
주(廣州)의 구암서원(龜巖書院)에 배향되고, 평강의 산앙재영당(山仰齋影堂)
에 제향되었다. 묘는 경기도 용인시 처인구 모현읍 오산리에 위치하는데,
1987년 2월 12일 경기도 기념물 제104호로 지정되었고, 해주오씨 추탄공파
종중에서 관리해오고 있다. 비문은 김상헌(金尙憲)이 글을 짓고 송준길(宋浚
吉)이 글씨를 썼다. '숭정정해(崇禎丁亥)'명문에 의하면, 1647년(인조 25)에
세워진 것이다.

2) 부사 박재(朴榟)

[1564년(명종 19)~1622년(광해군 14) / 59세]

① 가계 및 배경

박재의 본관은 고령(高靈)이고, 자는 자정[사마방목에는 子楨, 문과방목에
는 子貞]이다. 증조부는 박조(朴稠), 조부는 박영석(朴永錫), 부는 박대용(朴大
容)이다. 박대용(1536~?)은 명종 16년(1561)에 진사시에 입격하였다. 외가는
평양조씨이며, 어머니는 조경운(趙慶雲) 딸이다. 처가는 반남 박씨(潘南朴氏)

---

187) 『인조실록』 권32, 인조 14년 1월 19일(을축).

로 박려(朴瓅) 딸과 혼인했다.

박재는 선조 22년(1589)에 26세로 진사시에 3등 12위[100명의 합격자 가운데 42위]로 입격하고, 선조 35년(1602)에 별시에서 39세의 나이로 을과 3위[11명의 합격자 중 4위]로 급제했다. 방목의 거주지는 한성([京])이다. 형 박건(朴楗, 1560~?)도 선조 29년(1596)의 정시에서 급제한 문과 출신이다.

[표 6] 박재의 주요관직

왕력 (서력)	나이	품계	본직	겸직	주요활동/비고
선조 39 1606	43		사헌부 감찰[정6품]		12.25./제수
선조 40 1607	44		공조 좌랑[정6품]		1.18./제수
광해 1~8 1609~1616		통훈대부	행 성균관 직강[정5품]	춘추관 기주관 (記注官)	선조실록 편수관 명단
광해 1 1609	46		사간원 정언[정6품]		1.5./제수
			세자시강원 사서[정6품]		8.13./제수
			세자시강원 문학[정5품]		8.20./제수
광해 4 1612	49		사헌부 지평[정5품]		4.22./제수
			이조 좌랑[정6품]		11.16./재임
광해 5 1613	50		세자시강원 사서[정6품]		10.1./제수
			사간원 정언[정6품]		11.4./제수
			사헌부 지평[정5품]		12.1./제수
			사헌부 장령[정4품]		12.13./제수
광해 6 1614	51		사헌부 장령[정4품]		5.8./제수, 6.20./제수
			사헌부 집의[종3품]		8.2·25./재임
				홍문록	8.15./*抄弘文錄*
			사헌부 집의[종3품]	겸 필선	9.6./제수
			세자시강원 필선[정4품]		9.18./제수
			사헌부 집의[종3품]		9.25./제수
			홍문관 교리[정5품]		10.13./제수

왕력 (서력)	나이	품계	본직	겸직	주요활동/비고
			사헌부 집의[종3품]		12.23./제수
광해 7 1615	52		사헌부 집의[종3품]		재임, 5.22./제수
			홍문관 부응교[종4품]		6.8./제수
			사헌부 집의[종3품]		7.14./제수
			사간원 사간[종3품]		11.12./제수
광해 8 1616	53		홍문관 전한[종3품]		1.14./제수,
			전 전한		2.15./체직 후
광해 9 1617	54			회답사(통신사) 부사	1.17./임명
				회답사 부사	7.7./출항[대마도 도착]
				회답사 부사	11.13./귀국보고
			행 사직[정5품서반직]		11.25./재임
		(가자)		부사	12.27./가자 전교
광해 10 1618	55		강릉대도호부사[정3품]		4.13./제수

② 사행 전 사환

박재는 1602년(선조 35, 39세) 별시에 을과로 급제했는데, 방목의 전력은
선교랑(宣敎郞) 첨지사(僉知事)였다. 선교랑은 동반 종6품 상계에 해당한다.
따라서 과거에 급제하면서 박재의 품계는 2단계 오른 정6품 상계인 승의랑
(承議郞)이 되었을 것이다. 실록에는 박재의 관직으로 과거 급제 4년 후인
1606년(선조 39, 43세)의 사헌부 감찰부터 보인다. 감찰은 정6품 관직이다.
1607년 1월에는 공조좌랑에 제수되었다.

광해군이 재위한 1609년(광해군 1)부터는 수년간 사간원 정언·사간, 세
자시강원 사서·문학·필선, 사헌부 지평·장령·집의 등에 제수되었다. 대부
분 정6품에서 종3품에 이르는 중앙의 요직들이다. 그리고 1614년에 홍문록
에 오르면서, 홍문관의 교리, 부응교, 전한 등의 청직에도 제수되었다. 통신

사로 일본에 가기 전의 관직은 홍문관의 종3품직인 전한이었다.

③ 통신사행

박재는 1617년(광해 9)에 54세의 나이로 회답부사(回答副使)에 임명되었다. 당시 정사 오윤겸은 59세였다. 박재는 정사와 함께 1월 7일에 임명되어 준비를 마친후, 7월에 부산에서 출항하였으며, 11월에 귀국하였다. 일본 사행을 다녀오고 나서 『동사일기』라는 사행록을 남겼다.

④ 사행 후 활동

일본에 통신부사로 다녀온 박재는 그 포상으로 가자되었으므로, 드디어 품계가 당상관 반열에 올랐다. 그리고 이후의 관직은 1618년(광해 10)의 강릉부사가 확인된다.[188] 강릉부사는 대도호부사로 정3품의 외관직이다. 이후에는 박재의 행적이 확인되지 않는다.

3) 종사관 이경직(李景稷)
[1577년(선조 10)~1640년(인조 18) / 64세]

① 가계 및 배경

이경직의 본관은 전주(全州)이고, 자는 상고(尙古), 호는 석문(石門)이다. 증조부는 함풍수(咸豊守)에 봉해진 이계수(李繼壽), 조부는 이수광(李秀光)이고, 부는 생원 출신으로 사산현감, 돈녕부도정, 동지중추부사 등을 역임한 이유간(李惟侃, 1550~1634)이다. 외가는 개성 고씨(開城高氏)로 어머니는 대호군(大護軍) 고한량(高漢良) 딸이고, 처부는 이성길(李成吉)과 오경지(吳景智)이다.

---

188) 『광해군일기[정초본]』 권126, 광해 10년 4월 13일(임인).

이경직은 이항복(李恒福)과 김장생(金長生)의 문하에서 수학했다. 선조 34
년(1601)의 생원시에서 3등 13위[100명 가운데 43위], 진사시에서 1등 4위
[100명 가운데 4위]로 양시(兩試[雙蓮])에서 모두 입격했으며, 선조 39년
(1606)의 증광시에서 병과 25위[36명의 합격자 중 35위]로 급제했다. 방목의
거주지는 한성([京])이다. 아우 이경설(李景卨)은 진사시에 광해 2년(1610) 입
격했고, 백헌 이경석(李景奭, 1595~1671)은 인조 1년(1623)에 알성시 문과에
급제하였고, 영의정까지 지냈다.

[표 7] 이경직의 주요관직

왕력 (서력)	나이	품계	본직	겸직	주요활동/비고
선조 38 1605	29				12.14./황감제 수석 →직부전시
선조실록		중직대부	행 병조정랑[정5품]	기주관(記注官)	선조실록 편수관
광해 1 1609	33		승정원 주서[정7품]		1.7./제수, 4.4./재임
				기사관	6.7./재임
			예문관 검열[정9품]		10.10./제수
광해 2 1610	34		예문관 봉교[정7품]		7.3./제수
광해 3 1611	35		홍문관 수찬[정6품]		12.1./재임
광해 4 1612	36			암행어사	1.4./임명
			병조 좌랑[정6품]		윤11.7./제수
광해 5 1613	37			문사 낭청(問事郎廳)	4.27./差任, 5.2./파면
			수성 찰방[종6품]		5.28./제수
광해 6 1614	38		황해 도사[종5품]		7.15./제수
광해 7 1615	39		분 병조 정랑[정5품]		윤8.23./제수
			병조 정랑[정5품]		10.10./제수
광해 9 1617	41			통신사 종사관	1.17./임명
				회답사 종사관	11.13./入來啓辭

왕력 (서력)	나이	품계	본직	겸직	주요활동/비고
				회답사 종사관	12.27./先朝施賞規例에 의한 시상 지시
인조 1 1623	47		의주 부윤[종2품]		3.20./제수
인조 2 1624	48		전라 병사[종2품]		1.25./제수
			수원 부사[종3품]		2.15./제수
인조 3 1625	49		개성유수[종2품]		7.3./제수
인조 4 1626	50			어전통사	6.15./재임[明使(詔使)]
			장예원 판결사[정3품 당상]		8.20./제수
			병조 참판[종2품]		8.27./제수
				특진관	10.10./재임
인조 5 1627	51		행 호군[정4품]		3.28./재임
			호조 참판[종2품]		7.7./재임
				호차접대관 (胡差接待官)	5.6./差出
			(호조참판[종2품])	호차접대	12.24./服制중 차출
인조 6 1628	52		호조 참판[종2품]		1.15./재임
				동의금부사	1.30./재임, 4.9./삭직
				찬획사	9.29./재임
				동지의금부사	10.23./재임
인조 7 1629	53		호조 참판[종2품]		2.15, 10.8./재임
				특진관	3.27, 5/14./재임
인조 8 1630	54			부체찰사	4.23./재임
			호조 참판[종2품]		6.4./재임
인조 9 1631	55			특진관	3.25./재임
			경기 감사[종2품]		5.3./제수, 11.11./재임
인조 10 1632	56		동지사	비국 유사당상	4.18.
인조 12	58		도승지[정3품당상]		8.19./제수, 윤8.21./재임

왕력 (서력)	나이	품계	본직	겸직	주요활동/비고
1634					
인조 15 1637	61		도승지[정3품당상]		1.6./제수
			호조 판서[정2품]		2.5./제수
				비국 당상	2.16./재임
			호조 판서[정2품]		6.9./파면
			도승지[정3품당상]		9.26./제수[特敍]
인조 17 1639	63			청국 칙사 관반	5.26./제수
인조 18 1640	64		강화 유수[종2품]		2.2./제수
			강화 유수[종2품]		7.19./졸

② 사행 전 사환

이경직은 선조 38년에 황감제 수위로 병오 식년시에 직부전시되었으며, 39년(1606, 30세)에 증광시 병과로 급제했다. 따라서 처음에는 정9품의 품계를 받고 분관되었을 것이다. 이후 광해군 재위 초기에 확인되는 그의 관직은 주서와 검열, 봉교 등이다. 예문관 참외관으로 춘추관 기사관을 겸임한 전임사관으로 선발되어 근무하였음을 알 수 있다. 전임사관 근무를 마치고 출륙을 한 이후에는 전적, 호조 좌랑, 홍문관 수찬, 병조 좌랑 겸 지제교 등을 역임하다가, 1613년에 병조정랑으로 승진했으나 이이첨이 득세해 이른바 계축옥사를 도모하자, 이에 연루된 서성(徐渻)과 친분이 있다는 이유로 수성찰방(輸城察訪)으로 나갔다가 파직되었다. 그 뒤 황해도 도사로 복직되고, 다시 병조정랑이 되어 접반관(接伴官)·진휼종사관(賑恤從事官)·평안도 경차관(平安道敬差官) 등을 겸하였다.

③ 통신사행

이경직은 1617년에 회답사의 정사 오윤겸, 부사 박재와 함께 종사관(從事

官)으로 일본에 다녀왔다.

④ 사행 후 활동

이경직은 통신사 종사관으로 일본에 다녀 온 후, 1618년 폐모론에 반대해 사직하고 약 5년여를 고향에 내려가 지냈다. 1622년에 명장(明將) 모문룡이 가도(椵島)에 주둔하자 백의종군하고, 곧이어 철산부사가 되어 모문룡의 신임을 얻었고, 인조반정 이후에는 형조참의·의주부윤이 되었다. 이괄의 난이 일어나자 전라도 병마절도사로 여산으로 가서 병사들을 모으고 난군 진압에 힘썼으며, 그 공으로 가선대부로 품계가 오르면서 수원부사가 되었다. 1626년(인조 4) 부총관·장례원판결사를 거쳐 병조참판 겸 동지의금부사·도체찰찬획사(都體察贊畫使)·비변사유사당상이 되었다. 1627년 정묘호란 때에는 병조참판으로 왕을 강화도에서 호종하고 강화가 성립될 때 접반사로 활약하고, 환도 이후에는 호조 참판이 되었다. 1629년 도체찰부사(都體察副事)로서 모문룡 병사의 동향을 파악하기에 노력했으며, 호조참판·경기도관찰사를 거쳐 1634년 도승지가 되었다. 1636년 병자호란 때에는 부호군으로 비변사 당상을 겸해 남한산성으로 왕을 호종했고, 화의가 성립된 뒤에는 호조판서에 제수되었다. 그러나 영의정 김류(金瑬)와의 불화로 일시 정직되었다가, 다시 도승지·강릉부사·동지중추부사 겸 경도총관을 지내고, 1640년 강화유수로 있다가 64세의 나이에 병으로 죽었다.

강화유수 이경직의 졸기는 다음과 같다.

> 강화 유수 이경직(李景稷)이 죽었다. 경직은 타고난 국량과 인품이 뛰어났고, 집에서는 효도하고 우애하였다. 광해조에는 실정 밖의 억울한 비방을 입기도 하였다. 반정 후에는 재주와 국량이 있다는 것으로 드러나 여러 벼슬을 거쳐 호조 판서에 이르렀는데, 이때에 이르러 죽었다.[189]

---

189) 『인조실록』 권41, 인조 18년 7월 19일(무술).

⑤ 기타

이경직은 관료로서 재주가 있고 품위가 준수했으며, 특히 사부(詞賦)와 글씨가 뛰어났다고 한다. 좌의정에 추증되었고, 시호는 효민(孝敏)이며, 묘소는 서울특별시 관악구 남현동 산57-10에 있는데, 서울시 유형문화재 제105호로 지정되어 있다. 1668년(현종 9)에 이경직신도비(李景稷神道碑)가 건립되었으며, 비문은 셋째아들 영의정 이정영(李正英)이 짓고 썼다.

3. 1624년의 갑자통신사

1) 정사 정립(鄭岦)
[1574년(선조 7)~1629년(인조 7) / 56세]

① 가계 및 배경

정립의 본관은 연일(延日)[영일(迎日)]이고, 자는 여수(汝秀)이다. 증조부는 정세경(鄭世卿), 조부는 정항(鄭沆), 부친은 돈녕부 주부 정경순(鄭景淳)이며, 어머니는 청풍김씨(淸風金氏) 김희경(金僖卿) 딸이고, 처가는 남양홍씨(南陽洪氏)로 별좌 홍곤(洪坤)의 딸과 혼인했다. 정립은 선조 33년(1600)의 별시에서 27세의 나이에 찰방(察訪)의 전력으로 병과 6위[16명의 합격자 중 10위]로 급제했다. 방목의 거주지는 미상(未詳)이다.

[표 8] 정립의 주요관직

왕력 (서력)	나이	품계	본직	겸직	주요활동/비고
선조 33 1600	27			기사관	7.26./재임
			예문관 검열[정9품]		7.27./재임
			예문관 검열[정9품]		11.4./제수
선조 35 1602	29		예문관 봉교[정7품]		6.21./제수
선조 36 1603	30		세자시강원 사서[정6품]		2.25./재임
			사간원 정언[정6품]		5.12./재임
			사간원 정언[정6품]		7.6./제수, ~9.21./재임
선조 37 1604	31		사간원 헌납[정5품]		9.29./제수,~윤9.22./재임
			사헌부 지평[정5품]		12.2./제수
선조 38 1605	32		사헌부 지평[정5품]		1.14./제수, ~4.6./재임
			이조 좌랑[정6품]		6.10./제수
				홍문록	6.9./揀擇
			이조 정랑[정5품]		9.30./제수
			홍문관 부교리[종5품]		8.4./제수
명종실록		조선대부	행 이조정랑[정5품] 지제교	겸 춘추관 기주관 세자시강원 사서	명종실록, 신인본[新件] 선대 실록 편수관 명단
선조 40 1607	34		사간원 헌납[정5품]		1.13./제수, ~2.28./재임
			이조 정랑[정5품]		4.28./제수
선조실록		통훈대부	행 의정부 사인[정4품] 지제교	겸 혜민서 의학교수	선조실록 편수관 명단
광해 2 1610	37		홍문관 부교리[종5품]		4.16./제수, 5.2./재임
			이조 정랑[정5품]		5.2./제수
			사간원 사간[종3품]		8.18./재임
			사헌부 집의[종3품]		9.7./제수
			종부시 정[정3품당하]		11.4./제수
			사간원 사간[종3품]		11.13./제수. 11.24./제차
광해 3 1611	38		사헌부 집의[종3품]		2.13./제수, ~4.16./재임
			사복시 정[정3품당하]		4.17./제수
			사간원 사간[종3품]		5.7./제수
			사헌부 집의[종3품]		5.28./제수, ~6.7./재임
			사간원 사간[종3품]		6.21./재임, 7.22./제수

왕력 (서력)	나이	품계	본직	겸직	주요활동/비고
			사헌부 집의[종3품]		8.23./제수, ~9.15./재임
			사간원 사간[종3품]		11.5./제수
			사헌부 집의[종3품]		12.19./제수, ~12.27./재임
광해 4 1612	39		사헌부 집의[종3품]		1.3./재임
				어사	1.18.
				겸 보덕	2.12./제수
			홍문관 전한[종3품]		3.19./제수
			의정부 사인[정4품]		5.19./제수
			홍문관 전한[종3품]		9.22·25./제수, 12.21./제수
광해 5 1613	40		병조 참지[정3품당상]		1.19./제수
			승정원 동부승지 [정3품당상]		6.3./제수
광해 6 1614	41		승정원 승지[정3품당상]		2.11./재임
			승정원 우부승지 [정3품당상]		2.24·28./체차
				주청사(奏請使)	10.6./辭朝
광해 7 1615	42			주청사	1.24./추고
			형조 참의[정3품당상]		7.9./제수
			좌부승지[정3품당상]		11.4./제수
광해 9 1617	44		분승지[정3품당상] (分承旨)		3.26./제수
			병조 참지[정3품당상]		9.4./제수
			병조 참의[정3품당상]		11.25./재임
광해 10 1618	45		병조 참의[정3품당상]		1.4, 2.11./재임
			병조 참지[정3품당상]		윤4.21./제수
			승정원 승지[정3품당상], 예방승지[정3품당상]		8.24./재임, 9.27./재임
			강원도 감사[종2품]		9.28./제수
광해 12 1620	47		병조 참지[정3품당상]		8.26./제수
광해 13 1621	48		황연 감사[종2품] (黃延監司)		2.8./제수

왕력 (서력)	나이	품계	본직	겸직	주요활동/비고
광해 14 1622	49		승정원 승지[정3품당상]		10.5./제수
광해 15 1623	50		입직승지[정3품당상]		3.12./재임[인조반정]
			승정원 승지[정3품당상]		3.14./재임
인조 2 1624	51			일본 회답사(回答使)	3.25./임명
				회답사	5.11./
				회답사	8.20./인견
인조 3 1625	52	(가자)		회답사	3.13./還泊釜山[啓聞]
				회답사	3.23./復命, 3.25./引見
				회답사	4.3./加資
			공조 참판[종2품]		9.8./고변당함
			공조 참판[종2품]		9.16./파직 청 상소
인조 4 1626	53			문안사(問安使)	윤6.2./재임
			공조 참판[종2품]	전 연위사(延慰使)	윤6.5./체차[국상중 연회]

② 사행 전 사환

정립은 선조 33년(1600, 27세)의 별시에서 병과 6위로 급제했는데, 찰방(察訪)의 전력이었으므로, 4관 분관이 되지 않고 바로 1등급의 가자와 함께 실직에 임명될 수 있었다. 실록에는 바로 이해에 전임사관인 예문관 검열로 재임하고 있음을 확인할 수 있다. 전임사관은 차례차례 천전하므로 대교를 거쳐 선조 35년에는 봉교가 되었고, 선조 36년에는 출륙하여 정6품직인 세자시강원 사서의 참상관이 되었다.

이후에는 사간원의 정언·헌납·사간, 사헌부의 지평·집의, 홍문관의 부교리·전한, 이조의 좌랑·정랑, 의정부 사인 등 중앙 부처의 참상관 청요직을 두루 거치고, 광해 5년(1613, 40세)에는 당상관직인 병조 참지와 승정원 승지로 근무하기 시작했다. 한편으로는 임진왜란 때 소실된 역대 실록의 재간에 참여하고, 『선조실록』 편찬에도 참여했으며, 사헌부 집의 재직 중에는 광해군이 임숙영(任叔英)의 직언에 노하여 관직을 삭탈하자 이에 대하여 여러 번 극간하기도 했다.

1613년에 당상관직 근무를 시작한 이후에는 승정원 승지, 형조 참의, 병조 참지와 참의 등 중앙의 요직을 거치면서, 외직으로 강원도와 황해도의 관찰사로 근무하기도 했다. 그리고 광해 6년말 7년초에는 주청사(奏請使)로 명나라에 다녀왔다. 이때 정립이 성릉(成陵) 추숭의 고명 조사(誥命詔使)를 특별히 보내 달라는 일을 주청하였는데, 명나라가 그 참람됨을 꾸짖으며 허락하지 않고 또 정립 등을 축출하였다. 정립은 이로 인해 말에서 떨어져 이가 부러졌는데 결국 허락을 받지 못하고 돌아왔다. 이이첨 등은 정립이 유씨(柳氏)와 어울리는 것을 미워하여 극력 공격하고, 한편으로는 잘 보이려고 이를 추고하였다.[190]

1623년 인조가 즉위하자 정립은 도승지로서 광해군 때 제주적소(濟州謫所)에 안치되었던 연흥부부인(延興府夫人)을 모시고 돌아와 인목대비(仁穆大妃)로부터 보검을 상으로 받았다.

③ 통신사행

정립은 1624년(인조 2) 통신사 정사로 일본에 다녀왔다. 3월 25일에 임명받고, 8월에 사폐하고 출발하여 이듬해인 3월에 돌아와 복명하였다. 이는 일본 쇼군 도쿠가와 이에미쓰(德川家光)의 습위식(襲位式)에 축하사로 건너간 것으로, 포로로 잡혀갔던 146명을 데리고 돌아왔다.

정립 등이 일본에 사신으로 갔을 적에 일본 쇼군 원가광(源家光)이 정립에게 은 4천 5백 15냥과 금병(金屛) 24부(部), 갑옷 아홉 벌, 대검(大劍) 세 자루를 주었는데, 정립 등이 사양하였으나 일본에서 받아주지 아니하여 대마도에 유치하고 돌아왔다. 그뒤 한달이 넘어 도주가 봉하여 도로 보내왔으

---

190) 『광해군일기[중초본]』 권86, 광해 7년 1월 24일(신미).

므로 인조가 모두 정립 등에게 주었다. 이에 정립 등이 굳이 사양하니, 묘당
에서 그 반을 도원수(都元帥)에게 보내어 군수로 쓰게 하고, 그 반을 또 도
주에게 돌려주어 접대한 노고에 보답하였다. 그러나 대마 도주(對馬島主) 평
의성(平義成)은 유치해 둔 이 은화(銀貨)를 굳이 사양하였다.[191]

④ 사행 후 활동

정립은 통신사행 후에 품계도 가자되고, 공조 참판 겸 도총관이 되었으
나, 중풍으로 죽었다.

2) 부사 강홍중(姜弘重)

[1577년(선조 10)~1642년(인조 20) / 66세]

① 가계 및 배경

강홍중의 본관은 진주(晉州)이고, 자는 임보(任甫)이며, 호는 도촌(道村)이
다. 증조부 강온(姜溫, 1496~1533)은 중종 20년(1525)의 식년시, 조부 강사
필(姜士弼, 1526~1576)은 명종 10년(1555)의 식년시, 부친 강연(姜綖, 1552~
1614)은 선조 23년(1590)의 증광시에 급제하는 등, 대대로 문과에 급제했다.
외가는 온양정씨로 외조부 정응규도 명종 8년(1553)에 별시 문과에 급제하
여 장예원 판결사를 지냈다. 처부는 윤기정(尹起禎)이다.

강홍중은 선조 36년(1603)의 생원시에서 3등 70위로 입격하고, 선조 39
년(1606)에 30세로 식년시에 병과 14위[33명의 합격자 중에서 24위]로 급제
하였다. 방목의 거주지는 한성([京])이다. 장현광(張顯光) 문인이다.

---

191)『인조실록』권9, 인조 3년 7월 7일(계축).

[표 9] 강홍중의 주요관직

왕력 (서력)	나이	품계	본직	겸직	주요활동/비고
광해 1 1609	33		가주서		5.13, 6.7./재임
			승정원 주서[정7품]		7.3./제수, 10.4./제수
광해 2 1610	34	(가자)	승정원 주서[정7품]		6.11./재임[祔廟時 捧軸時 注書 - 加一資]
				겸 설서[정7품]	7.3./제수
광해 5 1613	37		사간원 정언[정6품]		6.8./제수, ~6.9./재임
광해 6 1614	38		세자시강원 문학[정5품]		5.8, 7.11./제수
			사헌부 장령[정4품]		9.25./제수
선조실록		통훈대부	행 병조 좌랑[정6품]	기사관(記事官)	선조실록 편수관 명단
광해 9 1617	41		세자시강원 필선[정4품]		8.18./제수
광해 10 1618	42		黃延等道分戶曹參議從事官	關西伐木御史	5.18./제수 변경
인조 2 1624	48			日本回答使 副使	2.3./제수
				회답사 부사	5.11./출발
인조 3 1625	49			회답사 부사	3.13./還泊釜山
				회답사 부사	3.23./복명
				회답사 부사	3.25./인견
		(가자)		회답사 부사	4.3./加資
인조 8 1630	54		동부승지[정3품당상]		11.7./재임[목릉 영악전(靈幄殿)에 문안토록 함]
인조 9 1631	55		좌부승지[정3품당상]		3.27, 4.20./재임
			승지[정3품당상]		12.18./제수
인조 10 1632	56	가선대부	예방 승지[정3품당상]		11.22./가자[국장도감]
인조 11 1633	57		강원 감사[종2품]		12.3./재임
인조 12 1634	58		강원 감사[종2품]		1.1./재임
인조 13 1635	59			심 도독 접반사	10.24, 12.4./재임[치계]

② 사행 전 사환

강홍중은 선조 39년(1606, 30세)에 식년시에서 병과로 급제하였으므로, 정9품 품계를 받고 분관되었을 것이다. 3년이 지난 1609년(광해군 1)의 기록에서 성균관 학유(學諭), 승정원 주서 등이 보인다. 그런데 광해 2년(1610)에 부묘시 봉축의 공으로 가자되었고, 광해군 5년(1613)의 기록부터는 출륙을 한 듯, 참상관 관직에 재임하고 있다.

예조 좌랑·호조 좌랑·형조 좌랑을 거쳐 병조 정랑으로 승진하였고, 1613년(광해군 5) 사간원 정언으로 있을 때 북인 이이첨 일당이 재상 이항복을 무고하여 중죄에 빠뜨리려고 하였으므로, 그가 홀로 구원하기 위하여 애쓰다가 파직당했다. 1617년(광해군 9) 세자시강원 필선에 임명되었으며, 성균관 전적을 거쳐서 통례원 상례와 상의원 정(正)으로 전직하였다. 통례원 통례에 임명되었을 때 서궁에 유폐된 인목대비에게 홀로 사은숙배하니, 사람들이 모두 위태롭게 여겼다. 1623년(인조 1) 인조반정이 일어나자, 북인의 범죄 사실을 심문하는 문사 낭청(問事郎廳)이 되어, 대북파 사람들을 취조할 때 잘못된 것을 조사하고 사실을 캐어내어 바로잡은 것이 많았다. 모친을 봉양하기 위해 자원하여 남양부사로 나갔다가 승문원 판교를 지냈다.

③ 통신사행

강홍중은 1624년(인조 2)에 통신사의 부사가 되어 일본에 다녀왔다. 당시 일본 관백(關伯)이 금은과 잡화 등을 폐백으로 주었으나, 그는 사양하고 받지 않았으므로 왜인들이 감복하여 그를 존경하였다. 일본에서 돌아온 뒤 군자감 정(正)으로 승진하였으며, 이때 일본의 화포술(火砲術)을 도입하였다.

④ 사행 후 활동

강홍중은 홍주목사·형조 참의·병조 참의를 거쳐, 1630년(인조 8) 승정원

동부승지, 1631년 좌부승지, 우승지로 근무했다. 1632년(인조 10) 인목대비
가 승하하자, 국장도감의 일을 맡아서 장례를 치른 뒤에 종2품 하계인 가선
대부로 승진하였고, 중추부 동지사·강원도관찰사에 제수되었다. 1633년(인
조 11) 강원감사로 있을 때에는 후금의 침입에 대비하여 영병(營兵)에 일본
조총(鳥銃)을 공급하고, 화약을 지급할 것을 주청하였고, 또 포수(砲手)의 훈
련을 철저히 할 것을 주장하여 국방에 큰 공을 세웠다.

그 뒤 연안부사·오위도총부 총관 등을 역임하였고, 1635년(인조13) 요동
의 한족들이 가도(椵島)를 점령해서 조선의 서도(西道) 지방 백성들에게 큰
피해를 끼치자, 그가 명(明)나라 도독(都督)의 접반사가 되어, 명나라에 자주
(咨奏)를 보내어 폐단을 줄이도록 주선하였다. 청송부사로 나갔다가, 의금부
동지사로 옮겼으며, 얼마 뒤 성천부사에 임명되었다가 체직되어 서울의 집
으로 돌아왔으며, 1642년(인조 20) 병으로 죽으니, 나이가 66세였다.

⑤ 기타

강홍중의 묘소는 경기도 고양 용보원의 선영에 있으며, 정두경(鄭斗卿)이
지은 비명(碑銘)이 있다.

3) 종사관 신계영(辛啓榮)

[1577년(선조 10)~1669년(현종 10) / 93세]

① 가계 및 배경

신계영의 본관은 영산(靈山)이고, 자는 영길(英吉), 호는 선석(仙石), 또는
기석(企石)[사마방목]이다. 증조부는 신의정(辛義貞), 조부는 신진(申鎭)이고,
부친은 생원시에 입격하고 행영원군수(行寧遠郡守)와 호조좌랑을 지낸 신종
원(辛宗遠)이며, 어머니는 홍담(洪曇)의 딸이다.

　신계영은 선조 34년(1601)의 식년시에서 25세로 진사 3등 33위로 입격하
였으나, 벼슬에 뜻이 없어 충청도 예산으로 낙향하였는데, 몇 년 뒤 부모상
을 당했으며, 광해군의 난정에 혐오를 느껴 과거를 보지 않았다고 한다. 그
러나 광해 11년(1619)의 알성시에서는 43세에 병과 1위[探花, 3명의 합격자
중에서 3위]로 급제했다. 사마방목의 거주지는 한성([京])이다.

[표 10] 신계영의 주요관직

왕력 (서력)	나이	품계	본직	겸직	주요활동/비고
광해 14 1622	46		주서		3.12./제수
인조 2 1624	48		사간원 정언[정6품]		2.12./제수,~3.5./재임
				회답사 종사관	5.11./출발
			사헌부 지평[정5품]		7.3./제수
인조 3 1625	49			회답사 종사관	3.13./還泊釜山
			사헌부 지평[정5품]		3.17./제수
				회답사 종사관	3.23./복명
				회답사 종사관	3.25./인견
				회답사 종사관	4.3./승서(陞叙)
			사헌부 장령[정4품]		8.2, 9.30./제수
인조 4 1626	50		세자시강원 필선[정4품]		2.28./제수
			사헌부 장령[정4품]		2.28, 7.17./제수
인조 5 1627	51			경상좌도 순안어사	1.6./인견
				임진 파수 제군 독향 어사 (臨津把守諸軍督餉御史)	2.21./임명
인조 7 1629	53			검토관	9.19./재임, 9.19./파직[不修時政記故也]
인조 8 1630	54			검토관	8.29./재임
			사헌부 장령[정4품]		11.24./체직
인조 9 1631	55		홍문관 부수찬[종6품]		2.20./제수
				검토관	3.21./재임
			홍문관 교리[정5품]		4.24./제수, ~6.29./재임
			형조 정랑[정5품]		8.9./제수
				경상도 어사	9.10./파견[무재 시험]

왕력 (서력)	나이	품계	본직	겸직	주요활동/비고
인조 10 1632	56		홍문관 수찬[정6품]		2.12./재임
인조 11 1633	57			부총(副摠) 정룡(程龍) 접반사	10.29, 11.6./재임
인조 12 1634	58			접반사	2.20./재임
			동부승지[정3품당상]		5.29./제수, ~8.3./재임
인조 15 1637	61		호조 참의[정3품당상]		2.5./재임
				속환사(贖還使)	윤4.28./재임
				속환사(贖還使)	6.11./심양으로 출발
			좌부승지[정3품당상]		8.8./제수
			행 좌부승지[정3품당상]		8.23./제수
			강도 유수[종2품]		9.1./제수
인조 16 1638	62		강도 유수[종2품]		1.24./재임, 2.16./ 김신국(金藎國)으로 제직
				세자시강원 부빈객[종2품]	7.26./재임
인조 17 1639	63			세자시강원 부빈객	3.7./재임
				세자시강원 좌부빈객(左副賓客)	11.27./제수
인조 18 1640	64			좌부빈객(左副賓客)	1.2./체직[以病乞遞]
인조 19 1641	65		순천부사		3.6./체차
인조 22 1644	68			우부빈객	1.29./제수
				빈객	6.24./심양으로 가기 위한 준비 대기중
				우부빈객	7.14./체차[노병]
효종 3 1652	76			사은 부사	5.29./제수, 후에 체차
효종 7 1656	80	가의대부			2.4./加嘉義階, 皆以年滿八十也
현종 6 1665	89		전 참판		4.14./예산 거주
		(가자)	전 참판		4.23./가자
			지중추		5.6./제수
현종 7 1666	90	종1품			4.25./노인 가자
현종 8 1667	91		판부사		윤4.8./알현

② 사행 전 사환

신계영은 광해 11년(1619, 43세)의 알성시에서 병과로 급제했으므로, 정9
품의 품계를 받고 분관되었을 것이다. 그리고 같은 해 검열을 거쳐, 전임사
관으로 근무했으며, 인조 2년(1624)에는 정6품직인 사간원 정언에 제수되어
근무하고 있음을 확인할 수 있다.

③ 통신사행

신계영은 1624년(인조 2)에 통신사 정립(鄭岦)의 종사관이 되어 일본에
건너가 도쿠가와 이에미쓰[德川家光]의 사립(嗣立)을 축하하고 이듬해 귀국
했다. 이 때 임진왜란 때 포로가 되어 잡혀간 조선인 146인을 데리고 돌아
왔다. 당시 일본에서 겪은 감회를 읊은 기행시가 신계영의 시문집인『선석
유고(仙石遺稿)』의 대부분을 차지하고 있다.

④ 사행 후 활동

통신사 종사관으로 다녀온 후의 신계영은 승서하여 정4품직인 사헌부 장
령에 제수되었다. 그후에는 세자시강원 필선, 홍문관 부수찬·수찬·교리, 형
조 정랑 등을 거치면서, 경상도 어사, 명나라에서 온 사신의 접반사, 경연의
검토관 등으로 활동하다가, 인조 12년(1634)에는 당상관인 승정원 동부승지
에 올랐다. 1637년의 병자호란 때에는 포로로 잡혀간 사람들을 대가를 지불
하고 귀환시키는 속환사(贖還使)가 되어 심양에 다녀왔는데, 속환인 600여
인을 데리고 왔다. 그 뒤에는 나주목사·강화유수 등을 거쳐 전주부윤을 역
임하였고, 1639년에는 볼모로 잡혀간 소현세자를 맞으러 부빈객으로 심양
에 갔었고, 다시 1652년(효종 3)에는 사은사(謝恩使)의 부사로 청나라에 다
녀왔다. 1655년에 사직하고 고향에 돌아와 여생을 한운야학(閑雲野鶴)과 더
불어 보냈으며, 1665년(현종 6)에 지중추부사가 되어 기로소(耆老所)에 들어

갔고, 1667년에는 판중추부사에 특별히 제수되었다.

⑤ 기타

시호는 정헌(靖憲)이며, 저서로 시문집 『선석유고(仙石遺稿)』가 있다.

4. 1636년의 병자통신사

1) 정사 임광(任絖)
[1579년(선조 12)~1644년(인조 22) / 66세]

① 가계 및 배경

임광의 본관은 풍천(豐川)이고, 자는 자정(子瀞). 호는 삼휴(三休)이다. 증조부 임유겸(任由謙, 1456~1527)은 1489년 문과를 거쳐 한성부판윤, 공조판서, 지중추부사 등을 역임하였으며, 조부는 종묘서영 임간(任幹)이고, 생부는 사헌부 감찰을 지낸 임익신(任翊臣), 부친은 금산군수를 지낸 임예신(任禮臣)이다. 친어머니는 전주이씨 이원기(李元紀)의 딸이고, 양어머니는 청주한씨 한여필(韓汝弼)의 딸이며, 처부는 동래정씨 정사민(鄭師閔)이다.

임광은 선조 36년(1603) 식년시에서 25세로 진사 3등 35위[100명의 합격자 가운데 65위]로 입격한 뒤 성균관에 들어가 재사(才士)로서 이름을 떨쳤으나, 정치가 어지러움을 보고 낙향하여 공직에 나아갈 생각을 하지 않았다. 1623년 인조반정 후 순릉참봉이 되었다가 이듬해인 인조 2년(1624) 증광시에서 갑과 2위[亞元, 38명의 급제자 중에서 2위]로 급제했다. 사마방목의 거주지는 한성([京])이다.

[표 11] 임광의 주요관직

왕력 (서력)	나이	품계	본직	겸직	주요활동/비고
인조 3 1625	47		승정원 주서[정7품]		5.3./제수
인조 4 1626	48		승정원 주서[정7품]		3.25./제수
인조 5 1627	49		사간원 정언[정6품]		5.20, 6.9./제수, 6.15./재임
			사간원 정언[정6품]		9.25./제수
			사헌부 지평[정5품]		11.16./제수
인조 6 1628	50		사헌부 지평[정5품]		1.5./재임, 2.6./제수, 3.12./재임
			사간원 정언[정6품]		4.12./제수
인조 7 1629	51		사헌부 지평[정5품]		11.21·22·24./재임
인조 10 1632	54		사헌부 지평[정5품]		7.8./제수
			사헌부 장령[정4품]		12.17./제수
인조 11 1633	55			평안도 암행어사	9.4./파견
			사헌부 집의[종3품]		11.16./제수
			홍문관 교리[정5품]		12.9./제수
인조 12 1634	56			경상좌우도 양전사	8.1./임명
			사헌부 집의[종3품]		윤8.4./제수
인조 13 1635	57		홍문관 교리[정5품]		6.21./제수
			사헌부 집의[종3품]		6.23./제수, 7.17./재임
			홍문관 교리[정5품]		8.5./제수
			사헌부 집의[종3품]		8.29./제수, 9.4./재임
			홍문관 교리[정5품]		9.9./제수
			사헌부 집의[종3품]		9.14./제수
			사간원 사간[종3품]		11.18./제수, 12.8./재임
인조 14 1636	58		사간원 사간[종3품]		1.10./재임
			사헌부 집의[종3품]		3.15./제수
			승정원 동부승지 [정3품당상]		5.22./제수

왕력 (서력)	나이	품계	본직	겸직	주요활동/비고
인조 15 1637	59			통신사 정사	8.11./하직인사후 출발
				통신사 정사	3.9./일본에서 돌아와 알현
		(가자)		통신사 정사	윤4.28./통신사포상[加一資]
				巡檢使	7.11./遣[巡檢三南舟師]
				특진관	10.5./재임[舟師及變通諸事 논의]
인조 16 1638	60		형조 참판[종2품]		1.4./재임
				순검사	1.8·15·26, 3.20./재임
				특진관	1.17·29, 7.22./재임
			한성부 우윤[종2품]		8.18./재임
인조 20 1642	64		황해 감사[종2품]		4.8./제수, 8.11/재임
인조 21 1643	65		승정원 도승지 [정3품당상]		6.16./제수
				세자시강원 빈객 [정2품]	9.14·21, 11.12, 12.3./심양에서 치계
인조 22 1644	66			빈객	2.8./재임[世子陪從賓客], 4.10·14, 6.27./심양에서 치계. 9.6./요하에서 치계. 11.3./북경에서 치계
				빈객	12.4./북경에서 졸

② 사행 전 사환

임광은 인조 2년(1624, 46세)의 증광시에서 갑과 2위로 급제했는데, 일찍이 20여년 전인 선조 36년(1603)에 25세로 진사가 되었으며, 성균관에 들어가 재사(才士)로서 이름을 떨쳤으나, 정치가 어지러움을 보고 낙향하여 공직에 나아갈 생각을 하지 않았다고 한다. 문과에 급제할 때 그의 전력은 전별좌였다. 별좌는 정5품 또는 종5품의 무록관(無祿官) 관직명이다. 1623년의 인조반정 후 순릉참봉이 되었다가 이듬해 별시문과에 갑과로 급제했다고 한다. 실록에서는 인조 3년에 정7품직인 승정원 주서에 제수되었으며, 인조

5년에는 출륙하여 참상관인 정6품의 사간원 정언에 제수되어 근무하고 있다. 이후에는 인조 14년에 당상관직에 오르기까지 사간원의 정언·사간, 사헌부의 지평·장령·집의, 홍문관의 교리 등 청요직을 지냈으며, 평안도 암행어사, 경상도 양전사 등으로도 활동했다. 또한 지방 수령으로 나가 함종현령과 영광군수도 지냈다. 그리고 인조 14년(1636) 5월에는 당상관직인 승정원 동부승지에 제수되었다.

③ 통신사행

임광은 첨지중추부사로서 통신사 정사가 되어 일본에 다녀왔다. 인조실록에는 병자호란으로 인해 관련자료가 소실되었기 때문인지, 1636년 병자통신사에 대해서는 파견의 준비과정과 출발에 대해서 전혀 기록되어 있지 않고, 1637년 3월의 복명기사만 수록되어 있다. 임광은 1636년 8월 11일에 인조에게 하직인사를 드리고 출발하여, 1637년 3월에 돌아왔으니, 그 사이에 병자호란이 있었던 것이다. 임광의 인품에 대해서는 후대의 기록에 의하면, 임광 등이 일본에 사신으로 갔을 때 왜인이 그에게 황금을 주자 임광이 받지 않으니, 왜인이 억지로 권하므로 임광이 받아서 바다에 던져버렸다는 기록이 있다.192)

④ 사행 후 활동

통신사행을 마치고 돌아온 후, 임광은 가자를 받았으며, 이후에는 종2품직인 형조 참판, 한성부 우윤, 황해도 관찰사 등을 거치고, 인조 21년에는 승정원 도승지를 지냈다. 또한 당시 남쪽지방에 소요가 있었으므로 삼남주사검찰사(三南舟師檢察使)가 되어 삼도수군을 순찰하고 돌아왔으며, 외직으로 충주목사·안동부사를 거쳤다. 1643년에는 세자시강원 좌부빈객으로 김

---

192) 『인조실록』 권44, 인조 21년 11월 21일(신해).

육과 함께 심양에 볼모로 잡혀간 소현세자가 환국하게 되었을 때 이들을 수행하기 위하여 청나라에 갔다가, 1644년 66세의 나이로 북경에서 죽었다. 실록의 임광 졸기는 다음과 같다.

> 좌부빈객 임광(任絖)이 북경에서 죽으니, 상이 증직하고 치부(致賻)할 것을 명하고, 또 연도(沿道)로 하여금 운상(運喪)을 도와주도록 하였다. 임광은 성품이 굳세고 과감한 데다 관리로서의 재능이 있어, 부임한 고을마다 명성과 치적이 드러났었다. 빈객으로 만리 타국에서 세자를 모시고 여러 해를 지내는 동안, 자주 세자의 과실을 진술하여 세자에게 미움을 받았는데, 이때에 죽으니, 사람들이 모두 애석하게 여겼다.[193]

⑤ 기타

임광은 성품이 본디 강경하고 정직하여 자주 세자의 허물을 간하였으므로, 세자가 자못 그를 싫어하여 임금에게 하소연하였다. 이 때문에 그는 끝내 해가 지나도록 심양에 머물게 됨을 면치 못하다가, 북경으로 옮겨감에 따라가서 그곳에서 죽었으므로 사람들이 그를 불쌍하게 여겼다고 한다.[194]

2) 부사 김세렴(金世濂)
[1593년(선조 26)~1646년(인조 24) / 54세]

① 가계 및 배경

김세렴의 본관은 선산(善山)이고, 자는 도원(道源) 또는 도렴(道濂)이며, 호는 동명(東溟)이다. 증조부는 김홍우(金弘遇)이고, 조부는 명종 20년(1565)에 알성시에서 장원급제[4명의 합격자 중에서 1위]하고 영흥부사를 지낸 김

---

193)『인조실록』권45, 인조 22년 12월 4일(무오).
194)『인조실록』권45, 인조 22년 6월 24일(경진).

효원(金孝元)이며, 부친은 김극건(金克鍵)이다. 김효원은 심의겸과의 사이에
선조 8년의 동서분당으로 유명한 인물이다. 외가는 양천 허씨로 어머니는
문과에 급제하고 홍문관 전한(弘文館典翰)을 지낸 허봉(許篈)의 딸이고, 처부
는 문화유씨 이조참판 유희발(柳希發)과 본관 미상의 유성민(柳成民)이다. 외
갓집의 허봉(許篈)·허균(許筠) 형제의 문장을 그대로 전수 받았다고 한다.
김세렴은 광해 7년(1615)에 생원 2등 10위[100명의 합격자 가운데 15위]와
진사 1등 2위(2/100)로 동시에 입격하였으며, 광해 8년(1616)의 증광시에서
24세로 갑과 1위[壯元, 41명의 합격자 가운데 1위]로 급제했다. 사마방목의
거주지는 한성([京])이다.

[표 12] 김세렴의 주요관직

왕력 (서력)	나이	품계	본직	겸직	주요활동/비고
광해 8 1616	24				4.5./증광시, 4.11./방방, 문과 장원
			예조 좌랑[정6품]		4.12./제수
			세자시강원 사서[정6품]		8.19./제수
			홍문관 수찬[정6품]		9.5./제수
광해 9 1617	25		세자시강원 사서[정6품]		5.6./제수
			사간원 정언[정6품]		11.13./제수,~11.22./재임 11.23./유배(곽산)
광해 11 1619	27				5.14./放歸田里
인조 1 1623	31		홍문관 부수찬[종6품]		3.25./제수
			홍문관 부교리[종5품]		7.14./제수, 9.11./재임
				검토관	9.14./재임
					10.28./호당 사가독서
			홍문관 부교리[종5품]		윤10.12./제수
인조 2 1624	32		홍문관 수찬[정6품]		3.21./제수
			홍문관 부교리[종5품]		4.16./제수
인조 4 1626	34		홍문관 교리[정5품]		6.11./제수
			사헌부 지평[정5품]		7.17./제수, 7.24./재임

왕력 (서력)	나이	품계	본직	겸직	주요활동/비고
			홍문관 교리[정5품]		8.5·29./제수
			사간원 헌납[정5품]		9.11, 10.12./제수, 11.4./재임
				시강관	9.29./재임
			홍문관 부교리[종5품]		12.10./제수
인조 5 1627	35		사간원 헌납[정5품]		1.5./제수, 1.23./재임
					1.6./독서당 선온
인조 8 1630	38		사간원 헌납[정5품]		4.24./제수
				검토관	5.29./재임
			사헌부 집의[종3품]		10.3./제수
			홍문관 응교[정4품]		11.28./재임
			사간원 사간[종3품]		12.8./재임
인조 9 1631	39		홍문관 부응교[종4품]		2.2./제수
			사헌부 집의[종3품]		2.5./제수
			사간원 사간[종3품]		4.23./재임, 4.24./체차
			홍문관 부응교[종4품]		4.24./제수, 4.25·26./재임
			사헌부 집의[종3품]		5.11./제수
				진도독 문안관	6.26./임명(가도)
			사간원 사간[종3품]		7.28, 8.28./제수, ~10.4./재임
			사헌부 집의[종3품]		윤11.17./인사,~윤11.22./체차
			현풍현감[종6품]		윤11.23./제수
인조 14 1636	44		사간원 사간[종3품]		6.3./제수
			사헌부 집의[종3품]		6.19./제수
				통신사 부사	8.11./하직인사후 출발
인조 15 1637	45			통신사 부사	3.9./일본에서 돌아옴. 왕이 소견
			사간원 대사간[정3품당상]		3.13./제수
			사간원 사간[종3품]		3.21./재임
			사간원 사간[종3품]		윤4.3./제수
		(가자)		통신사 부사	윤4.28./加一資
인조 16 1638	46		황해 감사[종2품]		6.4./제수
			사간원 대사간[정3품당상]		10.5·21./제수, 10.29./재임
			성균관 대사성[정3품당상]		11.5./제수
			사간원 대사간[정3품당상]		11.21./제수

왕력 (서력)	나이	품계	본직	겸직	주요활동/비고
인조 17 1639	47		승정원 승지[정3품당상]		1.28./재임
			이조 참의[정3품당상]		1.29./제수
				유사당상	5.19./임명
			승정원 우부승지 [정3품당상]		11.13./제수
			이조 참의[정3품당상]		11.27./제수
인조 18 1640	48		이조 참의[정3품당상]		7.8./재임[사직상소 불윤]
				참찬관	12.14./재임
인조 20 1642	50		함경 감사[종2품]		5.11./제수, 6.4./사조, 7.25./재임 [체계]
인조 22 1644	52		함경 감사[종2품]		1.19./재임
			평안 감사[종2품]		2.22./제수, 3.19, 4.7, 7.30, 10.10· 15./재임[체계], 9.1./재임
인조 23 1645	53		평안 감사[종2품]		5.19./재임, 6.19·25, 윤6.8, 7.23, 9.14./치계
				세자시강원 우부빈객[종2품]	8.11./제수
			사헌부 대사헌[종2품]		9.6./제수
			승정원 도승지[정3품당상]		10.10./제수, ~11.29./재임
			호조 판서[정2품]		12.1./제수
인조 24 1646	54		호조 판서[정2품]		1.17./졸
숙종 1 1675	-		고 판서	시호: 문강(文康)	10.12.

② 사행 전 사환

김세렴은 광해 8년(1616, 24세)의 증광시에서 갑과 1위 즉 장원급제를 했
으므로, 참외관을 거치지 않고 곧 바로 6품의 실직에 임명되었다. 당시 24
세의 나이였는데, 모친상을 당하여 3년간 과거를 보지 못하다가, 상례가 끝
나자마자 바로 사마 양시에 합격하고, 이어서 문과에 장원급제한 것이었으
므로 천재라는 소문이 났다. 광해 8년 4월 11일에 방방이 있었고, 다음날인

12일에 정6품의 예조좌랑에 제수되었다. 그리고 8월에는 세자시강원 사서 (司書)를 겸하였다. 9월에는 홍문관 수찬이 되어 지제교를 겸임했으며, 1617 년(광해군 9, 25세)에는 사간원 정언에 제수되었다. 바로 그때 대북파가 인목대비를 폐위하자는 의논을 일으켰다. 김세렴은 동인 가문 출신이었으나, 대북파의 폐모론을 배척하고 그들을 탄핵하다가 평안도 곽산(郭山)으로 유배되었고, 1년 뒤에는 강릉(江陵)으로 이배되었으며, 또 1년 지나서야 귀양에서 풀려 전리로 돌아갈 수 있었다. 이후 김세렴은 광해군 말년까지 5년 동안 조용히 은거하면서 학문에 몰두하였다.

1623년(31세) 3월 인조반정이 일어나자, 김세렴은 홍문관 부수찬이 되었다. 이후에도 1636년에 통신사 부사에 임명되기 전까지 김세렴의 관직은 주로 사간원, 사헌부, 홍문관의 삼사 관직을 역임했다. 한편으로는 1624년에 충청도 암행어사에 임명되어 충청도 지방을 염찰(廉察)하였으며, 부친상을 당해 관직에서 물러나 있기도 하였고, 1626년에는 사가호당(賜暇湖堂)에 선발되었다. 1627년(인조 5, 35세)에는 정묘호란이 발발하면서 인조는 강화도로 피난하고, 소현세자는 전주로 가서 전란에 대비하였는데, 체찰사 이원익이 왕세자를 수행하여 전주로 가자, 김세렴은 그 종사관이 되었다. 그때 김세렴은 군중(軍中)에 있다가 조모[祖母 鄭夫人]의 상을 당하여 체찰부(體察府)에서 타던 말을 타고 황급히 집으로 돌아갔는데, 현직 관리가 분상(奔喪)할 때에는 역마(驛馬)를 타지 못하는 법을 어겼다고 하여 지탄을 받았다. 이에 그는 벼슬을 사양하고, 병을 핑계로 집으로 돌아왔다.

인조 7년(1629, 37세)에 상복을 마치고 의정부 사인에 제수되었으나 나가지 않다. 조모상 때에 역마를 타고 간 일로 인해 전천(銓薦)이 막히자 대죄하였으며, 여러차례 조정에서 불렀으나, 나가지 않다가, 인조 8년에 출사(出仕)하여, 삼사의 참상관 관직을 두루 거치면서 암행어사로 나가기도 했다. 1634년(인조 9년)에는 인조가 생부 정원군을 원종으로 추존(追尊)하려고 하자, 여러 동료들과 함께 불가하다며 이를 반대하였으며, 인조의 반정 공신

이귀가 자천을 통해 이조 판서가 되자, 이를 배척하고 탄핵하다가 종3품 집의에서 종6품 현풍 현감으로 좌천되었다. 이후 현풍에서 5년간 학규를 제정하고 향약을 시행하여 풍속이 일변하였는데, 임기를 마치고 떠나자 현풍의 백성들이 거사비(去思碑)를 세웠다. 인조 14년(1636, 44세)에는 다시 사간원 사간, 사헌부 집의 등으로 활동했다.

③ 통신사행

1636년(인조 14, 44세) 8월에 통신사 부사가 되었으며, 인조 15년(1637, 45세) 귀국하여 복명하였다. 그리고 일본에 사신으로 갔던 기록을 『동사록(東槎錄)』으로 남겼다. 일본에 통신사로 갔다가 돌아오니, 인조가 병자호란(丙子胡亂)을 치루고 막 남한산성(南漢山城)에서 서울로 돌아온 상황이었다.

돌아올 때 일본의 관백 도쿠가와 이에미쓰가 황금 1백 70정(錠)을 전별금(餞別金)으로 주었으나, 김세렴은 일본 오사카[大坂] 동쪽 700리 오카자키[岡崎]에 있는 금절하(金絶河)에 이르러 금화들을 물속에 던져버리면서, "내가 뇌물로 주는 돈을 받지 않은 것을 보여줄 뿐이다. 쓸모 있는 물건을 쓸모없게 하지 말라" 하였다. 그 뒤에 대마도주(對馬島主)가 그 금화들을 건져내어 그 돈으로 세급포(歲給布) 1만 5천 필을 대신 사도록 청하였다.

④ 사행 후 활동

사행을 마친 후 김세렴은 사간원 대사간에 제수되었다가, 다시 사간(司諫)에 임명되었다. 그리고 통신사행으로 가자되어 이후로는 당상관직으로 제수되어 활동하였다. 이제 정치관료가 된 것이다. 인조 15년에 황해도관찰사로 나갔다가, 인조 16년(1638, 46세)에 병으로 사임하고 돌아왔다. 이후에는 사간원 대사간, 성균관 대사성, 승정원 승지, 이조 참의 등을 지냈으며, 인조 20년에는 외직으로 나가 함경감사와 평안감사를 지냈다. 1645년(인조

23, 53세)에는 사헌부 대사헌에 임명되어 홍문관 제학을 겸임하였으며, 곧 승정원 도승지로 옮겼다. 인조가 그를 매우 신임하였으므로 곧 호조 판서로 발탁하였는데, 그는 군현의 방납(防納)을 철저하게 금지하여, 그 폐단을 크게 줄였다. 평소 병이 많은데다가 함경도관찰사와 평안도관찰사로서 4년 동안 고생하는 바람에 몸이 쇠약하여 야위었는데, 1645년(인조 23) 맏아들 김익상(金翊相)이 갑자기 죽자 병이 악화되었다. 그리하여 1646년(인조 24) 1월 17일 세상을 떠나니, 향년이 54세였다.

김세렴의 졸기는 다음과 같다.

> 호조 판서 김세렴이 죽었다. 김세렴은 사람됨이 단아하고 신중하며 문장을 잘 하였으므로 사람들이 다 존중하였다. 이에 이르러 호조 판서가 되어 청인(淸人)을 접대하니, 청인이 말하기를 "이 사람은 단아하고 과묵하여 말마다 신뢰할 만하다." 하며 관중(館中)의 여러 가지 일에 대해 자못 간소화하도록 해주었는데, 얼마 안 되어 병으로 죽으니 사람들이 애석하게 여겼다.[195]

⑤ 기타

현존 묘소는 경기도 양주(楊州)에 있는데, 허목(許穆)이 지은 신도비명(神道碑銘)이 남아있다. 처음에 양주 남쪽에 있는 친족 묘역에 장사하였다가, 20년 뒤에 양주 북쪽 고모현(姑母峴) 서남쪽 언덕에 개장(改葬)하였다.

3) 종사관 황호(黃㦿)
[1604년(선조 37)~1656년(효종 7) / 53세]

① 가계 및 배경

황호의 본관은 창원(昌原)이고, 자는 자유(子由), 호는 만랑(漫浪)이다. 증

---

195) 『인조실록』 권47, 인조 24년 1월 17일(을축).

조부는 황대임(黃大任)이고, 조부는 문과에 급제하고 전라감사를 지낸 황치경(黃致敬), 부친은 문과에 급제하고 목사를 지낸 황수(黃㵢 : 초명은 㵢)이다. 외조부는 파평윤씨로 문과를 거쳐 예조판서에 오른 윤의립(尹毅立)이고, 처부는 본관 미상의 윤정(尹淨)이다. 황호는 인조 2년(1624)에 생원 3등 28위[100명의 합격자 중 58위], 진사 3등 4위[100명의 합격자 중 34위]로 입격하고[양시(兩試[雙蓮])], 다시 같은 해의 증광시 문과에서 을과 4위[38명의 급제자 중 7위]로 급제했다. 사마방목의 거주지는 한성([京])이다.

[표 13] 황호의 주요관직

왕력 (서력)	나이	품계	본직	겸직	주요활동/비고
인조 3 1625	22		승정원 주서[정7품]		11.1./파직
인조 5 1627	24			모문룡 회례관	11.18./치계
인조 10 1632	29		병조 낭청		7.18./재임
인조 13 1635	32			감시 동당 시관	8.24./파직
인조 14 1636				통신사 종사관	8.11./하직인사 후 출발
인조 15 1637	34			통신사 종사관	3.9./往還 召見
			사헌부 장령[정4품]		4.27./제수
				통산시 종사관	윤4.28./陞敍 명함
			사헌부 장령[정4품]		5.26./제수, 6.23./체차, 7.5./ 제수, 8.10./재임
				제주관(題主官)	8.28./재임
인조 18 1640	37			박씨(博氏) 접반관	10.28./임명
			홍문관 부수찬[종6품]		11.20./제수
인조 19 1641	38		홍문관 교리[정5품]		1.7./제수
			세자시강원 보덕[종3품]		3.8./제수, 후 체직
인조 22 1644	41		홍문관 교리[정5품]		11.16./제수

왕력 (서력)	나이	품계	본직	겸직	주요활동/비고
인조 23 1645	42			영남 어사	2.27./임명
				경상도 독운어사	4.9./돌아와 보고
			사헌부 장령[정4품]		4.25./제수
			사간원 사간[종3품]		5.20./제수
인조 24 1646	43		동래 부사[종3품]		1.26./재임, 4.14./치계
			병조 참지[정3품당상]		
인조 26 1648	45		사간원 대사간 [정3품당상]		3.7, 10.5./제수, 10.13./재임
인조 27 1649	46		광주 부윤		1.4./재임[치계]
인조실록 효종1~효 종4		통정대부	승정원 우부승지 [정3품당상] 지제교	겸 경연 참찬관 춘추관 수찬관	실록청 二房堂上
효종 1 1650	47		승정원 승지[정3품당상]		6.13./제수, 6.18./재임[사직소]
			성균관 대사성[정3품당상]		10.18./제수
효종 2 1651	48		성균관 대사성[정3품당상]	玉册文製述官 敎書製述官	7.28./재임[상소], 8.4./ 왕대비옥책문 찬[玉册文製述官], 8.9./교명문 찬[敎書製述官].
		(가자)	성균관 대사성[정3품당상]	옥책문 제술관	9.6./加資
				사은사 부사	10.4./임명
			사간원 대사간[정3품당상]		10.25./제수
				사은 부사	11.4./청으로 출발
효종 3 1652	49				1월, 탄핵으로 유배[중도부처]
					4.3./ 부친상으로 적소에서 풀려남

② 사행 전 사환

황호는 21세의 나이인 인조 2년(1624)에 증광시에서 생·진 양시에 모두 입격하고, 또 문과에 을과 4위로 급제했다. 따라서 정8품의 품계를 받고 분관되었을 것이다. 다음해인 인조 3년(1625, 22세)에는 정7품직인 승정원 주서에 재임했음이 확인된다. 그러나 1625년(인조 3)부터 여러 차례 직언으로 파직되는 등 관운이 순탄하지 않았다. 인조 5년(1627, 24세)에는 가도(椵島)

에 명나라 장수 모문룡의 회례관으로 나가 위겁에 굴하지 않았으며, 인조 7년(1629, 26세)부터는 홍양, 배천, 평산 등의 수령을 6년간 역임하였다.

③ 통신사행

황호는 1636년(인조 14, 33세)에 통신사 종사관에 차임되어 8월 11일에 정사 임광, 부사 김세렴과 함께 인조에게 하직인사를 하고 출발하였으며, 이듬해인 1637년 3월 9일에 돌아와 알현하였다.

④ 사행 후 활동

통신사 종사관으로 다녀온 황호는 승서하여 1637년(인조 15) 5월 사헌부 장령이 되었다. 이후 인조 25년(1647, 44세)에 당상관직으로 승서하기까지 10여년간 참상관직으로 제수되어 활동했다. 주로 사헌부 장령, 사간원 사간, 홍문관 수찬·교리 등을 맡아서 활발한 언론활동을 하였으며, 때로는 경성 판관 등 지방으로 좌천당하기도 했다. 이 시기에 일본 사행 때의 작품을 모은 『동사록』을 편집하였다. 인조 18년(1640, 37세) 10월에는 청나라에서 용골대가 나옴에 박시의 접반관이 되어 외교활동을 했으며, 인조 24년(1646, 43세) 동래 부사로 활동했다.

인조 25년(1647, 44세)에 당상관인 병조 참지에 제수되었으며, 이후에는 사간원 대사간, 승정원 승지, 예조 참의, 성균관 대사성 등 정3품 당상관직에 재임했다. 효종이 즉위한 후에는 김자점의 무리라는 송준길의 탄핵을 받아 귀양을 가기도 했으나, 오래지 않아 풀려났으며, 성균관 대사성으로 재임 중에는 지제교로 옥책문제술관, 교서제술관 등으로 활동하여 가자를 받았다. 그리고 효종 2년에는 사은부사가 되어 사은사 인평대군과 함께 청나라에 다녀왔다. 효종 3년에는 대사헌 심지원의 김자점 무리라는 탄핵으로 횡성에 유배되었다가 부친상을 당하여 돌아왔으며, 사면된 후 한성부 우윤을 거쳐 홍주 목사가 되었는데, 효종 7년(1656, 53세) 3월 27일 공관에서 졸하였다.

⑤ 기타

황호는 양주 홍복산 선영 아래에 장사 지냈다. 황호는 1660년(현종 1)에 신원(伸寃)되었으며, 영조 36년(1760)에 성호 이익이 저자의 적현손(嫡玄孫) 황준의 부탁으로 묘갈명을 지었다. 문집으로 『만랑집(漫浪集)』이 전하는데, 현종 9년(1668) 7월에 사자(嗣子) 황응노의 부탁으로 용주 조경이 문집 서문을 짓고, 10월에 심재가 발문을 지었으며, 현종 10년(1669) 4월에 허목이 문집 서문을 지었다.

숙종대에 병조판서 김석주 등이 강화도를 돌아보고 와서 올린 서계의 내용 중에는 '황형의 후손인 고(故) 대사성 황호(黃㦿)'196)라는 표현이 보인다. 『연려실기술』[인조조고사본말의 「박홍구지옥(朴弘耉之獄)」]에 의하면, 황호는 서인 계열이었으나 인성군(仁城君) 이공(李珙)을 죽여서는 안 된다는 남인의 견해를 따랐다고 한다. 황호의 문재(文才)는 당대의 신진 중에서 발군의 측면이 있었고 문명(文名)을 크게 떨쳤다고 한다. 숙종실록에는 황호에 대해 다음과 같은 내용이 수록되어 있다.

> 대사성 권환이 같이 들어가서 아뢰기를, "명륜당의 편액은 바로 주자(朱子)의 친필(親筆)인데, 황호가 북경에 갔다가 얻어 온 것입니다. 그러나 오준이 주자의 친필[眞蹟]이 분명하다고 여기고 달아두자고 진달하였으나, 김익희는 주자의 글씨가 아니라고 여기고 판(板)에다 먹을 칠하였습니다. 지금 고쳐서 다는 것이 마땅하겠습니다." 하니, 임금이 허가하였다.197)

---

196) 『숙종실록』 권7, 숙종 4년 10월 23일(경인).
197) 『숙종실록』 권25, 숙종 19년 2월 7일(신사).

일찍이 고사(故事)를 보건대, 제학을 거치지 아니한 경재(卿宰)도 왕왕 문형의 천망에 들었으니, 문정공 김육과 우윤 황호가 이런 경우입니다.198)

5. 1643년의 계미통신사

1) 정사 윤순지(尹順之)
[1591년(선조 24)~1666년(현종 7) / 76세]

① 가계 및 배경

윤순지의 본관은 해평(海平)이고, 자는 낙천(樂天), 호는 행명(涬溟)이다. 증조부는 중종 17년(1522) 식년시 문과에 급제하고 군자감 정(正)을 지낸 해징부원군(海澄府院君) 윤변(尹忭), 조부는 명종 13년(1558) 식년시 문과에 급제하고 영의정을 지낸 해원부원군(海原府院君) 윤두수(尹斗壽), 부친은 선조 30년(1597) 정시 문과에 급제하고 평안도관찰사 겸 부체찰사를 지낸 윤훤(尹暄)이다. 어머니는 청송심씨(靑松沈氏)로 명종 17년(1562)에 문과에 급제한 대사헌 심의겸(沈義謙) 딸이며, 처부는 반남박씨로 선조 27년(1594) 문과에 급제하고 성균관 대사성을 지낸 박동열(朴東說)이다.

윤순지는 종조(從祖) 의정부 찬성을 지낸 윤근수(尹根壽)로부터 가학을 배웠으며, 광해 4년(1612)에 생원시에 3등 34위[100명의 합격자 중 64위]로 입격하고, 광해 12년(1620) 정시(庭試)에서 병과 7위[15명의 급제자 가운데 12위]로 급제했다. 윤순지의 사마방목의 거주지는 미상(未詳)으로 되어 있으나, 아우인 윤원지(尹元之)·윤징지(尹澄之)·윤의지(尹誼之) 등의 사마방목 거주지는 한성([京])으로 되어 있다.

---

198) 『숙종실록』 권45, 숙종 33년 10월 20일(무술).

[표 14] 윤순지의 주요관직

왕력 (서력)	나이	품계	본직	겸직	주요활동/비고
광해 13 1621	31		가주서		7.6./재임
인조 1 1623	33		사간원 정언[정6품]		7.9./재임
인조 2 1624	34		사간원 정언[정6품]		6.1, 7.12./제수
			사헌부 지평[정5품]		11.1·16, 12.3./재임
			홍문관 부수찬[종6품]		12.22./제수
인조 3 1625	35		사간원 정언[정6품]		2.20./제수
			홍문관 부교리[종5품]		2.25./제수
			홍문관 교리[정5품]		3.33./제수, 4.2./재임
				시독관	4.4./재임
			홍문관 교리[정5품]		8.19./제수
			사간원 헌납[정5품]		10.8./제수, ~10.22./재임
인조 4 1626	36		홍문관 교리[정5품]		10.21./제수
인조 7 1629	39		예조 정랑[정5품]		5.29./제수-미취임
인조 15 1637	47		홍문관 부교리[종5품]		2.9./제수
			승정원 동부승지 [정3품당상]		6.4./제수
인조 17 1639	49		충주목사[정3품]		5.11./재임
인조 18 1640	50		승정원 좌부승지 [정3품당상]	問安于瀋陽, 以汗出浴溫井 而還故也。	8.18./재임
				문안사	10.7./치계[심양에서 돌아오다 가 강을 건너서]
인조 20 1642	52		사간원 대사간[정3품당상]		9.6./제수
인조 21 1643	53		병조 참의[정3품당상]	통신상사(通信上使)	1.6./통신사 임명
			병조 참지[정3품당상]		1.23./재임
				통신 상사	2.20./출발. 召見
				통신사 상사	10.29./還到對馬島馳啓
				통신사 상사	11.3./還自日本
				통신사 상사	11.21./인조 인견, 11.24./탄핵

왕력 (서력)	나이	품계	본직	겸직	주요활동/비고
인조 22 1644	54	(가자)		통신 정사	2.25./가자
			승정원 도승지[정3품당상]		4.16./제수, 5.5, 7.25./재임
			사간원 대사간[정3품당상]		9.5./제수
			성균관 대사성[정3품당상]		10.8./제수
			승정원 도승지[정3품당상]		10.14./제수, 12.6·27./재임
인조 23 1645	55		승정원 도승지[정3품당상]		2.18./재임
			경기 감사[종2품]		3.26./제수, 6.20./계문, 10.4·21, 11.22./치계
인조 24 1646	56		사헌부 대사헌[종2품]		5.2./제수
			사간원 대사간[정3품당상]		5.3./재임
			병조 참판[종2품]		9.5./재임
인조 25 1647	57		성균관 대사성[정3품당상]		9.3./제수
인조실록 효종1~ 효종4		가의대부	이조 참판[종2품]	겸 수 홍문관대제학 예문관 대제학 지성균관사 동지경연 춘추관사	도청당상
효종 0 1649	59		승정원 도승지[정3품당상]		12.13./제수
효종 1 1650	60			동지경연	1.23./제수
			승정원 도승지[정3품당상]		3.5./제수, 4.4./재임
			이조 참판[종2품]		4.8./제수
				동지경연	6.7./제수, 6.8./재임
				동지성균	6.22./제수, 6.27, 7.3./재임
			병조 참판[종2품]		11.17./제수
			승정원 도승지[정3품당상]		윤11.17./제수
효종 2 1651	61	(가자)		내의원 부제조	1.7./侍藥廳賞典[加資]
				동지경연	4.18./제수
			사헌부 대사헌[종2품]	겸 예문관 제학	6.1./제수, 6.9, 7.12./재임
			사헌부 대사헌[종2품]		8.6./제수, 9.3./재임
				예문관 제학	8.16./교명문(敎命文) 찬
				玉册製述官	9.6./포상
				예문관대제학 홍문관대제학	11.4./제수, 12.20./재임 [赦頒敎文 제술], 12.25./ 王世子嘉禮頒敎 敎文 찬.

왕력 (서력)	나이	품계	본직	겸직	주요활동/비고
효종 3 1652	62		사헌부 대사헌[종2품]		1.23./제수, 2.11./재임
				동지경연	2.7./재임
				대제학	4.4./면직 청-윤허
			개성 유수[종2품]		6.22./재임(密啓)
효종 4 1653	63		승정원 도승지[정3품당상]		2.26./제수
			경기 감사[종2품]		윤7.9./제수
효종 5 1654	64		경기 감사[종2품]		1.11./재임
효종 7 1656	66		승정원 도승지[정3품당상]		윤5.9./제수, 윤5.11./재임
효종 8 1657	67		병조 참판[종2품]		1.6./재임
				수정청 당상(修正廳堂上)	1.12./제수[선조실록 수정]
			동지중추부사[2품]		1.22./제수
				동지겸사은사 부사	10.28./제수
효종 9 1658	68			동지겸사은사 부사	3.11./還自淸國 上召見之
효종실록			동지춘추형조참관	이방 당상(二房堂上)	효종실록 편수관 명단
현종 0 1658	68		동지중추부사[2품]	예조참판 대행	5.4./제수
			예조 참판[종2품]		5.5./재임
				찬집청당상(撰集廳堂上)	5.11./임명
현종 11659	69		형조 참판[종2품]		2.18./제수
				겸 동지춘추	5.21./제수
				실록청 당상(實錄廳堂上)	5.21./임명
			예조 참판[종2품]		11.13./제수
현종 2 1661	71	자헌대부 [정2품하]	예조 참판[종2품]		2.11./재임
				옥책문 제술 악장문 제술관 (玉册文製述樂章文製述官)	4.22./陞差
					윤7.10./加資
				지의금	윤7.13./재임
				관상감 제조	12.8·9./파직
현종 4 1663	73		한성부 판윤[정2품]		2.11./제수
			공조 판서[정2품]		12.22./제수
현종 5 1664	74		한성부 판윤[정2품]		2.6./제수

왕력 (서력)	나이	품계	본직	겸직	주요활동/비고
			의정부 우참찬[정2품]		3.18./제수
			의정부 좌참찬[정2품]		7.4./제수, 12.10/재임
현종 7 1666	76		전 판서		9.29./졸

② 사행 전 사환

윤순지는 광해 12년(1620년)에 정시 문과에 병과로 급제했으므로, 이 때에는 정9품의 관계를 받고 4관의 한 곳에 분관되었을 것이다. 광해 13년(1621)에 승정원 가주서로 재임하고 있었는데, 인조 1년[1623, 33세]에 이르면 사간원 정언으로 재임하고 있는 것으로 보아 이미 승륙한 상태였다. 이후 정묘호란이 있기까지 윤순지의 관력은 사간원 정언·헌납, 사헌부 지평, 홍문관 부수찬·부교리·교리, 예조와 병조의 낭관, 성균관 전적 등 주로 삼사와 육조의 참상관 요직을 거치고 있다. 그 외에도 지제교와 시독관을 겸임하고, 명의 사신이 왔을 때에는 원접사 김상용의 종사관으로 나갔으며, 경기도 어사에 임명되기도 했다. 그런데 정묘호란의 발발은 윤순지에게 큰 충격을 안겨 주었다.

당시 윤순지는 37세로 도체찰사 장만의 종사관이 되었다. 그런데 1625년(인조 3)부터 평안도관찰사로 재임하고 있던 아버지 윤훤도 정묘호란이 일어나자 부체찰사로서 후금의 오랑캐 군사들과 싸웠다. 윤훤은 안주에서 패배한 뒤, 병력과 군비의 부족으로 평양에서 철수한 후, 이어 성천으로 후퇴하였다. 그러자 황주에서 제 2방어선을 구축하고 있던 황해도 병사도 평안도관찰사가 성을 버렸다는 소식을 듣고 황주를 포기하고 봉산으로 후퇴하였다. 전쟁이 끝나자 윤훤은 전세를 불리하게 만들었다는 책임을 지고 체포되어 의금부에 하옥되었으며, 당시 영의정인 윤훤의 형 윤방을 비롯하여, 조카 해숭위(海嵩慰) 윤신지(尹新之)의 아내인 선조의 딸 정혜옹주까지 구명

운동을 벌였으나, 결국 윤훤은 강화도에서 효수(梟首)되었다. 이때 아들인 윤순지는 벼슬에서 물러나 10년간 파산 별서에서 동생들과 함께 칩거하였다. 인조는 "윤훤이 군율을 범하여 죽임을 당하였지만 그의 아들 윤순지는 바로 시종신이니, 전례에 의하여 부조하고 관판(棺板) 1부(部)도 명하여 제급하게 하라."고 하교하였으며,[199] 1629년(인조 7) 5월 인조의 특명으로 예조 정랑에 임명되었으나 윤순지는 진정을 하고 받지 않았다.[200]

그러나 1636년(인조 14, 46세) 병자호란이 일어나자 상황이 달라졌다. 인조가 남한산성에서 청군에게 포위되었다는 소식을 들은 윤순지는 샛길을 통해 남한산성으로 들어가 인조를 호종하였다. 그리고 1637년(인조 15, 47세) 2월 홍문관 부교리가 되었고, 6월에는 당상관인 승정원 동부승지에 발탁되었다. 1639년(인조 17, 49세) 충주목사로 나갔다가, 1640년(인조 18, 50세) 8월 좌부승지가 되었는데, 청의 심양에 볼모로 있던 소현세자와 봉림대군의 문안사(問安使)가 되어 심양으로 파견되었으며, 1642년(인조 20, 52세) 9월에는 사간원 대사간이 되었다.

③ 통신사행

1643년(인조 21, 53세) 1월 윤순지는 병조 참의로서 통신사의 상사에 임명되었으며, 일본에 포로로 잡혀 있는 사람들을 쇄환하기 위해 2월 20일에 임금을 뵙고 출발하였다. 윤순지는 귀환하는 도중 10월 29일에 대마도에서 "신들이 사명(使命)을 받들고 일본에 당도하니, 일본의 관백이 예로써 접대하고 극도로 후의를 보였습니다. 임진왜란과 정유재란 때 왜군에게 사로잡혀 갔던 우리나라 사람들을 추쇄(推刷)하였으나, 모두 일본에 50년 이상 살면서 자손을 낳고 그 땅에 안주해 살고 있어서 고향땅에 돌아가려고 하지 않았으므로, 겨우 14명만 찾아서 데리고 나왔는데, 돌아오는 도중에 나이가

---

199) 『인조실록』 권15, 인조 5년 2월 16일(계축).
200) 『인조실록』 권20, 인조 7년 5월 29일(계축).

많아 병들어 죽은 자가 여섯 사람입니다."라고 치계하였으며, 11월 3일에
돌아왔다.

④ 사행 후 활동

윤순지는 통신사로 일본에 가서 포로들을 추쇄한 공로로 1644년(인조
22, 54세) 2월 가자(加資)되었고, 4월에는 승정원 도승지로 발탁되었다. 이
후 윤순지는 활발한 정치관료로서의 삶을 살았다. 중앙관직은 주로 승정원
도승지, 사간원 대사간, 사헌부 대사헌과 이조 병조 예조 형조 등의 참판직
을 지냈는데, 도승지를 여러 차례 맡았다. 현종 2년(1661, 71세)에 자헌대부
[정2품 하계]로 승품한 후에는 고령임에도 불구하고 한성부 판윤과 공조판
서, 의정부 좌·우참찬 등을 역임하였다. 또한 예문관 제학과 대제학에 제수
되어 문형을 맡았으며, 선조수정실록 수정청 당상, 효종실록 편수관 당상,
찬집청 당상 등을 맡았고, 옥책문 제술관, 악장문 제술관 등으로도 활동했
다. 외교활동으로는 효종 9년(1658)에 동지겸사은사 부사로 청나라에 다녀
왔다.

윤순지는 1666년(현종 7) 9월 노병으로 서울의 본가에서 향년 76세로 졸
하였다. 현종개수실록에는 그의 졸기가 다음과 같이 실려 있다.

> 전 판서 윤순지(尹順之)가 죽었다. 윤순지는 감사 윤훤(尹暄)의 아들이다.
> 시를 짓는 재주가 있어 문형(文衡)을 맡아 육경의 자리에 올랐으나, 성품이
> 나약하고 지기가 없었기 때문에 사람들이 이를 단점으로 여겼다.201)

⑤ 기타

윤순지는 시(詩)·사(史)·서(書)·율(律)에 뛰어났다. 겸손하고 근면하였으

---

201) 『현종개수실록』 권16, 현종 7년 9월 29일(병오).

며 몸가짐이 단정하고 돈후하였다. 앞서 아버지가 화를 당한 것을 항상 잊
지 않고 왕의 잘못이 있더라도 직언은 하지 않았으며 조정에 있어서도 객
처럼 처신하였다고 한다. 저서로『행명집(涬溟集)』이 있다.

2) 부사 조경(趙絅)

[1586년(선조 19)~1669년(현종10) / 84세]

① 가계 및 배경

조경의 본관은 한양(漢陽)이고, 자는 일장(日章), 호는 용주(龍洲)·주봉(柱
峯)이다. 증조부는 어모장군 충좌위 부호군 조수곤(趙壽崑), 조부는 생원에
입격한 공조좌랑 조현(趙玹), 부친은 봉사(奉事) 조익남(趙翼男)이다. 어머니는
유개(柳愷)의 딸로 본관 미상이며, 처부 김찬(金瓚)도 본관 미상이다.

조경은 선조 31년(1598, 13세)에 모친상을 당했으며, 광해 4년(1612)에
27세로 진사시 3등 51위[100명의 합격자 중 81위]에로 입격하고, 인조 4년
(1626)에 이르러서야 41세에 정시(庭試)에서 갑과 1위[壯元, 4명의 급제자
가운데 1위]로 급제했다. 윤근수(尹根壽)의 문인이지만, 당색은 남인이다. 사
마방목의 거주지는 한성([京])이다.

[표 15] 조경의 주요관직

왕력 (서력)	나이	품계	본직	겸직	주요활동/비고
인조 1 1623	38		6품직 제수		4.8./제수[광해군대 직언하다가 죄를 입은 유생]
인조 2 1624	39		목천현감[종6품]		7.8./제수, 8.7./인견
인조 4 1626	41				8.18./庭試 取文科趙絅等四人
			사헌부 지평[정5품]		10.21./제수
			사간원 정언[정6품]		12.26./제수

왕력 (서력)	나이	품계	본직	겸직	주요활동/비고
인조 5 1627	42		사간원 정언[정6품]		1.3./재임, 1.5./제수.
			사헌부 지평[정5품]		4.18./제수, 4.25·29, 5.1./재임
인조 6 1628	43		홍문관 교리[정5품]		7.13./제수
			사간원 헌납[정5품]		11.6./제수
			홍문관 교리[정5품]		12.25./제수
인조 7 1629	44			시독관	4.30, 윤4.12./재위
				독서당 사가독서	5.13./선발. 독서당
			홍문관 부교리[종5품]		11.24./재임
			사헌부 지평[정5품]		11.24./제수, 11.26·27./재임
인조 8 1630	45			시독관, 해서 암행어사	1.23./복명
				시독관	1.25./재임
				지제교	4.29./재임
			이조 좌랑[정6품]		6.4./재임, 8.3./제수
			홍문관 수찬[정6품		9.9./제수
인조 9 1631	46		이조 정랑[정5품]		1.8./제수, 4.8./제수
			지례 현감[종6품]		9.4./제수
인조 11 1633	48		이조 정랑[정5품]		8.13./제수
			홍문관 응교[정4품][		10.10./제수
인조 12 1634	49		사간원 사간[종3품]		7.15./제수, 10.3./재임
인조 13 1635	50		사헌부 집의[종3품]		6.7./제수, 8.6./재임, 8.8./제수, 8.23./ 재임, 9.9./제수, 9.11./재임
			문천군수[종4품]		9.16./제수[미부임]
				전라도 암행어사	10.8./分遣
인조 14 1636	51		사간원 사간[종3품]		1.16, 2.18./제수, 2.21·27./재임
			사헌부 집의[종3품]		3.18./제수
			사간원 사간[종3품]		5.2, 6.19./제수, 6.24./재임
인조 15 1637	52		사헌부 집의[종3품]		6.9./제수
			사간원 사간[종3품]		7.14./제수
인조 16 1638	53		사헌부 집의[종3품]		4.3./제수, 5.13./재임
			홍문관 부응교[종4품]		5.22./제수
인조 17 1639	54		사간원 사간[종3품]		4.4./제수

왕력 (서력)	나이	품계	본직	겸직	주요활동/비고
인조 18 1640	55		홍문관 부응교[종4품]		2.19./제수
			사헌부 집의[종3품]		3.14./제수
			사간원 사간[종3품]		4.13./제수, 5.9./재임
			사헌부 집의[종3품]		9.5, 10.25, 12.11./제수
인조 19 1641	56		홍문관 응교[정4품]		2.11./제수
			홍문관 전한[종3품]		8.18./제수
인조 20 1642	57		홍문관 전한[종3품]		2.26./제수
			사헌부 집의[종3품]		4.8./제수
인조 21 1643	58			통신사 부사	1.6./임명, 1.23./준비
				통신사 부사	2.20./출발, 인견
				통신사 부사	10.29./還到對馬島馳啓
				통신사 부사	11.3./還自日本
				통신사 부사	11.21./인견
				통신사 부사	11.24./헌부 탄핵
인조 22 1644	59	(가자)		통신사 부사	2.25./加資
인조 23 1645	60		이조 참의[정3품당상]		윤6.8./제수
			사간원 대사간[정3품당상]		9.13, 10.30./제수
인조 24 1646	61		사간원 대사간[정3품당상]		1.3./재임
			성균관 대사성[정3품당상]		1.15./제수
			형조 참판[종2품]		2.7./제수
			사헌부 대사헌[종2품]		2.10./제수, 2.25./재임
			이조 참판[종2품]		4.24./제수
			승정원 도승지[정3품당상]		7.2./제수
			사간원 대사간[정3품당상]		7.25, 9.9, 10.24./제수, 11.13./미부임
			승정원 도승지[정3품당상]		12.6./제수,
			승정원 도승지[정3품당상]	문형(文衡)	12.14./재임,문형사직(불허)
인조 25 1647	62		승정원 도승지[정3품당상]		3.3./제수
			사간원 대사간[정3품당상]		3.18./제수
			형조 판서[정2품]		3.22./제수, 4.5./재임
			이조 판서[정2품]		7.8./제수, 8.4, 9.4./재임
				영접도감	10.8./재임
				약방 제조	12.1./재임

왕력 (서력)	나이	품계	본직	겸직	주요활동/비고
인조 26 1648	63		의정부 우참찬[정2품]		윤3.23./재임
				내의원 제조	4.26·30./재임
			사헌부 대사헌[종2품]		5.13, 6.16./제수
			의정부 우참찬[정2품]		6.22./제수
				약방 제조	6.29./재임
			사헌부 대사헌[종2품]		7.14./제수, 7.22·26./재임
			형조 판서[정2품]		8.29./제수
			사헌부 대사헌[종2품]	대제학	10.5./제수, 11.1./재임, 11.3./체직 논란
			사헌부 대사헌[종2품]	겸 동지경연	12.19./제수
인조 27 1649	64		형조 판서[정2품]		1.3./제수
				대제학	2.19./敎中外大小臣民書 찬술
			사헌부 대사헌[종2품]		2.26./제수
				약방 제조	5.8./재임
효종 0 1649	64			대제학	5.13./교서 찬
				행장찬집청 찬집관	5.6./임명
			의정부 우참찬[정2품]		6.8./재임
			사헌부 대사헌[종2품]		6.9./제수, 6.16·18·24./재임
				약방 제조	7.27./재임
			의정부 좌참찬[정2품]		8.17./제수
			이조 판서[정2품]		8.26./제수, 9.4./면직
			예조 판서[정2품]		9.6./제수
				총호사	9.12./재임
				지의금부사	9.18./임명
				지경연사	10.4./임명
			사헌부 대사헌[종2품]		10.17./제수
		정헌 대부		지문제술관 (誌文製述官)	10.24./三都監賞典
			사헌부 대사헌[종2품]		11.8./제수
			의정부 우참찬[정2품]		11.19./제수
			사헌부 대사헌[종2품]		12.17./제수
효종 1 1650	65		사헌부 대사헌[종2품]		1.23./제수

왕력 (서력)	나이	품계	본직	겸직	주요활동/비고
			예조 판서[정2품]		2.18./제수
					3.13./백마산성 유배 12.28./방환[청황제 허락]
효종 2 1651	66		전 예조판서		2.21./인견
효종 4 1653	68		회양부사		8.1./乞郡[老母]
효종 6 1655	70		전 판서		4.26./상소[謝賜食物]
효종 7 1656	71		전 판서		2.9./退居抱川縣, 7.14./特給月俸
효종 8 1657	72		전 판서		病甚郊居, 月俸, 上疏
효종 9 1658	73		부호군		12.27./상소
효종실록 부록		정헌 대부	행 용양위 부호군		효종대왕 謚册文 찬술
현종 0 1659	74			찬집청 당상 (撰集廳上)	5.11./제수
			행 부호군		6.10./시책문 찬술 명, 6.12./ 상소, 6.26./시책문
		(가자)	행 부호군	시책제술관	12.10./
			전 이조판서		12.25./乞致仕 不許
현종 1 1660	75		전 이조 판서		4.1./상소
현종 2 1661	76		전 행 부호군		1.9./在抱川 上疏辭月俸
			판중추부사		1.25./제수
			지중추부사		4.9./제수
			판중추부사		4.12./상소
			행 호군		4.17·21./老病으로 辭撰玉册 上不許
			행 부사직 전 판중추부사		4.21./상소[윤선도 변호]
			전 판중추부사		4.23./파직, 이후 상소문 논란, 월봉지급 중지
현종 5 1664	79		부호군		1.9./서용, 상소

왕력 (서력)	나이	품계	본직	겸직	주요활동/비고
현종 6 1665	80		행 부호군		5.22·27./월봉지급, 5.29./상소[箴], 이후 월봉지급 논란
현종 9 1668	83	보국숭 록대부	전 판서		4.23./가자[優老之典]
현종 10 1669	84		행 부호군		2.5./졸[졸기]

② 사행 전 사환

조경은 인조 4년(1626)에 41세의 늦은 나이로 정시에서 갑과 1[장원]위로 급제하였다. 그런데 이 당시 그의 전력은 이미 정6품의 관직인 좌랑이었다. 그는 인조반정 이후 광해군대에 직언을 하다가 죄를 입은 유생의 서용대상으로 6품직을 제수받다. 사실 조경은 1612년(광해군 4, 27세)에 진사시에 입격했으나, 광해 5년(1613, 28세)에 부친상을 당하여 3년간 여묘살이를 했고, 이후에도 광해군의 난정을 피해 거창에 은둔했으며, 1623년(38세) 인조반정 후 유일(遺逸)로 천거되어 고창현감·경상도사에 계속하여 임명되었으나 모두 사양하다가 이듬해(인조 2, 1624, 39세)에 형조좌랑과 목천현감에 제수되어 출사한 상태였다. 목천현감에 제수될 때의 실록기록은 '조경은 사람됨이 의지가 굳세고 지키는 것이 굳으며 지행(志行)이 간결(簡潔)했는데, 학행(學行)으로 천거되어 자목(字牧)의 직임에 초배(超拜)되었다'고 하였다.202)

조경은 과거에 장원급제하면서 품계도 몇 단계 높아졌을 것이며 실력도 검증되었기 때문에, 이후 인조 20년까지의 관직은 사간원 정언·헌납·사간, 사헌부 지평·집의, 홍문관 수찬·부교리·교리·부응교·응교·전한, 이조의 좌랑·정랑 등 중앙의 참상관 청요직을 두루 섭렵하여 제수되었다. 이 시기에 그는 민심의 수습을 위해 호패법의 혁파를 주장하였고, 정묘호란 시에는 지평으로 세자를 시종하였으며, 강화론을 주장하는 대신들에 대하여 강경하

202) 『인조실록』 권6, 인조 2년 7월 8일(경신).

게 논박하였다. 인조 9년(1631, 46세)에는 이조 좌랑으로 있으면서 원종의 추존 문제로 언관이 죄를 받자 상소하여 극간하였고, 부교리로 원종 추숭의 잘못을 논하다가 인조의 특명으로 지례 현감으로 좌천당했다.203) 그리고 인조 13년(1635, 50세)에는 사헌부 집의로 감시의 파방을 청하였다가 이로 인해 문천 군수로 제수되었으나, 부임까지는 하지 않았다.204) 인조 15년 (1637, 52세)에는 척화를 주장하고 일본에 청병하여 청을 공격할 것을 상소 하였으나 받아들여지지 않았으며, 인조 17년(1639, 54세)에는 벼슬을 그만 두고 거창으로 돌아갔고, 인조 18년(1640, 55세)에는 사간으로 상소하여 시 무10책(時務十策)을 올렸다.

③ 통신사행

조경은 인조 21년(1643, 58세)에 통신사 부사에 임명되었다. 2월 20일에 인조에게 인사드리고 출발하였으며, 10월 29일에 대마도로 돌아왔고, 11월 3일에에 한양으로 돌아와 21일에 인조를 알현하였다.

④ 사행 후 활동

사행에서 돌아온 조경은 통신사행의 공으로 인조 22년(1644, 59) 2월에 가자되어 통정대부가 되었다. 이제 당상직에 제수되어 정치관료의 길을 걷 게 된 것이다. 그러나 조경은 형조 참의가 되었으나 나가지 않았고, 겨울에 김제 군수에 제수되었다가 다시 전주 부윤이 되었으나 가솔을 거느리고 부

---

203) 인조실록에는 '조경은 여러 차례 바른 말로 뜻을 거스렸기 때문에 이렇게 임명한 것이다'라는 사론이 있다.[『인조실록』 권25, 인조 9년 9월 4일(을해).]
204) 조경이 파방의 일로 김상헌을 비평하고 꾸짖었는데, 상이 일 만들기를 좋아하고 당파를 비호한다고 여겨 특별히 외직에 임명한 것이다. 부제학 정온이 상소하기 를, "조경은 성품이 본래 강직하니 시종(侍從)에 두는 것이 적합합니다. 비록 잘못 이 있더라도 외직을 맡기는 것은 적절하지 않습니다." 하니, 상이 따랐다.[『인조실 록』 권31, 인조 13년 9월 16일(계해).]

임했다는 이유로 탄핵받아 곧 그만두었다.

인조 23년(1645)부터는 60세의 나이에 본격적인 당상관으로서의 관직 생활이 시작되었다. 그가 2년간 제수받은 관직은 이조참의와 참판, 사간원 대사간, 사헌부 대사헌, 성균관 대사성, 승정원 도승지 등이었고, 인조 25년 이후 4년간은 형조판서, 이조판서, 예조판서, 의정부 우참찬 등 소위 9경의 관직이었다. 또한 대제학과 내의원 제조, 지경연사, 지의금부사, 총호사 등으로도 활동했다.

조경은 효종 1년(1650, 65세)에 척화신 처벌을 위해 청사가 나오자 3월에 이경석과 함께 백마성에 안치되었다. 그리고 11월에 부인상을 당하면서, 12월 말에 청 황제의 허락을 받아 방환되었다. 이후에는 효종 4년(1653)에 68세의 나이로 노모를 위해 걸군하여 회양부사가 된 것 외에는 적극적인 활동을 하지 않았다. 주로 포천에 은거하여 살면서, 금강산 유람도 했으며, 효종 6년(1655, 70세)에는 기로소에 들어갔다. 효종은 미육(米肉)과 월봉(月俸)을 내려주도록 명하였고, 현종대에는 노인직(老人職)으로 등용되기도 했다. 다음은 현종 즉위년의 기사와 조경에 대한 사론이다.

행 부호군 조경이 상소하여 시책(諡冊) 찬술의 명에 대하여 사의를 표했는데, 상이 따르지 않고서 묻기를, "조경이 녹봉을 받고 있는가?" 하니, 정원이 대답하기를, "그가 사는 고을에서 월봉(月俸)을 주고 있을 뿐이고 녹은 받지 않고 있습니다." 하자, 상이 해당 아문으로 하여금 음식물을 제급하도록 하였다. 조경은 뜻과 행실이 청고하고 결백했으며 늘그막엔 더욱 더하여, 용만(龍灣)에서 돌아와서도 곧바로 포천 시골집으로 돌아가고 발길이 서울에 들린 적이 없었다. 또 정상적인 녹도 받지 않아 효종이 그가 살고 있는 고을에 명하여 특별히 월봉을 주도록 하였는데, 조경이 사양하다 못해 처음으로 받았던 것이다. 행동거지가 구차스런 이경석과는 비교할 수도 없는 천지 차이였다.205)

205) 『현종실록』 권1, 현종 즉위년 6월 10일(기해).

조경은 현종 6년(1665, 80세)에 현종이 온천에 행행하자 잠(箴)을 올렸으며, 12월에 모친상을 당하여 팔순에도 직접 상례를 주관하였다고 한다. 조경은 83세에 보국숭록대부에 가자되었다. 다음은 해당 기사의 사론이다.

　　조경에게 보국 대부(輔國大夫)의 품계를 더해 주었다. 조경은 문장에 능하고 가행(家行)이 있어서 젊어서부터 청명(清名)이 있었다. 병술년의 강씨(姜氏)의 옥사를 당해서 죄상(罪狀)을 진달하면서 경전의 뜻을 끌어다 대어 상의 뜻에 영합하였다. 이에 드디어 발탁되어서 이조 판서와 대제학의 직에 올랐으므로 사론(士論)이 크게 천시하였다. 그런데 신축년에 또 상소하여 예에 대해 논할 때에는 윤선도의 설을 편들면서 그보다 더 심하였으므로, 끝내는 이 때문에 공의(公議)에 죄를 얻었다. 이때에 이르러 그의 아들인 조위봉(趙威鳳)이 시종신으로 있었으므로 추은(推恩)하여 품계가 올라간 것이다.206)

　그리고 다음해인 현종 10년(1669) 2월에 84세로 졸하였다. 그런데 조경의 졸기는 현종실록과 현종개수실록에 다음과 같이 각각 다른 내용의 사론이 실려 있다.

　　현종실록: 행 부호군 조경이 졸하였다. 조경의 자(字)는 일장(日章)이며 청문 고절(清文苦節)로 한 시대의 추앙을 받았다. 총재(冢宰)의 지위에 올랐고 문형(文衡)을 지냈는데, 경인년에 청나라에게 죄를 받아 서쪽 변방으로 유배되었다. 돌아온 뒤에는 서용하지 못하게 하므로 부모를 위하여 회양 부사를 청하여 나갔는데, 얼마 후에 포천으로 돌아가 만년을 보냈다. 지성으로 계모를 섬겼는데, 나이 80세에 상(喪)을 당하였으나 남들이 따를 수 없을 만큼 예를 잘 수행하였다. 고령으로 품계가 승급되었고, 음식물의 하사도 있었는데 이때 84세로 졸하였다. 조경의 문장은 고상하면서도 기운이 넘쳐 고문에 가까웠으

---

206) 『현종개수실록』 권19, 현종 9년 4월 23일(신묘).

며, 그의 맑은 명성과 굳은 절개는 당세에 추앙을 받았다. 그런데 윤선도(尹善道)를 구하는 상소를 올린 일 때문에 크게 시의(時議)에 거슬림을 받아 사특하다고까지 지목되었으니, 이것이야말로 사인(邪人)이 정인(正人)을 지적하여 사특하다고 하는 것이 아니겠는가. 금상[숙종] 병진년(1676, 숙종 2)에 현종 묘정에 배향되었다.207)

현종개수실록: 전 판중추부사 조경이 졸하였다. 조경의 자는 일장(日章)으로 인묘조 초에 장원으로 과거에 급제하여 화직과 현직을 두루 거쳐, 지위가 총재에 이르렀으며 문형을 잡기도 했다. 만년에는 이웃 청나라의 떠들어대는 말로 인하여 변방에 유배되었으며, 풀려나서도 거두어 쓰지 못하도록 했기 때문에 조정에 서지 못하였다. 어버이를 위하여 고을 수령을 원하여 회양 부사가 되었으며 체임된 뒤에는 포천에 은퇴하여 돌아갔다. 계모를 효성으로 섬겨 소문이 났으며 나이 80에 상을 만났는데 예를 그래도 부지런하게 지켰다. 기로(耆老)로 조정에서 우대하여 특별히 1품의 품계를 더해주고 월름(月廩)을 하사했는데, 이때 이르러 84세로 죽었다. 조경은 문장이 화려하고 행실이 있어서 세상에 칭송받았으나, 강퍅하고 자신의 의견대로 하였으며 논의가 매우 편벽되었다. 병술년(1646, 인조 24) 강씨의 옥사가 있었을 때, 조경은 대사헌으로서 시골에 있으면서 상소를 진달하여 《춘추(春秋)》의 군친(君親)에게는 반역을 일으킬 수 없다는 의리를 인용하였는데, 현저하게 임금의 뜻에 영합하는 작태가 있어서 누차 총애를 입어 발탁되었으므로, 사론(士論)이 이미 더럽게 여겼다. 경자년(1660, 현종 1)에 이르러 윤선도가 상소하여 예론을 무함했다가 죄를 얻어 쫓겨났는데, 조경은 상소를 올려 구원하면서 심지어는 효묘를 위하여 선도의 견해에 동의하겠다는 말까지 하였으므로, 온 세상이 비로소 그의 간악한 실상을 믿게 되었다. 갑인년(1674, 현종 15) 이후 간흉들이 정권을 도둑질하고는, 조경이 예론에 공로가 있다 하여 묘정에 배향했는데, 여론이 못마땅하게 여겼지만 감히 말하지 못한 것이 여러 해였다. 경신년(1680, 숙종

207) 『현종실록』 권16, 현종 10년 2월 5일(무진).

6) 정권이 바뀐 이후 공의가 다시 펴져 묘정에서 내쫓겼다.208)

⑤ 기타

현종 10년(1669) 4월 녹문(鹿門) 선영에 장사를 지냈으며, 현종 12년
(1671) 허목이 신도비명을 썼다. 숙종 2년(1676) 영의정으로 추증하고 '문간
(文簡)'으로 시호를 내렸다. 저서로는 『용주집』(23권 12책)과 『동사록(東槎
錄)』이 있다.

3) 종사관 신유(申濡)
[1610년(광해군 2)~1665년(현종 6) / 56세]

① 가계 및 배경

신유의 본관은 고령(高靈)이고, 자는 군택(君澤), 호는 죽당(竹堂)·니옹(泥
翁), 옥천산인(玉川山人) 등이다. 첨지중추부사 신말주(申末舟)의 7대손으로,
증조부는 신언식(申彦湜), 조부는 신심(申淰), 부친은 생원시에 입격하고 군위
현감을 지낸 신기한(申起漢)이다. 모친은 김영국(金英國)[방목의 본관 미상]의
딸이고, 처부는 전주이씨 이효승(李孝承)[방목 본관 미상]이다.

신유는 인조 8년(1630) 21세로 진사시에 3등 2위[100명의 합격자 중 32
위]로 입격하고, 인조 14년(1636) 별시(別試)에서 27세에 갑과 1위[壯元, 11
명의 급제자 중 1위]로 급제했다. 사마방목의 거주지는 한성([京])이다. 동생
신혼(申混, 1624~1656)도 인조 22년(1644)의 별시(別試)에서 병과(丙科) 11위
[19명의 급제자 중 15위]로 급제했다.

---

208) 『현종개수실록』 권20, 현종 10년 2월 6일.

[표 16] 신유의 주요관직

왕력 (서력)	나이	품계	본직	겸직	주요활동/비고
인조 14 1636	27				11.23./별시 전시 장원
인조 16 1638	29		사간원 정언[정6품]		3.20./제수, 4.22./재임
			사헌부 지평[정5품]		5.22./제수
			사간원 정언[정6품]		7.8./제수
				홍문록	8.21./피선[15인]
			사헌부 지평[정5품]		10.5./제수, 10.13./재임 11.1./제수, 11.9./재임
			사간원 정언[정6품]		12.10./제수
				지제교	12.22./抄選
인조 17 1639	30			지제교	2.22./제수
인조 19 1641	32		홍문관 부교리[종5품]		3.27./제수
				겸 춘추	7.13./임명
			홍문관 교리[정5품]		8.23./제수
			이조 좌랑[정6품]		10.20./제수
인조 20 1642	33		홍문관 부교리[종5품]		2.18./제수
			이조 좌랑[정6품]		4.8./제수
			홍문관 교리[정5품]		5.5./제수
			이조 정랑[정5품]		8.27./제수
			홍문관 교리[정5품]		윤11.5./제수
			홍문관 수찬[정6품]		12.4./제수
			이조 정랑[정5품]		12.27./제수
인조 21 1643	34		이조 정랑[정5품]	통신사 종사관	1.6./임명
				통신사 종사관	2.20./辭朝 上召見
			홍문관 교리[정5품]		11.20./제수
				통신사 종사관	11.21./上引見
인조 22 1644	35	(가자)		통신사 종사관	2.25./陞叙
			사헌부 집의[종3품]		4.19./제수
				問事郎廳	5.18./국문 참여로 加資
			승정원 동부승지[정3품당상]		5.22./제수
			승정원 우승지[정3품당상]		12.10./제수

왕력 (서력)	나이	품계	본직	겸직	주요활동/비고
인조 25 1647	38		승정원 우승지[정3품당상]		4.3, 7.11./제수
인조실록 효종1~ 효종4		가선 대부	행 승정원 도승지[정3품당상]	겸 경연참찬관 동지춘추관사 예문관직제학 상서원정	인조실록 편수관 일방 당상(一房堂上)
효종 0 1649	40		승정원 승지[정3품당상]		11.22./제수
				참찬관	12.9./재임
효종 1 1650	41	(가자)	승정원 승지[정3품당상]		2.2./제수
			승정원 우승지[정3품당상]		4.4·6./재임
			승정원 좌부승지[정3품당상]	제주관(題主官)	5.3·7./재임
				제주관	5.15./練祭題主官申濡加資
			승정원 도승지[정3품당상]		6.11./제수
			사간원 대사간[정3품당상]		10.18./제수
			승정원 도승지[정3품당상]		11.1./제수
효종 2 1651	42			사은사 부사	1.19./후에 체직[오준]
				동지경연	2.3./제수
효종 3 1652	43			사은사 부사	8.17./赴北京 上引見以遣之
				사은사 부사	12.10./還自淸國
효종 4 1653	44		승정원 도승지[정3품당상]		8.1./제수
			개성 유수[종2품]		12.26./제수
효종 7 1656	47		승정원 도승지[정3품당상]		6.23./제수
효종 8 1657	48		사간원 대사간[정3품당상]		3.3./제수, 3.23./재임, 3.24./ 체차[낭선군]-극변유배[논란]
					10.13./천안으로 量移
현종 2 1661	52		형조 참판[종2품]		1.3./제수
현종 3 1662	53			회시 시관	3.3./稱病不進
현종 5 1664	54		호조 참판[종2품]		9.9./제수, 9.24./ 有宿病, 10.15./재임
현종 6 1665	56		예조 참판[종2품]		2.21./제수
			전 참판		11.10./졸

② 사행 전 사환

신유는 인조 14년(1636, 27세) 별시에서 갑과 1위[장원]로 급제했으니, 4관에 분관되지 않고, 곧 바로 종6품직을 제수받았을 것이다. 인조 15년(1637, 28세) 11월에 이미 정6품 관직인 병조좌랑에 재임하고 있으며, 인조 16년(1638, 29세)에는 예조좌랑, 사간원 정언(정6품직), 사헌부 지평(정5품직), 성균관 전적(정6품직), 홍문관 수찬(정6품직), 종묘서 영(종5품직) 등에 번갈아 제수되었고, 경연(經筵)에 참여하여 왕에게 경전과 역사서를 강론하는 겸임의 정6품 관직인 검토관에도 임명되었다.

인조 17년(1639, 30세) 정월에는 왕세자 교육을 담당하던 세자시강원 소속의 정5품 관직인 문학(文學)에 제수되었으니, 이는 2월에 세자를 수행하여 심양에 가기 위한 준비였다. 그리고 외교문서와 왕의 교서(敎書)를 짓는 일을 맡아보는 지제교(知製敎)에도 겸직으로 임명되었다. 신유는 인조 18년(1640, 31세) 2월에 겸춘추기사관에 임명되었고, 심양에서 돌아온 이후인 5월에는 홍문관 부수찬에 제수되었다. 인조 19년(1641, 32세)에는 정언, 부교리, 부수찬, 수찬, 겸춘추, 교리, 이조좌랑 등에 제수되었고, 인조 20년(1642, 33세)에는 홍문관 부교리, 이조좌랑, 교리, 이조정랑, 교리, 사간원 헌납, 홍문관 부교리, 수찬 등의 제수를 거쳐 12월 27일에 이조정랑(정5품직)에 제수되었다.

신유의 사환 초기 관직은 문과 장원급제에 걸맞게 대부분 사간원, 사헌부, 홍문관과 이조의 청요직이었다. 그런데 인조 20년 겨울의 도목정사에서 이루어진 이조정랑 제수는 이듬해에 통신사행의 종사관으로 일본에 다녀오기 위한 준비작업이었다.

③ 통신사행

신유는 인조 21(1643, 34세) 2월 일본 관백 도쿠가와 이에미쓰[德川家光]

가 아들을 낳자 종사관이 되어 사신으로 갔다가 11월 일본에서 돌아와 복명하였다.

④ 사행 후 활동

계미통신사행의 종사관으로 일본에 다녀온 신유는 관례에 따라 승서되었다. 원래 일본에서 돌아온 다음 해 초 신유의 관직은 홍문관의 정4품 관직인 응교였다. 그런데 1644년(인조 22) 2월 25일 인조의 전교에 의해 신유는 승서하여 3품 당하관직인 제용감 정, 집의 등을 제수받았다. 그런데 1644년(인조 22, 35세) 심기원역모사건이 발생하고, 이를 다루는 국청에서 신유는 문사낭청(問事郎廳)으로 참여하면서 그 공으로 가자를 받아 당상관에 오르게 되었다. 신유가 처음 제수받은 당상관직은 동부승지였다. 그러나 신유는 1645년(36세) 부친상을 당해 관직에서 물러났다

부친상을 마친 이후에는 당상관직으로 본격적인 정치관료의 길을 걸었다. 주로 제수된 관직은 승정원의 승지, 사간원 대사간, 개성유수, 형조와 예조의 참판직이었다. 그 중에서도 도승지를 포함한 승지에 오래 머물렀다. 또한 겸직으로 경연참찬관, 춘추관 동지사, 예문관 직제학, 제주관, 과거 시관 등을 역임하였으며, 효종 3년에는 사은사 부사로 청나라 북경에 다녀오기도 했다.

⑤ 기타

신유는 글씨에 능했으며, 저서에 『죽당집』이 있고, 묘소는 공주 술북리 선영에 있다.

6. 1655년의 을미통신사

1) 정사 조형(趙珩)

[1606년(선조 39)~1679년(숙종5) / 74세]

① 가계 및 배경

조형의 본관은 풍양(豊壤)이고, 자는 군헌(君獻), 호는 취병(翠屛)이다. 증조부는 조세훈(趙世勛)[생증조부는 조세찬(趙世贊)]이고, 조부는 감찰 조기(趙磯)이며, 부친은 선조 21년(1588)에 문과에 급제하고 한림을 거쳐 승정원 승지를 지낸 조희보(趙希輔, 1553~1622)이다. 어머니는 강릉최씨로 선조 21년(1588)에 문과에 급제하고 사헌부 감찰을 지낸 최황(崔韹)의 딸이며, 처부는 사천목씨로 선조 32년(1599)의 정시(庭試)에서 장원급제하고 호조참판을 지낸 목장흠(睦長欽)이다.

조형은 인조 4년(1626) 별시(別試) 문과에 병과 10위[16명의 급제자 중 14위]로 급제하였으나 이 과거시험이 파방(罷榜)되었다. 이 시험은 왕세자의 입학과 중시대거(重試對擧)로 설행되었는데, 과거 부정에 의해 파방되었다. 당시의 과거에 급제한 신익전은 우의정 신흠의 아들, 신면은 신흠의 손자, 조전소는 조업의 아들, 조형은 목대흠의 조카사위 등으로 급제자 여러 명이 명관의 자제들이어서, '자서제질방(子壻弟姪榜)'이라고 불려졌다. 그리하여 조형은 다시 인조 8년(1630) 식년시에 응시하여 25세로 병과 11위[33명의 급제자 중 21위]에 재급제했다. 조형의 거주지는 한성([京])이다.

[표 17] 조형의 주요관직

왕력 (서력)	나이	품계	본직	겸직	주요활동/비고
인조 9 1631	26		예문관 대교[정8품]		9.27./재임
					10.15./徒年定配

왕력 (서력)	나이	품계	본직	겸직	주요활동/비고
인조 20 1642	37			지제교	9.26./吏曹選知製教
인조 21 1643	38		홍문관 부교리[종5품]		1.21./제수
			홍문관 응교[정4품]		12.25./제수
인조 22 1644	39		홍문관 부수찬[종6품]		5.15./제수
			사간원 헌납[정5품]		6.19./제수
			홍문관 부교리[종5품]		10.8./제수, 10.20, 11.1·18./재임
			이조 좌랑[정6품]		12.26./제수
인조 23 1645	40		이조 좌랑[정6품]		3.26./탈고신
인조 24 1646	41		사간원 헌납[정5품]		7.25./제수
				참시관	9.5./파직
인조 25 1647	42		사헌부 집의[종3품]		10.26./제수
			홍문관 응교[정4품]		11.10./제수
인조 26 1648	43		사헌부 집의[종3품]		1.20, 3.14./제수, 3.16./재임
인조실록 효종1~ 효종4		통훈대부	행 사헌부 사헌부 집의 [종3품] 지제교	겸 춘추관 편수관	인조실록 편수관 명단[이방 낭청]
효종 1 1650	45		사헌부 집의[종3품]		11.1./제수, 11.5./재임
효종 2 1651	46			사은사 서장관	1.19./임명
			세자시강원 보덕[정3품]		7.11./제수
			세자시강원 보덕[정3품]	세자관례 찬례(贊禮)	9.6./임명
			승정원 승지[정3품당상]		10.4./제수, 10.23./재임
효종 3 1652	47		승정원 승지[정3품당상]		2.2./재임
			홍청 감사[종2품]		7.26./제수
효종 4 1653	48		충청 감사[종2품]		1.7./재임[치계]
			충청 감사[종2품]		5.3./파직[徙年定配]
효종 5 1654	49		승정원 승지[정3품당상]		8.8./제수
효종 6 1655	50		사간원 대사간[정3품당상]		2.30./제수
				통신사 정사	4.20./사조
효종 7 1656	51			통신사 정사	2.28./還自日本
		(가자)		통신사 정사	3.13./加資

왕력 (서력)	나이	품계	본직	겸직	주요활동/비고
			사간원 대사간[정3품당상]		4.19./제수
효종 8 1657	52		승정원 도승지[정3품당상]		7.11./제수
			사간원 대사간[정3품당상]		12.25./제수
효종 9 1658	53		사간원 대사간[정3품당상]		3.10, 6.5./제수
효종 10 1659	54		승정원 도승지[정3품당상]		1.5./제수
				동지성균관사	2.6./재임
			승정원 도승지[정3품당상]		윤3.8./제수, 5.4./재임
현종 0 1659	54			내의원 부제조	5.4./재임
			승정원 도승지[정3품당상]		5.9./재임
				약방 부제조	5.9./재임
			예조 참판[종2품]		11.7./제수
			승정원 도승지[정3품당상]		11.9./제수
현종 1 1660	55		승정원 승지[정3품당상]		1.3./재임
				약방 부제조	2.12./재임
			승정원 도승지[정3품당상]		2.19·27./재임
				동지성균관사	2.27./제수
			경기 감사[종2품]		3.25./제수, 7.13./재임
		(가자)		약방 부제조	5.11./가자
			형조 판서[정2품]		8.1./제수, 8.27, 9.3./재임
				동지사	10.24./청으로 출발
현종 2 1661	56		공조 판서[정2품]		4.10./제수
			공조 판서[정2품]	원접사	4.28./차임
			형조 판서[정2품]		5.18./제수
			사헌부 대사헌[종2품]		5.26./제수
			사헌부 대사헌[종2품]	반송사(伴送使)	6.10./재임
			형조 판서[정2품]		6.13./제수
			사헌부 대사헌[종2품]		윤7.27./제수, 8.13./체직청, 8.17./재임
			예조 판서[정2품]		10.20./제수, 11.3./재임, 11.4./ 금부에 회부
			전 판서		11.15·16./추고, 12.26./ 평산 금암역 유배
현종 4	58		전 판서		7.7./방면

왕력 (서력)	나이	품계	본직	겸직	주요활동/비고
1663			전 판서	동지 정사	8.8./特爲敍用
				동지사(冬至使)	11.4./출발[북경]
현종 5 1664	59		상호군	동지사	3.5./돌아옴[북경]
			한성부 판윤[정2품]		4.16./제수
			행 호군		9.9./재임
			전 판윤		9.10·24.
현종 6 1665	60			지의금부사	6.17./제수
			의정부 우참찬[정2품]		12.10./제수
현종 7 1666	61		공조 판서[정2품]		12.3./제수
			의정부 좌참찬[정2품]		12.14./제수
현종 8 1667	62		의정부 우참찬[정2품]	원접사	8.13./차임, 9.9./인견, 9.13./보고
			의정부 우참찬[정2품]		10.3./제수
현종 9 1668	63		의정부 좌참찬[정2품]		3.8./제수, 4.12./재임
			의정부 좌참찬[정2품]		6.24./제수, 7.27./제수
현종 10 1669	64		전 참찬		1.27./서용 청
			한성부 판윤[정2품]		5.6./재임
현종 11 1670	65		공조 판서[정2품]		1.4./제수
			의정부 좌참찬[정2품]		11.1./제수
현종 12 1671	66			가례도감 제조	6.5./포상
현종 14 1673	68		예조 판서[정2품]		3.25./제수, 4.19./재임
				판의금부사	4.24./擢拜, 5.1./재임
			예조 판서[정2품]		5.2·5·15./재임
				산릉도감 당상	5.26·27./재임
			예조 판서[정2품]		6.2./재임
				겸 판의금부사	11.1./제수
			의정부 좌참찬[정2품]		12.5./제수
			예조 판서[정2품]		12.19./제수
현종 15 1674	69			빈전도감 제조 국장도감 제조	2.23./임명
			예조 판서[정2품]		2.28./재임[복제 추고]
			의정부 좌참찬[정2품]		4.10·13./제수
			예조 판서[정2품]		6.27·29./제수, 7.13./재임, 7.15./하옥
숙종 0	69		예조 판서[정2품]		9.19./徒配[복제]

왕력 (서력)	나이	품계	본직	겸직	주요활동/비고
1674					
숙종 1 1675	70		(예조 판서[정2품])		1.10./석방, 서용-지시
숙종 4 1678	73		사직(司直) 의정부 좌참찬[정2품]		윤3.27./제수·체직
숙종 5 1679	74		전 판서		6.18./졸

② 사행 전 사환

조형은 1626년(인조 4) 별시 문과에 병과로 급제했으나 파방되었고, 다시 1630년(인조 8) 식년 문과에서 병과로 급제했다. 따라서 정9품 품계를 받고 4관에 분관되었을 것이다. 그런데 다음해인 인조 9년에 예문관 대교로 재임하고 있는 것으로 보아, 전임사관인 예문관의 검열로 실직 관직을 시작했음을 짐작할 수 있다. 그런데 조형은 1632년 인조의 아버지 정원군(定遠君)을 추존하자는 박지계(朴知誡)의 발의에 반대하여 인조의 미움을 받아 부여로 유배되었다가, 이듬해 해배되었다. 그리고 1636년 병자호란 때에는 남한산성에 들어가 독전어사(督戰御史)를 하였고, 이듬해에 환도하여 병조좌랑이 되었다. 그러나 1636년의 중시별과 파방에 당시 참시관(參試官)으로서 책임이 있어 다시 파직되었다.

이후 조형의 관직은 1642년에 다시 시작된다. 그리고 당상관에 오르기 전까지 관직은 홍문관 부교리·응교, 사간원 헌납, 사헌부 집의, 이조 좌랑 등으로 청요직 참상관이었다. 또한 춘추관 편수관으로『인조실록』편찬에 참여하였고, 1651년(효종 2)에는 사은사(謝恩使)의 서장관으로 북경에 다녀와 세자시강원 보덕을 거쳐 승정원 승지가 되었다. 드디어 당상관직에 제수된 것이다. 이듬해에는 종2품직인 충청 감사를 하였으나, 1653년 정신옹주(貞愼翁主) 예장(禮葬) 때 역군가(役軍價) 문제로 도년 정배되었다. 이듬해 풀려나 다시 승지가 되었으며, 효종 6년(1655)에는 사간원 대사간이 되었다.

③ 통신사행

조형은 1655년 을미통신사의 정사로 일본에 다녀왔다. 4월 20일에 효종을 알현하여 사직인사를 드리고 출발하여, 5월 27일 부산에서 배를 탔으나, 장마비가 계속되어 출발이 지연되다가, 6월 9일에야 출항하였다. 그러나 순항이 제대로 이루어지지 않아 7월 21일에야 대마도주 종의성과 이정암(以酊菴) 장로(長老)들의 호행을 받으며 대마도에서 출항하였다. 강호성에 들어가 국가의례를 수행한 것은 10월 8일이다. 강호성에서는 의례가 끝난 후 이전 사행과 마찬가지로 향연이 있었으며, 10월 18일에 덕천가강의 무덤이 있는 일광산에 도착하여 덕천가강에 대한 분향과 3대 장군 덕천가광에 대한 치제를 드렸다. 그리고 1656년(효종 7) 2월 10일 부산에 입항한 후 20일에 한양으로 돌아와 복명(復命)을 마쳤다. 사행일정은 모두 10개월이나 걸렸다. 효종은 1656년 2월 28일 일본에서 돌아온 통신삼사를 불러보고, 해외에 사신으로 갔다가 1년이 지나 돌아왔으니 아픈 곳들은 없는지 위로하였다.

④ 사행 후 활동

통신사 정사로 사행에서 돌아온 조형에게 효종은 3월 13일에 가자를 명했다. 이후 조형의 관직은 사간원 대사간, 승정원 도승지, 예조 참판, 경기 감사 등을 지냈고, 현종 1년(1660, 55세)에 가자된 후에는 형조 판서, 공조 판서, 사헌부 대사헌, 예조 판서, 한성부 판윤, 의정부 좌·우참찬 등을 역임하였다. 겸직으로는 성균관 동지사, 내의원 부제조, 원접사, 반송사 등을 지냈으며, 1663년에는 동지사(冬至使)로 청나라에 갔다가 이듬해 돌아왔다. 그런데 이 때 동대문 밖 금산(禁山)의 소나무 남벌 사건에 관련되어 고신(告身)을 박탈당했다. 또한 1661년에는 형조판서 재직 시 이갑남(李甲男)의 죄를 잘못 처리했던 일로 평산 금암역(金巖驛)에 유배되었으며, 1674년에는 인선왕후(仁宣王后)의 상에 대공설(大功說)을 주장하여 양주로 유배되었다가, 이듬해 풀려나는 등 우여곡절도 많았다. 숙종 5년(1679)에 74세로 졸하였으며, 실록의 졸기는 다음과 같다.

> 전 판서 조형(趙珩)이 졸(卒)하였다. 조형이 조금 간약(簡約)하다는 평이 있었으나, 사람됨이 느슨하고 무능하기 때문에 요직에 등용되지 못한데다 또 사당(邪黨)들이 그가 일찍이 예론(禮論)에 가담하였다 하여 여러 해 동안 폐치했는데, 이때에 와서 죽으니, 나이 74세였다. 뒤에 충정(忠貞)이란 시호가 내려졌다.209)

2) 부사 유창(兪瑒)
[1614년(광해군 6)~1690년(숙종 16) / 77세]

① 가계 및 배경

유창의 본관은 창원(昌原)이고, 자는 백규(伯圭), 호는 추담(楸潭)·운계(雲溪)이다. 증조부는 유필의(兪必毅), 조부는 유정(兪淨), 부친은 서윤 유여해(兪汝諧)이고, 모친은 최건(崔漣)[본관 미상]의 딸이다. 처부 이척연(李惕然, 1591~1663)[본관 전주]은 인조 6년(1628)에 문과에 급제한 후, 한림을 거쳐 승정원 승지에 이르렀다. 유창은 인조 13년(1635)에 생원시에서 22세에 3등 49위[100명의 합격자 중 79위]로 입격하고, 효종 1년(1650)의 증광시 문과에서 37세에 을과 5위[33명의 급제자 중 8위]로 급제했다. 사마방목의 거주지는 한성([京])이다.

---

209) 『숙종실록』 권8, 숙종 5년 6월 18일(신사).

[표 18] 유창의 주요관직

왕력 (서력)	나이	품계	본직	겸직	주요활동/비고
효종 4 1653	40		승정원 주서[정7품]		7.7./재임
			세자시강원 설서[정7품]		윤7.19./재임
			세자시강원 설서[정7품]		12.8./제수, 12.20./재임
효종 5 1654	41		사간원 정언[정6품]		3.3./재임, 체직
			사헌부 지평[정5품]		11.9./제수
효종 6 1655	42		사복시 정[정3품당하]		4.13./재임
				통신사 부사	4.20./사조
효종 7 1656	43			통신사 부사	2.28./還自日本 上召見
		(가자)		통신사 부사	3.13./가자 명
			승정원 승지[정3품당상]		5.28, 6.19./제수
			충청 감사[종2품]		12.22./제수
효종 8 1657	44		승정원 우부승지[정3품당상]		4.4./재임
			승정원 승지[정3품당상]		4.23./제수
			강원 감사[종2품]		7.7./제수
현종 1 1660	47		부평 부사	총융청 차사원	7.5./徒配[총융청점고건]
현종 3 1662	49		승정원 우부승지[정3품당상]		6.7./제수, 6.12, 7.5·6, 10.2, 12.24·25./재임
현종 4 1663	50		예조 참의[정3품당상]		1.29./제수
			승정원 우승지[정3품당상]		2.22./제수, 2.23./재임[탄핵]
				관결사	3.9./제수
			승정원 좌부승지[정3품당상]		4.22./제수
			광주 부윤		6.18./제수, 11.26./재임[상소]
현종 5 1664	51		광주 부윤		3.5./재임[부친상]
현종 7 1666	43		승정원 좌승지[정3품당상]		5.18./제수
			수원 부사		8.29./제수, 11.6·9./재임, 11.21./ 국문, 11.28./투옥[파직]
					12.3./철원 풍전역 정배
현종 15 1674	51		공조 참의[정3품당상]		3.4./제수
				고부사 (告訃使)	3.5./임명[왕비상], 4.16./출발, 7.29./ 自北京 回還
					8.14./고부사 업무수행시 서장관 갈등 파직

왕력 (서력)	나이	품계	본직	겸직	주요활동/비고
숙종 4 1678	55		승정원 승지[정3품당상]		11.8./제수
숙종 5 1679	56		승정원 좌승지[정3품당상]		3.5./제수
숙종 6 1680	57		예조 참의[정3품당상]		4.17./재임[상소]
			승정원 승지[정3품당상]		5.2./제수, 6.4./체직
숙종 8 1682	59		공조 참판[종2품]		5.5./제수[特陞]
숙종 10 1684	61		호초 참판[종2품]		6.2./縣道上疏辭職

② 사행 전 사환

유창은 효종 1년(1650, 37세)에 증광시에서 을과로 급제했으니, 정8품 품계를 받고 4관에 분관되었을 것이다. 효종 4년에는 정7품의 승정원 주서와 세자 시강원 설서에 근무하고 있으며, 효종 5년에는 승륙하여 사간원 정원에 재임하고 있다. 이후에는 초고속 승진을 하여 사간원 정언, 사헌부 지평을 거치고, 효종 6년(1655)에는 정3품직인 사복시 정[당하관직]에 이르렀다.

③ 통신사행

유창은 1655년 을미통신사의 부사로 일본에 다녀왔다. 4월 20일에 정사와 함께 효종을 알현하여 사직 인사를 드리고 출발하여, 5월 27일 부산에서 배를 탔으나, 장마비가 계속되어 출발이 지연되다가, 6월 9일에야 출항하였다. 그러나 순항이 제대로 이루어지지 않아 7월 21일에야 대마도주 종의성과 이정암(以酊菴) 장로(長老)들의 호행을 받으며 대마도를 출항할 수 있었다. 일본에서는 10월 8일에 강호성에 들어가 국가의례를 수행하였고, 10월 18일에 덕천가강의 무덤이 있는 일광산에 도착하여 치제를 드렸다. 그리고 1656년(효종 7) 2월 10일 부산에 입항한 후 20일에 한양으로 돌아와 복명

(復命)을 마쳤으니, 사행 일정이 10개월이나 걸렸다.

④ 사행 후 활동

통신사행에서 돌아온 유창은 관례에 따라 가자를 받음으로써 당상관직에 오를수 있게 되었다. 과거에 급제한지 6년만에 승정원 승지라는 당상관직에 오른 것이다. 이후에는 승정원의 승지와 충청감사, 강원감사 부평부사, 광주부윤, 수원부사, 공조참의, 예조참의, 공조참판, 호조참판 등을 지냈다. 그런데 현종 7년 수원부사에 재임 중에는 진상물을 병조판서 홍중보(洪重普)에게 임의로 주었다가 발각되어 파직당하고 철원의 풍전역에 유배되었다가 풀려나기도 했고, 현종 15년에는 고부사로 청나라 북경에 다녀왔는데, 서장관(書狀官)이었던 권해(權瑎)와 사감(私憾)으로 불화하였다는 탄핵을 받고 파직당하기도 했다.

3) 종사관 남용익(南龍翼)
[1628년(인조 6)~1692년(숙종 18) / 65세]

① 가계 및 배경

남용익의 본관은 의령(宜寧)이고, 자는 운경(雲卿), 호는 호곡(壺谷)이다. 증조부는 남복시(南復始), 조부는 진사 남진(南鎭), 부친은 부사 남득명(南得明)[사마방목에는 봉렬대부(奉列大夫) 행태릉참봉(行泰陵參奉) 남득붕(南得朋)]이다. 어머니는 신복일(申復一)[본관 미상]의 딸이고, 인조 22년(1644, 17세)에 평강채씨 채성귀(蔡聖龜)의 딸과 혼인했다. 채성귀(1605~1645)는 인조 8년(1630) 식년시에 을과 7위[33명의 급제자 중 10위]로 급제하고, 사헌부 지평을 지낸 인물이다.

남용익은 인조 24년(1646)에 19세로 진사시에 3등 16위[100명의 합격자 중 46위]로 입격하고, 인조 26년(1648)에 정시(庭試)에서 21세에 병과 6위[9

명의 급제자 가운데 8위]로 급제했으며, 효종 7년(1656)의 중시(重試)에서
갑과 1위[壯元, 8명의 급제자 중 1위]로 급제했다. 사마방목의 거주지는 한
성([京])이다.

[표 19] 남용익의 주요관직

왕력 (서력)	나이	품계	본직	겸직	주요활동/비고
효종 1 1650	23		세자시강원 설서[정7품]		4.8./제수, 4.13./재임
효종 2 1651	24		사간원 정언[정6품]		9.19./제수
효종 3 1652	25			암행어사	2.9./上召見
			사간원 정언[정6품]		4.5./제수, 4.11./재임
			사간원 정언[정6품]		4.24./제수, 5.30, 6.3·7·13·24·26, 10.7·21, 11.1./재임
			사헌부 지평[정5품]		11.24./제수, 12.1·3·5./재임
효종 4 1653	26				9.17./文臣庭試 입격
			홍문관 부수찬[종6품]		12.27./제수
효종 5 1654	27		홍문관 부교리[종5품]		2.29./재임
			홍문관 수찬[종6품]		7.27./제수
			홍문관 교리[정5품]		8.28./제수
효종 6 1655	28			통신사 종사관	4.20./사조
				賜暇湖堂	8.12./선발
효종 7 1656	29		홍문관 부교리[종5품]		2.18./제수
				통신사 종사관	2.28./還自日本
			홍문관 부교리[종5품]		3.19./제수
			홍문관 수찬[종6품]		윤5.9./제수
			홍문관 교리[정5품]		7.3./제수
					9.2./重試[입격]
효종 8 1657	30		승정원 승지[정3품당상]		4.13./제수
효종 실록			승정원 우승지[정3품당상]	수찬관(修撰官)	효종실록 편수관 명단 삼방 당상(三房堂上)
현종 1 1660	33		승정원 우승지[정3품당상]		4.25./제수, ~4.29./재임
			승정원 우부승지[정3품당상]		5.6./재임

왕력 (서력)	나이	품계	본직	겸직	주요활동/비고
				겸 춘추[실록청 당상]	5.21./제수
			승정원 우승지[정3품당상]		~8.22./재임
			승정원 좌승지[정3품당상]		9.13./제수, ~11.6./재임
				참찬관	11.10./재임
현종 2 1661	34		승정원 좌승지[정3품당상]		2.23./제수
			승정원 도승지[정3품당상]		3.20./제수[陞], ~5.8./재임
				중전 책례 옥책 제술관 (中殿冊禮玉冊製述官)	4.22.
			승정원 도승지[정3품당상]	약방 부제조[예겸제조]	5.21./재임
		가선대부	승정원 도승지[정3품당상]		윤7.8./陞嘉善階[三都監執事 賞典]
			사간원 대사간[정3품당상]		10.4./제수
			한성부 우윤[종2품]		11.9./제수
				동지의금부사	12.16./제수
현종 3 1662	35			동지의금부사	6.21./제수
			승정원 도승지[정3품당상]		7.4./제수, ~12.7./재임
				승문원 제조	7.13./제수
				내의원 부제조	8.8./재임
				약방 부제조	10.9./재임
현종 4 1663	36		승정원 도승지[정3품당상]		1.16./재임
			사간원 대사간[정3품당상]		2.11./제수, ~2.20./재임
			예조 참판[종2품]		3.23, 4.4./제수
			승정원 도승지[정3품당상]		4.27./제수, ~6.19./재임
			병조 참판[종2품]		7.8./제수
			대사간[정3품당상]		10.28./제수, ~11.4./재임
			승정원 도승지[정3품당상]		11.4./제수, 11.8./재임
현종 5 1664	37		병조 참판[종2품]		1.25./제수
			사간원 대사간[정3품당상]		2.6./제수, ~2.8./재임
			승정원 도승지[정3품당상]		3.18./제수, ~7.2./재임
			사간원 행 대사간[정3품당상]		7.11./제수, ~7.27./재임
			형조 참판[종2품]		8.2./제수
			승정원 도승지[정3품당상]		8.18./제수
			예조 참판[종2품]		10.23./제수
			경기 감사[종2품]		12.16./제수

왕력 (서력)	나이	품계	본직	겸직	주요활동/비고
			한성부 우윤[종2품]		12.22./제수
			사간원 대사간[정3품당상]		12.26./제수
현종 6 1665	38		사간원 대사간[정3품당상]		1.15./체차
			성균관 대사성[정3품당상]		2.18./제수
			예조 참판[종2품]		4.9./제수, ~4.17./재임
			승정원 도승지[정3품당상]		5.30./제수, 6.2./재임
			한성부 우윤[종2품]		7.3./제수
			형조 참판[종2품]		8.19./제수
			한성부 우윤[종2품]		10.29./제수
			예조 참판[종2품]		11.6./제수
				동지의금부사	11.12./제수
현종 7 1666	39		사간원 대사간[정3품당상]		6.26./제수
				사은 겸 진주 부사	7.10./제수
				사은 겸 진주 부사	9.20./출발, 인견
현종 8 1667	40			사은 겸 진주 부사	1.12./복명
			동지중추부사		1.16./재임
			경상 감사[종2품]		6.21./제수
현종 9 1668	41		경상 감사[종2품]		3.3./從重推考, 3.7./체차
			예조 참판[종2품]		5.19./제수
				동지의금부사	9.25./재임
			사간원 대사간[정3품당상]		10.25./제수
			승정원 도승지[정3품당상]		11.1./제수, ~12.13./재임
현종 10 1669	42		예조 참판[종2품]		3.3./제수
			사간원 행 대사간[정3품당상]		4.11./제수, ~4.18./재임
			승정원 도승지[정3품당상]		4.21./제수, ~8.7./재임. 낙마로 중상 을 입어 체직
			경기 감사[종2품]		12.27./제수
현종 12 1671	44		사간원 대사간[정3품당상]		4.5./제수, ~7.1./재임
				관상감 제조	8.24./재임
			형조 판서[정2품]		10.23./제수[擢拜刑曹判書, 特除也]
현종 13 1672	45			비변사 제조	6.23./제수
				홍문 제학	윤7.12./제수
			공조 판서[정2품]		9.21./제수

왕력 (서력)	나이	품계	본직	겸직	주요활동/비고
			형조 판서[정2품]		10.5./제수, ~12.14./재임
현종 14 1673	46		전 판서		2.8./서용 지시
			공조 판서[정2품]		2.9./제수, 3.4./재임
현종 15 1674	47		사헌부 행 대사헌[종2품]		1.3./제수, ~3.16./재임
			사헌부 대사헌[종2품]		4.29./제수
				내의원 제조	5.7./재임
숙종 1 1675	48		전 판서		윤5.1.
숙종 3 1677	50		개성 유수[종2품]		3.3./제수
숙종 4 1678	51		개성 유수[종2품]		1.2./재임
			한성부 판윤[정2품]		5.21./제수
			형조 판서[정2품]		6.29./제수
숙종 6 1680	53		전 판서		4.12./서용 명함
				빈전도감 제조	10.27./제수
			지중추부사		11.9./재임
			형조 판서[정2품]		11.17./제수
숙종 7 1681	54			청사 원접사	3.20./재임
			행 형조 판서[정2품]		7.24./제수, ~10.2./재임
				특진관	10.2./재임
숙종 8 1682	55		한성부 판윤[정2품]		1.18./제수
				문안사	2.12.
			예조 판서[정2품]		4.25./제수, ~11.11./재임
숙종 9 1683	56		예조 판서[정2품]		1.18.~3.25./재임
			의정부 좌참찬[정2품]		4.2./제수
			예조 판서[정2품]	겸 판의금부사	4.27./제수
			의정부 좌참찬[정2품]		6.5./제수
			예조 판서[정2품]		6.12./재임
				예문 제학	9.3./제수
				판의금부사	9.15./제수
숙종 10 1684	57			판의금부사	6.15./제수, ~7.16./재임
숙종 11	58		형조 판서[정2품]		1.12./제수, ~6.4./재임

왕력 (서력)	나이	품계	본직	겸직	주요활동/비고
1685					
숙종 12 1686	59		형조 판서[정2품]		9.2./제수
				판의금부사	10.5./제수, ~11.29./재임
			예조 판서[정2품]		12.21./제수
숙종 13 1687	60			대제학	1.7./제수[非古例也]
				판의금부사	4.21./제수
			예조 판서[정2품]		9.12./재임
숙종 14 1688	61			판의금부사	1.3./제수
				지성균관사	5.17./재임
			예조 판서[정2품]		7.20·23, 10.22./재임
				판의금부사	7.27, 10.3./제수,
			이조 판서[정2품]		12.22./제수
숙종 15 1689	62		이조 판서[정2품]		1.10./재임
			지중추부사		2.18./삭탈관직
숙종 17 1691	64		전 판서		10.20./유배[명천]
숙종 18 1692	65		전 판서		2.2./졸[유배지 명천]

② 사행 전 사환

남용익은 인조 26년(1648, 21세) 정시에서 병과로 급제했으므로, 정9품의 품계를 받아 승문원에 분관되었다. 이후 주서와 전임사관을 역임하고, 2년 후인 효종 1년(1650)에는 정7품직인 세자시강원 설서로 근무하고 있다. 언제 승륙하였는지는 알 수 없으나, 실록에서 효종 2년에 24세의 나이에 이미 승륙하여 참상관직인 사간원 정언으로 재임하고 있음을 확인할 수 있다. 이후 사헌부 지평이 되었고, 효종 4년부터는 홍문록에 올라 홍문관 부수찬 수찬 교리를 역임하였다. 한편, 효종 3년(1652, 25세) 2월에는 경상도의 암행어사로 다녀왔으며, 효종 4년(26세) 9월에는 문신 정시에서 2등으로 입격하였고, 효종 5년(1654, 27세) 8월에는 호서의 시관으로 다녀와 연도(沿道)의 기역(饑疫) 상황을 진달하고, 노량의 습진(習陣)에 친림(親臨)하는 것을 중지하도록 청하였다.

③ 통신사행

남용익은 1655년 28세의 젊은 나이에 을미통신사의 종사관으로 일본에 다녀왔다. 4월 20일에 출발하여, 5월 27일 부산에서 배를 탔으나, 장마비가 계속되어 출발이 지연되다가, 6월 9일에야 출항하였다. 그러나 순항이 제대로 이루어지지 않아 7월 21일에야 대마도주 종의성과 이정암(以酊菴) 장로(長老)들의 호행을 받으며 대마도를 출항할 수 있었다. 일본에서는 10월 8일에 강호성에 들어가 국가의례를 수행하였고, 10월 18일에 덕천가강의 무덤이 있는 일광산에 도착하여 치제를 드렸다. 그리고 1656년(효종 7) 2월 10일 부산에 입항한 후 20일에 한양으로 돌아와 복명(復命)을 마쳤으니, 사행 일정이 10개월이나 걸렸다.

④ 사행 후 활동

남용익은 통신사 종사관으로 다녀온 후, 홍문관에서 참상직으로 근무했으며, 효종 7년 9월에는 중시에 장원으로 입격했다. 그리하여 29세에 당상관인 통정대부의 품계에 오르고, 효종 8년에는 승정원 승지가 되었다. 효종이 죽고 현종이 즉위한 후에도 남용익은 주로 승정원에 근무하였으며, 현종 2년에는 34세의 젊은 나이에 도승지가 되었다. 사실 현종은 남용익이 사환 초기에 세자시강원에도 근무했으므로 서로 가까운 사이였을 것이다. 현종 재위 시기에 남용익은 여러 차례 도승지를 맡았다.

현종 10년까지 남용익은 도승지 외에도 대사간, 우윤, 예조 참판, 병조 참판, 경기 감사, 경상 감사 등을 지냈는데, 현종 10년에 도승지로 재임 중에 낙마하여 중상을 입으면서 체직되었다. 그리고 현종 12년에는 형조판서에 오르고, 이후에는 공조판서, 대사헌, 개성유수, 한성부 판윤, 예조판서, 의정부 좌참찬, 이조판서 등을 지냈다. 그러나 숙종 15년(1689, 62세) 1월에 남용익은 원자의 정호(定號)를 반대하였고, 정호되자 대제학으로서 명을 받고 반교문(頒敎文)과 반사문(頒赦文)을 지어 올렸는데, 반교문 가운데 '夢蘭'이라는 두 글자가 문제가 되어 2월에 삭탈관작, 문외출송되었고, 2년 후인 숙종 17년(1691, 64세) 10월에는 다시 함경도 명천으로 유배되었으며, 숙종 18년(1692, 65세) 2월 2일에 유배지인 명천에서 졸하였다. 실록의 남용익 졸기에는 다음과 같이 수록되어 있다.

전 판서 남용익이 명천의 귀양간 곳에서 졸했는데, 나이는 65세였다. 남용익은 자가 운경(雲卿)인데, 어려서부터 또래들보다 뛰어나게 총명했고 글솜씨가 민활(敏活)하여 비록 급작스러운 때에 있어서도 종이와 붓만 들면 어느새 써내어 말이 바로 글이 되었었다. 일찍감치 등제(登第)하고 이어 중시(重試)에 장원하여 재주와 명망이 매우 높았고, 청현(淸顯)한 벼슬을 차례차례 지냈으며, 동전(東銓)이 되어서는 문병(文柄)을 도맡아보다가 품계(品階)가 보국(輔國)으로 올라갔었다. 사람됨이 온화하고 후덕하여 치우치게 하는 적이 없었고 논의(論議)하기를 좋아하지 않았으며, 오직 시(詩)와 술을 가지고 자위(自慰)하며 지내어 마치 세상 일을 생각하지 않는 것 같았지만, 속마음에는 진실로 지키는 바가 있었고 몸가짐이 자못 소박하여, 여러 차례의 세상 변란을 겪었었지만 평소의 행동에 흠이 없었다. 원자의 호칭을 정할 때를 당해 입대(入對)하여 '대사(大事)에 관한 의논을 너무 급하게 할 필요가 없습니다.' 하였다가 임금의 뜻을 거스르게 되었고, 이어 간사한 무리들의 모함을 받아 오래도록 외방(外方)에서 귀양살이하므로, 사람들이 또한 그의 만년의 지조가 볼만 함을 칭찬했었다. 뒤에 관작(官爵)이 복구되었고, 시호(諡號)는 문헌(文憲)이다.[210]

---

210) 『숙종실록』 권24, 숙종 18년 2월 2일(임오).

⑤ 기타

숙종 18년(1692) 5월에 양주 동해곡에 장사지냈으며, 숙종 20년(1694) 4월 인현왕후가 복위된 뒤 관작이 복구되었고, 영조 1년(1725)에 '문헌(文憲)'으로 시호를 내렸다. 복관 당시 숙종의 하교는 다음과 같다.

　국본(國本)을 세우는 날에 군신(君臣)의 분의(分義)가 크게 정하여지니, 미친 사람이 아니라면 어찌 다른 뜻을 갖겠는가? 전 대제학(大提學) 남용익(南龍翼)이 지은 교문(敎文)이 상세하지 못하였다고 한다면 괜찮겠으나, 다른 뜻이 있었다고 한다면 그 죄가 어찌 귀양가는 데에 그치겠는가? 이는 신하로서 차마 듣지 못할 일이다. 그때 유상운(柳尙運)의 상소에 태자(太子)를 위하여 죽는다는 것이 곧 신의 오늘날의 마음이라 하였는데, 이것으로 보면 또한 심사를 환히 알 수 있다. 남용익을 특별히 복관(復官)하라.211)

7. 1682년의 임술통신사

1) 정사 윤지완(尹趾完)
[1635년(인조 13) 사망일 1718년(숙종 44) / 84세]

① 가계 및 배경

　윤지완의 본관은 파평(坡平)이고, 자는 숙린(叔麟), 호는 동산(東山)이다. 증조부 윤엄(尹儼, 1536~1581)은 선조 5년(1572)에 문과에 급제하여 좌랑을 지냈고, 조부 윤민헌(尹民獻, 1582~1628)은 광해 1년(1609)에 문과에 급제하여 현감과 공조참의를 지냈으며, 부친 윤강(尹絳, 1597~1667)은 인조 2년(1624)에 문과에 급제하여 한림을 거쳐 이조판서에 이르렀다. 어머니는 동

---

211) 『숙종실록』 권26, 숙종 20년 4월 3일(경오).

래정씨로 문과를 거처 형조판서를 지낸 정광성(鄭廣成, 1576~1654)의 딸이
고, 아내는 밀양박씨 박천구(朴天球)의 딸이다.

윤지완은 효종 8년(1657)에 23세로 생원시에서 3등 11위[100명의 합격자
중 41위], 진사시에서 3등 20위[100명의 합격자 중 50위]로 동시 입격하였
으며[양시(兩試[雙蓮])], 현종 3년(1662)에 28세로 증광시 문과에서 을과 4
위[41명의 급제자 가운데 7위]로 급제했다. 사마방목의 거주지는 한성([京])
이다. 한편, 형 윤지미(尹趾美)와 윤지선(尹趾善), 동생 윤지인(尹趾仁)도 문
과에 급제했으며, 윤지경(尹趾慶)은 진사시에 입격했다.

② 사행 전 사환

[표 20] 윤지완의 주요관직

왕력 (서력)	나이	품계	본직	겸직	주요활동/비고
현종 11 1670	36			겸설서	2.14./제수
현종 13 1672	38			홍문록[본관록]	6.24./피선
현종 14 1673	39		세자시강원 설서[정7품]		4.16, 5.20./제수
			사간원 정언[정6품]		6.6./제수
현종 15 1674	40		홍문관 부수찬[종6품]		4.26./제수
			홍문관 교리[정5품]		7.11./제수
숙종 0 1674	40		사헌부 지평[정5품]		8.28./제수
			홍문관 부수찬[종6품]		10.21./제수, 11.1./재임
			홍문관 교리[정5품]		12.26./제수
				시독관	12.27./재임
숙종 6 1680	46		홍문관 부교리[종5품]		4.13./제수
			홍문관 부응교[종4품]		4.29./제수
			경상도 관찰사[종2품]		6.24./제수
숙종 7	47		사간원 대사간[정3품당상]		2.14./제수

왕력 (서력)	나이	품계	본직	겸직	주요활동/비고
1681			경상도 관찰새[종2품]		3.10./재임
			사간원 대사간[정3품당상]		3.25./제수, 4.21./재임
숙종 8 1682	48			통신사 정사	5.6./引見
				통신사 정사	5.8./출발, 6.24./대마도
				통신사 정사	7.11./치계
				통신사 정사	11.7./동래도착, 치계
				통신사 정사	11.16./도착. 인견
		(가자)		통신사 정사	11.19./가자
			부호군		11.30./인재 피천
			사간원 대사간[정3품당상]		12.26./제수
숙종 9 1683	49		어영대장		1.5./제수[대사간 체직], ~7.13/재임
			부호군		2.21./재임
			예조 판서[정2품]		9.10./제수[特陞], 11.25./재임
숙종 10 1684	50		예조 판서[정2품]		1.19./재임
			어영대장		2.4./재임~8.23./재임
			경상도 관찰새[종2품]		8.26./제수
숙종 11 1685	51		광주 유수[종2품]		7.1./제수
			호조 판서[정2품]		9.6./제수
숙종 12 1686	52		사헌부 대사헌[종2품]		2.4./제수
			함경도 관찰새[종2품]		3.8./제수
숙종 13 1687	53		함경도 관찰새[종2품]		1.19./장계
			의정부 우참찬[정2품]		6.5./제수
			강화 유수[종2품]		12.23./제수
숙종 14 1688	54		강화 유수[종2품]		3.13./재임
			사헌부 대사헌[종2품]		7.13./제수
			호조 판서[정2품]		7.16./제수
			병조 판서[정2품]		10.16./제수
숙종 15 1689	55		병조 판서[정2품]		1.10./재임
			평안도 관찰새[종2품]		2.6./제수
			한성부 판윤[정2품]		5.11./제수
숙종 20	60		의정부 좌참찬[정2품]		4.3./제수

왕력 (서력)	나이	품계	본직	겸직	주요활동/비고
1694			어영대장		4.3./제수
			의정부 우의정[정1품]		4.27./제수, ~12.22./재임
숙종 21 1695	61		영돈녕부사		1.25./재임~
숙종 22 1696	62		영돈녕부사		재임
숙종 23 1697	63		영돈녕부사		재임
숙종 24 1698	64		영돈녕부사		재임
숙종 25 1699	65		영돈녕부사		재임
숙종 26 1700	66		영돈녕부사		재임
숙종 27 1701	67		영돈녕부사		재임
숙종 28 1702	68		영돈녕부사		재임
			영중추부사		10.13./제수
숙종 29 1703	69		영중추부사		재임
숙종 30 1704	70		영중추부사		재임
숙종 31 1705	71		영중추부사		재임
숙종 32 1706	72		영중추부사		재임
숙종 33 1707	73		영중추부사		재임
숙종 34 1708	74		영중추부사		재임
숙종 35 1709	75		영중추부사		재임
숙종 36	76		영중추부사		재임

왕력 (서력)	나이	품계	본직	겸직	주요활동/비고
1710					
숙종 37 1711	77		영중추부사		재임
숙종 38 1712	78		영중추부사		재임
숙종 39 1713	79		영중추부사		재임
숙종 40 1714	80		영중추부사		재임
숙종 41 1715	81		영중추부사		재임
숙종 42 1716	82		영중추부사		재임
숙종 43 1717	83		영중추부사		재임
숙종 44 1718	84		영중추부사		재임
			영중추부사		윤8.6./졸

윤지완은 효종 8년에 생진 양시에 동시 입격하고, 현종 3년(1662, 28세)에 증광시에서 을과로 급제했다. 정8품 품계로 4관에 분관되었을 것으로 추측되지만, 자세히 알 수는 없다. 실록에서는 현종 11년에 겸설서에 제수되고, 현종 13년에 홍문록에 피선되었으며, 현종 14년부터 참상관직 근무가 확인된다. 참상관직은 주로 홍문관의 관직을 수행했으며, 세자시강원과 사간원, 사헌부도 거쳤다. 언관과 겸직인 시독관으로 활동하면서, 1675년(숙종 1)에는 경연(經筵)에 나가 당쟁의 폐단을 통박하고, 덕원으로 유배된 송시열(宋時烈)의 신구(伸救)를 건의했다가 당시의 집권당인 남인의 탄핵을 받아 관직을 박탈당했다. 그러나 1680년 남인이 실각하고 서인이 집권한 경신환국[경신대출척]으로 부교리에 등용되었고, 부응교를 거쳐 숙종 7년에는 경상도관찰사·함경도관찰사 등을 역임했다.

③ 통신사행

1682년 통신사 정사로 일본에 파견되었는데, 일행이 부사 이언강 등 475
인이었다. 숙종 8년 5월 6일에 숙종이 인견했으며, 5월 8일에 출발하여 6월
24일에 대마도에 도착했다. 통신사행을 수행한 후에는 11월 7일에 동래에
도착하고, 11월 16일에 한양에 도착하여 복명하였다. 숙종실록보궐정오에
는 다음과 같은 내용이 실려 있다.

　　통신사 윤지완이 일본으로부터 돌아왔다. 윤지완은 몸가짐이 매우 엄하
　여, 추호도 누(累)가 되는 행동이 없었다. 왜인과 만나서 오로지 신의(信義)
　로써 하고, 하는 말이나 처리하는 일들도 모두 엄중하며, 멀리 내다보는 혜
　아림과 깊은 식견이 있어, 왜인들이 공경하지 않은 자가 없었다. 돌아올 때
　에 왜인이 한 개의 물건도 가지지 않은 것을 보고, 굳이 〈선물을 가지고
　갈 것〉을 청하니, 〈윤지완이〉웃으면서 말하기를, '백한(白鷳)은 우리 나라에
　없는 새이니, 가지고 갈 것이다.' 하고서, 한 쌍을 가지고 와서 좋아하는 사
　람[好事者]에게 주었다. 뒤에 왜사(倭使)가 오게 되면, 반드시 안부를 물었는
　데, 〈그것이〉 오랫동안 계속되었다.212)

④ 사행 후 활동

윤지완은 통신사 정사를 수행한 후, 11월 19일에 가자되었으며, 이듬해에
는 어영대장·예조판서 등을 역임했다. 1684년 경상도관찰사, 1688년 병조
판서, 이듬해 평안도관찰사가 되었는데, 이 해 기사환국으로 송시열 등 서
인이 실각하고 남인이 집권하자 관직을 잃고 유배되었다. 1694년에 폐비 민
씨의 복위 운동과 관련된 갑술옥사를 계기로 민씨의 복위를 지지한 소론이
등용되자, 다시 관직을 얻어 좌참찬·우의정 등을 지냈으며, 1717년에 숙종
이 좌의정 이이명과 독대하고, 세자에게 청정(聽政)의 어명이 있자, 80 노구

---

212) 『숙종실록보궐정오』 권13, 숙종 8년 11월 16일(기미).

로 관(棺)을 가지고 서울에 들어와 이이명의 독대를 통박하고 세자 청정이 시기상조임을 극언하였다. 또 이이명을 가리켜 "대신은 국왕의 사신(私臣) 이 아니다."고 통박하였다. 숙종 44년(1718)에 84세로 졸하였는데, 숙종실록 과 숙종실록보궐정오의 졸기는 다음과 같이 다르게 수록되어 있다.

　　영중추부사 윤지완이 졸하였다. 윤지완이 일찍이 일본에 사신(使臣)으로 갔었는데, 자신을 매우 엄격하게 단속하니 일행이 두려워하여 꺼려하였으 며, 이 때문에 좋은 평판을 얻어 마침내 태사(台司)[정승의 지위]에 이르게 되었다. 그러나 사람됨이 굳세고 사나우며 배운 것이 없어 식견이 없었으 므로, 벼슬하여 일을 처리함에는 기필코 각박하고 가혹한 형벌을 앞세웠 다. 오시수의 옥사를 당해서는 자신이 사간원의 장관으로서 상소하여 그의 죄 없음을 변명하며 구원했으니, 그 지론(持論)의 사리에 어긋남이 이와 같 았다. 갑술년(1694, 숙종 20) 이후로 명분과 의리에 배치되는 논의로 남구 만·유상운과 서로 안팎이 되니, 마침내 사론(士論)에게 버림받았다. 정승이 된 지 오래되지 아니하여 이상한 병을 얻어 한쪽 다리가 떨어져 나갔는데, 벼슬을 그만두고 시골의 집에서 살았다. 임금이 동궁에게 대리하도록 명함 에 이르러서는 여질(舁疾)[중병에 걸려 가마 따위에 실려 가는 일]로 도성에 들어가 상소하여 논하거나 독대하면서 이이명을 헐뜯어 꾸짖기를 일삼았 는데, 내용이 위험한 것이 많았으므로, 엄한 전지를 받고는 되돌아 갔다. 이때에 이르러 졸하니 나이 84세였다. 뒤에 충정(忠正)이라고 시호를 내렸 는데, 그 무리들이 의논하여 정한 것이었다.213)

　　영중추부사 윤지완이 졸하였는데, 나이 84세였다. 윤지완의 자는 숙린 (叔麟)이고, 호는 동산(東山)이다. 키가 8척 남짓하였는데, 소리는 큰 종이 울 리는 듯하였다. 침착하고 굳세고 준엄하고 결백하여 지키는 지조를 빼앗기 어려웠다. 사물에 앞서는 지려(智慮)가 있어서 스스로 기관(機關)과 단절하였 고, 일을 분변하는 재능이 있어서 나아가고 물러가는 것을 망령되게 하지 않았었다. 경신년(1680, 숙종 6)에 한 번 사피(辭避)하였으나 주장하는 의논은 너그럽고 공평하였다. 임술년(1682, 숙종 8)에 사명(使命)을 받을었는데, 오랑캐가 그의 성의와 위엄에 감복하여 이미 돌아온 후에도 언제나 그의 기거(起居)를 물었다. 갑자년(1684, 숙종 10) 연대(筵對)에서는 앉아서 끊임없는 소란을 진정시켰는데, 이때부터 상하(上下)가 시귀(蓍龜)처럼 의지하였다. 갑술년(1694, 숙종 20)에 맨먼저 의정(議政)에 임명되어 임금의 돌보심이 바야흐로 융성하였는데, 조정에 나아간 지 얼마 되지 않아 병으로 물러나기를 고(告)하고 종신(終身)토록 일어나지 못하였다. 원대한 사업은 강구하지 못하였지만 만년(晩年)의 절개와 충성스런 말은 90을 바라보는 남은 목숨을 아끼지 않고 30년 동안 보호한 큰 절개를 성취시켜 덕성(德性)을 온전하게 하고 명예를 완전하게 하여 남구만과 함께 천고(千古)에 함께 칭송받게 되었으니, 이른바 〈국가의 어려운 때를 당하여〉 육척의 어린 임금을 맡길 수 있으며 1백 리나 되는 지방의 행정을 위임할 수 있는 그런 사람이었다. 시호는 충정(忠正)이고, 숙종의 묘정(廟庭)에 배향되었다. 의논하는 자는 말하기를, '윤지완의 기량(器量)과 재능[才具]으로 대인(大人)의 학문을 길렀다면 틀림없이 갑술년 처음 경연(經筵)에서의 공봉(供奉)에 대한 의논은 없었을 것이다.'고 했으니, 이것이 사림(士林)의 기대에 조금 가볍게 여기는 까닭이다.214)

2) 부사 이언강(李彦綱)
[1648년(인조 26)~1716년(숙종 42) / 69세]

① 가계 및 배경

이언강의 본관은 전주(全州)이고, 자는 계심(季心)이다. 증조부 이양휴(李揚休)는 생원이고, 조부 이시만(李時萬, 1601~1672)은 인조 8년(1630)에 문과에 급제하고 전라감사를 지냈으며, 부친 이백린(李伯麟, 1621~1667)도 효종 6년(1655)에 문과에 급제하고 사헌부 지평을 지냈다. 어머니는 청송심씨로 인조 7년(1629)에 문과에 급제하고 한림과 승정원 승지를 지낸 심지한

---

214) 『숙종실록보궐정오』 권62, 숙종 44년 윤8월 6일(신해).

(沈之漢, 1596~1657)의 딸이다. 처부는 안동권씨로 효종 6년(1655)에 문과에 급제하고 사헌부 장령을 지낸 권두추(權斗樞, 1632~?)이다.

이언강은 숙종 1년(1675)에 28세로 진사시에 1등 4위[100명의 합격자 중 4위]로 입격하고, 숙종 4년(1678)에 31세로 증광시 문과에 을과 1위[42명의 급제자 중 4위]로 급제했다. 사마방목의 거주지는 한성([京])이다. 형 이언기(李彦紀, 1640~?)도 숙종 1년(1675)의 진사시에 2등 11위[100명의 합격자 중 16위]로 입격하고, 숙종 13년(1687)에 문과에 급제하여 병조참판에 이르렀으며, 아우 이언유(李彦維, 1652~?)는 숙종 1년(1675)의 진사시에 3등 10위 [100명의 합격자 중 40위]로 입격했다. 따라서 진사시의 경우 삼형제 동방 (同榜)의 연벽(聯璧)이다.

[표 21] 이언강의 주요관직

왕력 (서력)	나이	품계	본직	겸직	주요활동/비고
숙종 4 1678		통덕랑 [정5품상]			문과 전력
숙종 5 1679			승문원 정자[정9품]		중시 전력
숙종 6 1680	33		사간원 정언[정6품]		1.11./제수, 1.17./체직
			사간원 정언[정6품]		3.30./제수[特除], ~4.27./재임
				홍문록	5.11./수록
			사간원 정언[정6품]		7.23, 12.1./제수, 12.7./재임
숙종 7 1681	34		사간원 정언[정6품]		1.1./재임[新元箋]. 1.12.
				경상도 암행어사	1.14./선발, 5.4./서계
			사간원 정언[정6품]		3.14./제수
			사헌부 지평[정5품]		5.20./제수, 5.21./재임
			사간원 정언[정6품]		6.3./제수, ~6.11./재임
				홍문록[본관록]	7.17./피선
			사간원 정언[정6품]		9.9./제수
				홍문록[도당록]	9.21./피선
			홍문관 부수찬[종6품]		9.24./제수, 9.30./재임
			사헌부 지평[정5품]		10.19./제수

왕력 (서력)	나이	품계	본직	겸직	주요활동/비고
			홍문관 부수찬[종6품]		11.1./제수
			사간원 정언[정6품]		11.3./제수
			홍문관 부수찬[종6품]		12.11./제수, 12.21./재임
			사헌부 장령[정4품]		12.26./제수
숙종 8 1682	35		홍문관 부교리[종5품]		1.9./제수
			사헌부 장령[정4품]		1.27./제수, ~2.3./재임
			홍문관 부교리[종5품]		2.8./제수
			사헌부 장령[정4품]		3.6./제수
			홍문관 수찬[정6품]		4.9./제수
				통신사 부사	5.8./일본으로 출발
			사헌부 장령[정4품]		11.12./제수
		(가자)		통신사 부사	11.19./포상
			승정원 승지[정3품당상]		12.18./제수
숙종 9 1683	36		승정원 승지[정3품당상]		1.24./재임~3.22./재임
숙종 11 1685	38			평안도	10.12./파견 조사
			승정원 우부승지[정3품당상]		11.14./特拜, ~12.8./재임
숙종 12 1686	39		승정원 승지[정3품당상]		1.4, 3.13, 윤4.13./제수
				중시 考官/ 별시	8.20./9.9.
			승정원 승지[정3품당상]		9.9, 11.30./제수
			승정원 우승지[정3품당상]		12.14./재임
숙종 13 1687	40		승정원 승지[정3품당상]		3.20./제수, ~6.19./재임
			한성부 우윤[종2품]		6.21./제수[特陞], 6.23./간언
			승정원 승지[정3품당상]		7.27./재임
			충청도 관찰사[종2품]		9.9./제수
숙종 14 1688	41		공홍도 관찰사[종2품]		5.11./재임[상소]
			승정원 도승지[정3품당상]		12.28./제수
숙종 15 1689	42		승정원 도승지[정3품당상]		1.7./재임~1.14./재임
			사직		2.18./탄핵, 3.3./削奪官爵 門外黜送
숙종 20 1694	47				4.1./敍用
			승정원 도승지[정3품당상]		4.23./제수~6.16./재임
			병조 참판[종2품]	대독관	8.4./재임
숙종 21	48		예조 참판[종2품]		4.27./재임

왕력 (서력)	나이	품계	본직	겸직	주요활동/비고
1695				관상감 제조	9.29./체차
				사은사 부사	12.3./回自淸國 上引見
숙종 22 1696	49		경기 관찰사[종2품]		3.18./제수~7.24./재임
숙종 23 1697	50		한성부 판윤[정2품]		1.6./제수
				지의금부사	3.15./재임
			형조 판서[정2품]		윤3.14./제수~9.21./재임
				특진관	5.18./재임
			한성부 판윤[정2품]		11.28./제수
			형조 판서[정2품]		12.17./제수~12.21./재임
숙종 24 1698	51		한성부 판윤[정2품]		5.5./제수
			형조 판서[정2품]		7.18./제수~9.11./재임
				동지사	9.11./선임
			의정부 우참찬[정2품]		10.27./제수
숙종 25 1699	52			동지사(冬至使)	3.18./還到
				선공감 도제조	윤7.23./재임[장릉 개수]
				특진관	8.7./재임
			한성부 판윤[정2품]		8.30./재임
			의정부 우참찬[정2품]		11.2./제수
			형조 판서[정2품]		11.16./제수~12.30./재임
숙종 26 1700	53		형조 판서[정2품]	약방 제조	2.6./재임~2.17./재임
			의정부 좌참찬[정2품]		6.23·30./재임
				약방 제조	9.16./재임~10.26./재임
숙종 27 1701	54		예조 판서[정2품]		2.7./제수
			한성부 판윤[정2품]		2.18./제수
			공조 판서[정2품]		4.19./제수
			형조 판서[정2품]		7.11./제수~10.16./재임
			전 판서		11.21./장희재 공초 내용[삭탈관직]
숙종 32 1706	59		전 판서		9.10./서용 지시
숙종 33 1707	60		전 판서		7.14.
			지사(知事)		12.22./재임[상소]
숙종 34 1708	61		지사		2.14./상소하여 自訟
			한성부 판윤[정2품]		4.5, 6.24./제수

왕력 (서력)	나이	품계	본직	겸직	주요활동/비고
숙종 35 1709	62		경기 관찰사[종2품]		7.4./제수
			한성부 판윤[정2품]		7.5./제수
				지의금부사	10.9./재임
			행사직		6.29./재임
숙종 36 1710	63		형조 판서[정2품]		7.16./제수~9.16./재임
숙종 37 1711	64		한성부 판윤[정2품]		1.7./제수~2.5./재임
			의정부 좌참찬[정2품]		3.3./제수~6.16./재임
			공조 판서[정2품]	북한행궁영건당상 (北漢行宮營建堂上)	8.16./제수
			형조 판서[정2품]		9.2./재임~12.30./재임
				의약청[약방] 제조	12.7./임명~12.22./재임
숙종 38 1712	65		형조 판서[정2품]		2.10./재임~5.13./재임
			한성부 판윤[정2품]		6.25./제수
숙종 39 1713	66		형조 판서[정2품]		6.9./제수
			한성부 판윤[정2품]		8.21./제수
			의정부 좌참찬[정2품]		9.10./제수
숙종 41 1715	68		의정부 좌참찬[정2품]		11.1./재임[사직소]
숙종 42 1716	69		의정부 좌참찬[정2품]		윤3.13./졸[졸기]

② 사행 전 사환

이언강은 숙종 4년(1678, 31세)에 증광시 을과 1위로 급제했는데, 당시의 전력은 정5품 품계인 통덕랑이었다. 그리고 다음 해인 숙종 5년(1679, 32세)에는 중시(重試)에서 병과 5위(07/08)로 급제했는데, 전력이 승문원 정자이다. 과거에 급제한 후 승문원에 분관되어 근무했을 것으로 추측된다. 그런데 다음해인 숙종 6년에는 정6품 관직인 정언으로 근무하고 있다. 거듭된 등과로 승륙이 이루어져서 참상관직에 제수되었을 것으로 여겨진다.

이언강은 숙종 6년(1680)에 사간원 정언으로 있으면서, 경신환국 때에 남인들의 공격에 앞장서서 윤휴(尹鑴)·오정위(吳挺緯)·허견(許堅) 등의 처벌을 주장하였다. 그리고 이듬해에는 경상도 암행어사로 민정을 살피고 돌아왔으며, 홍문록에 피선되었다. 그 후에는 통신사행을 하기 전까지 주로 홍문관 부수찬·수찬·부교리, 사간원 정언과 사헌부 지평·장령 등으로 활발한 언론 활동을 했다.

③ 통신사행

이언강은 1682년 통신사 부사로 정사 윤지완과 함께 일본에 다녀왔다. 숙종 8년 5월 6일에 숙종이 인견했으며, 5월 8일에 출발하여 6월 24일에 대마도에 도착했다. 통신사행을 수행한 후에는 11월 7일에 동래에 도착하고, 11월 16일에 한양에 도착하여 복명하였다.

④ 사행 후 활동

이언강은 통신사 부사 임무를 수행한 후에 가자되었고, 이후에는 당상관직을 지닌 정치관료로서 활발한 활동을 하였다. 주로 승정원의 승지로 수년간 근무하면서 숙종을 보필하였다.

숙종 11년(1685) 별차경관(別差京官)으로 평안도에 파견되어 민정을 살폈으며, 숙종 13년(1687)에는 충청감사가 되었고, 숙종 14년 12월에는 도승지에 제수되었다. 그런데 이듬해 기사환국으로 남인이 집권하자, 사간 김주(金澍)와 정언 김몽양(金夢陽)의 탄핵으로 관작을 삭탈당하고 유배당했다. 그러나 5년 후 숙종 20년의 갑술환국으로 서인이 재집권하면서 다시 도승지로 기용되었다. 이후에는 병조참판 예조참판을 역임하고, 숙종 22년(1696)에는 경기도 관찰사가 되어 곡식을 옮겨 백성들을 구제하도록 청했으며, 숙종 23년에는 한성부 판윤과 형조판서를 거쳤으며, 숙종 24년에 동지사(冬至使) 정사로 청나라에 갔다가 이듬해 돌아왔다.

이후에는 한성부 판윤, 형조 판서, 예조판서, 공조판서, 의정부 좌·우참찬 등 9경에 해당하는 중요 직책을 두루 거쳤다. 1701년 다시 형조판서가 되었으나 장희재(張希載) 처의 공초(供招) 및 윤순명(尹順命)의 공초 속에 이름이 거론되어 사헌부의 탄핵을 받아 관직을 삭탈당했다. 그 뒤 동지의금부사 김연(金演)의 변호로 무고가 밝혀져 재 등용되었고, 다시 한성판윤을 거쳐 숙종 36년(1710) 형조판서를 지냈는데, 지난날 무고를 당했던 일을 거울삼아 스스로 경계하며 옥송(獄訟)을 잘 처리해 칭송이 자자했다고 한다. 숙종실록과 숙종실록보궐정오에는 이언강의 졸기가 다음과 같이 실려 있다.

좌참찬 이언강이 졸하였는데, 나이 69세였다. 이언강은 사람됨이 간사하여 여러번 국시(國試)를 맡았는데 사의(私意)를 자행한 것이 낭자하고 청탁을 받아서 더럽고 잗단 일이 많았으므로 물론(物論)이 경멸하고 천하게 여겼으나, 영민하고 문재(文才)가 있고, 또 효우(孝友)의 행실이 있어서 자못 사람들에게 일컬어졌다.215)

좌참찬 이언강이 졸서(卒逝)하였다. 사신(史臣)은 말한다. "이언강은 사람됨이 기민하고 투명하며, 저술(著述)은 넉넉하고 민첩하며 날카롭고 굳세었고, 계모를 섬기기에 효성을 다하였다. 여러 번 형조 판서가 되었는데, 신사년(1701, 숙종 27)에 논박 받은 뒤부터는 훨씬 더 스스로 힘써서 옥송(獄訟)을 잘 결단하였으므로 사람들이 근래에 드문 바라고 칭찬하였다. 다만 젊어서는 자신을 단속하지 않아서 이따금 헐뜯겼고, 문정(門庭)에서 청탁을 받아서 잗단 일도 많았으므로, 세상에서 이 때문에 더럽게 여겼다."216)

---

215) 『숙종실록』 권57, 숙종 42년 윤3월 13일(계유).
216) 『숙종실록보궐정오』 권57, 숙종 42년 윤3월 13일(계유).

3) 종사관 박경후(朴慶後)

[1644년(인조 22)~1706년(숙종 32) / 63세]

① 가계 및 배경

박경후의 본관은 함양(咸陽)이고, 자는 휴경(休卿), 호는 취옹(醉翁)·만오(晩悟)이다. 증조부는 박유공(朴由恭)이고, 조부는 박종형(朴宗亨), 부친은 효종 2년(1651)에 생원시에서 2등 12위[100명의 합격자 중 17위]로 입격하고, 부사(府使)를 지낸 박상욱(朴尙郁, 1627~?)이다. 모친은 양천 허씨로 인조 2년(1624)의 문과에 급제하고 경기도관찰사, 동지중추부사, 예조참판 등을 역임한 허계(許啓, 1594~?)의 딸이며, 부인은 남양홍씨[토홍(土洪)]로 인조 23년(1645)에 문과에 급제하고 사헌부 지평을 지낸 홍수(洪鎪, 1610~?)의 딸이다.

박경후는 현종 10년(1669)에 26세로 생원시에서 3등 58위[100명의 합격자 중 88위]로 입격하고, 숙종 1년(1675) 통덕랑(通德郞)으로서 숙종의 즉위를 축하하는 증광 문과에서 32세에 병과 1위[34명의 급제자 중 11위]로 급제했다. 사마방목의 거주지는 한성([京])이다. 동생인 박경승(朴慶承)도 현종 10년의 진사시에 입격하여, 연벽(聯璧[兄弟同榜])의 영예가 되었으며, 동생 박경주(朴慶冑)는 숙종 16년(1690)의 진사시에 입격했다.

[표 22] 박경후의 주요관직

왕력 (서력)	나이	품계	본직	겸직	주요활동/비고
숙종 4 1678	35		승정원 주서[정7품]		10.8./재임
			병조 좌랑[정6품]		
			홍문관 수찬[정6품]		11.11./제수[特除]
			사헌부 지평[정5품]		11.25./제수
숙종 5	36			홍문록[본관록]	1.10./피선[15인]

왕력 (서력)	나이	품계	본직	겸직	주요활동/비고
1679				홍문록[도당록]	5.22./피선[13인]
			사간원 정언[정6품]		6.6./제수, 6.14./체차
숙종 8 1682	39			통신사 종사관	1.13./개차←申暴
				통신사 종사관	5.6./업무 논의
				통신사 종사관	5.8./일본으로 출발
				통신사 종사관	11.19./승진 서용
숙종 16 1690	47		승정원 승지[정3품당상]		3.3./제수, 3.17./재임
숙종 17 1691	48			동지의금부사	3.25./재임
			황해도 관찰사[종2품]		7.2./辭陛 上引見勉諭而遣之
숙종 18 1792	49		황해도 관찰사[종2품]	접반사	1.23./접반사←이만원
숙종 19 1693	50		전라도 관찰사[종2품]		1.5./제수, 1.26./辭朝 引見勉諭而遣之
숙종 24 1698	55		행 사직		10.23./재임

② 사행 전 사환

박경후는 숙종 1년(1675, 32세)에 증광시에서 병과로 급제하였다. 급제 당시의 전력은 통덕랑이었으며, 숙종 4년에는 이미 정7품직인 승정원 주서를 거쳐, 정6품 참상관직인 병조 좌랑이 되었다. 그런데 이해 11월에 숙종은 박경후를 홍문관 수찬으로 특제하였다. 그러자 간원에서는 "경악(經幄)에서 논사(論思)하는 직임은 막중하고 또 현관(顯官)이니, 반드시 본관(本館)의 의록(議錄)을 거쳐 조당(朝堂)에서 권점(圈點)한 뒤에야 바야흐로 비의(備擬)를 논하는 것입니다. 이로부터 조종조의 규법(規法)도 유래(流來)하는데, 수찬 박경후를 특제(特除)하라는 명은 갑자기 격외(格外)에서 나와 물정(物情)이 모두 의혹하니, 청컨대 개정(改正)하소서."라고 논하였다. 그러나 숙종은 따르지 않았다. 그리고 후일에 연석(筵席)에서 대신(大臣) 이하 모두가 박경후에게 예(例)를 뛰어넘어 남수(濫授)함은 잘못이라고 말하니, 숙종은 처음에는 매우 난처하게 여기다가 제신(諸臣)이 간절히 간쟁하여 마지 않으니, 드디어 마지 못하여 그대로 따랐다. 이에 대해 실록에는 대개 박경후가 6품에 오른 것은 양사(兩司)를 경유하지 않았고, 일찍이 주서(注書)가 된 지 10일이 못되었으나, 자못 글에 능하여 이번의 응제(應製)에서도 또한 우등(優等)에 입격한 까닭으로 이 제수가 있었다고 설명하고 있다.[217]

　　박경후는 사헌부 지평으로 제수되었고, 숙종 5년의 홍문록에 뽑혔다. 그러나 이후의 홍문관 근무 이력은 보이지 않는다. 숙종 5년(1679) 6월 초에는 사간원 정언에 제수되었으나 바로 체차되고, 송화현감에 보임되었다. 그리고 3년이 지난 숙종 8년에 통신사 종사관이 되었다.

③ 통신사행

　　원래 임술통신사의 종사관은 박경후가 아니었다. 종사관으로 처음 선정된 사람은 임영(林泳)이었으나 체직되었고, 대신 가게 된 신엽(申曄)도 회피하여, 송화 현감으로 있던 박경후가 가게 된 것이다. 이에 대해서는 대사성 이선(李選)이 상소한 내용이 다음과 같다.

　　　통신사에 이르러서는 또 전대(專對)할 만한 재능을 지닌 사람을 특별히 선택하기 때문에 눈앞에 비록 부모가 있는 자라 하더라도 일찍이 가볍게 체임을 허가하지 않았었는데, 이에 오늘날에는 이미 임명했다가 도로 체임되기도 하여 체임되기를 도모하는 청원이 시행되고 있으니, 그것도 또한 전례(前例)와는 다릅니다. 그러나 이것은 그래도 정리(情理)에 핑계할 수 있지만, 심지어 코피가 난다고 해서 체임된 자는 며칠만 섭생을 하면 마땅히 가지 못할 이유도 없는데, 묘당(廟堂)에서 갑자기 아뢰어 체임시켰으므로 실로 그 연유를 깨닫지 못하겠으니, 또한 그 사람에게 속임을 당한 것은 아니겠습니까? 통신사가 서울에 있을 때에는 그 집안에 숨어 엎드려서 병

─────────────

217) 『숙종실록』 권7, 숙종 4년 11월 12일(기유).

으로 집속에 틀어박혀 있는 사람같이 하다가, 그가 추풍령을 넘어 남쪽으로 향한 후에 이르러서는 나와서 직무에 이바지하는 것이 평상시와 다름이 없었습니다. 설사 당초에 아픈 바가 과연 가볍지 않았다 하더라도 형적의 의심스러운 바가 이와 같으니, 사람들의 비난하는 말을 초래하게 됨을 어찌 면할 수 있겠습니까? 대각(臺閣)에서 규탄하지 못하고 전조(銓曹)에서 벌(罰)을 적용하지 못하며, 잡아다가 심문하자고 아뢰는 것은 단지 종실(宗室)에만 미쳐서, 청요(淸要)의 관직은 이러한 사람들에게 거듭 돌아가게 되니, 이것이 사사로운 뜻이 횡행하고 공공의 법[公法]이 시행되지 않는 소치가 아님이 없습니다.218)

이에 대해 숙종은 "내 뜻에 응하여 말을 아뢰었으니, 내가 가상(嘉尙)하게 여긴다."라고 답하였다. 당시 통신사의 종사관 임영(林泳)은 어버이가 나이 70세라 하여 체직되었고, 그 대신이었던 신엽(申曄) 역시 코피가 나는 병이 있다고 대신(大臣)이 또 아뢰어서 체직되었으므로, 이에 송화 현감 박경후를 임명하여 보내게 되었음을 밝히고 있다.

④ 사행 후 활동

통신사 종사관으로 다녀온 박경후는 승진 서용 되었다. 그러나 숙종실록에서는 8년이 지난 숙종 16년(1960) 3월에 이르러서야 승정원 승지로 제수되어 근무하고 있음이 확인된다. 이후에는 숙종 17년(1691) 3월에 의금부 동지사로 재임하고, 7월에는 황해도관찰사에 제수되어 근무하기 시작했다. 1692년(숙종 18) 1월에는 청나라에서 사신이 오자 원래 접반사였던 이만원을 황해도 관찰사 박경후로 교체하여 임무를 수행토록 하였다. 당초에 다섯 칙사(勅使)를 접대하는 소임을 벼슬이 높은 사람들은 모두 싫어하여 기피하기 때문에 변통하여 수원부사 이만원을 차출(差出)했던 것인데, 이만원이 또한 체직을 도모한 것이다. 박경후는 황해 감사로서 바야흐로 외방(外方)

218) 『숙종실록』 권13, 숙종 8년 6월 19일(을미).

에 있었는데, 대신이 임금에게 아뢰어 억지로 보낸 것이라고 한다.[219)

박경후는 숙종 19년(1693) 1월에 전라도관찰사에 제수되었다. 그리고 그
뒤의 이력은 상세하지 않다.

⑤ 기타

박경후는 어려서부터 근검(勤儉)하고 학문에 힘썼다고 한다. 글에 능하여,
주서(注書)가 된 지 10일 만에 응제(應製)에서 우등(優等)하였고, 또 글씨를
잘 써서 당대에 이름이 났으니, 양주(楊州)의 「좌찬성 박대립 비(左贊成朴大
立碑)」와 하양(河陽)의 「통제사 김시성 비(統制使金是聲碑)」 등의 유필(遺筆)
이 남아 전한다.

8. 1711년의 신묘통신사

1) 정사 조태억(趙泰億)
[1675년(숙종 1)~1728년(영조 4) / 54세]

① 가계 및 배경

조태억의 본관은 양주(楊州)이고, 자는 대년(大年), 호는 겸재(謙齋)·태록
당(胎祿堂)이다. 증조부 조존성(趙存性, 1554~1628)은 선조 23년(1590)에 문
과에 급제하고 관직은 지돈녕부사에 이르렀으며, 조부 조계원(趙啓遠, 1592~
1670)도 인조 6년(1628)에 문과에 급제하고 형조판서를 지냈으며, 부친 조
가석(趙嘉錫, 1634~1681)도 현종 1년(1660)에 문과에 급제하고 이조참의를
지냈다. 모친은 윤이명(尹以明)[본관 미상]의 딸이고, 처부는 청송심씨로 문

---

219) 『숙종실록』 권24, 숙종 18년 1월 23일(계유).

과에 급제하여 승정원 주서를 지낸 심귀서(沈龜瑞, 1655~1699)이다. 심귀서
는 심의겸의 현손이다.

조태억은 숙종 19년(1693)에 19세로 진사시에서 3등 54위[100명의 합격
자 중 84위]로 입격하고, 숙종 28년(1702)의 식년시에서 28세로 을과 4위
[38명의 급제자 중 7위]로 급제했으며, 숙종 33년(1707)의 중시(重試)에서도
병과 3위[7명의 합격자 중 6위]로 급제했다. 조태억의 사마방목 거주지는
한성([京])이다. 조태억은 조태구(趙泰耉)·조태채(趙泰采)의 종제이며, 최석정
(崔錫鼎)의 문인이다.

조태억은 숙종 7년(1681, 7세) 11월 15일에 부친상을 당했으며, 어릴 적
에 태록당(胎祿堂)이라고 자호(自號)하였다. 숙종 10년(1684, 10세)에 추야호
운(秋夜呼韻) 시를 지어 김석주의 칭찬을 들었으며, 김석주가 송 나라 양억
(楊億)의 이름과 자를 따라 이름을 태억(泰億), 자를 대년(大年)이라고 지어
주었다. 숙종 15년(1689, 15세)에는 신루부(蜃樓賦)를 지었으며, 호곡 남용익
이 사람들에게 이 부를 전송하여 문명(文名)이 알려졌다.

[표 23] 조태억의 주요관직

왕력(서력)	나이	품계	본직	겸직	주요활동/비고
숙종 23 1697	23				1.20./황감시, 직부급제
숙종 28 1702	28		예문관 검열[정9품]		9.17./제수
			(사관)		12.10./성균관 설제중지 추고
숙종 29 1703	29		예문관 대교[정8품]		2.18./파직
숙종 30 1704	30		사헌부 지평[정5품]		6.12./제수~6.23./재임, 8.10./削版
숙종 31 1705	31		사간원 정언[정6품]		2.28./제수~3.10./재임
			함경도 북평사[정6품]		10.20./재임
숙종 32 1706	32		함경도 북평사[정6품]		3.10./재임, 4.21./체차
			세자시강원 사서[정6품]		5.22./제수

왕력 (서력)	나이	품계	본직	겸직	주요활동/비고
				홍문록[본관록]	6.2./피선[19명]
			세자시강원 문학[정5품]		7.13./제수~8.27./재임
				홍문록[도당록]	9.3./피선[17명]
			홍문관 부수찬[종6품]		9.10./제수
			홍문관 부교리[종5품]		9.13./제수
				시독관	9.25./재임
숙종 33 1707	33		홍문관 수찬[정6품]		1.3./제수~1.20./재임
			홍문관 부수찬[종6품]		2.18./제수
			홍문관 부교리[종5품]		4.1./제수
				시독관	5.12./재임
			홍문관 부교리[종5품]		7.3./제수
				검토관	7.6./재임
				겸 문학	8.16./제수
			홍문관 교리[정5품]	겸 문학	9.18./제수
			사간원 헌납[정5품]		9.21./제수
			이조 정랑[정5품]		10.5./제수
			홍문관 수찬[정6품]		11.3./제수
				검토관	11.7./재임
			홍문관 부교리[종5품]		11.20./제수~12.3./재임
			사간원 헌납[정5품]		12.13./제수~12.20./재임
			이조 정랑[정5품]		12.22./제수
			홍문관 부교리[종5품]		12.26./제수
숙종 34 1708	34		사간원 헌납[정5품]		1.10./제수
			홍문관 부교리[종5품]		1.27./제수~2.2./재임
			이조 정랑[정5품]		2.11./제수
				겸 문학	2.27./제수~3.4./재임
				겸 사서	윤3.15./제수
			홍문관 교리[정5품]		윤3.28./제수, 4.2./재임
			홍문관 수찬[정6품]		4.27./제수
			홍문관 부교리[종5품]		5.16, 6.1./제수
				시강관	6.2./재임
			이조 정랑[정5품]		6.12./제수
			홍문관 수찬[정6품]		6.16./제수

왕력 (서력)	나이	품계	본직	겸직	주요활동/비고
			홍문관 부교리[종5품]		7.4./제수~7.27./재임
				겸 문학	7.10./제수
				시독관	7.17./재임
			사간원 헌납[정5품]		10.8./제수
			이조 정랑[정5품]		10.29./제수
숙종 35 1709	35		사헌부 집의[종3품]		1.12./제수
			홍문관 부응교[종4품]		1.21./제수
				시강관	1.27./재임
			사간원 사간[종3품]		1.28./제수
			홍문관 부응교[종4품]		2.8./제수
				동학 겸임교수	2.14./재임
			사헌부 집의[종3품]		3.13./제수
			승정원 승지[정3품당상]		4.5./제수~4.11./재임
			예조 참의[정3품당상]		5.25./재임
			사간원 대사간[정3품당상]		12.20./제수
숙종 36 1710	36		이조 참의[정3품당상]		2.27./제수, 2.28./체임
			전 참의		5.27./탄핵
			성균관 대사성[정3품당상]		11.8./제수
숙종 37 1711	37		이조 참의[정3품당상]		1.18./제수
				통신사 정사	1.25./請對
				통신사 정사	5.15./辭陛, 인견
				통신사 정사	7.19./대마도, 8.21./치계
				통신사 정사	11.20./江戶에서 치계
				통신사 정사	12.30./조정 대책 논의
숙종 38 1712	38			통신사 정사	1.9./大阪城에서 치계
				통신사 정사	2.24./대마도에서 치계
				통신사 정사	3.9./귀국하여 수금됨
				통신사 정사	3.27./통신삼사의 공초
숙종 39 1713	39			통신사 정사	12.1./職牒을 돌려받음
숙종 42 1716	42		공조 참의[정3품당상]		2.22./상소[통신사건변명]
			이조 참의[정3품당상]		4.8./제수, 4.15./재임
			이조 참의[정3품당상]		6.11./제수

왕력 (서력)	나이	품계	본직	겸직	주요활동/비고
숙종 43 1717	43		예조 참의[정3품당상]		1.3./재임[상소] 1.7./권당
숙종 45 1719	45		장예원 판결사[정3품당상]		6.21, 7.7./재임
경종 0 1720	46		장예원 판결사[정3품당상]		7.18./제수
			승정원 승지[정3품당상]		8.1./제수
			경상 감사[종2품]		9.16./제수
경종 1 1721	47		경상 감사[종2품]		5.11./재임
			승정원 승지[정3품당상]		윤6.29./제수
		(陞秩)		세제 책봉 주청사 부사	8.25./제수[陞秩]
			호조 참판[종2품]		9.9./제수~10.11./재임
				세제 책봉 주청사 부사	10.14./개차→尹陽來
				동의금부사	12.10./제수[特除]
경종 2 1722	48		홍문관 부제학		1.11./제수
				홍문관 제학	2.3./제수
			경기 감사[종2품]		2.3./제수, 3.23./사직소, 4.5./재임
		자헌대부	(경기 감사[종2품])	반송사	5.28./제수, 加資憲階
			형조 판서[정2품]		6.29./제수, 8.13./재임
				대제학	8.29./제수~10.14./재임
				박사	9.18./제수[왕세제 입학]
			공조 판서[정2품]		11.13./제수~재임
경종 3 1723	49		공조 판서[정2품]		1.25./재임~6.20/재임
				원접사	3.30./제수~4.27./재임
			예조 판서[정2품]		8.27./제수
			형조 판서[정2품]		10.4./제수, 11.23./삭출
				관반(館伴)	11.2./재임
			한성부 판윤[정2품]		12.14./제수
경종 4 1724	50		의정부 우참찬[정2품]		1.7./제수
			의정부 좌참찬[정2품]		1.11./재임
				홍문관 제학	1.28./제수
			호조 판서[정2품]		2.9./제수~6.8./재임
				세자시강원 좌빈객	3.3./제수
				국장 제조	8.25./제수
영조 0	50		호조 판서[정2품]		9.1./재임

왕력 (서력)	나이	품계	본직	겸직	주요활동/비고
1724			병조 판서[정2품]		9.21./제수~9.26./재임
				판의금부사	9.24./제수
			의정부 우의정[정1품]		10.3./제수~12.29./재임
영조 1 1725	51		의정부 우의정[정1품]		1.5./재임~1.15./재임
			의정부 좌의정[정1품]		2.2./재임
영조 4 1728	54				10.4./졸[비망기]
순종 1 1908	-		좌의정 문충공(文忠公)		4.30./관작 회복

② 사행 전 사환

조태억은 숙종 19년(1693)에 19세로 진사시에 입격했으나, 문과는 10년 가까이 지난 숙종 28년(1702)의 식년시에서 28세로 급제했다. 숙종 23년(1697, 23세) 1월에 성균관 감제(柑製)에 수석하여 전시직부(殿試直赴)의 포상을 받았으나, 숙종 24년(1698, 24세) 4월에 모친상을 당해서 장사지내고 복을 마친 숙종 28년(1702, 28세)에야 전시에 나가 합격했기 때문이다.

숙종 28년(1702, 28세)의 식년시에서 을과로 급제했으니, 정8품의 품계를 받고 4관의 한 곳에 분관되었을 것이다. 조태억은 그해 9월에 전임사관인 예문관 검열로 제수되어 근무하기 시작했음이 실록에서 확인된다. 그러나 숙종 29년 2월에는 대교의 직에서 파직당하기도 했다. 숙종 30년에 승륙한 이후에는 사헌부 지평, 사간원 정언, 북평사, 세자시강원 사서를 지냈으며, 숙종 32년에 홍문록에 오른 후에는 홍문관 부수찬·수찬·부교리·교리 등을 역임하면서, 사간원 헌납, 이조 정랑, 사헌부 집의와 사간원 사간 등을 지냈다. 그리고 숙종 35년에 당상관에 오르면서 승정원 승지가 되었다.

조태억이 북평사를 지낸 것은 숙종 30년에 사헌부 지평으로 있으면서 이동언, 한영휘, 김덕기 등을 공척하였고, 숙종 31년(1705, 31) 2월에는 정언으로 있으면서 다시 위의 세 사람의 죄상을 공척하다가 좌천된 것이다. 그리고 숙종 33년(1707, 33세) 4월에는 부교리로 있으면서 춘당대 문신정시 및 중시에 합격하였다.

당상관이 된 이후에는 예조 참의, 사간원 대사간, 이조참의, 성균관 대사성 등에 제수되었으며, 숙종 36년(1711) 11월에 통신사 정사에 차임되었다.

③ 통신사행

조태억은 1711년 5월 15일 서울을 떠나 이듬해 2월 25일 귀국하였다. 신묘통신사의 사행은 1711년 5월 15일 사폐하면서 숙종이 인견하는 자리에서도 예단의 문제가 논란 대상이었다.[220] 그러나 강정절목의 내용을 따라 지참하지 않기로 했다. 일본 장군의 호칭을 대군에서 국왕으로 바꾸는 문제는 더 논란이 되었다.

조태억은 1711년 5월 15일 홍정전(興政殿)에서 숙종을 배알한 후 왕성을 출발하였다. 정사 조태억의 의견에 따라 내려갈 때에 충주·안동·경주의 세 곳은 을미년(1655)·임술년(1682)의 예에 의하여 연향(宴享)을 정지하고, 단지 동래에서만 설연(設宴)하도록 했다.[221] 그런데 통신사 일행이 일본에 건너가기 전 부산에서 순풍을 기다리고 있을 때 대마번주 종의방(宗義方)으로부터 '일본국왕복호(日本國王復號)' 문제가 들어 있는 서계가 동래 부사를 통해 예조에 보고되었다.[222] 통신사가 국서를 휴대하고 한양을 이미 출발한 후인 5월 하순에 이루어진 복호에 관한 통고는 조선 정부에게는 갑작스런 서식개정 요구였다. 중국에서 대군은 천자(天子)를 칭하고, 조선에서는 왕의 적자(嫡子)를 부르는 칭호라는 것이 그 이유였다. 당시 조정에서는 왕호의 개정이라는 외교 의례는 중요한 문제임에도 불구하고 상대국의 준비나 사정을 참작하지도 않았고, 더구나 통신사의 출발 후에 요청하는 등 국

---

220) 『숙종실록』 권50, 숙종 37년 5월 15일(계묘).
221) 『숙종실록』 권50, 숙종 37년 1월 25일(갑인).
222) 『숙종실록』 권50, 숙종 37년 5월 25일(계축).

제 의례를 전적으로 무시한 행동이었으므로, 처음에는 거부를 표시하였으나 격렬한 논의를 거듭한 끝에 현실 중시론을 취하게 되었다. 결국 일본의 복호 요구는 우리나라를 모욕하는 것이 아니라 국내의 대명(大名, 다이묘)에게 장군의 권위를 과장하려는 의도가 있다는 것과, 일본이 처음에는 일본 국왕이라고 하였고 후에 대군이라고 고쳤기 때문에 조선도 개서해 왔던 것인데, 지금에 와서 다시 왕이라고 칭하는 것을 금할 수는 없다는 것, 일본 장군이 국내에서 왕이라고 개칭한 것을 알면서 국서를 고쳐 보내지 않을 수 없다는 의견으로 논의가 모아졌다.223) 통신사 일행이 개작된 국서를 가지고 부산을 출발한 것은 7월 5일이었다.

1711년 11월 통신사 일행은 조선 왕의 국서를 장군에게 전하기 위하여 강호성으로 들어갔다. 11월 18일에 강호에 도착하여 21일에 연향례(宴饗禮), 12월 초1일에 전명례(傳命禮)를 행하였다. 초3일에는 내정(內庭)에서 음악을 베풀면서 통신사 일행으로 하여금 들어와 보게 하였고, 이어 정전(正殿)에서 연향이 베풀어졌다. 그리고 초7일에는 별도로 귀신(貴臣) 경극(京極)과 대선 대부(大膳大夫) 원고의(源高義)가 찾아와 위문하고 주찬(酒饌)과 차[茶]를 보냈는데 하졸(下卒)에게까지 미쳤다. 11일에는 일행이 국왕에게 가서 사례하고 이어 국서(國書)를 받았다. 일본 국왕이 친히 전수(傳授)하고, 또 별폭(別幅) 물건(物件)을 별전(別殿)에 베풀고는 통신사로 하여금 간심(看審)하게 한 후에 내어 전해 주었다. 12일에는 또 시종(侍從) 풍전수(豊前守) 이씨(伊氏)의 전연(餞宴)이 베풀어졌다. 일찍이 전번 사행(使行)은 전명(傳命)하던 날에 이어서 연향(宴饗)을 행하고 회답 국서(回答國書)는 사자(使者)가 관소(館所)에 와서 전해 주었는데, 이번에는 세 번 내정에서 접견하고 음악을 베풀어 국서를 전했으며, 별도로 주찬을 보내고 여러 번 위로하는 연향을 한 것이 모두 각별히 우대하는 뜻이었으니, 이는 국왕이 새로 정한 의절(儀節)이었다.

---

223) 『숙종실록』 권50, 숙종 37년 5월 27일(을묘).

그런데 회답 국서를 받고 나온 후에 즉시 열어 보았더니, 제6항(行)의 '감(感)'자 아래에 우리 중종대왕의 어휘(御諱)를 범하였고, 또 서면(書面)에 현심(弦心)을 하지 않았으며, 봉(封)에도 역시 쓴 글을 싼 종이가 없이 위는 봉하지 않고 다만 두 줄로 '봉복 조선 국왕 전하서(奉復朝鮮國王殿下書)'라 썼을 뿐, 그들 국왕의 성명(姓名)을 쓰지 않았으며, 또 보(寶)를 찍지 않았고, 또 '근봉(謹封)'이라 쓰지 않았다. 이는 단지 우리 나라의 서식(書式)과 서로 틀릴 뿐 아니라, 또 임술년의 회답서(回答書) 봉식(封式)과도 같지 않은 것이었다.

일본에서는 종래 범휘(犯諱)의 규제가 없었기 때문에 이 문제 역시 신정백석의 조일 양국의 대등화라는 방침에서 비롯된 것이었다. 신묘신사는 조선 왕의 휘자를 범한 답서를 그대로 가지고 귀국할 수도 없고, 그렇다고 빈손으로 귀국할 수도 없었지만, 계속적인 항론은 사신의 굴욕이며 국가의 치욕이 되고 장래도 우려된다고 판단하였다. 그래서 대마도주에게 휘자를 범한 답서를 반환하고 동시에 서둘러 조선 조정에 치계를 하여 조선 국왕의 (왕의) 국서를 고쳐 보내도록 한 후 일본에서 국서를 고쳐 양국의 국서를 조선으로 돌아가는 길목에서 교환하되 서식은 개정하지 말고 전례대로 하며, 이것을 규약으로 맺을 것을 제안하였다. 이렇게 해서 양자의 타협이 이루어지고, 이 문제는 양국이 각자 국서를 고쳐서 대마도에서 교환하는 것으로 일단락을 보게 되었다.224) 이 분쟁 과정에서 대마도주는 통신사행이 귀국길에 대판성(大阪城)에 도착하였을 때 강호성에서 범휘자를 고쳐서 내렸다는 강호에서의 상황을 보고하였다. 이에 대하여 통신사의 정사였던 조태억은 조선 조정에 즉시 알렸다.225) 결국 대마도에서 고쳐진 국서의 교환이 이루어지고 통신사는 귀국하였는데, 그 귀국 도중에 비바람에 의하여 부사의 선박이 파손되어 사망자도 생기고 선박들이 뿔뿔이 흩어져 표류하는 상

---

224) 『숙종실록』 권50, 숙종 37년 12월 30일(갑신).
225) 『숙종실록』 권51, 숙종 38년 1월 9일(계사).

태가 되었다가 겨우 경상 좌수영에 도착하였다. 왕성에 들어간 통신사 일행
은 곧바로 구속되어 정사·부사·종사관은 감금되었다가[226] 이후 삭탈관직
을 당한 후 한양에서 쫓겨나는 처벌을 받았다. 역관들도 수역(首譯)은 정배
하고, 당상 역관은 도배(徒配)하며, 당하 역관은 결장(決杖)하였다.[227] 처벌
받은 조태억은 이듬해 풀려 나왔다.

④ 사행 후 활동

조태억은 숙종 40년(1714년)에 다시 기용되어 이듬해 공조 참의가 되었
고, 이조 참의와 예조 참의를 거쳐 숙종 43년(1717) 여주목사로 나갔다가
숙종 45년(1719) 장예원 판결사가 되었다. 경종 즉위년(1720)에는 다시 경
상도 관찰사로 나갔다가 경종 1년(1721) 호조 참판으로 기용되었고, 같은
해 성균관 대사성·세제 우부빈객이 되었다. 이어 부제학·형조판서·지경연
사(知經筵事)·우빈객(右賓客)을 거쳐 경종 2년(1722) 대제학이 되었고, 공조
판서·예조판서 등을 거쳐 경종 4년(1724) 호조판서에 올랐다. 그 해 영조가
즉위하자, 즉위의 반교문(頒敎文)을 지었고, 병조판서가 되었다가 출사(出仕)
8일 만에 복상(卜相)이 있어 이조판서 이조(李肇)의 추천으로 우의정에 올랐
다. 같은 날 호위대장(扈衛大將)을 제수받았으며 대제학을 겸임하였다. 영조
1년(1725) 사간 이봉익(李鳳翼), 지평 유복명(柳復明) 등의 청으로 판중추부
사로 전직되었다가 이어 삭출(削黜)되었다. 영조 3년(1727) 정미환국으로 다
시 좌의정에 복직되었다가 영돈녕부사(領敦寧府事)에 전임하였다.

영조 4년(1728)에는 호위대장을 겸하였고, 실록청 총재관이 되었으며, 3
월에 이인좌의 란이 일어나자 국옥을 처리하였다. 6월에는 병으로 사직하여
면직되었고, 10월에 54세의 나이로 졸하였다. 당시 영조가 내린 비망기는
다음과 같다.

---

226) 『숙종실록』 권51, 숙종 38년 3월 9일(임진).
227) 『숙종실록』 권51, 숙종 38년 3월 27일(경술).

여러 해 동안 외지에 체류하여 몸에 손상을 입은 것이 이미 많았고, 전에 옥사(獄事)를 안치(按治)하느라 손상을 더한 것이 훨씬 많았다. 증세가 더하게 된 뒤에 비록 간절히 염려하기는 하였으나 약을 쓰지 않게 되기를 바랐는데, 어찌 한 가지 병이 반년 넘게 이어지다가 문득 이 지경이 될 줄 생각하였겠는가? 몹시 슬픈 것이 더욱 절실하여 스스로 억누를 수 없는데, 내 병이 아직 쾌히 낫지 않아서 거애(擧哀)하는 일을 예절대로 하지 못하니, 더욱이 매우 상심된다. 예장(禮葬) 등의 일을 규례대로 거행하고 관판(棺板)도 가려 보내며 녹봉(祿俸)은 3년 동안 그대로 이어서 주어 내 뜻을 보이라.[228]

⑤ 기타

영조 4년(1728) 12월에 양주 북쪽 칠봉산 아래 황마동에 장사 지냈고, 영조 5년(1729) '문충(文忠)'이라는 시호가 내려졌다. 영조 13년(1737) 경에 이덕수가 행장을 지었으며, 영조 31년(1755)에 나주괘서사건(羅州掛書事件)으로 관작이 추탈되었다가, 얼마 뒤 환급되었다. 그리고 1776년에 정조가 즉위한 후에 다시 관작이 추탈되었다. 조태억은 경종 1년(1721) 호조참판으로 있으면서 조태구·최석항(崔錫恒)·이광좌(李光佐) 등과 함께 세제(世弟) 책봉과 대리청정을 반대하여 철회시켰으며, 소론정권에 참여하여 크게 기용되었기 때문이다. 그러나 온건파에 속했고, 영조 즉위 후 김일경(金一鏡) 등 소론 과격파의 국문 때 책임관이 되었으나, 위관(委官)의 직책을 매우 불안히 여겨 왕의 친국을 청하기도 하였다. 추탈된 관작은 1908년(순종 2)에 복관되었다.

---

228) 『영조실록』 권19, 영조 4년 10월 4일(신사).

2) 부사 임수간(任守幹)

[1665년(현종 6)~1721년(경종 1)[1722?] / 57세(58세?)]

① 가계 및 배경

임수간의 본관은 풍천(豊川)이고, 자는 용여(用汝), 호는 돈와(遯窩)이다. 증조부 임선백(任善伯, 1596~1656)은 인조 10년(1632)에 문과에 급제하고 장령, 영흥부사를 지냈으며, 조부 임중(任重, 1618~1657)은 인조 11년(1633)에 16세로 진사시에 입격하고, 1639년(인조 17)에 별시문과에 병과로 급제하여 지평, 문학, 임피현령 등을 역임하였고, 부친 임상원(任相元, 1638~1697)은 현종 6년(1665)의 별시에서 갑과 1위[장원, 13명의 급제자 가운데 1위]로 급제하고, 예조판서, 우참찬, 한성부판윤 등을 지냈다. 임수간의 외조부는 해주정씨로 문과에 급제하여 세자시강원 필선, 장령, 남양부사 등을 지낸 정식(鄭植, 1615~1662)이고, 처부는 영월엄씨로 광해 4년(1612)에 문과에 급제하고 집의, 부응교 등을 역임한 엄성(嚴惺, 1575~1628)이다.

임수간은 숙종 16년(1690)에 26세로 생원시에서 3등 24위[100명의 합격자 가운데 54위]로 입격하고, 숙종 20년(1694)에 30세로 알성시에서 병과 1위[7명의 급제자 가운데 4위]로 급제하고, 숙종 33년(1707)에는 중시(重試)에서 병과 2위[7명의 급제자 중 5위]로 급제했다. 사마방목의 거주지는 한성([京])이다.

[표 24] 임수간의 주요관직

왕력 (서력)	나이	품계	본직	겸직	주요활동/비고
숙종 22 1696	32		세자시강원 설서[정7품]		10.15./제수
숙종 23 1697	33		충청도 도사[종5품]		6.29./재임[從重推考]
			사간원 정언[정6품]		8.10, 9.2./제수
숙종 25 1699	35			홍문록[본관록]	5.15./피선[10인]
숙종 26 1700	36		사간원 정언[정6품]		3.3./제수
				홍문록[도당록]	3.4./피선[8명]
			홍문관 수찬[정6품]		3.6./제수
				찬수청 낭청	3.20./차정[대전속록, 여지승람 찬수]
			홍문관 교리[정5품]		7.6./제수, 8.5./재임
			사간원 정언[정6품]		12.10./제수
숙종 27 1701	37		홍문관 교리[정5품]		1.10./제수, 3.8./파직
			홍문관 수찬[정6품]		8.8./제수
숙종 28 1702	38		홍문관 부수찬[종6품]		2.28, 6.14./제수
			홍문관 수찬[정6품]		윤6.29./제수
			홍문관 부수찬[종6품]		9.6./제수
숙종 29 1703	39		홍문관 부수찬[종6품]		9.4./재임[상소], 9.8.
			홍문관 교리[정5품]		10.21./제수
숙종 32 1706	42		세자시강원 사서[정6품]		3.22./제수
			사헌부 지평[정5품]		3.25./제수
			홍문관 부교리[종5품]		4.19./제수
			홍문관 부교리[종5품]		6.21./제수, 8.9./체임
			홍문관 부교리[종5품]		8.22./제수, 8.27./재임
				시독관	9.1./재임
			사헌부 지평[정5품]		9.9./제수, 9.10./재임
			홍문관 부교리[종5품]		12.2./제수
숙종 33 1707	43		홍문관 수찬[정6품]		4.4./제수
			홍문관 교리[정5품]		8.10./제수
			사간원 헌납[정5품]		9.1./제수

왕력 (서력)	나이	품계	본직	겸직	주요활동/비고
			홍문관 부수찬[종6품]		9.28./제수, 10.3./재임
			이조 좌랑[정6품]		10.12./제수
숙종 34 1708	44		홍문관 부교리[종5품]		2.18./제수
			홍문관 교리[정5품]		2.30./제수
			홍문관 수찬[정6품]		3.25./제수, 3.26, 4.11./재임,
				검토관	3.27./재임
				겸 사서(兼司書)	윤3.22/제수
			홍문관 수찬[정6품]		4.16./罷職不敍
숙종 35 1709	45		전 수찬		9.19./賜暇湖堂
숙종 37 1711	47		장악원 정[정3품당하]		
				통신사 부사	1.25./통신사 청대(請對)
				통신사 부사	5.25./辭陛, 命引見
				통신사 부사	7.5./부산출항, 난파
				통신사 부사	7.19./대마도 도착,
숙종 38 1712	48			통신사 부사	3.9./入來就囚
숙종 46 1720	56		승지[정3품당상]		1.18./제수
경종 0 1720	56		승지[정3품당상]		10.7./제수, 11.5·7./피핵[파직 청]
경종 1 1721	57		사과		10.16./재임
			승지[정3품당상]		12.22./제수

② 사행 전 사환

임수간은 숙종 20년(1694, 30세)에 알성시에서 병과로 급제하였으며, 정9
품 품계를 제수받고 승문원에 분관되어 승문원 권지정자로 관직생활을 시
작했다. 2년후인 숙종 22년에는 세자시강원 설서가 되었고, 숙종 23년에는
승륙하여 참상관직인 충청도 도사와 사간원 정언 등으로 근무하였다. 그러
나 이 해에 부친상을 당했다.

숙종 25년에는 홍문록의 본관록에 오르고, 다음 해에는 도당록에 올랐으며, 이후에는 주로 홍문관의 부수찬·수찬·부교리·교리 등으로 근무하면서, 사간원과 사헌부의 언관직과 이조 좌랑 등을 역임하였다. 임수간은 1703년 (숙종 29, 39세) 9월에 상소하여 박세당의 사변록을 변파(辨破)하는 건에 대해 반대하였고, 9월에는 모친의 병을 핑계로 고향으로 내려갔다. 그러나 10월에 교리에 제수되었을 때 박세당을 비호했다는 것으로 집의 김상직 등의 배척을 받았다. 그리고 숙종 30년(1704, 40세)에는 모친상을 당했다.

숙종 32년(1706, 42세)에 다시 세자시강원 사서에 제수되어 관직생활을 시작했으며, 숙종 33년(1707, 43세)에는 문신 중시에 합격하기도 했다. 숙종 34년(1708, 44세) 3월에는 겸사서가 되어 주강에서 주자의 절작통편 중 한만한 내용은 강하지 말기를 청하니, 이관명이 주자를 업수이 여기는 것이라고 상소하여 배척받았고, 4월에는 양현의 출향소(黜享疏)에 참여한 채팽윤을 소통(疏通)시키기를 청하니 파직불서되고 조태구의 소척(疏斥)을 받았다. 그러나 숙종 35년(1709, 45세) 9월에는 이조(李肇), 이재(李縡) 등과 함께 사가독서(賜暇讀書)에 선발되었다. 그리고 숙종 37년(1711, 47세) 1월에 장악원 정에 제수되었다.

③ 통신사행

임수간은 1711년(숙종 37, 47세) 통신사 부사에 임명되어 5월 25일에 상사 조태억, 종사관 이방언과 함께 숙종에게 사폐하고 길을 떠났다. 앞서 살펴보았듯이 신묘통신사행은 많은 어려움이 있었다. 그런데 부사 임수간의 통신사행은 더욱 우여곡절이 많았다.

처음에 임수간 등은 왜어(倭語)에 능통한 역관(譯官) 한 사람을 더 데리고 가기를 청하였다. 그의 의도는 유배 중에 있는 역관 최상집을 데려가고자 한 것이었다. 대신(大臣)이 처음에는 변통하여 더 보내려고 하였으나, 교리 정식(鄭栻)이 옳지 못하다고 아뢰어 이루어지지 않았다. 그러자 비변사에서 왜인의 정상(情狀)이 이상하여 사단이 겹쳐 일어나곤 한다면서, 많은 사람의 의논이 마땅히 왜어를 가장 잘하는 자를 뽑아서 더 보내야 한다면서, 사신(使臣)이 진달(陳達)한 것은 대개 최상집을 데리고 가고자 이른 것이라고 아뢰었다. 당시 최상집은 죄를 범하고 지도(智島)에 유배되어 있었다. 특별히 방송(放送)하여 사행(使行)이 도착하여 있는 곳에 달려 가서 합류하도록 하였다. 또 역원(譯院)의 계청으로 직첩(職牒)과 관대(冠帶)를 돌려주어 따라가게 하고, 배소(配所)에서 말[馬]을 주도록 명하였다.229)

통신사 일행은 7월 5일에 배를 띄워 떠났는데, 부사 임수간이 탄 배의 미목(尾木)이 절상(折傷)되어 바다의 중간도 미치지 못하여 부산으로 돌아오고, 상사와 종사관은 미시(未時)에 대마도 좌순포에 도박(到泊)하였다.230) 배를 수리한 부사선은 7월 19일이 되어서야 대마도에 당도하였다. 그런데 7월 22일에는 종일 큰 비바람이 일어, 선창(船艙) 밖의 넓은 곳에 내다 매어 둔 임수간의 복선(卜船) 한 척이 바람을 가장 많이 받아서 닻줄이 거의 다 끊어져 출몰하며 뒤흔들려서 곧 위태하게 될 형세이었는데, 분주하게 구출하려다가 왜인(倭人) 두 사람이 빠져 죽었고, 통신사 일행은 군관 민제창의 기지로 간신히 배에서 내려 목숨을 유지할 수 있었다고 한다.231)

사행에서 돌아온 후에도 1712(숙종 38, 48세) 3월 일본의 공물(貢物)을 많이 받았다는 이유로 대간의 탄핵을 받아 수금되었다. 당시의 상황에 대해서는 다음과 같은 시독관 오명항의 언급과 숙종의 답변, 그리고 사론을 통해 짐작할 수 있다.

임금이 옥당관을 소대(召對)하였다. 시독관 오명항이 임금께 아뢰기를, "접때 통신사 등이 사명(使命)을 받들고 가서 직책을 다하지 못하였으므로 조가(朝家)에서 이미 논죄(論罪)하였는데, 사간 권수의 소의 아랫 조항에 진

---

229) 『숙종실록』 권50, 숙종 37년 5월 29일(정사).
230) 『숙종실록』 권50, 숙종 37년 7월 12일(기해).
231) 『숙종실록』 권50, 숙종 37년 8월 21일(무인).

달(陳達)한 바에 이르러서는 실로 원통하다 할 만한 단서가 있습니다. 전부
터 일본통신사는 저쪽에서 으레 주는 물건은 혹은 안 받기도 하고, 혹은
받아 대마도에 머물러 두어 우리 나라에서 보낼 물건을 공제(控除)하기도
하였던 것입니다. 그런데 이번의 통신사 역시 머물러 두고 왔다고 하니, 이
는 진실로 알기 어려운 일이 아닙니다. 또 듣건대, 저쪽에서 물건을 준 것
이 아래로 고졸(篙卒)에게까지 미쳤다고 하니, 이들이 가지고 온 물화(物貨)
를 장시(場市)에서 파는 것은 본래 이상한 일이 아닙니다. 그리고 복물(卜物)
이 몇 리에 뻗쳤다는 말에는 그럴 만한 곡절이 있습니다. 통신사 일행이
데리고 가는 사람은 대략 4, 5백 명으로, 바다를 건너고 해를 넘기는 행차
이므로 각각 사철의 의복을 가지고 가며 또 저쪽에서 으레 보내는 방물(方
物)이 있으니, 그 복태(卜駄)가 어찌 몇 리를 뻗치는 데만 그치겠습니까. 밖
에 있는 대신(臺臣)이 그릇 듣고 진론(陳論)함은 비록 족히 괴이할 것도 없으
나, 통신사에게 있어서는 너무나도 민망스럽습니다." 하니, 임금이 말하기
를, "진실로 유신(儒臣)의 말과 같다. 나도 또한 이미 그것이 그렇지 않음을
알았다." 하였다. 조태억은 이동언 등의 일을 논하면서부터 거듭 당인(黨人)
들에게 미움을 받아 반드시 보복하여 마음을 시원하게 하고자 하였던 것이
니, 사신(使臣)의 일이 발생하자 기회를 타 원한을 갚으려고 헐뜯고 욕을 퍼
붓기를 마지 아니하였다. 조가(朝家)에서 이미 삭출(削黜)의 벌(罰)을 베풀었
는데도 오히려 또 물어 뜯고자 하여 드디어 권수의 소(疏)가 있었기 때문에
오명항이 이처럼 신백(伸白)했던 것이다. 그러나 조태억과 임수간은 모두 재
질(才質)이 민첩하고 문사(文辭)에 능하였으나, 확고하게 지조를 지킴이 없었
고 원대한 식견이 부족하였다. 이방언은 더욱 경솔하여 볼 만한 것이 없었
기 때문에 전대(專對)하는 책임을 맡은 날 식자(識者)들이 이미 그 적재(適才)
가 아님을 염려하였는데, 뒤에 과연 일을 일으켜서 말썽을 초래하였다.232)

④ 사행 후 활동

사행에서 돌아온 부사 임수간은 투옥되었다가 풀려난 후에 종부시 정,
성균관 사성, 이천 부사에 제수되었으나 처음에는 나가지 않다가, 단양 군

---

232) 『숙종실록보궐정오』 권51, 숙종 38년 6월 11일(계해).

수를 지냈다. 숙종 43년(1717, 53세) 종성 부사가 되었고, 숙종 45년(1719, 55세)에는 형조 참의, 동래 부사, 병조 참지, 동부승지 등을 역임했다. 숙종 46년(1720, 56세) 1월에 다시 승지가 되었으며, 경종이 즉위한 후에도 승지로 근무하였는데, 경종 1년(1721, 57세) 10월에 상소하여 세제 대행의 명을 거두기를 청하였다. 이후 형조 참의, 우부승지, 실록찬수청 당상이 되었으나, 병으로 1721년 12월 26일에 졸하였다.

⑤ 기타

1722년(경종 2) 2월 광주 정평리 선영에 장사 지냈다. 임수간은 소북의 명문으로 남인과 정치적 행보를 같이 하였으며, 숙종 중엽 이후 사실상 정치적 위상을 차지하기 못했기 때문에 세덕(世德)과 명망에도 불구하고 환로(宦路)가 평탄하지는 못하였다. 경사(經史)에 밝았으며 음률(音律)·상수(象數)·병법(兵法)·지리 등에도 해박하였다. 1729년(영조 5) 장남 임광(任珖)의 공으로 이조 참판에 추증되었으며, 저서로『돈와유집』이 있다.

3) 종사관 이방언(李邦彦)
[1675년(숙종 1)~ ?]

① 가계 및 배경

이방언의 본관은 전주(全州)이고, 자는 미백(美伯), 호는 남강(南岡)이다. 증조부는 이덕여(李德輿), 조부는 이민도(李敏道)이며, 부친은 숙종 18년(1692)의 춘당대시에서 문과 병과 3위(06/06)로 급제하고 사헌부 집의를 지낸 이세석(李世奭, 1654~1703)이다. 외조부는 순흥안씨로 현종 6년(1665)에 문과에 급제하고 사헌부 지평, 대정현감 등을 역임한 안숙(安塾, 1624~1668)이고, 처부는 알려져 있지 않다.

이방언은 숙종 22년(1696)에 22세로 진사시에서 3등 58위[100명의 합격

자 중 58위]로 입격하고, 숙종 26년(1700)의 황감시에서 수위를 차지함으로
써 직부전시(直赴殿試)되어, 숙종 28년(1702) 식년시 문과에서 28세에 을과
1위[38명의 급제자 가운데 4위]로 급제했다. 사마방목의 거주지는 한성
([京])이다. 동생 가운데 이윤언(李胤彦, 1686~)이 영조 1년(1725)에 생원시
에 입격했다.

[표 25] 이방언의 주요관직

왕력(서력)	나이	품계	본직	겸직	주요활동/비고
숙종 26 1700	26				12.17./황감시 급제
숙종 28 1702	28		부사정[종7품서반직]		5.14./제수[승정원일기]
			승정원 사변가주서[정7품]		5.18./재임
			세자시강원 설서[정7품]		7.30./제수
숙종 29 1703	29		세자시강원 설서[정7품]		5.17./제수
숙종 32 1706	32		세자시강원 설서[정7품]		1.10./제수
			세자시강원 사서[정6품]		3.3./제수
				평안도 암행어사	3.5./發送
			사간원 정언[정6품]		5.28./제수
				평안도 암행어사	6.19./복명
			사간원 정언[정6품]		11.1./제수, 11.27./재임[상소]~12.15./재임
숙종 33 1707	33		사간원 정언[정6품]		2.9./제수, 3.3./재임[상소]
			사간원 정언[정6품]		3.14./제수
			병조 정랑[정5품]		9월~12월. 비변사 좌목
숙종 34 1708	34		사헌부 지평[정5품]		3.24./제수
			세자시강원 사서[정6품]		윤3.13./제수
			세자시강원 사서[정6품]		11.17./제수
숙종 36 1710	36		사헌부 지평[정5품]		3.3./제수, ~3.18./재임
숙종 37 1711	37			통신사 종사관	1.25./請對
			병조 정랑[정5품]		2월~4월. 비변사 좌목
				통신사 종사관	5.15./辭陛, 命引見

왕력 (서력)	나이	품계	본직	겸직	주요활동/비고
숙종 38 1712	38			통신사 종사관	3.9./入來就囚
숙종 39 1713	39		정랑		12.1./직첩환수[승정원일기]
숙종 40 1714	40		전 정랑		2.10./身死(別致賻)[승정원일기]

② 사행 전 사환

이방언은 숙종 28년(1702, 28세)에 직부전시로 응시한 식년시에서 을과로 급제하였는데, 당시의 전력은 통덕랑(通德郎)이었다. 따라서 이방언은 신방(新榜)이지만 분관(分館)되지 않고 바로 통의(通擬)하여 서반직 종7품인 부사정을 제수받았으며, 이어서 승정원 사변가주서, 세자시강원 설서로 재임하다가, 숙종 32년(1706)에는 정6품직인 세자시강원 사서가 되었다. 승륙하여 참상관에 제수된 것이다. 그리고 평안도 암행어사로 다녀왔으며, 이후에는 사간원 정언이 되었다. 숙종 33년에는 정5품직인 병조 정랑, 사헌부 지평 등에 제수되어 활동하였는데, 특히 언관으로서 활발한 언론활동을 하였다.

③ 통신사행

이방언은 통신사의 종사관으로 임명되어 정사 부사와 함께 숙종 37년(1711) 1월 25일 숙종을 청대하였고, 5월 15일에는 사폐하였으며, 이듬해인 숙종 38년(1712) 3월 9일에 들어왔으나 곧 바로 수금(囚禁)되었다.

④ 사행 후 활동

이방언은 숙종 39년(1713) 12월에 직첩을 환수받았지만, 숙종 40년 초에 40세의 나이로 졸하였다.

9. 1719년의 기해통신사

1) 정사 홍치중(洪致中)
[1667년(현종 8)~1732년(영조 8) / 66세]

① 가계 및 배경

홍치중의 본관은 남양(南陽)이고, 자는 사능(士能), 호는 북곡(北谷)이다.

증조부는 광해 11년(1619)의 알성시에서 갑과 1위[壯元, 3명의 급제자 중 1위]로 급제하여 평안감사, 예조참판을 지낸 홍명구(洪命耈, 1596~1637)이고, 조부는 인조 23년(1645)의 별시 문과에서 병과 1위[15명의 급제자 가운데 6위]로 급제하고 의정부 우의정까지 지낸 홍중보(洪重普, 1612~1671)이며, 부친은 진사시에 입격하고 문과를 거치지 않았으나, 음보로 관직에 나가 호조좌랑, 담양부사, 첨지중추부사 등을 역임한 홍득우(洪得禹, 1641~1700)이다. 모친은 김경여(金慶餘)[본관 未詳]의 딸이며, 처부는 이인식(李寅烒)[본관 未詳]이다.

홍치중은 숙종 25년(1699)에 33세로 생원시에 3등 62위(92/100)로 입격하고, 동시에 진사시에도 2등 19위(24/100)로 입격하였으며[양시(兩試[雙蓮])], 숙종 32년(1706)에는 40세로 정시(庭試)에서 병과 1위[探花, 7명의 급제자 중 3위]로 급제하였디. 사마방목의 거주지는 여주(驪州)이다.

[표 26] 홍치중의 주요관직

왕력 (서력)	나이	품계	본직	겸직	주요활동/비고
숙종 28 1702			창릉 참봉[종9품]		11.20./제수[승정원일기]
숙종 29 1703	36		창릉 참봉[종9품]		7.26./재임[승정원일기]

왕력 (서력)	나이	품계	본직	겸직	주요활동/비고
숙종 31 1705	39		금부 도사[종5품]		2.29./제수[승정원일기]
				감시초시2소 금란관	8.28./파직[승정원일기]
숙종 32 1706	40		승정원 가주서		3.20./재임
			예문관 검열[정9품]		4.30./제수~8.27./재임
				겸설서	9.15./제수
숙종 33 1707	41		예문관 대교[정8품]		3.7./재임[사직상소, 불청]
숙종 34 1708	42		세자시강원 사서[정6품]		6.8./제수
				홍문록[본관록]	11.12./피선[17인]
				홍문록[도당록]	11.26./피선[15인]
숙종 36 1710	44		홍문관 부수찬[종6품]		12.7./제수
			홍문관 부교리[종5품]		12.22./제수
숙종 37 1711	45		홍문관 부교리[종5품]		2.5./재임
			사헌부 지평[정5품]		2.12./제수, 2.18./재임
			홍문관 부교리[종5품]		2.19./제수, ~4.18/재임
			홍문관 교리[정5품]		7.16./제수
			홍문관 부수찬[종6품]		7.19./제수
			사간원 헌납[정5품]		8.23./제수
			홍문관 부교리[종5품]		9.14./제수~11.24./재임
숙종 38 1712	46		이조 정랑[정5품]		1.21./제수
			함경북도 북평사[정6품}		1.26./제수
			이조 정랑[정5품]		11.27./제수
				겸문학	
			홍문관 수찬[정6품]		12.18./제수
숙종 39 1713	47		홍문관 수찬[정6품]		1.11./재임
			홍문관 부교리[종5품]		1.11./제수, ~1.26/재임
			이조 정랑[정5품]		2.2./제수
			홍문관 수찬[정6품		2.8./제수
			홍문관 부수찬[종6품]		2.19./제수, 2.22./재임
			홍문관 교리[정5품]		3.10./제수
				겸사서	3.15./제수
			부사직[종5품서반직]		3.20./재임

왕력 (서력)	나이	품계	본직	겸직	주요활동/비고
				성주 안핵어사	3.27./미출발, 체직
			홍문관 부교리[종5품]		7.27./제수
			이조 정랑[정5품]		8.11./제수
				겸문학	8.16./제수
			홍문관 부응교[종4품]		8.29./제수
				겸보덕, 성주 안핵어사	9.11./제수, 차임
				성주 안핵어사	9.15./준비
			사간원 사간[종3품]		10.10./제수
숙종 40 1714	48		홍문관 부응교[종4품]		5.17./제수, 8.4./재임
				성주 안핵어사	6.9./일마치고 돌아옴
			홍문관 응교[정4품]		10.18./제수
				겸보덕	11.13./제수
		(陞拜)	승정원 승지[정3품당상]		11.25./제수[陞拜]
숙종 41 1715	49		사간원 대사간[정3품당상]		6.21./제수, ~9.27./재임
숙종 42 1716	50		승정원 승지[정3품당상]		2.12./제수
			승정원 승지[정3품당상]		윤3.20./제수
			충청도 관찰사[종2품]		5.6./제수
			경상도 관찰사[종2품]		6.5./제수, 6.24./改差
숙종 43 1717	51		전라도 관찰사[종2품]		2.8./제수, 4.29./陞辭, 재임
숙종 44 1718	52		전라도 감사[종2품]		4.18./재임
			성균관 대사성[정3품당상]		6.14./제수~12.6./재임
숙종 45 1719	53			통신사 정사	1.29./請對 世子召見
			성균관 대사성[정3품당상]		2.2./재임
				통신정사	4.11./辭赴日本 世子召見
숙종 46 1720	54			통신정사	1.24./還自日本 世子召見慰諭
		(가자)		통신정사	1.25./가자[用奉使日本勞]
			함경도 관찰사[종2품]		4.27./제수
경종 0 1720	54		홍문관 부제학		7.5./제수
			승정원 행도승지[정3품당상]		7.11./제수~7.21./재임
			홍문관 부제학		7.26./제수

왕력 (서력)	나이	품계	본직	겸직	주요활동/비고
			공조 참판[종2품]		8.7./제수
			승정원 도승지[정3품당상]		8.16./제수
			성균관 대사성[정3품당상]		9.20./제수
			홍문관 부제학		12.10./제수
경종 1 1721	55		사헌부 대사헌[종2품]		3.3./제수
			이조 참판[종2품]		윤6.5./제수
			개성 유수[종2품]		8.10./제수
			형조 판서[정2품]		11.5./제수, 12.6./체직
			홍주 목사		12.14./제수, 12.19./削黜
경종 2 1722	56			판의금부사	9.21./재임
			전 판서[정2품]		12.17./서용 청
경종 4 1724	58		지돈녕부사		2.20./제수
영조 0 1724	58			비변사 제조	12.1./제수
				지의금부사	12.8./재임
				봉상시 제조	12.12./제수
영조 1 1725	59		한성부 판윤[정2품]		1.7./제수~1.19./재임
				특진관	1.24./재임
			예조 판서[정2품]		1.26./제수, 2.14./재임
			병조 판서[정2품]		2.19./제수[特授]~8.6./재임
				빈객	2.26./제수
				판의금부사	3.3./제수[特擢]~5.18./재임
				지경연사	5.6./재임
			의정부 좌참찬[정2품]		9.12./제수~9.16./재임
			형조 판서[정2품]		10.26./제수
				판의금부사	11.10./제수~11.12./재임
				선혜청 당상	11.12./재임
			형조 판서[정2품]		11.19./제수~11.23./재임
영조 2 1726	60		의정부 우의정[정1품]		1.6./제수~5.8./재임
			의정부 우의정[정1품]	부묘도감 도제조	5.2./제수
			의정부 좌의정[정1품]		5.13./제수~12.22./재임

왕력 (서력)	나이	품계	본직	겸직	주요활동/비고
영조 3 1727	61		의정부 좌의정[정1품]		1.1./재임~윤3.1./재임
			판중추부사		윤3.10./재임~윤3.29.
			의정부 좌의정[정1품]		4.1./제수[復拜]~7.1./재임
			의정부 우의정[정1품]		7.1./제수[降爲右議政]~9.24./재임
			영부사		11.7./재임
영조 4 1728	62		판중추부사		3.18./재임[入朝 上引見慰諭] ~5.16.
			의정부 좌의정[정1품]		6.10./제수~재임
영조 5 1729	63		의정부 좌의정[정1품]		재임~6.6.
			의정부 영의정[정1품]		6.6./제수~12.10
				실록청 총재관	9.22./제수
영조 6 1730	64		의정부 영의정[정1품]		재임
영조 7 1731	65		의정부 영의정[정1품]		재임
				총호사(摠護使)	4.24./재임~8.17.
영조 8 1732	66		의정부 영의정[정1품]		재임
			의정부 영의정[정1품]		6.23./졸[졸기]

② 사행 전 사환

홍치중은 숙종 32년(1706) 40세의 나이로 정시(庭試)에서 병과 1위[탐화랑]로 급제했으며, 당시 전력은 전 도사(前都事)였다. 사실 문과에 급제하기 전인 숙종 28년(1702)에 홍치중은 창릉참봉에 제수되어 근무하였으며, 숙종 31년(1705)에는 금부도사에 제수되었다. 그런데 문과에 응시할 때에는 전해에 금부도사로서 과장의 금란관으로 근무하다가 파직된 상태였다. 그리고 문과에 급제한 후에는 한림에 단망으로 천거되어 전임사관으로 근무를 시작하였다. 숙종 32년 4월에 예문관 검열로 제수되어 재임하기 시작했으며, 다음해에는 대교로 근무하고 있음이 확인된다.

홍치중은 숙종 34년에 홍문록에 올랐으며, 이후의 사환은 탄탄대로를 달

렸다. 홍문관 부수찬·수찬·부교리·교리·부응교·응교는 물론, 사헌부와 사
간원의 대간, 이조 정랑 등의 참상관 청요직을 두루 역임하였다. 한편으로
는 1712년에 북평사(北評使)로 차출되어 백두산정계비를 세우는 데에도 참
여하였다. 당상관직은 숙종 40년(1714)에 승정원 승지로 승배하면서 시작되
었다. 이후에는 사간원 대사간, 전라도 관찰사, 성균관 대사성 등을 지내다
가 통신사 정사에 선임되었다.

③ 통신사행

홍치중이 다녀온 기해통신사는 정사 홍치중, 부사 황선, 종사관 이명언이
임명되었고, 총 사행원은 474명이었다. 홍치중은 4월 11일 진시에 부사와
종사관을 거느리고 대궐에 나아가 절하고 하직하였다. 왕세자가 존현각에
앉아 맞이하였다. 이 자리에서 홍치중 등은 차왜에게 보낼 예조의 서계를
역관이 받아가는 문제, 왜공미(倭供米)를 수급(輸給)할 때 화수(和水)의 폐단
을 신칙(申飭)하는 문제, 왜홍목(倭洪木) 수표(手標)의 매입을 금하는 문제
등에 대해 언급하고 논의하였다.[233] 세 사신은 국서를 받들고 절월을 받아,
숭례문으로 도성을 나왔으며, 관왕묘에 이르러서는 일행이 청포(靑袍)로 바
꾸어 입었고, 이날 양재역에서 잤다.

통신사 일행은 4월 11일 한성을 출발하여 5월 13일에 부산에 도착하였
고, 6월 6일에 대마로부터 조선의 사신을 호행하는 영빙참판사(迎聘參判使)
가 부산에 도착하자, 같은 달 20일에 부산을 출발하여 일본으로 향했다. 그
리고 10월 1일에는 에도[江戶]에서 의례를 통해 쇼군[將軍]에게 국서를 전달
했다. 에도에서는 10월 11일에 일본 관백의 화답 국서를 받았으며, 13일에
관백의 명으로 관반이 베푼 상마연에 참석하고, 15일에 에도를 출발했다.
다음해 1월 6일에는 대마도로부터 부산까지 송빙참판사(送聘參判使)의 호위

---

233) 『숙종실록』 권63, 숙종 45년 4월 11일(계축).

를 받아 귀국 한 후, 1월 24일에 한성으로 돌아오면서 사행을 마쳤다.

④ 사행 후 활동

사행을 다녀온 홍치중은 서울에 도착하기도 전인 숙종 46년(1720) 1월 21일 이비(吏批)에서 예조참의로 제수되었다. 그리고 서울에 도착한 다음날인 1월 25일에 숙종은 일본에 사신으로 다녀온 노고를 치하하였고, 홍치중은 가자되었다. 이후 홍치중은 부제학·이조참판이 되었으나, 경종 때 집권세력인 소론의 배척을 받아 홍주목사로 출보(黜補)되었다. 영조 즉위 후에는 예조판서로 발탁되었고, 병조와 형조의 판서를 지냈으며, 1726년(영조 2)에는 좌의정 민진원(閔鎭遠)의 천거로 우의정에 올랐는데, 노론이면서도 소론에 대한 정치적 보복에는 반대해 노론의 강경파로부터 기회주의자라는 비난도 받았다. 그러나 탕평을 추구하는 왕으로부터는 신임이 두터워 좌의정에 승진되었고, 뒤이은 정미환국으로 소론정권이 들어선 뒤에도 잠시 물러났다가 바로 복직하였다. 1729년 조문명(趙文命) 등의 탕평파가 신임옥사에 대한 시비의 절충을 꾀하자, 노론 4대신(老論四大臣)과 3수옥(三手獄) 관련자에 대한 신원문제를 구분해야 한다는 논리를 폈고, 이로써 기유처분(己酉處分)을 내리게 하였다. 이어 영의정으로 승진하였고, 노론의 온건파를 이끌고 정치에 참여함으로써, 탕평파가 주도하는 노·소론의 온건파를 중심으로 한 연합정권 구축에 크게 기여하였다. 홍치중은 영조 8년(1732) 영의정으로 재임 중에 졸하였다. 다음은 영조실록의 졸기이다.

> 영의정 홍치중이 졸하였다. 홍치중은 사람됨이 자애롭고 신실하며 침착하고 중후하여 평생토록 남을 해롭게 하거나 미워하는 행동과 급히 서두는 얼굴빛이 없었다. 다만 이해(利害)를 돌아보고 계교(計較)가 다단(多端)하여, 무릇 사정(邪正)과 현우(賢愚)의 사이에서 엄격하게 분변하지 못했기 때문에 정승(政丞)의 업적으로는 일컬을 만한 것이 없었다.234)

⑤ 기타

홍치중은 국가 재정 문제에도 큰 관심을 가져 7년여 재상으로 있는 동안 공명첩 발매의 개선책을 주장하였고, 민생고의 원인이 되는 전화(錢貨)의 부족 해소를 위한 주전의 필요성과 순목(純木)의 통용을 역설하였다. 또한 함경도 지역의 전략적 가치에 주목하여, 이 지역 출신 인물의 조화로운 등용을 통해 평소에 인심을 거둘 것을 요구하였다.

2) 부사 황선(黃璿)
[1682년(숙종 8)~1728년(영조 4) / 47세]

① 가계 및 배경

황선의 본관은 장수(長水)이고, 자는 성재(聖在), 호는 노정(鷺汀)이다. 생조부는 황휘(黃暉)이고, 증조부는 황이징(黃爾徵)이며, 조부는 황성(黃𪫷), 부친은 숙종 31년(1705)에 진사시에서 2등 9위[100명의 합격자 중 14위]로 입격하고, 동시에 생원시에도 3등 44위[100명의 합격자 중 74위]로 입격한 호조정랑 황처신(黃處信, 1658~?)이다. 모친은 이민징(李敏徵)[본관 未詳]의 딸이며, 처부는 안시량(安時亮)[본관 순흥]과 서명세(徐命世)[본관 未詳]이다.

황선은 숙종 36년(1710)에 29세로 진사시에서 3등 41위[100명의 합격자 중 71위]로 입격하고, 같은 해의 증광시 문과에서 병과 30위[41명의 급제자 중 40위]로 급제했다. 사마방목의 거주지는 한성([京])이다. 아우 황환(黃𪩘)은 영조 23년(1747)에 진사시에서 1등 4위[100명의 합격자 중 4위]로 입격했으며, 제릉참봉(齊陵參奉), 형조정랑 등을 지냈다.

---

234) 『영조실록』 권31, 영조 8년 6월 23일(무인).

[표 27] 황선의 주요관직

왕력 (서력)	나이	품계	본직	겸직	주요활동/비고
숙종 36~39			사변가주서 가주서		승정원일기
숙종 40 1714	33		승문원 저작[정8품]		4.4./제수[승정원일기]
			세자시강원 설서[정7품]		5.13./제수
			세자시강원 사서[정6품]		11.17./제수
숙종 41 1715	34		사헌부 지평[정5품]		7.7./제수~9.25.
숙종 42 1716	35		사간원 정언[정6품]		7.25./제수~8.3.
			사간원 정언[정6품]		10.18./제수~11.24.
숙종 43 1717	36		세자시강원 문학[정5품]		2.22./재임
			사헌부 지평[정5품]		4.24./제수
			사헌부 지평[정5품]		9.15./제수~11.3.
숙종 44 1718	37		사헌부 지평[정5품]		4.9./제수~5.19.
			사헌부 지평[정5품]		7.13, 9.6./제수
			사간원 정언[정6품]		11.22./제수
			사간원 헌납[정5품]		12.26./제수
숙종 45 1719	38			통신사 부사	1.29./請對 世子召見
			세자시강원 필선[정4품]		2.30./재임[연명상소]
			사헌부 집의[종3품]		3.27./제수
				통신사 부사	4.11./辭赴日本 世子召見
숙종 46 1720	39			통신사 부사	1.24./還自日本 世子召見慰諭
		(가자)		통신사 부사	1.25./가자[用奉使日本勞]
경종 0 1720	39		승지[정3품당상]		8.2./제수~8.30./파직
			참지[정3품당상]		12.19./재임
경종 1 1721	40		승지[정3품당상]		4.4./제수~12.12./유배
영조 1 1725	44				1.12./서용을 명
영조 2 1726	45		승지[정3품당상]		5.11, 6.24./제수
			형조 참판[종2품]		10.18./제수

왕력 (서력)	나이	품계	본직	겸직	주요활동/비고
영조 3 1727	46		대사간[정3품당상]		1.20./제수~2.9./재임
			경상도 관찰새[종2품]		5.29./제수~재임
영조 4 1728	47		경상도 관찰새[종2품]		재임~4.11./졸

② 사행 전 사환

황선은 숙종 36년(1710)에 증광시에서 병과로 급제했으니, 정9품의 품계를 받고 분관되어 관직생활을 시작했을 것이다. 승정원일기에서는 숙종 36년부터 39년까지 승정원의 사변가주서 또는 가주서로 근무하고 있음이 확인된다. 그리고 숙종 40년(1714) 4월에 정8품직인 승문원 저작으로 제수되었으며, 곧 바로 세자시강원 설서를 거쳐, 11월에는 정6품직인 사서에 제수되었다. 아마 그 동안의 업무수행이 인정을 받고 수월하게 승륙을 했을 것으로 짐작된다.

이듬 해인 숙종 41년에는 사헌부 지평에 제수되었으며, 이후에는 주로 사헌부의 지평과 사간원의 정언·헌납, 세자시강원 문학·필선, 병조 좌랑·정랑 등 중앙의 실무 요직에 제수되어 업무를 수행했다. 이와같이 황선이 문과에 급제한 후, 30대에 근무하고 있던 관서는 주로 세자시강원·사헌부·사간원 등으로, 요직이었다. 한편, 황선이 세자시강원에 근무할 때의 세자는 후에 경종으로 즉위하였는데, 이러한 관직 제수와 인연은 40대 이후 황선의 사환에도 영향을 미쳤을 것이다.

③ 통신사행

황선은 기해통신사의 부사로 일본에 다녀왔다. 기해사행의 통신 삼사에 해당하는 정사, 부사, 종사관의 인사가 언제 이루어졌는지는 정확히 알 수 없으나, 통신부사로 처음부터 황선이 정해진 것은 아니었다. 처음에는 1718

년(숙종 44) 9월 17일 정사효(鄭思孝)를 통신부사로 제수했다.235) 그러나 12
월 7일 사헌부에서는 일본에서 전대(專對)하는 임무, 즉 외국에 사신으로 나
간 사람이 본국과 상의 없이 임의로 물음에 대답하거나 임시로 일을 처리
하던 것은 반드시 한 시대에 가장 뛰어난 인재를 선발해야 하는데, 정사효
는 지난 경력이 이미 가벼워 물정에 맞지 않으니 통신부사에서 개차(改差)
하기를 청하였다.236) 처음에는 받아들이지 않았으나, 사흘 후에 다시 사헌
부에서 통신부사 정사효의 개차를 청하였고,237) 결국 황선으로 바뀌게 되었
다. 그런데 당시 황선은 38세의 젊은 나이였으며, 관직은 통신부사에 부합하
지 않는 낮은 직위였으므로, 사행을 떠나기 전 2개월에 걸쳐 여러 차례의 관
직 제수를 통해 종3품 관직인 세자시강원 보덕에까지 오르게 되었다.

황선은 4월 11일 정사 홍치중과 함께 대궐에 나아가 절하고 하직하였다.
국서를 받들고 숭례문으로 도성을 나왔으며, 관왕묘에 이르러서는 일행이
청포(靑袍)로 바꾸어 입었고, 이날 양재역에서 잤다. 4월 11일 한성을 출발
하여 5월 13일에 부산에 도착하였고, 6월 20일에 부산을 출발하여 일본으
로 향했다. 그리고 10월 1일에는 에도[江戶]에서 의례를 통해 쇼군[將軍]에
게 국서를 전달했으며, 10월 11일에 일본 관백의 화답 국서를 받았다. 13일
에 관백의 명으로 관반이 베푼 상마연에 참석하고, 15일에 에도를 출발했으
며, 다음해 1월 6일에는 대마도로부터 부산까지 귀국 한 후, 1월 24일에 한
성으로 돌아오면서 사행을 마쳤다.

④ 사행 후 활동

황선은 10개월에 걸친 통신사행을 다녀온 후, 그 노고에 대한 치하의 의
미로 정3품직인 장악원 정에 제수되었다. 그리고 다시 나흘 후에는 품계가

---

235) 『승정원일기』 510책(27책) 숙종 44년 9월 17일(임진).
236) 『숙종실록』 권62, 숙종 44년 12월 경술(7일).
237) 『승정원일기』 511책(27책) 숙종 44년 12월 10일(계축).

자궁(資窮)에 미치지 못했음에도 불구하고, 국왕의 특지에 해당하는 비망기(備忘記)를 통해 가자되어 당상관에 오르고, 또 다시 열흘도 지나지 않아 국왕을 측근에서 모시는 승정원 승지에 제수되었다. 황선은 통신부사의 직무 수행으로 인해 10년 만에 당상관직에 제수된 것이다. 그것도 자궁에 해당하는 통훈대부를 거치지도 않고, 곧바로 당상관 통정대부에 오르고 승지에 제수되었다.

황선이 당상관이 된 이후의 관직생활은 경종과의 인연도 중요했다. 황선은 경종의 왕세자 시절 세자시강원 근무를 통해 경종과 각별한 인연을 맺을 수 있었다. 따라서 경종이 즉위하자 다시 승지가 되어 최측근에서 근무하게 된다. 그러나 승지로 근무할 때의 직무수행으로 인해 3년 이상 유배생활을 해야만 했다. 한편, 일찍이 경종의 세자빈인 단의빈 상장 때 만장서사관으로 참여하여 상현궁을 사급 받았던 황선은 영조 2년, 경종을 종묘에 모시면서 단의왕후 신주를 옮겨 함께 모시는 부묘시에 단의왕후 제주관으로 묘주(廟主)를 쓴 공으로 가선대부로 승진했다. 황선은 경종 재위시기보다는 오히려 영조 재위시기의 관직생활이 화려했으니, 45세에 종2품으로 승서되어 재상급 관료가 되었다. 영조 3년 종2품 외직인 경상도관찰사에 제배된 황선은 다음 해에 발발한 무신란에서 경상도 지역의 난을 토벌했다. 그러나 난을 토벌한 직후인 4월 11일 47세의 나이로 갑자기 군중에서 죽었다. 다음은 영조실록에 실려있는 황선의 졸기이다.

경상도 관찰사 황선이 졸하였으니, 이때 본도(本道)에 역란(逆亂)이 막 평정되어 그 남은 무리를 제치(除治)하고 있었다. 황선은 본디 병이 없었으며, 졸한 날에도 또한 일을 보살피고 손님을 접대하며 저녁에 이르기까지도 몸이 좋았는데, 날이 어두운 뒤 된죽을 먹고 나서 조금 있다가 병이 발작하여 갑작스럽게 죽었으며, 죽은 뒤에 중독(中毒)의 증상이 많았으니, 듣는 사람들이 모두 의심하고 두려워하였다. 대신(臺臣)의 말에 따라 본영(本營)의 다비(茶婢) 및 감선(監膳) 하는 아전을 경옥(京獄)으로 잡아와서 죄를 다스려

고문(拷問)하였으나 실상을 알아내지 못하였다. 황선은 조정에 있을 때 그다지 이름이 알려지지 않았으나, 일본에 사신으로 가서 신칙(申飭)과 면려(勉勵)로 칭찬을 받았으며, 후에 큰 번병(藩屛)을 맡게 되어 영적(嶺賊)이 갑자기 창궐하였으나, 조치가 마땅함을 얻어 흉추(凶醜)를 쳐 평정하여 변란이 겨우 진정되었는데 별안간 졸하였으므로, 사람들이 혹 그가 중독되었는가를 의심하여 안핵(按覈) 조사하였으나, 마침내 실상을 알아내지 못하였던 것이다. 좌찬성으로 추증하고 시호를 '충렬(忠烈)'이라 하였다.238)

3) 종사관 이명언(李明彦)
[1674년(현종 15)~]

① 가계 및 배경

이명언의 본관은 한산(韓山)이고, 자는 계통(季通)이다. 증조부는 선조 28년(1595)에 문과에 급제하고 이조판서에까지 오른 이현영(李顯英, 1573~1642)이고, 조부는 이휘조(李徽祚)이며, 부친은 현종 3년(1662)에 문과에 급제하고 형조판서에까지 오른 이규령(李奎齡)이다. 외조부는 신량(申湸)[본관 미상]이고, 처부는 한서갑(韓瑞甲)[본관 미상]과 유봉서(柳鳳瑞)[본관 文化]이다. 유봉서(1654~1699)는 숙종 15년(1689)에 문과에 급제하고, 북평사와 교리를 지냈다.

이명언은 숙종 25년(1699)에 26세로 진사시에서 2등 18위[100명의 합격자 중 23위]로 입격하고, 숙종 38년(1712)의 정시(庭試)에서 39세로 병과 2위[19명의 합격자 중 6위]로 급제했다. 사마방목의 거주지는 한성([京])이다. 형 이명항(李明恒)이 숙종 8년(1682)에 33세로 생원시에서 3등 54위[100명의 합격자 중 84위]로 입격하고, 동시에 진사시에서도 2등 2위[100명의 합격자 중 7위]로 입격하였다[양시(兩試[雙蓮])]. 이명언은 소론(少論) 내의 급소(急少) 계열로 분류된다.

---

238) 『영조실록』 권17, 영조 4년 4월 14일(갑오).

[표 28] 이명언의 주요관직

왕력 (서력)	나이	품계	본직	겸직	주요활동/비고
숙종 32 1706	33		장릉 참봉[종9품]		1.11./제수[승정원일기]
숙종 34 1708	35		선공감 부봉사[정9품]		7.4./제수[승정원일기]
숙종 36 1710	37		상서원 부직장[정8품]		4.29./제수[승정원일기]
			상서원 직장[종7품]		7.6./제수[승정원일기]
			사복시 주부[종6품]		12.12./제수[승정원일기]
숙종 37 1711	38		형조 좌랑[정6품]		7.1./제수[승정원일기]
숙종 38 1712	39		형조 정랑[정5품]		1.17./제수[승정원일기]
			병조 정랑[정5품]		3.27./제수, 4.17./罷職現告 [승정원일기]
숙종 39 1713	40		병조 정랑[정5품]		5.21./제수·改差[승정원일기]
			강원 도사[종5품]		윤5.17./제수[승정원일기]
			사간원 정언[정6품]		9.28./제수~11.20.
숙종 42 1716	43			홍문록[본관록]	4.27./피선[17인]
				홍문록[도당록]	6.16./피선[22인]
				홍문록[도당록]	11.21./改圈,피선[12인],태거[8인]
숙종 43 1717	44				1.10./御史可合人 초계[비변사]
				어사	3.1./牌招御史被抄人
				경상좌도 암행어사	7.1./복명
			전 정언		8.2./연명상소
숙종 45 1719	46			통신사 종사관	1.29./請對 世子召見
				통신사 종사관	4.11./辭赴日本 世子召見
숙종 46 1720	47			통신사 종사관	1.24./還自日本 世子召見慰諭
			승서	통신사 종사관	1.25./陞敍[用奉使日本勞]
경종 1 1721	48		의주 부윤		6.16./재임[상소]
경종 2 1722	49		홍문관 부제학 [정3품당상]		4.5./제수
			사간원 대사간 [정3품당상]		8.2./제수~8.9./삼사복합상소, 8.15./양사합계, 8.22.
			승정원 승지[정3품당상]		9.2./제수~10.11
			배천 군수		10.13./제수,탄핵으로 체차

왕력 (서력)	나이	품계	본직	겸직	주요활동/비고
			승정원 승지[정3품당상]		10.21., 11.19./제수
			이조 참의[정3품당상]		11.26./제수
경종 3 1723	50		이조 참의[정3품당상]		1.14./탄핵
			이조 참의[정3품당상]		2.2./제수~2.20./체직
			성균관 대사성 [정3품당상]		4.13./제수
				사은사 부사	4.25./제수
				동지의금부사	6.4./재임
				사은사 부사	10.30./辭陛
경종 4 1724	51		홍문관 부제학 [정3품당상]		3.22./제수
			홍문관 부제학 [정3품당상]		윤4.26./제수
			형조 참판[종2품]		5.2./제수
			홍문관 부제학 [정3품당상]		6.4./제수
			사헌부 대사헌[종2품]		6.14./제수, 6.24./사직소[불허]~ 8.25.
				빈전 제조	8.25./제수
영조 0 1724	51		사헌부 대사헌[종2품]		8.30./재임~10.1.
				대행대왕 行狀纂輯廳 堂上	9.4./啓下
				산릉도감 당상	
			부사직		11.10./재임~12.6.
				동지경연사	11.13./제수
			사헌부 대사헌[종2품]		12.19./제수
		가의대부			12.27./3도감 賞典
영조 1 1725	52				3.27./削奪官爵 黜送門外 [壬寅請對與按獄事]
영조 3 1727	54				7.5./遠竄 죄인 석방
				진주 부사(陳奏副使)	11.17./代任←송성명[처음]
			형조 참판[종2품]		11.19./제수
영조 4 1728	55			사은진주사 부사	1.10./辭陛 上引見
				사은진주사 부사	6.14./멀리 귀양보냄
					12.29./還配島中

② 사행 전 사환

이명언은 숙종 38년(1712, 39세) 정시에서 병과 2위로 급제하였는데, 당시 방목의 전력이 정랑(正郞)이다. 승정원일기를 통해 확인해 보면, 이미 숙종 32년(1706)에 장릉 참봉[종9품]으로 제수되어 사환하기 시작했으며, 선공감 부봉사[정9품], 상서원 부직장[정8품]·직장[정7품], 사복시 주부[종6품], 형조 좌랑[정6품]을 거쳐, 과거에 급제할 당시에는 정5품직인 형조 정랑과 병조 정랑에 이르러 있었다. 따라서 문과 병과 급제로 품계가 가자되는 포상을 받았을 것으로 추측된다. 그리고 문과급제자들이 주로 진출하는 대간과 홍문관의 관직을 제수받을 수 있게 되었을 것이다.

과거에 급제한 이명언은 숙종 39년에 사간원 정언에 제수되었는데, 이후 활발한 탄핵활동을 하고 있다. 일부 그의 응지상소는 붕비(朋比)를 조장한다는 논란을 일으키기도 하였다. 이명언은 숙종 42년에 홍문록에도 올랐으며, 어사에 부합하는 인물로 뽑혀, 주로 시종신이 임명되는 암행어사로 파견되어 활동하기도 했다.

③ 통신사행

이명언은 기해 통신사 종사관에 선임되어 정사 홍치중, 부사 황선과 함께 다녀왔다. 숙종 45년 1월 29일 통신삼사가 세자를 청대하는 자리에서 이명언은 종사관임에도 잠상(潛商)으로 현장에서 붙잡힌 자는 자연히 그 죄가 있는데, 그 가운데 정범(情犯)이 더욱 무거운 자는 청컨대 곧바로 효시(梟示)하고 추후에 계문(啓聞)하게 하라고 아뢰어 허락을 받아내고 있다. 4월 11일에 통신삼사는 대궐에 나아가 절하고 하직한후, 한성을 출발하여 5월 13일에 부산에 도착하였고, 6월 20일에 부산을 출발하여 일본으로 향했다. 그리고 10월 1일에는 에도[江戶]에서 의례를 통해 쇼군[將軍]에게 국서를 전달했으며, 10월 11일에 일본 관백의 화답 국서를 받았다. 13일에 관백의 명으로

관반이 베푼 상마연에 참석하고, 15일에 에도를 출발했으며, 다음해 1월 6
일에는 대마도로부터 부산까지 귀국 한 후, 1월 24일에 한성으로 돌아오면
서 사행을 마쳤다.

④ 사행 후 활동

통신사 종사관으로 다녀온 이명언은 승진하여 서용되었다. 경종 초에는
의주부윤으로 재임하였고, 경종 2년에는 홍문관 부제학과 사간원 대사간,
승정원 승지로서 정치관료의 길을 걷기 시작했다. 특히 의주부윤에서 부제
학으로 곧바로 이루어진 인사는 이명언이 평소에 경학(經學)으로 일컬어지
지 않았는데, 만윤(灣尹)에서 곧바로 경악(經幄)의 장관(長官)에 임명되니, 물
정(物情)이 자못 옳게 여기지 않았다고 하여 조정에서 논란이 되기도 했
다.[239] 홍문관 부제학으로 재임시 이명언은 상소하여, 경종의 생모 장희빈
의 명호를 '인동부 대빈(仁同府大嬪)'으로 추숭(追崇)할 것을 발론(發論)하였
다. 그리고 사간원 대사간으로 옮긴 이후에도 수차의 언론활동을 활발하게
하고 있다.

이 시기 이명언의 당색은 소론 내에서도 급소 계열이었다. 조선후기 숙
종 초반 서인 내에서 노론과 소론이 분화되었고, 이후 경종 연간인 1721년
(경종 1)과 1722년에 있었던 신임옥사(辛壬獄事)가 전개되는 과정에서 옥사
의 처리 과정을 둘러싸고 내분이 발생하였다. 이는 상대당인 노론 세력의
처벌을 둘러싼 이견에서 비롯되었는데, 강경한 처벌 입장을 취하던 세력들
이 급소(急少)이다. 반면 노론의 처벌 대상을 주모자로 한정하자는 주장과
함께 급소의 맹주인 김일경(金一鏡)에 대해 비판적인 인사들이 완소로 구분
된다. 그리고 이들 대결 구도에서 중도적인 입장을 취하던 세력들이 준소라
분류되었다.

---

239) 『경종실록』 권7, 경종 2년 4월 5일(기미).

이명언은 승지와 이조참의를 거쳐, 성균관 대사성이 되었으며, 경종 3년에는 사은사 부사로 북경에 다녀왔다. 그리고 경종 4년에는 다시 홍문관 부제학을 거쳐서, 형조참판, 대사헌이 되었다. 영조 즉위 후에는 12월 27일에 3도감[빈전도감·국장도감·산릉도감]의 상전(賞典)으로 가의대부로 가자되었다. 그러나 영조 1년 3월에는 임인옥사 책임으로 관작은 삭탈되고 문외출송되었다. 영조 3년 7월 원찬(遠竄)한 죄인을 석방하라는 조치에 의해 하동 적소에서 석방되었으며, 영조 3년 11월 사은진주사 부사로 북경에 다녀오는 도중에 체포되어 멀리 귀양보내졌다가, 영조 13년에 절도(絶島)로 정배(定配)되었다. 그리고 영조 29년(1753)에 이르러서야 물고 죄인(物故罪人) 이명언을 석방하라는 조치가 내려졌다.

10. 1748년의 무진통신사

1) 정사 홍계희(洪啓禧)
[1703년(숙종 29)~1771년(영조 47) / 69세]

① 가계 및 배경

홍계희의 본관은 남양(南陽[唐])이고, 자는 순보(純甫), 호는 담와(澹窩)이다. 증조부는 홍처심(洪處深)이고, 조부는 홍수진(洪受晋)이며, 부친은 숙종 45년(1719) 57세에 함양군수의 전력으로 별시 문과에서 을과 1위[亞元, 10명의 급제자 중 2위]로 급제하고, 경상감사와 병조참판 등을 지낸 홍우전(洪禹傳, 1663~1728)이다. 모친은 우봉이씨로 대사헌을 지낸 이상(李翔)의 딸이고, 처부는 청풍김씨로 숙종 36년(1710)에 문과에 급제하고 이조판서를 지낸 김취로(金取魯)이다.

홍계희는 영조 1년(1725)에 23세로 진사시에서 3등 58위[100명의 합격자

중 88위]로 입격하였으며, 영조 13년(1737)에는 35세로 별시(別試) 문과에서
갑과 1위[壯元, 17명의 급제자 중 1위]로 급제했다. 사마방목의 거주지는 전
주(全州)이다.

[표 29] 홍계희의 주요관직

왕력 (서력)	나이	품계	본직	겸직	주요활동/비고
영조 10 1734			의금부 도사[종5품]		3.11./제수[승정원일기]
영조 13 1737	35				3.14./별시 전시 장원
			성균관 전적[정6품]		3.22./문과장원으로 단망제수
			병조 좌랑[정6품]		4.3./제수
			세자시강원 문학[정5품]		4.28./제수(이비)
			부사과[종6품서반]		4.28./제수(병비)
			사헌부 지평[정5품]		6.1./제수, 6.3./재임
영조 15 1739	37		사간원 정언[정6품]		11.24./제수~12.14./재임
			홍문관 교리[정5품]		12.17./제수, 12.25./삭직
영조 16 1740	38		사간원 정언[정6품]		5.2./제수
영조 17 1741	39		홍문관 교리[정5품]		1.9./제수
			홍문관 교리[정5품]		8.2./제수
			사간원 정언[정6품]		8.9./제수
			홍문관 부수찬[종6품]		9.27./제수
				북도 감진어사	10.23./재임[상소], 10.27./인견
영조 18 1742	40			북도 감진어사	1.10./계청, 1.25·27·30./召見, 2.3./상소, 6.4./재임, 9.14./복명
			홍문관 부수찬[종6품]		1.29./재임
			사간원 정언[정6품]		9.4./제수
			홍문관 부수찬[종6품]		9.15./제수
영조 19 1743	41		부사과		2.2./재임[상소], 2.13./상소
			전 어사		3.20./삭직
영조 21 1745	43		승정원 승지[정3품당상]		12.15./제수[特除]
영조 22 1746	44		승정원 승지[정3품당상]		3.2./제수, 3.21./재임

왕력 (서력)	나이	품계	본직	겸직	주요활동/비고
1746				일기청(日記廳) 당상	5.20./재임, 11.14./재임
			형조 참의[정3품당상]		11.8./재임
영조 23 1747	45			통신상사	3.21./제수
				통신상사	4.9./통신삼사인견[예단논의]
				통신상사	5.8./구 관백 예단[일본요청] 논의(講確)
				통신상사	5.12./請對[국내 사행로 設宴]
			성균관 대사성 [정3품당상]		5.29./제수, 8.5./재임, 8.6./ 仍任, 8.8./재임
				통신상사	11.9./인견, 11.28./출발
영조 24 1748	46			통신상사	윤7.30./돌아옴
				통신상사	8.5./上召見[詳問倭國事情]
			승정원 승지[정3품당상]		8.11./재임, 9.7./재임
		(가계)		통신상사	8.21./加階[循舊例也]
				동지의금부사	12.10./제수
			형조 참판[종2품]		12.25./제수
영조 25 1749	47		형조 참판[종2품]		5.13./재임
			충청도 관찰사[종2품]		7.18./제수, 8.7./인견
영조 26 1750	48		충청도 관찰사[종2품]		6.22./召還
				동지의금부사	7.2./제수
			사직	균역청 당상	7.11./신설 균역청당상[임명], 7.19, 11.23./인견
			예조 참판[종2품]		11.25./제수
			병조 판서[정2품]		12.3./제수[特擢]
영조 27 1751	49			균역 당상	1.5./소견~/재임
			병조 판서[정2품]		재임
				동지경연사	7.4./제수
				빈궁도감 당상	11.15./임명
영조 28 1752	50		병조 판서[정2품]		재임~
				삼도감 제조	1.29./포상[물품하사]
				균역 당상	2.10./재임~
			부사직		2.15./재임[상서]
			지중추부사		3.30./재임~8.23./재임
				우빈객	9.2./제수

왕력 (서력)	나이	품계	본직	겸직	주요활동/비고
			지돈녕부사		9.5./제수
				지경연사	9.22./제수
				산실청 권초관(捲草官)	10.2./賞典
				우빈객	10.17./제수
영조 29 1753	51			5릉비면 서사관	1.20., 3.23./포상
			광주 유수[종2품]		2.8./제수, 11.18./입시
영조 30 1754	52		이조 판서[정2품]		4.22./제수, 5.7./소견 ~재임
영조 31 1755	53		형조 판서[정2품]		1.26./제수~4.28./재임
				좌부빈객	6.5./제수
				지의금부사	6.23./제수
			사직		9.20./재임
			지중추부사		9.21·22./재임[待命], 11.10./재임
영조 32 1756	54			좌빈객	1.5./제수
			한성부 판윤[정2품] 경성부사		2.18./判尹洪啓禧 以不能敎子 特除鏡城府使
			전 유수		4.30./施以告身一等之律, 5.14./ 처분 취소
					윤9.23./放歸田里→停寢
영조 33 1757	55			좌빈객	1.2./제수
				예문관 제학	1.29./제수
				좌빈객	2.9./제수
				산릉도감 제조	6.5./포상
		(가자)		산릉도감 제조	7.14./상전
		숭정대부			7.15./가자
				판의금부사	7.16./제수
			병조 판서[정2품]		7.23./제수, 8.2./特罷
				판의금부사	10.28./제수
				교서관 제조	11.7./재임
				북도구관당상 (北道句管堂上)	11.13./재임
				편집당상(編輯堂上)	12.8·14./재임[列聖誌狀 御製補編 釐正發刊]
영조 34 1758	56		행사직		3.27./탄핵

왕력 (서력)	나이	품계	본직	겸직	주요활동/비고
영조 35 1759	57		이조 판서[정2품]		5.21./제수
			호조 판서[정2품]		9.13./제수
				준천 당상(濬川堂上)	10.6./제수
영조 36 1760	58		한성부 판윤[정2품]	濬川司 例兼	2.8./재임, 3.16./濬川事實
		보국숭록대부	한성부 판윤[정2품]		4.16./開川堂上, 5.28,6.2./ 재임~8.22./재임
				지경연사	4.19./재임
				약방 제조	5.26./재임
			병조 판서[정2품]		7.3./代任, 8.16.
영조 37 1761	59			예문관 제학	
				선혜청 당상	4.10./差下, 7.29./재임
				비국 당상	4.20, 8.10./재임
				균역청 당상	7.11·29./재임
				홍문관 제학	8.4./제수
			경기 감사[종2품]		11.11./제수,12.5·23·25./재임
영조 38 1762	60		경기 감사[종2품]		2.8./재임~7.23.
				비국 당상	9.4./재임
			의정부 좌참찬[정2품]		10.11./재임
				지경연사	11.8./재임
영조 39 1763	61		의정부 우참찬[정2품]		2.29./재임
			의정부 좌참찬[정2품]		5.10./제수
				예문 제학	5.16./제수
			이조 판서[정2품]		5.24./제수, 6.4./파직
			의정부 우참찬[정2품]		7.19./제수~9.12./재임
				왕세손책봉칙사 관반사	7.27./제수
				지경연사	7.28./제수
				판의금부사	8.11./제수, 8.22./재임
				예문관 제학	8.21./제수~10.4.
			의정부 좌의정[정1품]		12.2./召見
			이조 판서[정2품]		12.25./제수
영조 40 1764	62		이조 판서[정2품]		1.4./면직
			공조 판서[정2품]		3.16./재임
		보국숭록대부	공조 판서[정2품]	예문관 제학[종2품]	3.27./(兼職) 越三階之職 難以

왕력 (서력)	나이	품계	본직	겸직	주요활동/비고
		[정1품하]		세손강서원 빈객[종2품]	仍帶 請解之:并遞→勿遞[權設]
			예조 판서[정2품]		5.15./재임, 5.16./파직
			한성부 판윤[정2품]		10.26./제수, 11.11./재임
영조 41 1765	63			판의금부사	윤2.25./제수
			지중추부사		4.7./재임~5.30./致仕請[不允]
				지경연사	6.2./致仕請[不許]
				司譯院 提擧	6.18./曉解漢語로 特差
			지중추부사		10.16./復申乞骸之請 上以手 書答之 仍許其請 命親臨宣麻
			봉조하		10.18./몸소 선마 誥命 내림
영조 43 1767	65		봉조하		
영조 44 1768	66		봉조하		
영조 45 1769	67		봉조하		
영조 46 1770	68		봉조하		
영조 47 1771	69		봉조하		10.13./졸[졸기]

② 사행 전 사환

홍계희는 영조 1년(1725, 23세)에 진사가 된 후 성균관에서 수학하면서 영조 2년부터 이미 관학유생의 소두로 상소를 올리고 권당을 주도하는 등 활발한 할동을 하였다. 그리고 문과에 급제하기 3년 전인 영조 10년에 이미 종5품 관직인 의금부 도사에 제수되었다. 게다가 영조 13년의 별시문과에서 는 장원급제하였다. 따라서 이후의 관직생활은 청요직이 보장되어 있었다.

문과 장원이었기 때문에 영조 13년에 정6품직인 성균관 전적에 단망으로 올라 제수되었으며, 이어 병조 좌랑, 세자시강원 문학, 사헌부 지평 등으로 옮겨 제수되었다. 영조 15년에는 사간원 정언이 되었고, 우의정 조현명(趙顯命)의 천거로 교리로 특진되었으며, 이어 수찬을 거쳐, 1742년에는 북도감

진어사(北道監賑御史)로 파견되어 함경도의 진휼정책을 살폈다. 이듬해 다시 북도별견어사로 파견되었는데, 이 때 그 지방의 지형과 물정을 상세히 수록한 지도를 작성하여 복명해 영조의 칭찬을 받았다. 그리고 좌의정 송인명(宋寅明)의 추천으로 공조참의가 되었다. 그러나 1743년 부사과로 있으면서 함경감사 박문수(朴文秀)의 부정 혐의를 탄핵했다가, 당색으로 공격했다는 의심을 받아 삭탈당했으며, 이듬해 다시 승지로 특채되었다.

③ 통신사행

홍계희는 일본 막부의 9대 장군 도쿠가와 이에시게[德川家重]의 승습을 축하하기 위한 통신상사(通信上使)로 뽑혀, 부사 남태기(南泰耆), 종사관 조명채(曹命采) 등 일행 500여 명을 이끌고 일본에 다녀왔다. 무진통신사행은 많은 우여곡절 끝에 1747년 11월에 사폐(辭陛)하고, 1748년 3월에 배를 타고 출발하였으며, 5월에 왜도(倭都)에 도착하여 예폐(禮幣)를 전하였고, 윤7월 30일 돌아와 복명하였다. 그런데 사행 도중에도 일본 악포에서 부사선이 실화로 불에 타는 등 많은 어려움이 있었다.

④ 사행 후 활동

사행에서 돌아온 홍계희는 관례에 따라 품계를 더하여 가계되었다. 그리고 형조참판이 되고, 영의정 김재로(金在魯)의 청으로 비변사 당상을 겸하였다. 1749년 충청도관찰사로 나갔으며, 이때 시무의 능력을 인정받아 다음해 병조판서로 발탁되었다. 그리고 영의정 조현명과 함께 균역법 제정을 주관해「균역사목(均役事目)」을 작성하여 시행하였다. 그러나 균역법이 시행상 문제가 많다는 중신들의 비난을 받고 지중추부사로 물러났다가 광주유수(廣州留守)로 전출되었다. 1754년 이조판서로 재기용된 이후에는 형조·병조·호조의 판서 및 예문관 대제학을 역임하였다. 그리고 1762년 경기도 관

찰사로 있으면서 사도세자(思悼世子)의 잘못을 고변케 함으로써 세자가 죽
게 되는 계기를 마련하였다. 그 뒤 이조·예조의 판서를 거쳐, 판중추부사로
서 봉조하(奉朝賀)가 되었다. 다음은 영조가 홍계희에게 직접 선마 고명을
내린 실록의 기사이다.

> 임금이 경현당(景賢堂)에 나아가 봉조하 홍계희에게 몸소 선마의 고명(誥
> 命)을 내렸다. 하교하기를, "선마는 송나라에서 시작되었는가?" 하니, 연신
> (筵臣)이 말하기를, "당나라 때부터 있었는데, 옛날에는 교지(敎旨)를 내릴 때
> 마다 선마하였습니다." 하였다. 임금이 홍계희에게 앞으로 나아오라 명하
> 여 창연(悵然)한 뜻으로 유시하고, '경의 사은하는 것을 보니 내 마음이 서
> 운하다.[見卿謝恩予心悵然]'는 여덟 자를 손수 써서 하사하였다.240)

봉조하가 된 홍계희는 이후 6년간 봉조하로 지내다가 영조 47년(1771)
10월에 69세로 졸하였다. 다음은 실록의 졸기이다.

> 봉조하 홍계희가 죽었다. 임금이 애석하게 여겨 슬퍼하며 친히 제문(祭
> 文)을 지어서 내렸다. 홍계희는 스스로 유문(儒門)에 출입하며 문자(文字)를
> 저술하기를 좋아한다고 일컬었으나, 일찍이 자신의 친지(親知)에게 탐람(貪
> 婪)하다고 논박받았다. 이때에 이르러 그 아들 홍지해의 영변의 임소에
> 서 죽었다.241)

⑤ 기타

일본에 통신사로 다녀온 홍계희는 유학자로 자처했으나 시무에 밝고 경
세치용(經世致用)에 많은 관심을 보인 개혁 실천주의자였다. 그의 개혁관은
1749년 충청도관찰사를 지내며 올린 시폐개혁안에 잘 나타나 있는데, 과거

---

240) 『영조실록』 권106, 영조 41년 10월 18일(경신).
241) 『영조실록』 권117, 영조 47년 10월 13일(경진).

제를 철폐하고 명나라의 관리 임용제도의 도입을 주장한 「과제조(科制條)」,
한천소시(翰薦召試)의 철폐와 대간제도의 개선책을 제시한 「관제조(官制條)」,
5군영을 철폐하고 훈련도감과 어영청만을 두되, 정병(正兵)의 수를 늘리자
는 군제조(軍制條)」, 양역(良役)의 모순을 시정하려 한 「균역조(均役條)」 등
네 가지 안건이 담겨 있다. 이 중 세 가지는 조신(朝臣)들에 의해 모두 거절
되고, 군역조만이 주목을 받았다. 이것은 양역의 폐단이 양반이 역을 맡지
않는 데 있다고 보았다. 따라서 민생 구제와 국가 재정의 확보를 위해, 과거
에 급제하지 못한 양반에게 군포(軍布)를 내게 해 양역에 충당하자는 유포
론(遊布論)을 제기했다. 이 개혁안은 사림의 맹렬한 비난으로 취소되고, 대
신 경제력을 나타내는 전결(田結)에 부과되는 결포론(結布論)으로 변질되었
다. 그러나 이 결포제조차도 대부분 지주 관료층의 반대로 실현되지 못하
고, 결국 토지 1결에 2두(斗)의 결미(結米) 내지 결전(結錢)의 형태로 균역법
에 부분 반영되었다.

또한 홍계희는 음운도 홍무정운을 따르는 한음이 아니라, 당시의 속음을
중시하였다. 이는 당대의 유학자들에게 비판의 대상이 되기도 했다.[242]

2) 부사 남태기(南泰耆)
[1699년(숙종 25)~1763년(영조 39) / 65세]

① 가계 및 배경

남태기의 본관은 의령(宜寧)이고, 자는 낙수(洛叟), 호는 죽리(竹裏)이다.
증조부는 인조 14년(1636)의 별시(別試)에서 을과 2위[探花, 11명의 급제자
중 3위]로 급제하고 경상도 감사를 지낸 남훤(南翧, 1609~1656)이고, 조부는
남상훈(南尙熏)이며, 생부는 남근명(南近明)이고, 입후한 부친은 남달명(南達
明)인데, 형제가 모두 숙종 22년(1696)의 진사이다. 모친은 유이승(柳以升)

---

242) 『영조실록』 권110, 영조 44년 4월 24일(신사).

[본관 미상]의 딸이며, 처부는 이만휘(李萬徽)[본관 미상]이다.

남태기는 영조 8년(1732)에 34세로 정시(庭試) 문과에서 을과 1위[亞元, 10명의 급제자 중 2위]로 급제했는데, 거주지는 미상이다. 남태기의 본생가 동생들도 문과에 급제했는데, 이들의 거주지는 남태계(南泰堦)는 한성([京]) 이고, 남태회(南泰會)와 남태저(南泰著)의 거주지는 충원(忠原-충주)이다.

[표 30] 남태기의 주요관직

왕력(서력)	나이	품계	본직	겸직	주요활동/비고
영조 8 1732	34			가주서[차정]	10.20.이후/[승정원일기]
			부사정[종7품서반직]		10.22./군직제수
영조 9 1733	35		부사정	가주서	[승정원일기]
영조 10 1734	36		부사정	가주서	[승정원일기]
			승문원 부정자[종9품]	가주서	6.21./단망제수[승정원일기]
영조 11 1735	37		승정원 주서[정7품]		7.5./新제수[승정원일기]
				기사관	7.11./재임
영조 12 1736	38		승정원 주서[정7품]	기사관	[승정원일기]
영조 13 1737	39		사간원 정언[정6품]		8.14./제수
영조 15 1739	41		사헌부 지평[정5품]		12.23./제수
영조 16 1740	42		사헌부 지평[정5품]		1.11./재임[상소]
			사간원 정언[정6품]		8.12./제수
			사간원 정언[정6품]		10.16./제수
영조 18 1742	44		사간원 정언[정6품]		4.10./제수, 4.21./상소
			사간원 정언[정6품]		8.5./제수
영조 19 1743	45		북평사		2.14./재임
			사간원 정언[정6품]		5.20./제수, 5.26./상소
영조 20 1744	46		사헌부 지평[정5품]		6.14./재임
영조 21 1745	47		사헌부 장령[정4품]		9.4./제수

왕력 (서력)	나이	품계	본직	겸직	주요활동/비고
영조 22 1746	48		보덕		9.3./제수
영조 23 1747	49			통신사 부사	3.21./제수
			사헌부 집의[종3품]		7.25./제수
			사헌부 집의[종3품]		8.12./제수
			세자시강원 필선[정4품]		8.23./제수
			사헌부 집의[종3품]		8.27./제수
				통신사 부사	11.9./삼사 인견
				통신사 부사	11.28./삼사 출발
영조 24 1748	50			통신사 부사	3.1./선박 화재
			세자시강원 필선[정4품]		윤7.6./제수
				통신사 부사	윤7.30./돌아옴
		(加階)		통신사 부사	8.21./가계:循舊例
			동부승지[정3품당상]		9.17./제수
			강계 부사		12.14./재임[탄핵 체차]
영조 26 1750	52		승지[정3품당상]		2.3./제수
				참핵사(參覈使)	4.14./제수[時有犯越之變]
			승지[정3품당상]		9.16·24, 11.23, 12.15./재임
영조 28 1752	54		승지[정3품당상]		1.11·29./재임
			의주 부윤		2.4./제수, 6.10./재임
영조 29 1753	55		의주 부윤		2.21./재임
			사간원 정언[정6품]		10.27./제수, 11.7./재임
영조 31 1755	57		대사간[정3품당상]		1.26./제수
			부총관		4.4./제수[特除←승지]
			황해도 감사[종2품]		8.20./제수[特授], 8.25./인견, 10.20./파직
영조 32 1756	58		도승지[정3품당상]		12.21./제수
영조 38 1762	64		예조 판서[정2품]		2.11./개정
영조 39 1763	65		한성부 판윤[정2품]		1.27./제수
			전 판서		3.24./졸

② 사행 전 사환

남태기는 영조 8년(1732, 34세) 정시에 을과 1위로 급제했으며, 이후 승정원의 가주서, 또는 사변가주서로 차정되어 근무했다. 그리고 본직이 없었기 때문에 군직인 부사정에 제수되었다. 영조 10년 승문원 부정자에 제수되었지만, 여전히 가주서에 차정되고 있다. 아마 문과에 급제한 이후의 분관은 승문원이었던 것으로 추측된다. 영조 11년에 이르러서 정7품 주서로 제수되었으며, 기사관을 겸직하기 시작했다.

영조 13년(1737)에는 참상관으로 승륙하여 사간원 정언이 되었으며, 이후에는 사간원 정언과 사헌부 지평·장령으로 재임하다가, 통신사 부사에 제수되었다. 참상관 관직으로 재임하면서 외직은 전라도 도사와 함경북도 병마평사에 나갔다. 1743년(영조 19) 함경북도 병마평사(兵馬評事)로 나갔을 때에는 북관(北關: 함경도) 지방에 편의한 점 13가지를 상소하여 영조가 가납(嘉納)하였다. 그 내용은 길주를 경성으로 옮겨서 1진(鎭)으로 만들고, 함주(咸州:함흥) 이북 지방에는 동전(銅錢)을 사용하는 것을 금지하고, 청나라 만주족과 교역하는 개시(開市)의 절목(節目)을 개정하는 것 등이었는데, 비변사에서 시행하기 어렵다고 반대하였다.

③ 통신사행

남태기는 1747년 말에 일본 통신사의 부사에 임명되어, 상사 홍계희, 종사관 조명채와 함께 배를 타고 일본 에도[江戶]로 떠났다. 그런데 1748년(영조 24) 통신사 일행의 배 가운데 부사(副使) 남기태가 탄 배에서 불이 일어나서 인삼(人蔘)과 부용향(赴蓉香) 등 예물이 모두 타버려서 어려움을 겪었다.[243] 일본에서 돌아와서, 부사 남태기가 동래(東萊)에서 대죄(待罪)하자, 영조가 남태기를 용서하고, 품계(品階)를 더하여, 다시 동부승지로 발탁하였다.

---

243) 『영조실록』 권67, 영조 24년 3월 1일(을유).

④ 사행 후 활동

사행에서 돌아온 남태기는 관례에 의해서 가계(加階)되었고, 정3품 당상
관인 동부승지에 제수되었다. 그리고 1748년 12월에 강계부사에 보외되었
으나, 탄핵을 받아 체차되고 다시 승지가 되었다. 승지로 재임 중인 영조 26
년(1750) 4월에는 범월지변으로 참핵사에 제수되었다. 그런데 당시 남태기
가 참핵사에 제수되자 정언 이현중이 다음과 같은 내용의 상소를 했다.

> "참핵사(參覈使)로 남태기(南泰耆)를 차송하게 된 것은 대조(大朝)에서 특별
> 히 발탁한 데서 나온 것이나, 혹 얼굴만 보고 사람을 고른 실수가 있을까
> 걱정스럽습니다. 남태기는 이미 시험해 본 사람입니다. 남쪽의 배가 불에
> 탄 것은 비록 예기치 않았던 화재로 인한 것이라고 핑계댈 수 있지만, 역
> 시 아랫 사람을 삼가 단속하지 않은 실수 때문이라고도 할 수 있습니다.
> 국경 밖에서 임기 응변하는 데에 혼자 맡기는 것은 어려울 듯하니, 원하건
> 대, 대조께 여쭈어 따로 감당할 만한 사람을 구하게 하소서."[244]

그러나 왕세자는 이에 대해 협잡이라고 답하였다. 통신사행의 통신선 화
재사건은 이와 같이 남태기의 진로를 방해하고 있었다. 남태기는 승정원 승
지로 재임하는 동안 승정원일기의 유실된 것을 발견하고 이에 대한 보완대
책을 강구하기도 했다.[245]

영조 28년(1752) 2월에는 의주부윤에 제수되었다. 그리고 다음해에 의주
부윤 남태기는 이곳 백마산성의 외성을 수축하여, 국경 방어를 튼튼하게 만
들었을 뿐만 아니라, 황무지 양하(楊下)에 둔전을 설치하여 수천 석의 곡식
을 거두어, 변방의 백성들을 편안하게 만들었다. 영조 31년(1755)에는 대사
간에 임명되어, 소론 잔당의 괘서 사건이 일어나자, 소론의 대신 이광좌·조
태억·최석항 등이 그 와주(窩主)라고 지목하여 역률을 적용할 것을 주장하

---

244) 『영조실록』 권71, 영조 26년 4월 22일(갑오).
245) 『영조실록』 권74, 영조 27년 12월 15일(정미).

다가 파직당했다. 그러나 좌승지로 발탁되어, 오위도총부 부총관을 겸임하였고, 이어 황해도 감사로 나갔다. 당시 황해도에서 청나라 사신을 잘 대접하지 못했다는 이유로 감사 김양택을 파직하고, 대신 남태기를 특별히 제수한 것이다.246) 그러나, 귀양 가는 자의 선처를 상소하였다가, 영조의 노여움을 사서 파직당했다.

남태기는 영조 32년(1756) 12월에 도승지가 되어 1년간 재임하다가, 다음해 10월 형조 참판이 되었고, 영조 34년에는 한성부 우윤·좌윤을 거치고, 36년 5월 병조참판이 되었다. 영조 38년(1762)에는 예조 판서에 임명되어, 내의원 제조를 겸임하였으나, 동생 남태회로 인하여 대간의 탄핵을 받고 사직하였다.247) 그리고 영조 39년(1763) 한성부 판윤으로 제수되었으나, 그해 3월 24일에 향년 65세로 졸하였다.

3) 종사관 조명채(曹命采)
[1700년(숙종 26)~1764년(영조 40) / 65세]

① 가계 및 배경

조명채의 본관은 창녕(昌寧)이고, 자는 주경(疇卿), 호는 난재(蘭齋)이다. 증조부 조한영(曹漢英)은 인조 15년(1637)의 정시(庭試) 문과에서 갑과 1위[壯元, 11명의 급제자 중 1위]로 급제하고 관직은 경기도관찰사, 예조참판, 한성부 우윤 등을 지냈으며, 하흥군(夏興君)에 봉해졌다. 조부 조헌주(曹憲周)는 숙종 5년(1679)의 생원이며, 부친은 조하성(曹夏盛)이다. 모친은 남원윤씨로 숙종 4년(1678)에 문과에 급제하고 황해도 관찰사를 지낸 윤반(尹攀)의 딸이고, 처부는 이기조(李箕朝)[본관 未詳]이다. 조명채는 영조 12년(1736)에 37세로 정시(庭試) 문과에서 병과 4위[10명의 급제자 중 1위]로 급

---

246)『영조실록』권85, 영조 31년 8월 20일(신유).
247)『영조실록』권99, 영조 38년 2월 11일(을해).

제했으며, 거주지는 미상이다.

[표 31] 조명채의 주요관직

왕력 (서력)	나이	품계	본직	겸직	주요활동/비고
영조 12, 13, 16				가주서, 사변가주서	10.1./차정[승정원일기]
영조 16 1740			기린 찰방[종6품]		2.19./제수[승정원일기]
영조 17 1741	42		기린 찰방[종6품]		5.9./재임[승정원일기]
			세자시강원 설서[정7품]		10.20./제수
			사간원 정언[정6품]		11.24./제수, 11.27./재임
			전 정언		11.29. 11.30./파직불서
영조 19 1743	45		사간원 정언[정6품]		4.22./제수
			사헌부 지평[정5품]		11.21./제수
영조 21 1745	46		사헌부 지평[정5품]		2.18./제수, 2.23./상소
영조 22 1746	47		사헌부 지평[정5품]		3.25./제수
영조 23 1747	48		홍문관 부교리[종5품]		2.10./제수
			홍문관 수찬[정6품]		3.11./제수
				통신사 종사관	3.21./제수
			사간원 헌납[정5품]		9.2./제수
			홍문관 수찬[정6품]		9.3./제수
			사간원 헌납[정5품]		9.6./제수
			세자시강원 문학[정5품]		9.14./제수
			홍문관 교리[정5품]		10.26./제수
				통신사 종사관	11.9./통신삼사 인견
				통신사 종사관	11.28./통신삼사 출발
영조 24 1748	49		홍문관 수찬[정6품]		윤7.6./제수
				통신사 종사관	윤7.30./통신삼사 돌아옴
		(가자)	(승서)	통신사 종사관	8.21./통신삼사 포상 [조명채 승서, 가자]
			세자시강원 필선[정4품]		9.3./제수
			승정원 승지[정3품당상]		9.19./제수

왕력 (서력)	나이	품계	본직	겸직	주요활동/비고
			승정원 승지[정3품당상]		10.11./제수
			승정원 승지[정3품당상]		11.5./제수
영조 25 1749	50		승정원 승지[정3품당상]		2.14./제수
			사간원 대사간[정3품당상]		4.29./제수
영조 26 1750	51		사간원 대사간[정3품당상]		2.9./제수, 2.18./재임, 2.22./상소
			승정원 승지[정3품당상]		7.6./제수, 8.20, 9.10./재임
영조 27 1751	52		황해도 관찰사[종2품]		1.4./제수, 4.11./상서
영조 28 1752	53		황해도 관찰사[종2품]		
			이조 참의[정3품당상]		10.3./제수, 10.6./균역으로 황해 감사 위임
			황해도 관찰사[종2품]		10.16./재임
영조 29 1753	54		성균관 대사성[정3품당상]		4.28./제수
			승정원 승지[정3품당상]		6.25./제수
		(가자)		書寫官兼讀册官	12.27./포상
영조 30 1754	55		예조 참판[종2품]		1.11./제수
			승정원 승지[정3품당상]		5.7./제수
			승정원 도승지[정3품당상]	동지경연사	6.17./동지경연사 제수→감하
			승정원 도승지[정3품당상]		7.4./체차
			이조 참판[종2품]		8.3./제수
영조 31 1755	56		예조 참판[종2품]		4.28./제수
영조 33 1757	58		사헌부 대사헌[종2품]		5.22./제수
영조 36 1760	61		이조 참판[종2품]		6.16./제수
영조 37 1761	62	가의대부		내국 부제조	4.7./資嘉義以藥院之勞也
			승정원 도승지[정3품당상]		4.12./체차
영조 38 1762	63		승정원 승지[정3품당상]		6.9./제수, 6.29./削黜, 8.3./석방, 8.26./취소
				비국 당상	12.29./復差備堂
영조 39 1763	64		한성부 우윤[종2품]		7.19./제수
			사헌부 대사헌[종2품]		11.11./제수
			한성부 좌윤[종2품]		12.10./제수

왕력 (서력)	나이	품계	본직	겸직	주요활동/비고
영조 40 1764	65		전 참판		11.17./졸

② 사행 전 사환

조명채는 영조 12년(1736, 37세) 정시에 병과로 급제했다. 전력이 통덕랑인 것으로 보아 이미 대가(代加)를 통해 관계를 받았을 것으로 추측된다. 문과에 급제하자 수년간 주로 승정원의 가주서 또는 사변가주서에 차정되었다. 그리고 영조 16년에 종6품 외관직인 기린찰방에 제수되어 근무하였다. 영조 17년에는 세자시강원 설서가 되었다가, 정6품의 사간원 정언에 제수되었다. 이후에는 사간원과 사헌부, 그리고 홍문관의 참상관직에 근무하다가, 영조 23년에 통신사 종사관에 차정되었다.

③ 통신사행

조명채는 영조 23년 3월 21일 통신사 종사관으로 차정되었고, 11월 9일에 상사 부사와 함께 흥정당에서 영조를 알현하였다. 통신삼사는 11월 28일에 출발하여 이듬해인 영조 24년 윤7월 30일에 돌아왔다.

④ 사행 후 활동

통신사행에서 돌아온 종사관 조명채는 영조 24년 8월 21일 포상으로 승서(陞敍)하고 가자되었다. 이후에는 9월 3일에 세자시강원 필선에 제수되었다가, 9월 19일에 당상관직인 승정원 승지가 되어 이듬해 봄까지 근무하였다. 영조 25년 4월에는 대사간에 제수되어 근무하다가 다시 승정원 승지를 거쳐, 영조 27년에는 황해도 관찰사로 보외되어 근무한 후, 28년 10월에 이조 참의로 특별히 발탁되어 제수되었으나, 균역법의 시행으로 인해 계속 황해도 관찰사에 유임되었다. 2년간에 걸친 황해도 관찰사를 지낸 후에는 성균관 대사성, 승정원 승지, 예조 참판을 지냈고, 영조 30년 6월에는 도승지가 되었다.

그러나 7월에 승지들의 휴가 문제로 도승지에서 체차되었다. 도승지가 으레 휴가를 청하는 정고(呈告)를 관장하였는데, 승지 이득종(李得宗)과 이수득이 정고를 올려 달라고 조명채에게 청하였는데, 조명채가 청하는 데에는 선후가 있다 하여 이득종의 정사(呈辭)를 먼저 봉입(捧入)하였다. 그래서 이수득이 상서하여 다투자, 조명채가 대변(對辨)하였는데, 영조가 이를 듣고 하교하기를, "도승지는 한 원(院)의 장관인데, 이수득이 먼저 소란을 일으켜 체통을 손상하였으니, 파직하도록 하라. 조명채는 장관이 된 몸으로 하찮은 일 때문에 스스로 사체를 무너뜨렸고 장주(章奏)하는 사이에 가리지 않은 말이 많았으니, 또한 그 벼슬을 체차하도록 하라."고 하였다.[248]

그러나 도승지에서 체차된 후에는 8월에 이조 참판에 제수되었고, 다음 해인 영조 31년(1755)에는 예조참판에 제수되었으며, 북도에 거주하고 있는 향화인(向化人) 자손들의 성관(姓貫)을 사출(査出)하여 성책(成冊)하여야 할 중요한 사명을 맡았다. 영조 33년에는 다시 사헌부 대사헌이 되었다.

영조 36년에는 이조 참판으로 내국 부제조를 맡아서 수행한 공으로 가의대부에 가자되었고, 이어 승정원 도승지가 되었다. 그러나 1762년 사도세자(思悼世子) 사건 때에는 옥사와 관련하여 국문을 당하였다가 곧 풀려났다. 그러나 이때 이조에서 오랫동안 관직에 의망하지 않았기 때문에 영조는 조명채를 특별히 비국 당상에 차임하여 차대(次對)에 참여토록 하였다.[249] 그리고 한성부 우윤, 대사헌, 좌윤 등에 제수되었다가, 2년 후인 영조 40년에 졸하였다. 영조는 전 참판 조명채가 졸하였다는 말을 듣고는 그가 사신으로 오고 간 바다를 건너던 노고를 생각하고 측은히 여겨, 그의 아들이 상복을

---

248) 『영조실록』 권82, 영조 30년 7월 4일(신사).
249) 『영조실록』 권100, 영조 38년 12월 29일(정사).

벗을 때를 기다려 녹용하라고 명하였다.250)

11. 1763년의 계미통신사[갑신통신사]

1) 정사 조엄(趙曮)
[1719년(숙종 45)~1777년(정조 1) / 59세]

① 가계 및 배경

조엄의 본관은 풍양(豊壤)이고, 자는 명서(明瑞), 호는 영호(永湖)이다. 증조부는 조중운(趙仲耘)으로 효종 5년(1654)에 생원시에 입격했으며, 조부는 조도보(趙道輔), 부친은 숙종 36년(1710)에 30세로 증광시 문과에서 병과 25위(35/41)로 급제하고, 이조판서를 지낸 조상경(趙商絅)이다. 모친은 부평(富平) 이씨로 진사 이정태(李廷泰)의 딸이며, 처부는 풍산홍씨로 숙종 44년(1718)에 정시(庭試)에서 갑과 1위[壯元, 13명의 급제자 중 1위]로 급제하고 예조판서를 지낸 홍현보(洪鉉輔)의 딸이다.

조엄은 영조 14년(1738)에 20세로 생원시에 3등 64위[100명의 합격자 중 94위]로 입격했으며, 영조 28년[1752]에 34세의 세자익위사 시직(世子翊衛司 侍直)의 전력으로 정시(庭試)에서 을과 2위[探花, 25명의 급제자 중 3위]로 급제했다. 조엄의 사마방목 거주지는 한성([京])이다. 형 조돈(趙暾)은 영조 16년(1740)에 문과에 급제하여 이조판서까지 지냈으며, 동생 조정(趙정)은 영조 44년(1768) 50세의 나이에 생원으로 식년시에서 갑과 1위[壯元, 57명의 급제자 중 1위]로 급제하여 이조참의까지 지냈다. 조엄은 생원시에 입격한 후 성균관에서 공부할 때, 관학 유생 들이 선정신(先正臣) 송시열·송준길을 효종의 묘정(廟庭)에 배향하기를 청하는 상소를 주도하기도 했으며,251)

---

250) 『영조실록』 권104, 영조 40년 11월 17일(갑자).

부친 조상경은 영조의 특별한 지우(知遇)를 입고 있었다고 한다.252)

[표 32] 조엄의 주요관직

왕력(서력)	나이	품계	본직	겸직	주요활동/비고
영조 24 1748			내시 교관		승정원일기
영조 25 1749			세자익위사 시직 [정8품서반직]		승정원일기
영조 28 1752			사변가주서, 가주서		승정원일기
영조 29 1753	35		병조 정랑[정5품]		2.26./제수[승정원일기]
			사간원 정언[정6품]		4.13./제수
			세자시강원 사서[정6품]		11.23./제수
영조 30 1754	36		홍문관 수찬[정6품]		10.23./제수[特除], 10.30./재임~11.28.
영조 31 1755	37		사헌부 지평[정5품]		1.26./제수, 2.6./상서
			전 지평		2.11./刊名仕版 放歸田里
			전 수찬		9.10./표리하사
			홍문관 부수찬[종6품]		9.28./제수, 10.8./상서
			홍문관 교리[정5품]		10.16./제수[特除], 12.28./재임
영조 32 1756	38			충청도 어사	3.12./입시, 3.17./召見
			홍문관 수찬[정6품]		3.20./제수
			의정부 검상[정5품]		5.17./제수
			홍문관 부교리[종5품]		7.12./재임
영조 33 1757	39		홍문관 교리[정5품]		4.28./제수
			동래 부사		7.16./제수, 10.23./장계
영조 34 1758	40		동래 부사		1.5./재임~6.25.
			경상 감사[종2품]		12.12./제수
영조 36 1760	42		사헌부 대사헌[종2품]		1.16./제수
			홍문관 부제학[정3품당상]		12.19./제수
영조 37 1761	43		홍문관 부제학[정3품당상]		8.26./제수

251) 『영조실록』 권51, 영조 16년 6월 13일(임오).
252) 『영조실록』 권55, 영조 18년 3월 28일(정해).

왕력 (서력)	나이	품계	본직	겸직	주요활동/비고
영조 38 1762	44		이조 참의[정3품당상]		1.13./제수
			승정원 승지[정3품당상]		4.2./제수
				비국 당상	5.6./재임
			이조 참의[정3품당상]		6.20./제수
			사간원 대사간[정3품당상]		9.27./제수
			이조 참의[정3품당상]		10.27./제수
영조 39 1763	45		홍문관 부제학[정3품당상]		3.3./제수, 3.5·13./차자
			이조 참의[정3품당상]		3.23./대임←정존겸 파직
				통신사 정사	7.13./대임←정상순 정배
				통신사 정사	7.14./예단 지급문제 계
				통신사 정사	7.24./삼사 소견
				통신사 정사	8.3./삼사 사폐
영조 40 1764	46		사간원 대사간[정3품당상]		7.6./제수
		(가자)		통신사 정사	7.8./삼사 召見, 가자
			승정원 도승지[정3품당상]		7.16./제수
			한성부 우윤[종2품]		7.25./제수
			한성부 좌윤[종2품]		8.2./재임
			공조 참판[종2품]		9.1./제수
			형조 참판[종2품]		11.7./제수[特授]
영조 41 1765	47		사헌부 대사헌[종2품]		3.10./제수
			예조 참판[종2품]		5.2./제수
영조 42 1766	48		홍문관 부제학[정3품당상]		5.21./特除-又不膺命, 삼수 유배, 6.7./ 방면, 8.16./서용
			공조 참판[종2품]		11.23./제수
영조 43 1767	49			동지춘추관사	1.18./재임
			이조 참판[종2품]		2.19./제수, 5.16./삭직
			호조 참판[종2품]		5.27./제수
			성균관 대사성[정3품당상]		8.29./제수~10.2./재임
			사간원 대사간[정3품당상]		11.9./제수[特除]←이조참판
			한성부 우윤[종2품]		11.23./제수
영조 44 1768	50		한성부 우윤[종2품]	선혜청 당상	2.9./差下
			법성첨사		4.29./보임, 6.18./→내직
				동지경연사	6.20./제수
				함경도 구관 당상	8.29./재임

왕력 (서력)	나이	품계	본직	겸직	주요활동/비고
				균역청 당상	10.23./재임
				내국 부제조	11.26./제수
			이조 참판[종2품]		11.27./제수
				선혜청 당상	12.1./還差
			동지돈녕부사		12.18./제수
영조 45 1769	51		성균관 대사성[정3품당상]		2.15./제수
			지돈녕부사		2.18./제수
			호조 참판[종2품]		8.28./제수
영조 46 1770	52		공조 판서[정2품]		1.18./승진제수
			이조 판서[정2품]		3.14./제수
				홍문관 제학	5.12./제수
			평안도 감사[종2품]		5.22./제수
영조 47 1771	53		이조 판서[정2품]		2.17./제수
				지경연사	2.19./제수
			평안도 감사[종2품]		2.19./유임
					4.25./永刊仕版
			전 감사		6.3./給牒敍用
			지돈녕부사		6.9./상소
			이조 판서[정2품]		7.11./제수
				예문 제학	8.14./제수
			예조 판서[정2품]		8.28./제수
			병조 판서[정2품]		9.6./대임, 10.17./재임
			이조 판서[정2품]		11.20./제수
영조 48 1772	54			비국 당상	1.14./재임
			사헌부 대사헌[종2품]		5.4./제수, 5.5./違牌 命施不敍之典
					7.5./遠地定配
영조 49 1773	55			예문 제학	5.18./제수
			이조 판서[정2품]		7.17./파직
					11.18./充軍通津
					12.3./特放敍用
영조 50 1774	56		교동수사		6.21./特補 喬桐水使→充軍喬桐
					6.29./방면

왕력 (서력)	나이	품계	본직	겸직	주요활동/비고
			병조 판서[정2품]		8.4./제수[特除]
				예문관 제학	8.21./제수, 11.4./재임
영조 51 1775	57		이조 판서[정2품]		5.30./제수, 違牌, 補外於永宗→영종 유배
			이조 판서[정2품]		11.2./제수,
			안흥 첨사		11.7./累違召牌, 외보 11.14./외직 임명 정지
			예조 판서[정2품]		11.16./제수, 12.8./입시
			이조 판서[정2품]		12.13./제수, 추고, 12.20./재임
정조 0 1776	58		전 평안도 관찰사		3.26./위원 유배
정조 1 1777	59				유배지에서 죽다.

② 사행 전 사환

조엄은 영조 14년(1738) 생원시에 입격하고, 영조 28년(1752) 34세에 정시 문과에 을과로 급제하였다. 그런데 문과에 급제 당시의 전력이 세자익위사 시직(侍直)이었다. 조엄은 생원시에 입격하고 성균관에서 수학하면서 영조 16년에 태학 유생 상소의 소두에 올라 일찍부터 영조의 관심 대상이었다. 조엄은 음보로 영조 24년에 내시교관(內侍敎官)에 제수되었고, 영조 25년에는 세자익위사 시직이 되었다. 그리고 영조 28년에 문과에 급제한 것이다.

문과 급제 이후에는 승정원의 사변가주서와 가주서에 차정되어 근무하였고, 영조 29년 2월에는 정5품직인 병조 정랑에 제수되었다. 조엄은 이미 사만(仕滿)하고 등과했기 때문에 과거에 급제하자 곧 바로 승륙(陞六)시킨 것이다.[253] 그리고 영조 29년에는 사간원 정언에 제수되었고, 이어서 세자시강원 사서가 되었다.

영조 30년 10월에는 영조가 특지(特旨)로 조엄(趙曮)에게 수찬, 윤동성(尹

---

253) 趙曮以侍直登科 而科前仕滿[『승정원일기』 1091책(탈초본 60책) 영조 29년 2월 8일(갑오)]. 『영조실록』 권80, 영조 29년(1753) 10월 17일(무술).

292 조선후기 통신삼사의 국내활동

東星)에게 부수찬을 제수하였다. 그리고 "내가 오늘 친히 당록(堂錄)을 행하였는데, 두 사람이 어찌 감히 다시 인의(引義)할 수 있겠는가?"라고 하교하였다. 이때 본관록(本館錄)에 대하여 사람들의 말이 있었기 때문에 두 사람이 모두 인혐하고 함께 패초(牌招)를 어겼으므로, 영조가 면대하여 신칙하겠다는 뜻을 알리게 하였으나, 두 사람이 그래도 명에 따르지 않으니, 영조가 감히 들을 수 없는 엄한 하교를 내렸다. 그래서 나와서 숙명(肅命)하고, 《숙흥야매잠(夙興夜寐箴)》을 강하였다.254)

이후에는 주로 홍문관의 참상관직과 양사의 대간직을 제수받았다. 그리고 영조 32년에는 충청도 어사로 다녀오고, 영조 39년에는 동래부사를 거쳤으며, 영조 34년(1758) 이례적인 승진으로 경상도 관찰사에 임명되었다. 조엄은 도내 시노비(寺奴婢) 1만여 명의 노비공(奴婢貢)을 견감시켜 그 불만을 가라앉히고 한전(旱田)에 대한 감세(減稅) 비율을 적용, 전세 부담을 줄이는 한편, 조창(漕倉)을 설치하는 치적을 쌓았다. 그리고 다시 중앙으로 진출한 뒤 대사헌·부제학·승지·이조참의 등을 지냈다.

③ 통신사행

조엄은 영조 39년(1763)에 통신정사에 제수되었다. 원래의 통신사 정사는 정상순이었으나, 정배되면서 조엄이 대신 임무를 맡게 된 것이었다. 조엄은 7월 13일에 임명받았는데, 14일에 예단의 지급문제를 계하였고, 7월 24일에는 영조가 삼사를 불러 보았다. 그리고 8월 3일에 삼사가 사폐하고 길을 떠났으며, 이듬해인 정조 40년 7월 8일에 돌아오자 영조가 불러 보았다.

조엄은 통신사로 일본에 갔을 때 대마도에서 고구마 종자를 가져오고 그 보장법(保藏法)과 재배법을 아울러 보급하였다. 조엄이 고구마를 구황의 재

---

254) 『영조실록』 권82, 영조 30년 10월 23일(무진).

료로 널리 이용되게 했던 점은 후세에 공덕으로 크게 기려지고 있다. 제주도에서는 고구마를 조저(趙藷)라고 부르며, 고구마라는 말 자체가 그가 지은 『해사일기(海槎日記)』에서 일본인이 이를 '고귀위마(古貴爲麻)'라고 부른다고 기록한 데서 유래되었다고 한다.

④ 사행 후 활동

통신사행의 업무를 마치고 돌아오니, 관례에 의해 가자되었다. 그리고 조엄은 승정원 도승지에 제수되었다가, 종2품직인 한성부 우윤, 좌윤으로 옮기고, 다시 공조참판, 형조참판으로 옮겨 제수되었다. 이듬해에는 사헌부 대사헌을 거쳐 예조참판이 되었고, 영조 42년(1766)에는 홍문관 부제학에 특별히 제수되었다. 당시 영조의 지시에 따른 홍문록을 거행하지 않는 부제학 서명응을 갑산으로 귀양보내고, 후임으로 조엄을 제수한 것이다. 그러나 조엄도 또 명을 받들지 아니하므로, 삼수부(三水府)에 귀양보내라고 명하고 아울러 배도(倍道)하여 압송(押送)하게 하였다.[255] 그러나 보름 후에는 서명응과 조엄을 방면토록 하고,[256] 8월 16일에는 서용하라는 지시를 내렸다.[257]

이후에는 이조참판, 호조참판, 대사성, 대사간, 한성부 우윤을 지내고, 잠시 법성첨사에 외보되었다가, 내직으로 돌아온 후 이조참판 성균관 대사성, 호조참판 등을 지내고, 영조 46년(1770)에는 승진 제수되어 정2품의 판서직에 올랐다. 공조판서와 이조판서로 재임하였는데, 1770년 이조판서로 있을 때 영의정 김치인(金致仁)의 천거로 특별히 평안도관찰사로 파견되어 감영의 오래된 공채(公債) 30여만 냥을 일시에 징수하는 등 적폐(積弊)를 해소하는 수완을 보였으나, 토호세력들의 반발로 탐학했다는 모함을 받아 곤경에 처하기도 하였다. 이후 다시 서용되어 이조판서, 예조판서, 병조판서, 사헌

255) 『영조실록』 권107, 영조 42년 5월 21일(기축).
256) 『영조실록』 권107, 영조 42년 6월 7일(을사).
257) 『영조실록』 권107, 영조 42년 8월 16일(계축).

부 대사헌 등을 두루 맡았다.

그러나 1776년 정조가 즉위하자 벽파(僻派)인 홍인한(洪麟漢)·정후겸(鄭厚謙) 등과 결탁했다는 홍국영(洪國榮)의 무고를 받아 파직되었으며, 평안도관찰사 재임시의 부정 혐의가 새삼 문제가 되어 탐재학민(貪財虐民)한 부패관리(贓吏)의 대표적 인물로 지목되어 평안도 위원으로 유배되었다. 이후 아들 조진관(趙鎭寬)의 호소로 죽음을 면하고 김해로 옮겨졌으나, 실의와 불만 끝에 이듬해 병사하였다.

⑤ 기타

조엄은 1794년(정조 18) 좌의정 김이소(金履素)와 평안도안핵어사 이상황(李相璜)의 노력으로 신원되었으며, 1814년(순조 14에) 좌찬성에 추증되었다.

2) 부사 이인배(李仁培)
[1716년(숙종 42)~1774년(영조 50) / 59세]

① 가계 및 배경

이인배의 본관은 전의(全義)이고, 자는 계수(季修), 호는 회계(廻溪)이다. 증조부는 이만상(李萬相), 조부는 이징룡(李徵龍)이고, 부친은 진사 이덕윤(李德潤)이며, 생부는 이덕해(李德海)이다. 모친은 한양조씨로 조의봉(趙儀鳳)의 딸이며, 처부는 남원윤씨 윤창적(尹昌迪)이다. 이인배는 영조 29년(1753)에 38세로 생원시에 3등 39위[100명의 합격자 중 69위]로 입격하였으며, 영조 32년(1756)에 41세로 정시(庭試)에서 병과 14위[35명의 급제자 중 18위]로 급제했다. 이인배의 사마방목 거주지는 한성[京]이다. 본생가의 아우 이원배(李遠培)는 영조 38년(1762)의 생원시에서 3등 49위[100명의 합격자 중 79위]로 입격했다.

[표 33] 이인배의 주요관직

왕력 (서력)	나이	품계	본직	겸직	주요활동/비고
영조 32 1756	41		가주서		승정원일기
			예문관 검열[정9품]	기주관	10.5./新除授藝文館檢閱
영조 33 1757	42		사간원 정언[정6품]		7.23./제수
영조 34 1758	43		세자시강원 사서[정6품]		2.7./재임
영조 37 1761	46		세손강서원 좌익선[종4품]		3.10./승서[준직제수]
				시독관	11.2·8./재임
			홍문관 교리[정5품]		11.2./재임
영조 38 1762	47		홍문관 부교리[종5품]		2.22, 6.6./재임
				북도 독운어사	12.4./제수
영조 39 1763	48			북도 어사	4.17./복명
			홍문관 수찬[정6품]		4.19./제수
			홍문관 부교리[종5품]		5.10./제수
			홍문관 교리[정5품]]		6.4./제수
				통신사 부사	7.5./제수
			홍문관 수찬[정6품]		7.9./제수
				통신사 부사	7.24./삼사 소견
				통신사 부사	8.3./삼사 사폐
영조 40 1764	49		사간원 헌납[정5품]		7.6./제수
				통신사 부사	7.8./돌아온 통신삼사 召見
			승정원 승지[정3품당상]		7.11./제수, 8.8./재임
			사간원 대사간[정3품당상]		8.9./제수[特授]
영조 41 1765	50		사간원 대사간[정3품당상]		1.30./제수
			흡곡 현령		2.5./제수[違牌 不進賓對]
			예조 참의[정3품당상]		2.22./제수[特旨]
			승정원 승지[정3품당상]		6.11./제수[特除]
영조 44 1768	53		사간원 대사간[정3품당상]		2.20./제수
			사간원 대사간[정3품당상]		5.8./제수
			부사직		8.27./상소

왕력 (서력)	나이	품계	본직	겸직	주요활동/비고
			사간원 대사간[정3품당상]		9.2./제수
			훈융첨사		9.16./제수[特補]以違牌故也
			사간원 대사간[정3품당상]		11.3./제수, 11.11./체직
영조 45 1769	54		사간원 대사간[정3품당상]		3.21./제수
			승정원 승지[정3품당상]		10.20./제수

② 사행 전 사환

이인배는 영조 32년(1756)에 41세의 나이로 정시에 병과로 급제했다. 늦은 나이이지만, 전력은 생원이다. 따라서 분관되어 실무를 익혔을 것이다. 그런데 승정원일기에는 과거에 급제한 후에 가주서로 차정되어 근무하고 있으며, 10월에 새로 제수된 예문관 검열로 그리고 기주관으로 등장하기 시작한다. 아마 과거에 급제한 후 바로 전임사관으로 근무하기 시작한 것으로 여겨진다.

그리고 다음 해에는 정6품의 사간원 정언으로 제수된 것으로 보아 이미 출륙이 이루어졌다. 이후에는 세자시강원 사서, 세손강서원 좌익선 등을 거치고, 홍문관의 교리·부교리·수찬 등에 재임하면서, 북도 독운어사로 다녀오기도 한다.

③ 통신사행

이인배는 영조 39년(1763)에 통신사 부사에 제수되었다. 7월 5일에 제수되었으며, 7월 24일에는 삼사가 함께 영조를 알현하였고, 8월 3일에 삼사가 사폐하고 길을 떠났으며, 이듬해인 정조 40년 7월 8일에 돌아와 복명하였다.

④ 사행 후 활동

통신부사(通信副使)로 일본에 다녀온 이인배는 그 공으로 가자되고 영조 40년(1764)에 정3품 당상관인 승지에 올랐다. 이후에는 대사간으로 있으면서 언로의 확충을 논하다 체차되었고, 다음해인 영조 41년(1765)에 다시 대사간이 되었으나 초패(招牌)를 어기고 빈대(賓對)하지 않았다는 이유로 흡곡현령(恰谷縣令)으로 좌천되었다.258) 그러나 부임하기 전에 곧바로 소환되어 예조참의에 제수되었고,259) 다시 승지에 특배되었다.

실록에는 이후의 행적은 보이지 않다가, 3년후인 영조 44년에 사간원 대사간에 제수되고 있다. 그리고 영조 45년(1769) 10월의 승지 제수 기사 이후에는 자료가 보이지 않는다.

3) 종사관 김상익(金相翊)
[1721년(경종 1)~1781년(정조 5) / 61세]

① 가계 및 배경

김상익의 본관은 광산(光山)이고, 자는 중우(仲祐 또는 仲佑)이다. 증조부 김만채(金萬埰)는 숙종 6년(1680)의 별시(別試)에서 병과 3위[20명의 급제자 중 7위]로 급제하고, 대사간, 호조참판 등을 지냈다. 조부는 김진항(金鎭恒)이고, 부친은 김경택(金慶澤), 생부는 생원 김성택(金聖澤)이다. 외조부는 이태진(李台鎭)[본관 未詳], 처부는 남양홍씨[唐] 홍계백(洪啓百)이다.

김상익은 영조 26년(1750)에 30세로 진사시에서 3등 22위[100명의 합격자 중 52위]로 입격하고, 영조 35년(1759)에 별시(別試)에서 39세로 을과 2위[探花, 12명의 급제자 중 3위]로 급제했다. 사마방목의 거주지는 한성([京])이다. 본생가의 아우인 김상적(金相迪)은 영조 35년(1759)에 28세로 생원시

---

258) 『영조실록』 권105, 영조 41년 2월 5일(신사).
259) 『영조실록』 권105, 영조 41년 2월 22일(무술).

에서 3등 37위[100명의 합격자 중 67위]로 입격했다. 김상익의 5대조가 김반이고, 6대조가 사계 김장생이다.

[표 34] 김상익의 주요관직

왕력 (서력)	나이	품계	본직	겸직	주요활동/비고
영조 29 1753	33		혜릉 참봉[종9품]		3.4./제수, 승정원일기
영조 30 1754	34		사옹원 봉사[종8품]		8.8./제수, [승정원일기]
			禁府 都事		8.16./제수[승정원일기]
영조 31 1755	35		文書(色) 都事		2.20~7.23./재임[국청]
			別刑房 都事		10.23.~10.26./재임[승정원일기]
영조 32 1756	36		參下 都事		2.6./재임[승정원일기]
			가주서[정7품임시직]	기사관	7.24.[승정원일기]
영조 35 1759	39		가주서[정7품임시직]		차정[승정원일기]
영조 36 1760	40		가주서→주서		6.27.[승정원일기]
			승정원 주서[정7품]		재임[승정원일기]
			出六注書		12.21./승정원일기
영조 37 1761	41		병조 좌랑[정6품]		1.4./제수[승정원일기]
			사간원 정언[정6품]		1.20./제수,22./패초[승정원일기]
			세자시강원 문학[정5품]		5.12./제수[승정원일기]
			세손강서원 좌찬독[종6품]		7.7./제수[승정원일기]
			세자시강원 사서[정6품]		8.9./제수[승정원일기]
			부사과[종6품서반직]		8.28./제수[승정원일기]
			사헌부 지평[정5품]		9.10./제수[特除], 茂山府投畀
			홍문관 부수찬[종6품]		11.22./제수[特除]
영조 38 1762	42			시독관	1.18./재임
				호서 어사	2.29./복명
			홍문관 수찬[정6품]		윤5.26./재임
			세자시강원 문학[정5품]		8.12./재임
			북평사	북도 독운어사	11.26./북도 독운어사 제수, 12.4./이인배로 대임
영조 39 1763	43		홍문관 부수찬[종6품]	겸 사서	4.21./제수
			홍문관 부수찬[종6품]		5.26./제수
			세자시강원 문학[정5품]		6.24./제수
			홍문관 수찬[정6품]		7.4./제수

왕력 (서력)	나이	품계	본직	겸직	주요활동/비고
				통신사 종사관	7.13./홍낙인에서 교체
				통신사 종사관	7.24./통신삼사 소견
영조 40 1764	44			통신사 종사관	8.3./통신삼사 사폐
			사헌부 지평[정5품]		7.6./제수[통신삼사 제수]
		(가자)		통신사 종사관	7.8./돌아온통신삼사 소견
			승정원 승지[정3품당상]		7.16./제수[조엄 도승지]
			승정원 승지[정3품당상]		8.21./제수[윤동섬 도승지]
			승정원 승지[정3품당상]		10.15./제수
영조 41 1765	45		승정원 승지[정3품당상]		1.11./제수
			참의[정3품당상]		윤2.2./재임
			승정원 승지[정3품당상]		5.21./제수
			광주 부윤		6.23./제수[上親臨都政]
영조 43 1767	47		성균관 대사성[정3품당상]		2.19./제수
영조 44 1768	48		홍문관 부제학[정3품당상]		1.16./제수
			전라 감사[종2품]		4.9./제수, 11.2./재임[탄핵], 11.3./추고, 11.23./재임[장계]
영조 45 1769	49		전라 감사[종2품]		7.5./病遞
			사간원 대사간[정3품당상]		7.5./제수
			이조 참의[정3품당상]		11.29./제수
영조 46 1770	50		이조 참의[정3품당상]		7.5./제수
			이조 참의[정3품당상]		11.15./제수[特除]
영조 47 1771	51		성균관 대사성[정3품당상]		2.8./제수
			이조 참의[정3품당상]		2.10./제수
			승정원 도승지[정3품당상]		2.17./제수[特除]
			이조 참의[정3품당상]		10.18./제수
			전 이조 참의[정3품당상]		11.2./탄핵
영조 48 1772	52		홍문관 부제학[정3품당상]		8.2./제수
		(가자)			8.3./가자 명[領議政申晦所奏]
			경기 감사[종2품]		9.17./제수, 9.18./拿入
			경기 감사[종2품]		11.4./特命罷職
영조 49 1773	53				1.29./청주목 유배
					2.16./방면
			성균관 대사성[정3품당상]		4.19./제수
			승정원 승지[정3품당상]		5.4./제수

왕력 (서력)	나이	품계	본직	겸직	주요활동/비고
영조 52 1776	56				2.27./나처
					2.28/경기 연읍 정배
정조 0 1776	56		사헌부 대사헌[종2품]		6.26./제수, 6.30./재임
정조 1 1777	57				4.16./智島 定配
					8.27/加棘

② 사행 전 사환

김상익은 영조 35년(1759)의 별시에 39세의 나이에 을과로 급제하였는데, 방목에 기록된 전력은 전 도사(前都事)이다. 문음(門蔭)으로 관계에 진출하여 도사(都事)를 지낸 것이다. 승정원일기에 의하면, 김상익은 진사시에 입격한지 3년후에 음서로 종9품의 혜릉 참봉에 제수되었고, 이어 종8품의 상의원 봉사, 금부의 참하 도사[문서(색)도사·별형방도사]를 거쳤고, 영조 32년부터 과거에 급제하기 전까지는 승정원 가주서로 기사관을 겸직하고 있다. 그리고 문과에 급제하면서 바로 가주서에서 주서로 바뀌고, 출륙주서가 되었으며, 영조 37년에는 병조 좌랑, 정언, 문학, 좌찬독, 사서, 지평, 부수찬 등 참상직 요직에 제수되고 있다.

영조 37년 9월의 지평 제수는 특별히 제수[特除]한 것인데, 김상익은 이목지관(耳目之官)으로서 주저하며 침묵을 지키고 있었다. 그리하여 무산부(茂山府)에 투비(投畀)할 것을 명하기도 하였다.260) 또한 영조 37년 11월에는 홍문관 부수찬에 특제했는데, 이는 김상익이 부위(副尉) 김두성(金斗性)의 아버지였기 때문이었다. 당시 영의정 홍봉한이 말하기를, "누락되는 것은 진실로 애석한 일이나 다만 옥서(玉署)에 특별히 제수하는 것은 떳떳한 일이 못됩니다. 이 뒤로는 성의(誠意)에 깊이 유념하소서." 하니, 영조는 "경의 말이 옳다."고 하였다.261) 이와같이 김상익의 청요직 특제는 왕실과 혼

---

260) 『영조실록』 권98, 영조 37년 9월 10일(을사).

인한 배경도 작용했다.262)

한편, 김상익은 경연 시독관도 겸하였다. 그런데 영조 38년 1월에 영조가 경현당에 나아가 주강하여 《중용》을 강하였다. 이 자리에서 영조가 "내가 '나라에 도가 없을 때에는 침묵해야 용납될 수 있다.'고 한 가르침을 마음속으로 애석하게 여긴다."고 전교하니, 시독관 김상익이 "신하로 하여금 반드시 스스로 침묵하게 하는 것은 모두 임금이 그렇게 만드는 것입니다."라고 대답하였다.263)

③ 통신사행

김상익은 1763년에 통신사(通信使) 종사관에 발탁되어 정사(正使) 조엄(趙曮)을 따라 일본에 다녀왔다. 당시 원래 처음 통신사 정사는 조엄이 아니고 정상순이었다. 그런데 정상순이 어머니가 늙었다는 이유로써 먼 길을 떠나는 것을 꺼려하여 누차 계칙(戒飭)해도 명을 받들지 않자, 영조는 "명을 받은 사람이 모두 규피(規避)하고 있으니, 정상순을 죄주지 않으면 다른 사람을 면려시킬 수 없다." 하고 김해로 정배(定配)하면서, 조엄(趙曮)에게 대신하게 하였다. 그런데 종사관이었던 홍낙인이 조엄과 친혐(親嫌)이 있었기 때문에, 홍낙인을 대신하여 김상익이 가게 된 것이다.264) 영조 39년 7월 13일에 홍낙인에서 김상익으로 교체되었고, 7월 24일에 삼사가 함께 영조를 알현하였으며, 8월 3일에 삼사가 사폐하고 길을 떠났다. 그리고 이듬해인 영조 40년 7월 8일에 돌아와 복명하였다.

---

261) 『영조실록』 권98, 영조 37년 11월 22일(병진).
262) 淸衍郡主를 金斗性과 定婚시키고 光恩副尉로 號하였는데, 김두성은 곧 金相翊의 아들이었다.[『영조실록』 권105, 영조 41년 윤2월 2일(정미).]
263) 『영조실록』 권99, 영조 38년 1월 18일(임자).
264) 『영조실록』 권102, 영조 39년 7월 13일(무진).

④ 사행 후 활동

통신사 종사관으로 일본에 다녀온 김상익은 영조 40년 7월 8일에 종사관임에도 승서에 머물지 않고, 가자되었다. 그리하여 드디어 당상관에 오르게되었다. 곧 바로 승정원 승지에 제수되었다. 실록에는 김상익의 승지 제수가 여러차례 계속 등장하는데, 이는 동부승지에서 우부승지 좌부승지 우승지 좌승지 등으로 승진한 것이 반영된 것으로 여겨진다.

또한 당상관 청요직인 육조의 참의와 성균관 대사성, 홍문관 부제학 등에 제수되었으며, 영조 44년에는 종2품직인 전라도 관찰사에 제수되었다. 외직에서 돌아와서는 다시 대사간, 이조참의, 대사성을 거치고 영조 47년에는 도승지에 제수되었다. 그리고 영조 48년에 가자되었으며, 이후에는 경기감사와 성균관 대사성, 사헌부 대사헌 등을 역임하였다. 김상익은 관직생활도중에 부정과 탐학으로 여러차례 탄핵을 받았으나, 영조 재위기간에는 영조의 옹호로 모면하기도 하고, 유배되었다가도 곧 풀려났다.

그러나 정조가 즉위하면서 상황이 달라졌다. 정조 즉위년에 홍인한(洪麟漢)·정후겸(鄭厚謙) 등의 역모에 가담하였다는 것으로 양사(兩司)의 집요한 탄핵을 받았으며, 한때는 정조의 비호로 대사헌에 기용되기도 하였으나, 결국 1777년(정조 1) 지도(智島)에 유배되어 그곳에서 죽음을 맞이했다.

12. 1811년의 신미통신사

1) 정사 김이교(金履喬)
[1764년(영조 40)~1832년(순조 32) / 69세]

① 가계 및 배경

김이교의 본관은 안동(安東)[新]이고, 자는 공세(公世), 호는 죽리(竹里)이다. 증조부는 김성도(金盛道)이고, 조부는 영조 11년(1735)의 증광시에서 병과 29위[42명의 급제자 중 39위]로 급제하고, 대사간을 지낸 김시찬(金時粲)이고, 부친은 영조 49년(1773)에 증광시에서 병과 10위[60명의 급제자 중 20위]로 급제하고 평안도사, 대사성, 황해도 관찰사를 역임한 김방행(金方行)이다. 모친은 심광(沈鑛)[본관 미상]의 딸이고, 처부는 어석정(魚錫定)[본관 미상]이다. 김이교는 정조 13년(1789)에 26세로 식년시에서 병과 8위[60명의 급제자 중 18위]로 급제하였으며, 거주지는 한성([京])이다.

[표 35] 김이교의 주요관직

왕력 (서력)	나이	품계	본직	겸직	주요활동/비고
정조 11 1787	24				7.28./직부전시[製述居首幼學]
정조 13 1789	26		(가주서, 사변가주서)		3.18./차정 시작
			부사정(군직 제수)		3.19./가주서로 직명이 없음
정조 14 1790	27			도당 한림 회권	2.26./선발
				한림 소시	2.29./선발
			예문관 검열[정9품]		4.1, 5.3.
			사간원 정언[정6품]		7.4.
정조 16 1792	29			홍문록[본관록]	3.22./선발
				홍문록[도당록]	3.28./선발
정조 19 1795	32		홍문관 부교리[종5품]		8.5./재임
정조 21 1797	34		홍문관 수찬[정6품]		4.27./재임[상소]
			사헌부 장령[정4품]		11.13./재임[상소]
순조 0 1800	37				12.29./명천부 정배
순조 5 1805	42				3.22./방면←放逐鄕里
			부사과		윤6.21./職牒還授
순조 6 1806	43		사헌부 대사헌[종2품]		5.25./상소
			홍문관 수찬[정6품]		6.14./상소
			강원도 관찰사[종2품]		10.24./제수
순조 10 1810	47		성균관 대사성[정3품당상]		6.13./제수
				통신사 정사	10.10./제수[양사]

왕력 (서력)	나이	품계	본직	겸직	주요활동/비고
			홍문관 부제학[정3품당상]		11.6./제수, 11.21·29./상소
				통신사 정사	2.12./사폐
				통신사 정사	윤3.12./출발, 대마도 도착
				통신사 정사	4.14./대마도 부중 도착 치계
순조 11 1811	48			통신사 정사	6.13./치계
				통신사 정사	7.8./부산포 도착 장계
		가선대부		통신사 정사	7.26./소견, 가자
			성균관 대사성[정3품당상]		8.15./제수
순조 12 1812	49			동지성균관사	11.8./상소
			사헌부 대사헌[종2품]		4.18./제수
				비변사 제조	6.5./差除
순조 13 1813	50			직제학	7.8./제수
			사헌부 대사헌[종2품]		10.18./제수
			홍문관 부제학[정3품당상]		11.3./제수
			사헌부 대사헌[종2품]		3.29./제수
				내각 직제학	4.29./재임
순조 14 1814	51	가의대부			6.24./포상 가자
			호군		7.29./상소
				동지춘추관사	8.22./재임
			홍문관 부제학[정3품당상]		1.15./제수, 2.9./재임
			호군		2.19./상소
			홍문관 부제학[정3품당상]		4.6./제수
순조 15 1815	52		사헌부 대사헌[종2품]		6.27./제수
				우부빈객	7.22./제수
			사헌부 대사헌[종2품]		9.23./제수
			사헌부 대사헌[종2품]		10.16./제수, 10.17./상소
				규장각 직제학	12.16./재임
순조 16 1816	53			세자시강원 빈객	윤6.15./재임
순조 17 1817	54			우부빈객	2.6, 3.12, 7.4, 8.4./재임
			승정원 승지[정3품당상]		10.2./재임
			호군→정경		1.20./正卿으로 탁용
순조 18 1818	55		공조 판서[정2품]		3.3./제수, 6.10./재임
				홍문관 제학	6.25./제수

왕력 (서력)	나이	품계	본직	겸직	주요활동/비고
		정헌대부		약방 제조	11.3./가자[산실청 별단]
순조 19 1819	56			홍문관 제학	1.24, 2.6·15./재임
			한성부 판윤[정2품]		2.17./제수
			지중추부사	嘉禮納采納徵告期册嬪時 副使	8.13./계하
			형조 판서[정2품]		12.14./제수
순조 20 1820	57			홍문관 제학	1.28./제수
			이조 판서[정2품]		6.30./대임←이상황체차~재임
				지춘추관사	10.17./재임[한림도당회권]
순조 21 1821	58		이조 판서[정2품]		재임~5.10
			평안 감사[종2품]		5.24./대임←이노의 졸[임소] 8.13./재임
				예문 제학	6.10, 8.7./제술
		(가자)			9.20./애책문 행장 제술관
순조 22 1822	59		평안 감사[종2품]		6.26./재임
순조 23 1823	60			좌부빈객	4.5./제수, 12.8./재임
				예문관 제학	5.11./제수
			한성부 판윤[정2품]		5.23./제수
			이조 판서[정2품]		7.27./대임←이헌기 陳病乞遞 9.9./재임, 12.12./도목정, 12.27./疏遞
				홍문관 제학	8.29./제수
			의정부 우참찬[정2품]		12.29./제수
순조 24 1824	61			홍문 제학	6.8./도당회권
			병조 판서[정2품]		7.18./제수, ~12.22./재임
				판의금부사	7.24./제수
순조 25 1825	62			예문관 제학	1.12./제수
			한성부 판윤[정2품]		6.14./제수
			공조 판서[정2품]		7.20./제수
			예조 판서[정2품]		8.2./제수, 8.20./재임
				판의금부사	8.10./이희갑→김이교
순조 26 1826	63			규장각 제학	3.15./제수
				홍문관대제학예문관대제학	4.14./문형회권, 제수
			한성부 판윤[정2품]		4.15./제수
				우빈객	4.23./제수
				판의금부사	5.29./제수

왕력 (서력)	나이	품계	본직	겸직	주요활동/비고
				좌빈객	6.13./제수
			한성부 판윤[정2품]		10.16./제수
순조 27 1827	64		이조 판서[정2품]		1.16./대임←김재창 체직
				좌빈객	1.27./제수
			이조 판서[정2품]	겸 대제학	3.10./도당회권
			이조 판서[정2품]		4.27./파직[政注誤錯]
				판의금부사	6.1./제수
			한성부 판윤[정2품]		7.7./제수
				홍문관대제학예문관대제학	7.24./代點, 前望
			대호군		8.20./재임
		(가자)		중궁전 옥책문 제술관	9.10./가자
			예조 판서[정2품]		10.25./제수
			한성부 판윤[정2품]		11.30./제수
				판의금부사	12.12./제수
순조 28 1828	65			좌부빈객	1.13./제수
			의정부 우참찬[정2품]		10.7./제수
				판의금부사	12.20./제수
순조 29 1829	66			내각검교제학←원임제학	1.2./差下
				판의금부사	5.6./제수
			의정부 우참찬[정2품]		11.17./제수
				판의금부사	11.30./제수
순조 30 1830	67			판의금부사	2.4./대임←김재창, 7.3./제수
			한성부 판윤[정2품]		6.6./제수
				예문관 제학	7.19./제수
				좌부빈객	8.17./제수
순조 31 1831	68		의정부 우의정[정1품]		1.19./제수
순조 32 1832	69		의정부 우의정[정1품]	전 대제학	2.26./재임[문형회권]
				호위대장	4.9./재임
				문효묘입묘도감 도제조	5.6./제수
			의정부 우의정[정1품]		7.30./졸[졸기]

② 사행 전 사환

김이교는 정조 11년 7월에 제술거수유학(製述居首幼學)으로 직부전시되었으며, 정조 13년(1789, 26세)의 식년시에서 병과로 급제하였다. 김이교의 관직은 과거에 급제한 후 처음에는 군직인 부사정에 제수되어 가주서와 사변가주서에 차정되었으나, 정조 14년 4월에는 예문관 검열에 제수되었고, 다시 7월에는 사간원 정언이 되었으며, 정조 16년에는 홍문록에 선발되어 정조 19년부터 홍문관 참상관직에 근무하기 시작했다.

김이교의 젊은 시절 관직생활은 전임사관과 사간원·홍문관·경연 등의 청요직으로 근무하면서 실무를 익혔고, 북평사와 청도군수로 재임하면서 외직 경험도 쌓았다. 그러나 순조가 즉위하고 정순왕후가 수렴청정을 시작하면서 김이교는 5년간 유배 생활과 향리로 방축되는 위기를 겪기도 했다. 정순왕후 사후 노론 시파 정권으로 바뀌자, 김이교는 삭탈관직된 지 6년만인 1806년에 43세의 나이로 다시 서용되었다. 이후 김이교는 통신사로 일본에 다녀오기 전까지 승정원 승지, 호조참의, 강원도관찰사, 병조참지, 성균관 대사성, 홍문관 부제학 등의 당상관직을 두루 거쳤다.

③ 통신사행

김이교는 1810년 10월 10일 통신사 정사에 임명되었다. 그러나 12월 호조판서 심상규(沈象圭)를 탄핵하다가 통신사가 교체되었으나, 12월 16일 다시 통신사로 재임명되었다. 1811년 2월 12일 통신사의 사명을 띠고 출발해 5월 22일 부사(副使) 이면구(李勉求)와 함께 대마도부중(對馬島府中)의 객관(客館)에서 동무상사(東武上使) 미나모토[源忠岡]와 부사 후지야스[藤安薰]에게 국서전명(國書傳命)을 거행하고 공사예단(公私禮單)을 전달하였으며, 사명을 마치고 7월 3일 대마도를 떠나 부산에 도착했고, 7월 26일에 왕에게 보고를 올렸다. 신미통신사는 역지통신으로 에도[江戶]까지는 가지 않고 대마도에서 교빙이 이루어졌다.

④ 사행 후 활동

김이교는 통신사행을 수행한 포상으로 종2품인 가선대부에 가자되었으며, 호조참판, 사역원 제조, 평안감사 등에 제수된 것 또한 통신사행의 경험과 무관하지 않을 것이다. 50대 이후의 김이교 관직은 사헌부 대사헌, 승정원 도승지, 홍문관 부제학, 오위도총부 도총관, 한성부 판윤, 공조판서, 형조판서, 예조판서, 이조판서, 판의금부사, 수원유수 등 중앙 주요부서의 장관직과 의정부의 좌·우 참찬 등을 두루 지냈다. 또한 외직으로는 평안도 관찰사를 지냈다. 그런데 가장 특기할 만한 것은 63세부터 홍문관과 예문관의 대제학을 겸임한 사실이다. 정2품 관직인 대제학은 겸직이지만, 학문의 저울, 문장의 기준이며 학자 가운데 으뜸이라는 뜻에서 문형(文衡)이라고도 일컬어졌으며, 문무 양반을 통틀어 가장 영예로운 관직이었다. 제술 능력이 뛰어났던 김이교는 수시로 효의왕후 행장, 순조의 반교문, 중궁전 옥책문 등을 제술함으로써 가자를 비롯한 포상을 여러 차례 받았다.

68세에 의정부 우의정에 오른 김이교는 69세로 타계하기 직전까지 국정 운영에 헌신하였다. 졸하기 직전의 반년간은 영의정과 좌의정이 공석인 상황에서 혼자 국정을 도맡아 수행하기도 했다. 순조 32년 7월 30일의 김이교 졸기는 다음과 같다.

> 의정부 우의정 김이교가 졸하였다. 하교하기를, "지난밤에 어의(御醫)가 돌아오는 편에 증세가 위중함을 알기는 하였으나 그래도 만에 하나 다행하기만을 바랐는데, 지금 서단(逝單)을 대하니 통석함을 이기지 못하겠다. 이 대신의 공경스럽고 돈후(敦厚)함과 충신(忠信)스럽고 질직(質直)함은 고인(古人)에게 비해도 부끄러움이 없을 뿐 아니라, 성실함은 족히 사람을 움직일 만하고 행의(行誼)는 풍속을 바루기에 넉넉하였다. 더욱이 평일 조집(操執)의 엄정함은 다만 나라만 알았고 안위(安危)에 처신한 절목은 종시토록 변함이

없었으니, 몇 조정을 손꼽아보아도 실로 짝이 될 만한 이가 드물었다. 내가 전후로 마음을 쏟고 의지한 것은 이 점을 믿었기 때문이었는데, 이제는 끝이 났으니 거듭 슬퍼서 어쩌지 못하겠다. 작고한 우의정 김이교 집의 예장(禮葬) 등절(等節)은 해조(該曹)로 하여금 전례대로 거행하게 하고, 성복일(成服日)에는 승지를 보내서 치제(致祭)하며, 녹봉(祿俸)은 3년을 한하여 보내 주도록 하라." 하였다. 김이교는 안동인(安東人)이니, 충정공(忠正公) 김시찬(金時粲)의 손자이다. 우아하여 문학이 있고 돈후하여 외화(外華)를 몰라, 당시에 덕도(德度)로 추중되었고 뒤에는 묘정(廟庭)에 배향되었다. 그러나 정승이 되어서는 별로 해놓은 일이 없으니, 대체로 재주가 미치지 못하였던 것이다.265)

2) 부사 이면구(李勉求)
[1757년(영조 33)~1818년(순조 18) / 62세]

① 가계 및 배경

이면구의 본관은 전주(全州)이고, 자는 자여(子餘), 호는 남하(南霞)이다. 증조부 이진망(李眞望)은 숙종 37년(1711에) 식년시에서 40세로 갑과 1위[壯元, 36명의 급제자 중 1위]로 급제하여 문형과 예조판서를 지냈고, 조부 이광덕(李匡德)은 경종 2년(1722)에 33세로 정시(庭試)에서 을과 1위[亞元, 9명의 급제자 중 2위]로 급제하여 문형과 예조참판을 지냈다. 부친은 군수 이국형(李國亨)이고, 모친은 정석붕(鄭錫朋)[본관 동래(東萊)]의 딸이며, 처부는 박인영(朴仁榮)[본관 고령(高靈)]이다.

이면구는 정조 22년(1798)에 42세로 생원시에 2등 9위[100명의 합격자 중 14위]로 입격하고, 순조 3년(1803)에 47세로 증광시에서 병과 18위[35명의 급제자 중 28위]로 급제했다. 사마방목의 거주지는 한성([京])이다. 형 이면제(李勉齊)는 정조 7년(1783)의 진사시에서 3등 62위[100명의 합격자 중 92위]로 입격했다.

---

265) 『순조실록』 권32, 순조 32년 7월 30일(갑술).

[표 36] 이면구의 주요관직

왕력 (서력)	나이	품계	본직	겸직	주요활동/비고
정조 24 1800	44		영릉 참봉[종9품]		1.13./제수
순조 1 1801	45		금부 도사		7.22./
			빙고 별검[8품잡직]		10.16./제수,
순조 2 1802	46		동빙고 별검[8품잡직]		재임
			부사과		10.22./제수
순조 3 1803	47		사헌부 감찰[정6품]		1.27.
			성균관 전적[정6품]		4.19./제수
			전 전적	기사관(실록청 謄錄書役)	8.22./차하
			사간원 정언[정6품]		8.30./제수
			부사과		9.28./제수
			사간원 정언[정6품]		10.18./제수
				홍문록[본관록]	12.6./권점
			부사과		12.9./제수
			분병조정랑		12.17./제수
순조 4 1804	48		부사과		3.7./재임
				비변사 御史可合人	9.29./선발
				홍문록[도당록]	10.9./간택
			홍문관 부교리[종5품]		11.9./제수
				시독관	11.15./재임
			홍문관 교리[정5품]		11.21./제수
			홍문관 부수찬[종6품]		11.29./
			홍문관 수찬[정6품]		12.6./제수
				검토관	12.7./재임
			세자시강원 문학[정5품]		12.21./제수
			사간원 헌납[정5품]		12.24./제수
순조 5 1805	49			해서 암행어사	9.22./書啓
순조 6 1806	50		홍문관 부수찬[종6품]		2.5./안산군 유배[畿沿投畀], 3.26./放送
			사헌부 장령[정4품]		10.2./제수
순조 7 1807			세자시강원 문학[정5품]		4.25./제수
			장악원 정[정3품당하]		5.24./제수

왕력 (서력)	나이	품계	본직	겸직	주요활동/비고
				겸 선전관	6.9./재임
			홍문관 수찬[정6품]		8.12./제수
			사간원 사간[종3품]		9.17./제수
			홍문관 부응교[종4품]		10.9./제수
순조 8 1808			홍문관 교리[정5품]		1.2./제수
			사헌부 집의[종3품]		2.13./제수
			사간원 사간[종3품]		5.3./재임
			홍문관 부응교[종4품]		7.10./제수
			군자감 정[정3품당하]		8.12./재임
			안주목사[정3품]		8.12./제수
순조 9 1809			안주목사[정3품]		재임
순조 10 1810	54		안주목사[정3품]		6.14./파출[身病猝重]
			홍문관 응교[정4품]		9.10./제수
				통신사 부사	10.10./제수
			사헌부 집의[종3품]		11.3./제수, 11.4./체직 [安州牧使解由未出]
			홍문관 수찬, 부응교		12.11.
			부사과	통신부사	12.25./제수
순조 11 1811	55		홍문관 부수찬[종6품]		1.8./제수
				통신사 부사	2.12./사폐
				통신사 부사	윤3.12./출항,대마도 도착, 20./ 보고
				통신사 부사	4.14./대마도 부중 도착
				통신사 부사	6.13./치계
				통신사 부사	7.8./부산포 장계
		통정대부		통신사 부사	7.26./召見, 加資
			사간원 사간[종3품]		7.29./제수
			공조 참의[정3품당상]		8.7./제수
순조 12 1812			안동대도호부사[정3품]		5.15./제수
순조 13 1813			안동대도호부사[정3품]		재임
순조 14 1814			승정원 동부승지[정3품당상]		1.7./재임
			승정원 우부승지[정3품당상]		3.9./제수

왕력 (서력)	나이	품계	본직	겸직	주요활동/비고
			승정원 동부승지[정3품당상]		7.22./제수
			의주부윤[종2품]		11.6./제수, 26./하직
순조 15 1815			의주부윤[종2품]		1.27./病遞
			부호군		2.6./제수
			동래부사[종3품]		2.19./제수, 22./개차[身病猝重]
순조 16 1816	60		부호군		2.29./제수
			승정원 우부승지[정3품당상]		5.17./제수,이후 재임
			세자시강원 보덕[정3품]		6.27./제수
			양주목사[정3품]		8.26./제수
			양주목사[정3품]		4.7./身病沈重, 체직
순조 17 1817	61		부호군		6.4./제수
			성균관 대사성[정3품당상]		8.7./제수
			부호군		12.16./제수
			행 부호군	대독관	2.29./재임
순조 18 1818			승정원 좌부승지,우부승지, 우승지[정3품당상]		제수, 재임
			부호군		제수, 재임
			세자시강원 보덕[정3품]		제수, 재임

② 사행 전 사환

이면구는 순조 3년(1803)에 47세의 늦은 나이로 증광시에서 병과로 급제했다. 그런데 당시의 방목에 수록된 전력은 정6품직 참상관인 사헌부 감찰(監察)이다. 과거에 급제하기 전부터 사환을 했던 것이다. 이면구는 정조 22년(1798, 42세)의 식년시에서 생원으로 입격하였는데, 바로 2년 후인 정조 22년에 영릉 참봉에 제수된 것이 승정원일기에서 확인된다. 44세에 음보를 통해서 종9품직인 참봉으로 출사를 한 것이다. 그리고 이어서 금부도사, 빙고 별검 등의 참외관 잡직에 근무했음이 확인되며, 과거에 급제한 순조 3년 1월에 이미 승륙하여 사헌부 감찰에 제수되었다.

과거에 급제했으므로, 품계의 승자가 이루어졌을 것이고, 순조 3년 12월에는 홍문록에도 등록됨으로써 홍문관을 포함한 청요직 사환이 가능해졌다. 이후 이면구의 참상관직 관직은 홍문관의 부교리·교리·부수찬·수찬·부응교·응교를 비롯해, 사간원의 헌납·사간, 사헌부의 장령·집의 등 삼사의 청요직을 주로 거치면서, 세자시강원 문학, 장악원과 군자감의 정 등에 제수되어 재임하였으며, 외직은 안주목사에 잠시 부임하였고, 비변사의 어사 적임자로 뽑혀서 해서지방에 암행어사로 다녀오기도 했다.

③ 통신사행

이면구는 순조 10년에 통신사 부사에 선발되었다. 그리고 정사 김이교와 함께 1811년 2월 12일 통신사의 사명을 띠고 출발했다. 윤3월 12일에 출항하여 대마도에 도착했으며, 4월 14일에 대마도 부중에 도착하고, 5월 22일에 정사 김이교와 함께 대마도부중(對馬島府中)의 객관(客館)에서 동무상사(東武上使) 미나모토[源忠岡]와 부사 후지야스[藤安薰]에게 국서전명(國書傳命)을 거행하고 공사예단(公私禮單)을 전달하였다. 사명을 마친 후에는 7월 3일 대마도를 떠나 부산에 도착했고, 7월 26일에 왕을 뵙고 보고를 올렸다. 신미통신사는 역지통신으로 에도[江戶]까지는 가지 않고 대마도에서 교빙이 이루어졌다.

④ 사행 후 활동

이면구는 통신부사의 업무를 수행한 후에 관례에 의해 가자됨으로써 당상관 품계인 통정대부를 제수 받았다. 그리고 8월 7일에 정3품 당상관직인 공조 참의에 제수되었다. 순조 12년에는 정3품직인 안동대도호부사로 2년간 근무했으며, 순조 14년 조정으로 돌아와서는 승정원의 승지가 되어 국왕을 측근에서 보필했다. 이후에도 이면구는 의주부윤과 양주목사에 제수되어 수령직을 수행한 것을 제외하고는 대체로 승정원의 승지를 주로 했다.

비교적 늦은 나이의 출사임에도 당상관에 올라 활발한 정치관료로서의 활동을 했던 것은 통신부사의 업무수행이 일정한 영향을 미쳤을 것이다. 그런데 이면구의 사환은 62세인 순조 18년까지 확인되고, 이후의 생애와 업적은 확인되지 않는다.

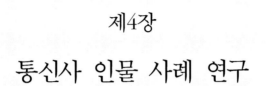

제4장

통신사 인물 사례 연구

1. 임진왜란기의 통신사 황신

황신(1562~1617)은 조선 중기 선조~광해군대에 활동한 문신 관료이다. 명종대에 태어나, 선조대에 과거를 통해 관직에 나아갔으며, 임진왜란을 겪고, 선조 후반기를 거쳐, 광해군 재위 중엽까지 살다간 인물이다. 그는 임진왜란기에 일본에 통신사로 다녀왔다.

조선시대 관직자의 관직 생활을 복원하기 위해서는 문집의 행장, 연보, 비문 등을 활용할 수 있다. 행장은 죽은 사람의 문생이나 친구, 옛날 동료, 아니면 그 아들이 죽은 사람의 세계(世系)·성명·자호·관향(貫鄕)·관작(官爵)·생졸연월·자손록 및 평생의 언행 등을 서술하여 후일 사관(史官)들이 역사를 편찬하는 사료 또는 죽은 사람의 명문(銘文)·만장(輓狀)·비지(碑誌)·전기(傳記) 등을 제작할 때에 자료로 제공하려는 것이 기본 목적이다.[266] 이 행장을 기초로 하여 묘지명이나 연보 등이 작성된다. 행장이나 묘지명, 연보 등은 대상 인물의 지인이나, 문인, 후손들이 주로 작성한다. 그런데 황신은 행장이나 비문의 작성 경위가 다소 복잡하다.

먼저 황신의 행장은 월사 이정귀(1564~1635)가 작성했다. 그런데 이정귀는 행장의 말미에서 '나는 공과 어린 시절부터 형제처럼 지낸 터라 서로 간담(肝膽)을 환히 보며 백발이 되도록 우의를 변치 않았고 반생 동안의 영락(榮落)도 대략 서로 같으니, 환난을 함께하고 사생(死生)에 후사(後事)를 부탁하는 의리가 있다. 지금 그의 시호(諡號)를 위한 행장을 짓는 일을 정리상 사양하지 못할 바가 있지만 차마 쓰지는 못하겠다. 공의 사위 사인(舍人) 심

---

266) 狀은 모양이라는 뜻으로 행동거지를 의미한다. 그러므로 행장이란 죽은 사람의 행실을 간명하게 써서 보는 이로 하여금 죽은 사람을 직접 보는 것처럼 살펴볼 수 있도록 하는 데에 사명이 있다.

광세(沈光世)에게 예전에 지은 가장(家狀)이 있는데, 아직 조정에 바치지 못하였다. 그래서 이제 그 가장을 이상과 같이 조금 산삭(刪削)하고 윤색하였다.'고 밝히고 있다. 결국 이정귀가 찬한 황신의 행장은 황신의 사위 심광세(1577~1624)가 작성한 가장에 다소의 첨삭을 가한 것이다.[267]

황신의 신도비문은 상촌 신흠(1566~1628)이 찬했다. 황신의 계자(繼子)인 황일호(黃一皓, 1588~1641)가 삼년상을 마친 후 뇌사(誄詞)를 지었던 신흠을 찾아가서, "우리 선군께서 살아계실 때는 오직 당신만을 벗 삼으셨고, 우리 선군께서 세상을 하직하실 때도 오직 당신은 나의 벗이라고 말씀하셨습니다. 선군의 벗을 구해볼 때 당신만한 분이 없으니, 우리 선군을 후세에 소멸되지 않게 할 분은 바로 당신입니다. 다행히 천신(天神)의 도움으로 벼슬이 복구되고 장사를 예법대로 치렀으니, 마땅히 신도(神道)에 비석을 세워 사적을 갖춰 실어야겠습니다. 사양하지 마소서." 라고 부탁했다. 그런데 이 비명(碑銘)은 광해군 재위 시기에 작성된 것이므로 광해군을 금상(今上)이라고 지칭하고, 위성공신 포상내용도 적고 있다.[268] 따라서 인조의 정변 이후에는 기휘(忌諱)된 부분이 많아서 사람들에게 보일 수 없었다.

그리하여 황신의 손자[황일호의 季子]인 황진(黃璡, 1634~1666)이 우암 송시열(1607~1689)을 찾아가서, "상촌이 찬한 비명(碑銘)은 광해 때에 작성된 것으로 기휘(忌諱)된 부분이 많아서 사람들에게 보일 수 없으므로, 가형(家兄)이 일찍이 청음선생을 뵙고 비명을 청하려다가 마음대로 되지 못하여 지금 이 일을 부탁드린다."고 하였다. 그러나 황진은 송시열이 비문을 찬하기 전에 죽었다. 그리고 황진의 장형인 황육(黃坑, 1623~1688)이 다시 송시열을 찾아가서 위의 말을 되풀이하면서, "망제(亡弟)의 성의를 어찌 차마 저버

---

267) 『月沙集』 권51 秋浦黃公行狀. 李廷龜는 황신이 죽은지 7개월 후인 광해 9년 10월에 글을 지어 황신을 제사하였고, 그 후에 행장을 지었다[『월사집』 연보 권1, 만력 45년 정사(1617, 광해군 9) 선생 54세 10월. 『월사집』 권55 祭黃秋浦文], 행장을 지은 시기는 불분명하지만, 심광세가 가장을 찬한 후로 광해군 재위 시기였다.
268) 『象村稿』 권26 神道碑 秋浦黃公神道碑銘(幷序).

릴 수 있겠읍니까."라고 부탁함으로써, 송시열의 신도비문 찬술이 이루어졌
다.269) 송시열이 찬한 비문은 황신 사후 2세대가 지나서 이루어진 것이다.

한편, 이 시기에 명재 윤증(1629~1714)이 황신의 행장도 다시 찬했다. 윤
증의 설명에 의하면, 처음에 신흠이 비명을 지었으나 광해군 때에 지었으므
로 내용 중에 숨긴 것이 많았으며, 심광세가 가장을 짓고 이정귀가 시장(諡
狀)을 지었으나 혹자는 그 소략함을 단점으로 여겼다고 한다. 그런데 1668
년 5월에 이선(李選, 1632~1692)이『추포계년록(秋浦繫年錄)』2권을 지었다.
이선은 황일호의 사위였으니, 황신에게는 손녀서(孫女壻)였다. 아마 이를 빌
미로 황윤이 윤증에게 황신의 행장을 부탁한 듯 하다. 윤증은 여러 사람들
이 지은 글을 가져다 모은 뒤에 합쳐서 한 통(通)의 행장을 지어 후세로 하
여금 고증할 수 있도록 하고자 한다고 하였다.270)

이와같이 황신 사후에 작성된 행장이나 신도비문은 작성자와 시대적 상
황에 따라 편차를 보일 수밖에 없었다. 특히 광해군과 인조라는 상반된 정
치적 상황과 당파간 진영논리가 반영된 당쟁이 전개되고 있었다는 점에서
황신의 신후문(身後文) 활용은 비판적 검토가 필요하다. 반면, 조선시대 인
물들의 관직 제수와 활동을 살필 때, 실록의 기록은 공적인 국가기관에 의
해 편찬되었다는 점에서 행장에 비해 보다 객관성을 지닌다. 그러나 선조실
록의 전반부 기록은 실록을 편찬하기 위해 작성되어 춘추관에 보관되던 시
정기가 임진왜란에 의해 전소되었고, 임진왜란 전쟁 중에는 생산된 국가 공
문서의 취합이 여의치 않았다는 점에서 많은 한계를 지닌다. 이 점에서 연
대기 자료인 실록의 보완자료로 관직 임명자료인 고문서 고신(告身)을 적극
활용한다면, 개인의 관직생활에 대해서 생생한 모습을 그려낼 수 있으며,
당대 관료제도 운영의 구체적인 실상도 엿볼 수 있다.271)

---

269)『宋子大全』권156 碑 秋浦黃公神道碑銘(幷序).
270)『明齋先生遺稿』권42, 行狀 秋浦先生黃公行狀.
271) 필자는 고신을 적극 활용하여 16세기 인물인 행당 윤복의 관직생활을 살펴본 적

　사실 한 인물의 관직생활을 살필 수 있는 가장 일차적인 자료는 고문서 형태로 남아 있는 고신이다.272) 『경국대전』의 고신식에 의하면, 고신에는 기본적으로 성명과 제수되는 품계 및 관직명, 임명 날짜 등이 기재된다. 고신은 이를 받고 관직에 임명된 당사자나 그 후손들에게는 매우 소중한 문서이기 때문에 집안에 잘 보존되어 전해지는 경우가 많다. 그러나 이러한 고신에 담겨있는 정보는 그리 많지 않기 때문에 오늘날의 연구자들은 그동안 이를 적극적으로 활용하지 않았다.273) 하지만 고신을 고문서학의 관점만이 아니라, 역사학적 관점에서 유관자료와 함께 적절히 활용한다면, 조선시대의 관직생활에 대하여 많은 정보를 얻을 수 있다.274) 고신교지와 연대

　　이 있다. [임선빈, 「16세기 行堂 尹復의 관직생활; 告身 활용을 위한 제언」, 『역사민속학』 54, 역사민속학회, 2018, 183-216쪽.]

272) 고신은 관리에게 품계나 관직을 수여하는 증서이다. 고신은 중국 당나라에서 관료의 임명장으로 사용된 역사적 용어로, 고려조부터 관리의 품계나 관직을 주는 사령장을 의미했다. 조선시대에는 초기의 정비를 거쳐 『경국대전』에 문무관 4품 이상의 고신식과 문무관 5품 이하의 고신식, 당상관 처의 고신식, 3품 이하 처 고신식으로 문서의 법제화가 이루어졌다. [鄭求福, 「朝鮮朝의 告身(辭令狀) 檢討」, 『古文書硏究』 9·10, 1996, 53-65쪽. 『經國大典』 禮典 用文字式].

273) 고신을 구체적으로 다룬 연구로는 정구복과 임선빈의 위 논문 외에 다음과 같은 글이 있다. 矢木毅, 「高麗時代の銓選と告身」, 『東洋史硏究』 59-2, 2000, 1-30쪽. 심영환, 「朝鮮初期 草書告身 硏究」, 『古文書硏究』 24, 2004, 181-204쪽; 沈永煥, 「高麗 景宗元年(975) 金傳告身 分析」, 『書誌學報』 31, 2007, 87-113쪽; 유지영, 「조선시대 임명관련 교지의 문서형식」, 『古文書硏究』 30, 2007, 93-124쪽; 박성호, 「현재 전하고 있는 王旨의 眞僞 고찰」, 『정신문화연구』 33(3), 2010, 171-202쪽; 이상현, 「대역죄인 告身의 殘存事由에 대한 일고찰-김종직·정인홍 고신의 사례를 중심으로-」; 『고문서연구』 43, 2013, 101-129쪽; 박성호, 「새로 발견된 김한계, 배임 朝謝文書와 조선초기 오품이하 告身의 변천」, 『국학연구』 32, 2017, 49-89쪽; 이승현, 「조선 초기 고신 추탈 및 환급에 관한 연구」, 『법사학연구』 57, 2018, 77-105쪽; 노인환, 「조선 중기 무신 나덕헌의 관직 활동과 현양; 나주 나주나씨 나덕헌의 고문서를 중심으로」, 『전북사학』 61, 2021, 145-178쪽; 한국학중앙연구원 장서각, 『고신-조선시대의 임명문서 읽기』, 2021, 한국학중앙연구원출판부. 이들은 대부분 고문서학의 관점에서 주목했고, 고신을 역사연구에 적극적으로 활용한 글은 많지 않다.

274) 고신도 후손들이 신분상승을 꾀하기 위해 조상의 고신을 위조하기도 했다. 특히

기 자료를 보완적으로 이용하면, 보다 세밀한 관력과 함께 구체적인 임명
날짜 등을 알 수 있으며. 이를 기초로 하여 관직자의 일생을 재구성할 수
있을 것이다.

다행히 황신의 관련 고신교서는 후손들이 잘 보존해 오다가, 1996년에
국립민속박물관에 기증하였고, 현재 박물관에서 관리하고 있다.[275] 황신의
연구는 연대기 자료인 실록을 분석하면서, 황신의 고신교서를 적극 활용하
여 진행하였다.

1) 황신의 가계와 초기 사환

창원황씨(昌原黃氏)[276]의 시조는 황석기로 알려져 있으며, 이후 황신까지
의 세계는 (시조)황석기(黃石奇, ?~1364) - (6대조)황창(黃昌) - (5대조)황선경
(黃善慶) - (고조)황예헌(黃禮軒) - (증조)황형(黃衡·무과, 1459~1520) - (조부)
황원(黃瑗) - (부)황대수(黃大受·문과, 1543~1571) - 황신(黃愼)으로 이어진다.

시조 황석기는 충숙왕 때 원(元) 공주를 수행하여 왕으로부터 의창(義昌)
의 본관을 사여(賜與) 받았고, 1342년(충혜왕 복위3)에 밀직사지신사(密直司
知申事)로 조적(曹頔)의 무리를 제거하고 왕을 시종한 공으로 1등 공신이 되
었다. 1349년 충정왕이 즉위하자 도첨의참리(都僉議參理)에 임명되었고, 이
어 8월에 회산군(檜山君)에 봉해졌다. 1356년(공민왕 5) 5월에 기철(奇轍)을
제거할 때 밀직으로서 누설되기 전에 빨리 제거할 것을 건의하여 찬성사가

이러한 현상은 조선후기에 빈번하게 이루어졌다. 따라서 고신의 활용에도 철저한
진위여부 검토가 필요하다.
275) 황신의 후손들이 400여년 동안 소중히 간직해온 1,007점에 달하는 창원황씨가 고
문서가 1996년에 국립민속박물관에 기증되어 보존되고 있으며, 1998년에『창원황
씨 고문서』자료집도 발간되었다.
276) 昌原은 경상도에 있으며, 고려 후기의 義昌縣과 會原縣을 태종 8년(1408)에 합하여
창원부로 만들고, 1415년에 다시 도호부로 고친 고을 이름이다.『세종실록지리지』
에는 창원도호부의 토성으로 義昌에 孔·黃·朴·玄이 수록되어 있다.

되었고, 7월에 관제를 복구할 때 문하평장사에 임명되었다. 1358년에는 문하시랑 동중서문하평장사(門下侍郞同中書門下平章事)에 이르렀으나 다음 해 정월 파직되었다.

황석기의 아들로 황창(昌)과 황상(黃裳)이 있었다. 황창은 잘 알려져 있지 않지만, 황상은 무신으로 고려후기 동북면도순토사, 문하찬성사, 서강도원수 등을 역임한 관리로 재상까지 올랐으며, 고려사 열전의 제신(諸臣)에도 수록되어 있다.[277] 황신의 직계는 황창에서 황선경으로 이어지며, 황선경의 아들로 인헌(仁軒), 의헌(義軒), 예헌(禮軒), 지헌(智軒)이 있다. 황의헌은 1442년 친시문과에 을과로 급제했고, 1450년 종부시 판관을 역임했으며, 1453년(단종 1) 지안악군사(知安岳郡事)에 올랐으나, 1454년(단종 2)에 안평대군(安平大君)의 일파로 몰려 처형당했으며, 온 집안이 적몰(籍沒)되는 등 한때 시련을 겪기도 했다.

그러나 황신의 직계인 황예헌의 아들 황형(黃衡)은 1480년(성종 11) 무과에 급제하고, 다시 1486년(성종 17) 상서원 판관으로 무과 중시에 장원으로 급제하였으며,[278] 의주목사, 회령부사, 함경도병마절도사 등을 역임하였다. 1510년(중종 5)에는 삼포왜란이 일어나자 방어사가 되어 제포(薺浦)에서 왜적을 크게 무찌르고, 경상도병마절도사가 되었으며, 그 뒤 도총관·지훈련원사(知訓鍊院事)를 거쳐, 1512년 평안도 변방에서 야인이 반란을 일으키자 순변사로 나가 이를 진압하였고, 이어서 평안도·함경북도의 병마절도사를 거쳐, 공조판서에 이르렀다.[279]

---

277) 『고려사』 권114, 열전 27, 제신 황상.
278) 『성종실록』 권196, 성종 17년 10월 24일(을미).
279) 『중종실록』 권28, 중종 12년 5월 18일(임진). 동 권37, 중종 14년 11월 25일(을묘). 1520년(중종 15)에 공조판서로 졸한 황형의 실록 졸기에는 다음과 같은 사론이 수록되어 있다. '사신은 논한다. 황형은 武藝에 능하고 策略이 많아 將帥의 재목이었다. 성종조에 무과를 거쳐 나왔는데, 풍채가 헌칠하고 氣宇가 비범하였다. 오래도록 서북 지방을 진무하였였는데 胡人들이 두려워하여 자기 아들의 이름을 황형이라고 지은 자도 있었다. 경오년[1510, 중종 5] 제포의 왜란 때에는 힘써 싸워 유담

황형의 아들로는 찬(瓚), 침(琛), 유(瑜), 원(瑗), 기(琦), 민(珉), 우(瑀), 무(珷) 등이 있었으며, 다시 황원에게는 6남매[4녀 2남]가 있었는데, 다섯째[둘째 아들] 황대수가 황신의 부친이다.[280] 황대수(黃大受, 1534~1571)는 1555년(명종 10) 사마시에 입격하고, 1564년(명종 19)에 문과에 급제하였다.[281] 승문원 권지정자를 거쳐, 승정원 주서로 있던 1567년에 명종의 후계자로 덕흥군의 제3자 하성군을 선택하였는데, 〈제삼자(第三子)의 '삼'자를 '參'자로 써서〉 왕위 후계자를 선택하는데 무리가 없게 하는 등 처변(處變)을 잘하여 당시의 재상인 윤두수, 노수신 등으로부터 칭찬을 받았다고 한다.[282] 황대수의 관직은 병조정랑에 이르렀는데, 1571년(선조 4)에 경차관으로 영남에 가는 도중 성주 객사에서 말에서 떨어져 38세의 나이로 타계했다.[283] 이 때 황신의 나이는 겨우 10세에 불과했다.

황신은 명종 17년(1562)에 황대수와 곽회영(郭懷英)[284]의 딸 사이에서 한

년과 함께 首功에 기록되었다. 그러나 본디 操行이 없으므로 재물을 탐하고 색을 좋아했으며, 남의 말을 귀담아 듣지 않았다.' [『중종실록』권41, 중종 15년 12월 13일(정유)]

280) 현재 국립민속박물관에는 이들 남매에 대한 「同生和會文記」가 보존되어 있다. 이 문기는 황원의 둘째 부인인 무송윤씨가 죽은 지 3년상이 끝나는 시점에서 이루어진 것으로, 6남매에게 노비를 균등히 분배하고 장남인 황대유에게는 특별히 봉사조로 아이고개(아현)에 있는집 1채와 강화에 있는 논 20마지기 및 노비를 더 지급하고 있다.[『창원황씨고문서』, 국립민속박물관, 1998]

281) 황대수 이후에는 黃愼[子] - (繼子)黃一皓[孫] - 黃坑[曾孫]의 4대가 문과에 급제했다.

282) 이 고사는 율곡 이이의 경연일기인 「석담일기」에 수록되어 있으며, 1773년(영조 49)에 영조는 이 사건을 소환하여 故 正郎 黃大受에게 우의정을 증직하고, 승지를 보내서 그 묘에 致祭하였으며, 또 그 자손에게는 벼슬을 내리게 하였다.[영조실록 120권, 영조 49년 3월 14일 계묘] 그리고 1854년(철종 5)에는 황대수에게 '敏翼'이란 시호가 내려졌다.[『승정원일기』 2561책 (탈초본 123책) 철종 5년 11월 16일(신사)]

283) 『선조실록』권5, 선조 4년 6월 4일(갑오).

284) 郭懷英은 중종 28년(1533)의 문과에서 처음에는 講經과 製述에서 모두 入格한 12인으로서 복시의 3등 안에 포함되어 草榜에 올랐으나, 다시 합격 기준을 通計하는 방식으로 고쳐서 정한 방[改出他榜]에는 포함되지 않았다. 이 때에 앞에서 합격하였다가 뒤에 떨어진 자는 郭懷英과 金彦傅이고, 앞에서 떨어졌다가 뒤에 합격한

양에서 태어났다.[285] 10세에 부친상을 당했으며, 15세(1576, 선조 9)에 종실 원천군(原川君) 이휘(李徽)의 외동딸과 혼인하였다. 21세(1582, 선조 15)에 진사시에 3등 51위[100명의 합격자 중 81위]로 입격하였고, 22세(1583, 선조 16)에 성혼의 문하에 들어갔다.

황신은 1588년(선조 21, 27세)에 알성시 문과에 장원 급제하여 벼슬길에 나갔다. 황신이 급제한 과거는 종계변무(宗系辨誣)의 해결로 인해 실시된 알성시였다. 종계변무는 명의 『대명회전』과 『명태조실록』에 조선 태조 이성계가 고려 권신 이인임(李仁任)의 아들이라고 기재되어 있는 내용을 시정하기 위한 외교 교섭이었다. 조선의 입장에서는 왕실의 정통성을 확보하는 중대 사안이었으나, 명은 태조 홍무제(洪武帝)의 유훈을 함부로 고칠 수 없다는 명분을 들어 조선의 요구를 신속하게 처리해 주지 않았다. 조선은 국초부터 무려 200년 동안 10여 차례에 걸쳐 주청사를 파견하여 시정하려는 외교적 노력에 국력을 기울였으며, 특히 중종대 『대명회전』이 전래되면서 적극적으로 전개되었다. 마침내 1584년(선조 17) 황정욱(黃廷彧) 등이 종계변무주청사로 갔을 때 정정하기로 합의를 본 후, 1588년(선조 21) 사은사 유홍이 관련 내용이 수정된 만력중수본(萬曆重修本) 『대명회전』을 가지고 귀국하였다.[286]

자는 윤원형·민구·박붕린·남궁숙이었다.[『중종실록』 권74, 중종 28년 4월 29일(신축)] 그 후 초방에 올랐다가 떨어진 곽회영은 1546년(명종 1)의 식년시에서 병과 2위[12/33]로 급제하였으나[당시 48세), 실록에서의 관직 이력은 확인되지 않는다. 『묵재일기』에서는 가정 43년[1564년(명종 19)] 기록에 '神主木敬差官郭懷英來見'이 확인되고[『默齋日記』下(한국사료총서 제41집) 10冊 嘉靖四十三年 甲子歲 季冬十二月 大 丁丑], 이정귀가 작성한 황신의 행장에서는 곽회영의 관직을 奉常寺 正이라고 하였다.
285) 『사마방목』의 황신 거주지는 한성([京])이다.
286) 권인용, 「명중기 조선의 종계변무와 대명외교」, 『명청사연구』 24, 2005; 김경록, 「조선초기 종계변무의 전개양상과 대명관계」, 『국사관론총』 108, 2006. 사은사 유홍이 대명회전을 가져와 입계한 것은 4월 24일(정축)이었다. 당시 명나라의 《대명회전》이 거의 완성되어 간다 하여 선조는 유홍으로 하여금 적극 청해서 얻어오게

선조는 5월 29일(신해)에 성균관 문묘에 행차하여 알성(謁聖)하고 향례(享禮)를 행한 뒤, 명륜당에 임어하여 시제(試題)를 내고, 다시 하련대(下輦臺)에 임어하여 무사(武士)를 시험하였으며, 진사 황신 등 11명과 무사 20명을 뽑았다.287) 문과의 시제는 '한나라 정중이 군사마에 제수된 것에 사례하다[漢鄭衆謝拜軍司馬]'로 표문을 작성하는 것이었다.288) 왕이 친림(親臨)하여 거행되는 알성시는 단 한 번의 시험으로 당락이 결정되었으며, 시험 당일에 합격자를 발표하였다. 급제자는 다음과 같다.289)

갑과(1인) : 진사 황신(黃愼)
을과(1인) : 진사 김순명(金順命)
병과(9인) : 유학 박정현(朴鼎賢), 현감 박동현(朴東賢), 진사 최천건(崔天健), 생원 이육(李堉), 유학 박문서(朴文敍), 진사 박경남(朴敬男), 생원 조익(趙翊), 선교랑 한응시(韓應時), 생원 윤경립(尹敬立).

황신은 알성시에서 장원으로 급제했기 때문에 곧바로 종6품 실직에 임명되었다. 이후 임진왜란이 발발하기까지 황신의 초기 관직을 정리하면 [표37]과 같다.

하였다. 유홍이 禮部를 찾아가 咨文을 드리고 이를 청하였는데, 예부에서는 아직 御覽을 거치지 않아서 먼저 주기가 어렵다 하였다. 유홍이 일행을 거느리고 피눈물을 흘리며 跪請하니, 尙書 沈鯉가 그 정성에 감동하여 즉시 題本을 갖추어 돌아가는 인편에 부치기를 주청하였고, 天子가 윤허하여 조선에 付卷이 특별히 하사되고, 또 칙서까지 내려졌다. 선조는 이날 慕華館에 나가 칙서를 맞이하고 權停禮에 의해 朝賀를 받았다.[『선조실록』 권22, 선조 21년 4월 24일(정축)]
287) 『선조실록』 권22, 선조 21년 5월 29일(신해).
288) 황신이 작성한 시권은 필사된 고문서가 국립민속박물관에 소장되어 있으며, 그 내용이 『추포집』에도 실려있다.[『秋浦集』 권2, 科製四六附 漢鄭衆謝拜軍司馬]
289) 『국조문과방목』(태학사), 1책 567~568쪽.

[표 37] 선조대 황신의 초기 관직

왕력 (서력)	나이	품계	본직	겸직	주요활동/비고
선조 21 (1588)	27	선교랑 [종6품]	5. 의영고 주부[종6품]		5.29. 謁聖試 급제[장원] /선조실록/ 선조수정실록/행장
			6. 사헌부 감찰[정6품]		행장
			8. (파직)		
선조 22 (1589)	28		2. 음죽현감[종6품]		행장
			4. (파직)		
				5. 성균관 學官	
			10. 北道 兵馬評事[정6품] -(체직으로 미부임)		행장
		통선랑 [동반 정5품하]	행 호조좌랑[정6품]		12.22. 교첩 [⇦ 忠毅校尉 (서반 정6품하)]
선조 23 (1590)	29		2. 병조 좌랑[정6품]	知製教	2월, 병조 좌랑. 知製教 겸대 행장
			4. 사간원 정언[정6품]		4월/선조수정실록 [제수/체직] 행장
			4. 고산현감[종6품]		4월/선조수정실록 [特旨]
			5. 고산현감[종6품]		5.24/선조실록.
선조 24 (1591)	30	봉렬대부 [정4품하]	행 고산현감[종6품]	겸 춘추관기사관	윤3.2. 고신교지. 수령으로 춘추관 기사관을 겸하도록 한 조치[겸임사관(外史)]
		봉정대부 [정4품상]	행 고산현감	겸 춘추관기사관	윤3.14. 광국원종공신 3등에 추록되 어 승품.
			(고산현감 파직)		7.2/선조실록, 7월/선조수정실록 정 철의 건저의 사건과 관련하여 정철 당여로 탄핵을 받아 파직되어 江華 의 村庄에 退居.

과거에 장원으로 급제한 황신은 4관 분관 없이 곧 바로 종6품 실직에 제
수되었다. 출륙(出六)을 한 것이다. 참하관에서 벗어나 참상관이 되는 출륙
은 참외관 관료들에게는 넘기가 쉽지 않은 선이었다. 그러나 황신은 장원급
제이기 때문에 27세의 젊은 나이에 참외관 경력 없이 곧 바로 참상관이 되
었다.290)

이후 몇 년간 황신의 정확한 관직을 확인하기는 쉽지 않다. 그런데 선조

22년(1589, 28세) 12월의 교첩이 남아 있다. 충의교위 황신을 통선랑 행 호조좌랑에 임명한다는 내용이다. 충의교위는 서반 정5품 하계이고, 통선랑은 동반 정5품 하계이다. 문과에 급제한 지 1년여만에 황신은 품계가 동반 정5품에 이르렀고, 관직은 호조 좌랑이라는 육조의 중요한 실무자가 된 것이다. 그리고 다음 해에는 병조 좌랑으로 옮겼다가, 사간원 정언이 되었다. 모두 정6품직이다. 그리고 지제교를 겸직하기 시작했다. 지제교는 외교문서인 표(表)·전(箋)과 왕이 내리는 교서(敎書)의 글을 짓는 일을 맡아보는 관원으로, 집현전(集賢殿)이나 홍문관(弘文館)의 관원이 겸임하는 경우는 내지제교(內知製敎)라 하였고, 6품 이상의 문신(文臣) 중에서 임명되는 경우는 외지제교(外知製敎)라 했다. 그런데 황신은 언관인 사간원 정언으로 있으면서, 선조 23년 4월에 당시 영의정인 이산해가 선조 19년(1586) 이조 판서로 있을 적에 정여립을 김제군수로 의망(擬望)했던 것을 탄핵하다가,[291] 외직인 고산현감으로 좌천되었다. 실록에는 이 인사가 선조의 특지(特旨)로 이루어졌음을 밝히고 있다.[292]

황신은 외직에 근무하면서 선조 24년(1591, 30세)이 되자 현감으로서 춘추관 기사관을 겸하였다. 고신교지에 의하면, 선조 24년 윤3월 2일에 봉렬대부 행 고산현감 겸 춘추관기사관에 제수되었다. 봉렬대부는 정4품 하계이다. 이제 품계가 대부로 승급한 것이다. 그리고 관직은 비록 현감에 불과하지만, 춘추관 기사관을 겸임하는 외사(外史)가 된 것이다. 기사관은 춘추관

---

290) 16세기 尹復(1512~1577)의 경우에는 27세에 별시문과에서 15명의 합격자 가운데 2위[을과 1위, 亞元]라는 우수한 성적으로 급제했음에도, (중간에 부친상이라는 공백이 있기는 하였지만) 35세에 이르러서야 성균관 전적에 제수되어 출륙을 하기까지 8년이라는 세월이 걸렸다.[임선빈, 「16세기 行堂 尹復의 관직생활; 告身 활용을 위한 제언」, 『역사민속학』 제54호, 역사민속학회, 2018.]

291) 『선조실록』 권24, 선조 23년 4월 1일(임신),

292) 正言黃愼特拜高山縣監[『선조실록』 권24, 선조 23년 5월 24일(갑자)] 이는 아마 황신이 붕당으로 인한 피해를 당할까 선조가 미리 외직으로 보낸 조치가 아닌가 여겨진다.

소속의 정6품에서 정9품까지의 관직이다. 현감을 본직으로 하면서 춘추관의 시정기 작성에 참여하는 겸임사관이 된 것이다.293)

그리고 10여일이 지난 윤3월 14일에는 정4품 상계인 봉정대부로 승품하였다. 이는 황신이 광국원종공신에 추록되었기 때문이다. 광국공신은 앞서 설명한 종계변무의 해결에 공을 세운 신료들에게 선조 23년(1590)에 내린 공신 훈명이다. 1등에 윤근수 등 3명, 2등에 홍성민 등 7명, 3등에 기대승 등 9명이었다. 그런데 황신은 종계변무가 해결되고 난 후 이를 기념하여 실시된 알성시에서 장원급제한 인물이다. 아마 이를 치하하기 위해 황신을 광국원종공신 3등에 추록하고, 승품시킨 것으로 여겨진다.294)

그런데 선조 24년(1591) 좌의정 정철(鄭澈)이 광해군을 세자로 세울 것을 주장하다가 귀양을 가게 되자[建儲議 사건], 고산현감으로 1년 남짓 근무하던 황신도 정철 당여로 탄핵을 받아 파직되었다. 이후에는 강화의 촌장(村庄)으로 물러나 살았다.

2) 임란 극복 주역의 관직생활과 통신사행

1592년 4월 임진왜란이 발발했을 때, 황신은 삭탈관직된 상태로 강화도 촌장에 물러나 있었다. 그러나 황신은 왜란이 발발했다는 소식을 듣자, 선조의 피난길을 미처 호종하지는 못했지만, 일신의 안위를 아랑곳하지 않고

---

293) 外史란 도·부·군·현 등의 지방 행정 단위에서 모든 사실을 기록으로 남기는 사관을 말한다. 외사는 호구 수, 날씨 등 각각 보고 들은 실상에 따라서 原史에 근거할 만한 것을 기록했고, 날씨의 상태뿐만 아니라 민물, 풍속과 기타 기록할 만한 일들을 옛 규례에 따라 기록하였다. 이들이 작성한 문서 중 춘추관에 보고된 것은 경외의 대소 아문에서 보고된 문서와 함께 時政記로 작성되어 실록 편찬 시 이용되었다. [김경수, 「조선조 외사의 설치와 운영」, 『역사학보』 154, 1997.]

294) 1539년(중종 34)에 종계변무를 위한 주청사로 명나라에 다녀온 공로가 인정되어 그의 사후 43년만에 광국원종공신 1등에 녹훈되고 영의정에 추증된 權橃(1478~1548)의 광국원종공신 녹권에 의하면, 광국원종공신은 모두 872명이다.

조정 의주까지 달려갔다. 7월 25일 이조에서는 황신을 다시 등용하는 교첩
을 발급했다. 1년 전에 파직으로 고신을 추탈 당한 상태였기 때문에 고신교
지가 아닌 교첩을 발급한 것이다. 교첩은 전 현감(종6품) 황신을 승의랑(정6
품) 세자시강원의 사서로 임명한다는 내용으로, 왕명을 받들어 이조 참판
구사맹과 좌랑 박동량이 수압하여 발급하였다.

세자시강원은 왕세자를 모시고 경사(經史)를 강의하며 도의(道義)를 가르
치던 기관으로 사서는 정6품의 관직이다. 황신은 왜란이 발발하면서 서둘러
왕세자로 책봉된 광해군의 행조, 즉 분조에서 왕세자를 도우면서 관직 생활
을 다시 시작했다. 당시 선조는 의주에 있었고, 왕세자는 7월 9일부터 7월
27일까지 이천(伊川)에 있었다. 1592년 6월 영변에서 분조를 형성한 광해군
은 평안도와 황해도를 거쳐 경기도 이천에 이르렀으며, 이곳에서 의병 활동
을 격려하는 등 전란 극복을 위해 노력하다가, 이천에 일본군이 출몰하자
8월 초에는 분조를 평안도 성천(成川)으로 옮겼으며, 이후 11월 초까지 성천
에 머물면서 활동하였다. 아마 이 시기에 세자시강원 사서에 임명된 황신도
왕세자와 함께 활동했을 것이다. [표 38]은 임진왜란 전쟁 시기 황신의 관
직을 정리한 것이다.

[표 38] 임진왜란 전쟁 시기 황신의 관직

왕력 (서력)	나이	품계	본직	겸직	주요활동/비고
선조 25 (1592)	31	승의랑 [정6품상]	世子侍講院司書[정6품]		7.25. 교첩
			8. 사간원 정언[정6품]		8월, 정언이 되다. 8.13/선조실록. 동궁 행조
선조 26 (1593)	32	봉정대부 [정4품상]	행 성균관전적[정6품] 지제교	겸 세자시강원사서	2.13. 교지
		봉정대부	행 병조좌랑[정6품] 지제교	겸 춘추관기사관 세자시강원사서	5.1. 교지
		봉정대부	행 성균관전적 지제교	겸 漢學敎授 세자시강원사서	7.20. 교지
			8. 사헌부 지평[정5품]		8.21/선조실록.
			사헌부 지평		10월/선조수정실록

왕력(서력)	나이	품계	본직	겸직	주요활동/비고
		봉정대부	행 성균관직강[정5품] 지제교	겸 한학교수 세자시강원사서	10.22. 교지
		중훈대부 [종3품하]	행 성균관직강 지제교	겸 한학교수 세자시강원사서	11.8. 교지
				원접사 이항복 종사관	윤11월, 행장
선조 27 (1594)	33	중직대부 [종3품상]	행 성균관직강 지제교	겸 세자시강원사서 한학교수	1.30. 교지 / 별가(別加)
				(동궁 문안관)	3.10/선조실록.
		중직대부	행 성균관직강 지제교	겸 승문원교리[종5품] 한학교수 세자시강원사서	3.27. 교지
				도체찰사 尹斗壽 종사관	8월. 행장
		중직대부	행 병조정랑[정5품] 지제교	겸 승문원교리 한학교수	11.26. 교지
		통훈대부 [정3품하]	행 병조정랑 지제교	겸 승문원교리 한학교수	12.27. 교지 / 사가(仕加)
선조 28 (1595)	34	통훈대부	행 성균관전적 지제교	겸 承文院校檢[정6품] 한학교수	1.21. 교지 / 교검-오자(?)
		통훈대부	행 사헌부장령 지제교	겸 承文院校勘[종4품] 한학교수	1.24. 교지 1.24/선조실록
		통훈대부	司贍寺正[정3품당하] 지제교	겸 承文院參校[종3품] 한학교수	4.5. 교지
		통훈대부	세자시강원문학[정5품] 지제교	겸 승문원교리 한학교수	4.11. 교지 4.11/선조실록.
				(명 심유격의 종사관)	4.19/선조실록. 7.17/선조실록.
		통훈대부	군자감정[정3품당하] 지제교	겸 승문원참교 한학교수	5.4. 교지
			(세자시강원 문학)		5.6/선조실록. 6.15/선조실록. 9.12/선조실록.
		통훈대부	사섬시정 지제교	겸 승문원참교 한학교수 (접반사)	8.13. 교지 10.25, 11.3, 12.3/13/16/21/29 선조실록.
선조 29 (1596)	35	절충장군 [정3품당상-서반]	행 용양위 호군 [정4품]		2.28. 선조 일본에서 돌아온 황신 인견 2.29. 교지
			지제교		2.29. 교지 / 서반이므로 지제교는 별도로 제수
			(행 호군)	(접반사)	4.13, 5.4, 17, 30, 6.12, 21, 23 / 선조실록.
			(접반사 첨지)		6.9/선조실록.
		통정대부 [정3품당상-동반]	돈령부도정[정3품당상] 지제교		6.25. 교지 6.25/선조실록. [가자(嘉善)×] 6월/선조수정실록
				통신사	8월/선조수정실록 [일본행]
				통신사	12.21.복명 인견/실록

왕력 (서력)	나이	품계	본직	겸직	주요활동/비고
					12월/선조수정실록
		가선대부 [종2품하]	행 돈령부도정		12.22. 교지 12.22./선조실록-가자
				(慶尙道諸陣慰撫使)	1.22/선조실록
				(경연 특진관)	2.18/선조실록
				(贊畫使)	2.21/선조실록
				(接伴使)	4.1/선조실록
선조 30 (1597)	36	가선대부	전라도관찰사 [종2품]		7.3. 교지 / 이조 7.3/선조실록
				전라도 겸 병마수군절도사	7.3. 교지 / 병조
		가선대부	동지중추부사 [종2품]		7.4. 교지 *처 이씨를 정부인에 제수[교지].
		가선대부	전라도관찰사		7.25. 교지 / 이조 7.25/선조실록 [이후 부임]
				전라도 겸 병마수군절도사	7.25. 교지 / 병조
					*8.6. 교서[教全羅道觀察使兼 兵馬水軍節度使巡察使書]
선조 31 (1598)	37		12. 동지중추부사 [종2품]		12.21/선조실록-전라도관찰사 12월, 동지중추부사가 되다.

　1593년 2월 13일 황신이 받은 고신교지에 의하면, 제수받은 관직이 '봉정대부 행 성균관전적 지제교 겸 세자시강원 사서'이다. 이때 받은 정4품 상계인 봉정대부는 황신이 임란 전 파직되기 직전의 품계이다. 드디어 예전의 품계로 돌아간 것이다. 그리고 5월에는 병조좌랑으로 옮기면서, 다시 춘추관 기사관도 겸직하였으며, 7월에는 한학교수를 겸직한다. 조선시대의 한학(漢學)은 역학(譯學) 중 하나인 중국어를 지칭한다. 한학은 대중국 외교의 중요성 때문에 역학 중에서 가장 중시되었다. 사역원에 설치되어 있던 한학교수는 종6품직 4명으로 2명은 문신이 겸하도록 되어 있었다.[295] 또한 한학생도의 정원은 사역원 35명, 평양부·의주목·황주목 각 30명으로 모두 125명에 달했다.[296] 더군다나 1592년 12월부터 이여송(李如松)이 이끄는 43,000여

---

295) 『경국대전』 권1 이전 경관직 사역원.
296) 『경국대전』의 역학생도 정원은 漢學 125명 외에 蒙學 10명, 倭學 41명[사역원 15

명의 명군(明軍)이 압록강을 건너와 본격적으로 전쟁에 참전했기 때문에 이 시기 한학은 매우 중요하였고, 특히 명군과 소통할 수 있는 통역관 양성이 시급했을 것이다. 이에 참여한 황신은 중국어에도 능통했었다.[297]

황신은 1593년 8월에 사헌부 지평[정5품]을 거쳐, 10월에는 성균관 직강 [정5품]이 되었으며, 11월에는 종3품 하계인 중훈대부로 승품하였다. 그리고 1594년(선조 27) 1월에는 다시 종3품 상계인 중직대부로 승품하였다. 2개월 만에 다시 승품하였는데, 고신교지에서는 이것이 별가(別加)임을 밝히고 있다. 원래 순자법이 시행되고 있던 조선시대에 정상적인 상황에서의 승품은 6품 이상의 경우 근무일수[仕] 900일이 차야 승품 대상이 되기 때문에 가자가 쉽지 않았다. 황신의 단기간 승품은 당시가 전쟁 중이었기 때문에 가능한 일이었을 것이다. 그러나 황신이 무슨 공으로 별가를 받았는지는 확인되지 않는다. 아마 직전에 명나라 사신을 접대하는 원접사 이항복의 종사관으로 활약한 공이 인정받은 것으로 추측된다.

황신은 1594년(선조 27) 12월에 정3품 하계인 통훈대부로 가자되었다. 고신교지에서는 이 승품이 사가(仕加)임을 밝히고 있다. 별가로 중직대부로 승품한지 만 1년도 되지 않아서 다시 통훈대부로 승품한 것이다. 통훈대부는 순자법에 의해 오를 수 있는 최고의 품계인 문반의 계궁(階窮) 또는 자궁(資窮)에 해당한다. 자궁은 품계를 의미하는 '資'와 끝을 의미하는 '窮'이 만

명, 薺浦·釜山浦 각 10명, 鹽浦 6명], 女眞學 60명[사역원 20명, 義州牧 5명, 昌城都護府 5명, 北靑都護府 10명, 理山郡·碧潼郡·渭源郡 각 5명, 滿浦 5명]으로 모두 236명이었다.[『경국대전』 권3 예전 생도]

297) 황신은 선조 26년 봄부터 초가을까지 안주에서 經略 宋應昌과 경전 강론을 하기도 했었고[『선조실록 37권, 선조 26년 4월 14일(무술). 행장에 의하면 송응창이 咨文을 보내와 함께 道學을 강론하도록 선비를 뽑아달라고 하여, 문학 유몽인, 사서 황신, 설서 이정귀가 선발되어 참여했다], 후에는 御前通事까지 지냈다. 한편, 황신은 문장에도 능하여 11월에는 申光弼·李魯·鄭經世·申欽·李廷龜·李埈·安大進·李春英·柳夢寅 등과 함께 製述文官으로 抄啓되었다[『선조실록』 권44, 선조 26년 11월 2일(임자)].

나서 이루어진 용어로, 과거나 문음을 통해서 관직에 오른 이들이 일상적으로 오를 수 있는 참상관 최상위의 관직이었다. 통훈대부까지는 고만(考滿)에 따라서 참하관은 450일, 참상관은 900일을 기준으로 정기적인 평가에 의해서 진급이 가능하였다.[298]

통훈대부에 오른 이후인 1595년(선조 28) 황신의 관직활동은 더욱 활발해졌다. 2월에 어전통사로 차출되어 활약하였고, 4월에는 명나라 유격 심유경의 종사관으로 왜영에 들어가 왜군의 정세를 정탐하기도 했다.[299] 이후에도 황신은 임진왜란이 장기화하면서 명나라 대표 심유경(沈惟敬)과 일본의 대표 고니시 유키나카[小西行長] 사이에 전쟁을 끝내기 위한 협상을 여러 차례 진행하자, 명나라 유격(遊擊) 심유경의 접반관(接伴官)으로 2년 동안 적진에 있으면서 협상 자리에 참여하여 조선이 협상에 반대한다는 뜻을 전달하였다. 선조 28년에는 정3품 당하관 직책인 사섬시 정(正), 군자감 정과 같은 한 관서를 책임 맡는 장관직을 수행하기도 했다.

1596년(선조 29) 2월에는 당상관으로 승품되었다. 조선사회에서 당하관에서 당상관으로 오르는 것은 근무 일수에 따른 정례적인 진급에 의한 것이 아니었다. 당하관이 당상관에 오르는 것은 왕과 대신의 정치적인 판단에 의한 것이었다. 그러므로 관료들은 정3품 하계인 자궁에 이르면, 더 이상 올라가지 못하고 대기할 수밖에 없었다.[300] 언제 당상관으로 승진할지 알 수 없었다. 심지어 국가적인 큰 경사에 모든 관원에게 자급을 부여하는 경우에도 이들의 경우에는 본인의 품계를 당상으로 올릴 수 없었으므로 아들 사위 손자 아우 조카[子·壻·孫·弟·姪] 등이 대신 자급을 받도록 하였다.[301]

---

298) 『경국대전』 권1, 이전, 경관직.

299) 『선조실록』 권62, 선조 28년 4월 19일(신유).

300) 윤복의 경우 통정대부가 되기 전 통훈대부에 13년간이나 머물고 있었으며, 문과에 급제한 지 35년만에 당상관이 되었다. [임선빈, 「16세기 行堂 尹復의 관직생활; 出身 활용을 위한 제언」, 『역사민속학』 54호, 역사민속학회, 2018.]

301) 李成茂, 『朝鮮初期 兩班研究』, 일조각, 1980, 155-156쪽; 최승희, 앞의 논문, 1985.

그러나 황신은 통훈대부에 승품한 지 1년 만에 당상관이 되었다.

선조 29년에 황신이 받은 고신교지에는 2월에 받은 '절충장군 행 용양위 호군' 교지와 6월에 받은 '통정대부 돈령부 도정' 교지가 남아 있다. 절충장 군(折衝將軍)과 통정대부는 각각 서반과 동반의 당상관 품계이다. 당상관이 된 이해에 황신은 명나라 유격 심유경의 접반사(接伴使)에 임명되었다. 그리 고 통신사로 일본에 다녀왔다. 당시 일본 대표 고니시가 7개 조건을 제시하 여, 협상이 어느 정도 타결되고, 전쟁도 소강상태가 되자, 명나라에서 일본 의 관백(關伯) 도요토미 히데요시[豊臣秀吉]를 일본 국왕으로 봉할 사신을 일본에 보내면서, 조선에서도 그 자리에 참여할 사신을 보내 줄 것을 요청 하였다. 당시 사람들은 일본에 사신으로 가면 죽을 것이라고 생각했기에 모 두 피하였는데, 선조가 황신을 일본 통신사(通信使)에 임명하자 그는 의연하 게 일본에 다녀왔다.[302] 그가 일본에서 돌아오자, 대간(臺諫)에서 그가 왜적 의 위협을 두려워하여 조선의 주장을 제대로 펴지 못했다고 탄핵하였다. 그 러나 그는 일본에서 협상을 반대하는 조선의 입장을 당당히 밝혔다. 게다가 도요토미 히데요시도 수봉(受封)하는 것을 거절하여 강화(講和)는 이루어지 지 않았다.

선조는 명나라와 일본 사이에 강화 조약이 체결되지 않은 것을 다행으로 여기고, 황신의 노고를 치하하면서, 일본에서 돌아와 복명을 한 다음 날인 12월 22일에 종2품 하계인 가선대부(嘉善大夫)로 가자하였다.[303] 35세의 황 신은 한 해 동안 당상관[절충장군, 통정대부]에 승품한 후, 다시 재상급 품 계인 종2품직에 가자된 것이다. 사간원에서 황신의 가자가 적절치 않다고 개정하기를 거듭 아뢰었으나, 선조는 이를 받아들이지 않았다.[304] 조선시대

---

302) 황신이 선조 29년(1596) 8월 초순에서 11월 23일 사이에 명 나라 册封使 楊方亨과 沈惟敬을 따라 일본에 사신으로 다녀온 일을, 月・日 순서로 기록한 『日本往還日記』 가 있다.

303) 『선조실록』 권83, 선조 29년 12월 22일(갑신).

304) 『선조실록』 권83, 선조 29년 12월 23일(을유), 24일(병술), 25일(정해), 26일(무자).

2품 이상의 관직자에게는 많은 특전이 부여되었다. 초헌을 탈 수 있었고, 국왕이 부를 때에는 쇄마를 지급받았으며, 병이 심할 때에는 약재를 내려주었고, 2품 이상 천첩자녀는 자기 비(婢)를 장예원에 바쳐 속신할 수도 있었다. 죄가 있어도 반드시 국왕에게 보고한 다음에 처결하였으며, 조상 3대를 추증 받을 수 있었다.305) 35세의 황신은 이제 그러한 반열에 오른 것이다.

한편, 협상이 결렬되자 정유재란이 일어났다. 전운이 감도는 가운데, 1596년(선조 29) 12월부터 일본군의 주력부대가 다시 부산에 상륙하기 시작해 이듬해인 1597년(선조 30) 4월까지 도합 14만 명이 넘는 전투 병력이 경상도 해안지대에 집결했고, 7월부터 일본군은 수륙 양면에서 전면적인 총공세를 취했다. 황신은 1월부터 경상도제진위무사가 되어 장병을 위로하러 남쪽 지방을 다녀왔고,306) 2월에는 찬획사(贊畫使)가 되어 도체찰사 이원익을 도왔고,307) 분조(分朝)에서 세자 광해군을 보필하였으며, 여름에는 접반사로 활약했다.308)

그리고 남쪽 지방에 경보(警報)가 끊이지 않았으므로, 선조는 7월에 황신을 전라도관찰사에 임명하여 전장터가 되고 있던 전라도 지역을 믿고 맡겼다.309) 관찰사도 외관직이기는 하지만, 종2품직이다. 조선시대의 관찰사는 병마수군절도사직을 당연직으로 겸하였다. 전라도관찰사에 제수된 황신도 전라도병마수군절도사직을 당연직으로 겸하였다. 그런데 관찰사와 절도사는 각각 동반직과 서반직이었기 때문에 인사부서도 이조와 병조로 달랐다. 따라서 황신도 전라도관찰사에 제수된 7월 3일과 7월 25일에 이조와 병조

---

305) 이성무, 앞의 책, 93-95쪽. 특히 추증에 대해서는 '宗親及文武官 實職二品以上 追贈 三代'(『經國大典』 吏典 追贈)
306) 『선조실록』 권84, 선조 30년 1월 22일(계축), 23일(갑인).
307) 『선조실록』 권85, 선조 30년 2월 21일(임오). 찬획사는 지방군의 조련과 군사 업무 감독을 위해 중앙에서 임시로 파견한 관원이다.
308) 『선조실록』 권87, 선조 30년 4월 1일(신유), 동 권88, 선조 30년 5월 9일(기해), 11일(신축), 19일(기유), 23일(계축).
309) 『선조실록』 권90, 선조 30년 7월 3일(임진), 25일(갑인).

로부터 관찰사와 병마절도사에 제수하는 별도의 고신을 각각 받고 있다. 선
조 31년 7월에는 황신의 전라도관찰사 1년 임기가 만료되었으나 유임되었
으며, 왜란이 모두 끝난 12월이 되어서야 동지중추부사에 제수되어 조정으
로 돌아왔다.

3) 임란 이후 선조대의 정치활동

7년간에 걸친 길고 긴 전란이 끝났다. 7년전 30세의 젊은 나이에 '봉정대
부 행 고산현감 춘추관기사관'을 지내다가 삭탈관직되었던 황신은 전쟁이
발발하자 고신을 돌려받았을 뿐만 아니라, 7년 후인 37세에는 가선대부 전
라도관찰사를 지내고 동지중추부사에까지 올랐다. 전쟁이 진행되는 7년 동
안 봉정대부[정4품 상계]에서 가선대부[종2품 하계]까지 5단계의 승자(陞資)
가 이루어졌으며, 당시의 관료사회에서 오르기 힘든 것으로 인식되고 있었
던 당상관에도 오르고, 재상급 관료의 품계인 2품도 선조의 특지로 제수 받
았다. 황신은 7년간 세자시강원에서 왕세자[광해군]를 지근에서 모셨고, 사
역원의 한학교수를 겸직하고 어전통사도 했으며, 명나라에서 온 장수·유격
들의 접반관으로 국가의 중대사를 함께 논의했다. 또한 명나라 유격과 함께
왜군의 진영을 드나들었고, 일본에 통신사로 다녀왔다. 정유재란 시기에는
전라도관찰사로 부임하여 그동안 전란의 피해가 없었으나 이제 전쟁의 중
심지가 된 호남을 책임지는 중책을 수행하기도 했다. 황신은 7년 전의 단순
한 실무관료가 아니었다. 국가의 정책 결정에 깊이 관여하는 정치관료가 되
어 있었다.

황신은 1599년(선조32)에 호조 참판에 임명되었다.[310] 호조는 전후의 복
구사업에 중요한 역할을 해야하는 관서이다. 그러나 이해 4월에 어머니의
상(喪)을 당했다. 그리고 관직을 떠나 3년 동안 강화에서 여막살이를 했다.

---

310) 『선조실록』 권109, 선조 32년 2월 15일(을축).

[표 39]는 왜란 이후 선조대 황신의 관직이다.

[표 39] 임란 이후 선조대 황신의 관직

왕력 (서력)	나이	품계	본직	겸직	주요활동/비고
선조 32 (1599)	38	가선대부	호조참판[종2품]		2.15. 교지 / 이조 2.15./선조실록
				겸 五衛都摠府副摠管	2.18. 교지 / 병조
		가선대부	행 義興衛上護軍		3.10. 교지
			4. 체직(모친상)		4월, 모친상을 당하다.
선조 34 (1601)	40	가선대부	행 忠佐衛大護軍		6.22. 교지
		가선대부	漢城府右尹 [종2품]		7.5. 교지 7.5./선조실록
		가선대부	행 사간원대사간 [정3품당상]		7.17. 교지 7.17/선조실록
		嘉義大夫 [종2품상]	행 사간원대사간		8.13. 교지 8.13./선조실록-가자
		가의대부	司憲府大司憲 [종2품]		10.22. 교지 10.22/선조실록
			(대사헌)		12월/선조수정실록(사직-체직)
선조 35 (1602)	41		(삭탈관직)		3.9./선조수정실록 [罪籍에 올라 7년 간 廢固]-鄭仁弘의 논계
선조 40 (1607)	46	가의대부	행 용양위부호군 [종4품]		윤6.5. 교지 /서반직
선조 41 (1608)	47	가의대부	행 용양위부호군 [종4품]	겸 오위도총부부총관 [종2품]	2.29. 교지 /서반직
		가의대부	행 용양위부사직 [종5품]		3.19. 교지 /서반직
		가의대부	행 충무위사과 [정6품]		4.1. 교지 /서반직

황신은 모친상을 마치자, 선조 34년(1601) 7월에 한성부 우윤에 임명되었
으며,[311] 다시 사간원 대사간이 되었다.[312] 그런데 이 시기에 길운절(吉雲

---

311) 『선조실록』 권139, 선조 34년 7월 5일(경자).

節)의 역옥(逆獄) 사건이 발생했다.313) 길운절은 정여립(鄭汝立)의 모반사건에 관련된 인물로, 1601년에 정여립의 기축옥사에 연루되어 제주도에 유배되어 있던 소덕유(蘇德裕)를 찾아가 모반을 도모하였다. 이러한 사실이 소덕유의 처에게 알려지자, 길운절은 자신이 먼저 관에 나아가 고변하였고, 제주목사 조경(趙儆)이 소덕유 등을 체포하여 서울로 보내 처형하게 하였다. 길운절은 먼저 고변하였으므로 처음에는 용서를 받았지만, 국가로부터 포상을 받지 못했음을 원망하다가 체포되어 참형에 처해졌다.314) 8월까지 이에 대한 추국이 이루어졌고, 추국청 관원을 논상하면서 황신도 추국에 참여한 공으로 종2품 상계인 가의대부(嘉義大夫)로 승품되었다.315)

가의대부 황신은 10월에 사헌부 대사헌이 되었다.316) 이때 문경호(文景虎)가 성혼을 비난하는 상소가 올라왔다. 문경호는 북인 정인홍(鄭仁弘)의 문인으로, 1592년(선조 25) 임진왜란 때에는 곽재우(郭再祐)와 함께 의병으로 활동하였다. 그런데 1601년 생원으로 대북파인 정인홍의 사주를 받아 소를 올려 처사 최영경(崔永慶)의 죽음에 정철(鄭澈)과 성혼(成渾)이 주동이 되었다 하여 그들을 논척하였다. 성혼의 벼슬이 추가 삭탈되자, 대사헌으로 있던 황신(黃愼)은 그것이 모함임을 힘껏 변명하면서, 스승 성혼을 변호하고 북인과 동인을 공격하였으나, 결국 대사헌에서 체직되었다.

황신은 1602년(선조 35) 봄에 사은사로 명나라 북경(北京)에 갔었는데, 돌아오다가 어양(漁陽)에서 대사헌 정인홍의 탄핵을 받아 관작(官爵)이 삭탈되었음을 알고, 곧장 강화로 돌아가 은거하였다. 선조수정실록에는 관작을 삭탈당한 황신에 대해 '황신은 본성이 강직하여 조정에 우뚝 서서 태평할 때나 위험할 때나 절개가 한결같아 다른 나라에서도 칭송을 들었다. 스승을

---

312) 『선조실록』 권139, 선조 34년 7월 17일(임자).
313) 『선조실록』 권139, 선조 34년 7월 18일(계축), 30일(을축),
314) 『선조실록』 권140, 선조 34년 8월 1일(병인), 2일(정묘), 3일(무진), 7일(임신).
315) 『선조실록』 권140, 선조 34년 8월 13일(무인).
316) 『선조실록』 권142, 선조 34년 10월 22일(병술).

위해 원통함을 호소하다가 정인홍의 미움을 받게 되자 여러 군소배들이 벌 떼처럼 일어나 인홍에 붙어서 배척하였으므로, 드디어 죄적(罪籍)에 올라 7년 간이나 폐고(廢固)당했다.'라는 사론이 실려 있다.[317]

그후 황신은 1605년(선조 38)에 임진왜란 때 세운 공이 인정되어 호성선무원종공신에 녹훈되었고, 1607년(선조 40)에는 직첩(職牒)도 환급(還給)되었다. 5년 만에 복관(復官)되어 가의대부 직첩을 받았으나, 관직은 서반직인 용양위부호군에 불과했으며, 조정에 나간 것도 아니었다. 황신은 이 시기에 부여의 촌사(村舍)로 옮겨 우거(寓居)하였다.[318]

4) 광해군대의 영욕과 사후 추숭

1608년 3월 16일 선조가 재위 41년 만에 세상을 떠나고, 3월 17일 광해군이 34세의 나이로 즉위했다. 황신은 광해군이 임진왜란 시기 왕세자로 분조를 이끌면서 전선의 최일선에서 진두지휘할 때, 세자시강원의 사서·문학 등을 역임했었다. 광해군보다 13세 연상이었던 황신은 광해군의 왕세자 시절 스승이었다. 광해군이 즉위하자, 이틀 후인 3월 19일에 황신에게는 고신교지가 새로 발급되었다. 그리고 5월에는 호조참판직에 제수되었다. 그러나 황신은 스승인 성혼이 아직 죄적(罪籍)에 있다는 이유로 사직하고 부임하지 않았다.[319]

6월에는 광해군의 습봉을 재차 청하는 진주사가 명나라에 갔는데, 황신이 진주부사로 차출되었다.[320] 당시 광해군은 임란시 왕세자로 분조를 이

---

317) 『선조수정실록』 권36, 선조 35년 3월 9일(신미).
318) 『月沙集』 권51, 行狀 秋浦黃公行狀.
319) 『月沙集』 권51, 行狀 秋浦黃公行狀. 『추포집』에는 황신이 무신년(1608) 5월에 광해군에게 올린 호조참판을 사직하는 상소가 실려 있다. [『秋浦集』 권1, 疏箚, 辭戶曹參判疏(戊申五月)].
320) 행장에서는 여름에 국장에 참석하기 위해 대궐에 갔다가 진주부사에 차임되었다

끌면서 많은 역할을 했음에도 불구하고, 명으로부터 세자 책봉을 허락받지
못하고 있었다. 선조의 뒤를 이어 왕위에 즉위한 후, 즉시 고부 청시 청승습
사(告訃請諡請承襲使) 연릉부원군 이호민을 보냈으나,321) 명나라에서는 적자
도 아니고 장자도 아닌 광해군의 승습을 여전히 의혹의 눈초리로 보고 있
었다. 이러한 상황에서 재차 습봉을 청하는 진주사로 가는 것이었기 때문에
신중을 기해야만 했다. 6월 5일에 진주사 이덕형, 부사 황신, 서장관 강홍립
을 제수했으며,322) 일행은 6월 20일에 출발했다.323) 황신에게는 7월에 진주
부사에 부합하는 동지중추부사의 고신교지도 내려졌다. [표 40]은 광해군대
황신의 관직이다.

[표 40] 광해군대 황신의 관직

왕력 (서력)	나이	품계	본직	겸직	주요활동/비고
광해군 즉위 (1608)	47	가의대부	행 용양위부사직 [종5품]		3.19. 교지 /서반직
		가의대부	행 충무위사과 [정6품]		4.1. 교지 /서반직
				진주부사	6.5./광해군일기[중]-제수 6.20./광해군일기[중]-사신 출발
		가의대부	동지중추부사 [종2품]		7.3. 교지 /서반직
				진주부사	12.17./광해군일기[중]-돌아옴
광해군 1 (1609)	48	자헌대부 [정2품하]	행 동지중추부사 [종2품]		1.5./광해군일기[중]-가자 포상
			공조판서 [정2품]	겸 체찰부사 동지의금 춘추관사	1.14./광해군일기[중]-제수 행장
				지의금부사	3.23./광해군일기[중]-제수
		資憲大夫	공조판서	겸 지의금부사[정2품]	3.23. 교지

고 하였다.
321) 2월 21일에 출발하여 4월 12일에 북경에 도착하였다. 『광해군일기[중초본]』 권1,
　　광해 즉위년 2월 21일(무인), 동 권4, 광해 즉위년 5월 20일(을사). 상사는 연릉부
　　원군(延陵府院君) 이호민(李好閔)이었다.
322) 『광해군일기[중초본]』 권5, 광해 즉위년 6월 5일(경신).
323) 『광해군일기[중초본]』 권5, 광해 즉위년 6월 20일(을해).

왕력 (서력)	나이	품계	본직	겸직	주요활동/비고
		[정2품하]	[정2품]		
			호조 판서 [정2품]		9.6./광해군일기[중]-제수
				진휼부사	11.15./광해군일기[중]
		정헌대부 [정2품상]		어전통사	12.19./광해군일기[중]-가자
광해군 2 (1610)	49		호조판서		2.9, 3.4. 7.19. 8.30. 9.4. 11.19./ 광해군일기[중]
				館伴使	3.27./광해군일기[중]-임명:世子襲封 事로 온 太監 冉登 접대
					8.1./광해군일기[중]-가자[중국사신요 청]
				겸 동지의금부사	10.9./광해군일기[중]-임명
				체찰부사	11.19./광해군일기[중]-2년 전부터 수행 중이던 체찰부사 체차.
			호조판서	제조	12.22./광해군일기[중]
광해군 3 (1611)	50		호조판서		2.15. 5.28. 7.7,20. 11.18,21. 12.29./ 광해군일기[중]-사직청(불윤)
				동지춘추사	2.18./광해군일기[중]-사직청(윤허)
광해군 4 (1612)	51	숭정대부 [종1품하]	호조판서		1.11./광해군일기[중]-가자[館伴]
			호조판서		7.28. 11.3,6./광해군일기[중]
				특진관	9.4. 10.1. /광해군일기[중]
광해군 5 (1613)	52		호조판서		2.9./광해군일기[중]-사직(불윤)
		보국숭록대 부[정1품하]		겸 호조판서	3.6./광해군일기[중]
					3. 공신교서. 갈충진성동덕찬모위성 공신2등으로 책훈.
				겸 호조판서	5.11./광해군일기[중]-체차 5.12./광해군일기[중]-파직 7.14./광해군일기[중]-放歸田里 8.15./광해군일기[중]-中途付處 10.4./광해군일기[중]-甕津縣 유배
광해군 9 (1617)	56				3.14./광해군일기[중] -讁所[옹진]에서 졸[졸기].
					4.2./광해군일기[중]-讁所[옹진] 에서 졸[보고], 관작회복·禮葬.
		대광보국숭 록대부 [정1품상]	의정부 영의정	겸 영경연홍문관예문관 춘추관관상감사 세자사	4.13. 추증교지

명나라에 갔던 책봉주청사(册封奏請使)가 북경으로부터 한양으로 돌아와 광해군에게 복명한 것은 12월 17일이다. 광해군은 다음 해 1월 초에 북경에 다녀온 사신들을 포상했는데, 부사 동지중추부사 황신에게는 가자와 함께 전 20결과 외거 노비 4구를 내렸다. 이제 황신은 가의대부에서 정2품 하계인 자헌대부로 승품하였고, 공조판서에 제수되었다. 정2품직인 판서는 조선시대에 구경(九卿)으로 간주되는 관직이다.

조선시대 구경은 법제적인 명문으로 정해진 것은 아니지만, 흔히 관습적으로 삼공에 버금가는 고관들을 통칭하는 용어로 사용되었다. 1574년(선조 7)에 선조가 경연에서 구경이 우리나라에서 어떤 관원에 해당하는지 하문하자, 유희춘이 육조의 판서와 한성 판윤 및 참찬 등이 그에 해당한다고 아뢰었으며,324) 승정원에서 소관 사무에 대한 사례·규식(規式) 등을 정리하여 편찬한 『은대편고(銀臺便攷)』에서도 육조판서와 좌·우참찬, 판윤을 구경이라고 한다고 정의하고 있다.325) 조선시대의 구경은 모두 동반 정2품에 해당하는 관직이다.326) 이제 황신은 48세에 구경의 반열에까지 올랐다.

황신은 1609년(광해군 1) 9월에 공조에서 호조로 옮겨 호조판서를 맡았으며, 이 자리는 1613년(광해군 5) 5월에 파직당하기까지 5년 동안 옮기지 않고 재임하였다. 호조는 토지·호구(戶口)·부세(賦稅) 등 국가 재정 관련 업무를 관장하는 관서이다. 전후복구를 위해서는 호조판서의 업무가 매우 중요한 시기였다. 황신은 호조 판서로 재임하면서 전후의 국가 재정을 튼튼하게 만들고, 균전사(均田使)를 전국에 파견하여 양전(量田) 사업을 추진하여

---

324) 『선조실록』 권8, 선조 7년 12월 6일(병오).

325) 『銀臺便攷』 卷5 禮房攷 上尊號. 六曹判書·左右參贊·判尹을 九卿이라 注하였다.

326) 육조의 判書는 조선전기에 의정의 지휘를 받으면서 혹은 주도적으로 해당 조의 정사를 총관하며 국정 운영을 주도하였고, 한성부 判尹은 左·右尹 이하의 관원을 지휘하면서, 도성 내의 호구·토지·치안 등과 관련된 모든 행정을 주관하였으며, 의정부 參贊은 상위 관직인 좌·우찬성과 더불어 議政을 보좌하고 낭관인 舍人과 檢詳을 지휘하면서 의정부의 운영에 참여하였다.

토지구획을 정비하는 등 광해군 시대 경제 정책에 많은 업적을 남겼다. 1610년(광해군 2) 명나라 사신의 관반사가 되자 나날이 불어나는 사신 접대 경비를 절감하기 위해 접대 규모를 줄이기도 했다.

한편, 황신의 관직은 이후 5년간이나 정2품직인 호조판서였지만, 그의 관계(官階)는 계속 승품되었다. 광해군 원년 12월에 정2품 상계인 정헌대부(正憲大夫)로 승품되었고, 광해군 4년(1612) 1월에 종2품 하계인 숭정대부로, 다시 위성공신 2등에 책훈되면서 2단계 상승한 보국숭록대부[정1품 하계]까지 승품하였다. 위성공신(衛聖功臣)이란 임진왜란 때 왕세자[광해군]를 호종하여 이천·전주에 갔던 자들을 포상한 것으로, 1등공신 10명, 2등공신 17명, 3등공신 53명이었다. 황신은 2등 17명 가운데 포함되었다. 위성공신 교서는 광해군 5년(1613) 3월에 반포되었다.[327] 위성공신 2등의 공식 명칭은 '갈충진성동덕찬모위성공신(竭忠盡誠同德贊謨衛聖功臣)'이다. [표 41]은 위성공신의 등급별 명칭과 참여자들이다.

[표 41] 위성공신 명단

등위	명칭	참여자
1등	갈충진성동덕찬모좌운위성공신(竭忠盡誠同德贊謨佐運衛聖功臣)	최흥원(崔興源), 윤두수(尹斗壽), 정탁(鄭琢), 이항복(李恒福), 해풍군 기(海豊君耆), 윤자신(尹自新), 심충겸(沈忠謙), 순의군 경온(順義君景溫), 순녕군 경검(順寧君景儉), 유자신(柳自新)
2등	갈충진성동덕찬모위성공신(竭忠盡誠同德贊謨衛聖功臣)	이헌국(李憲國), 유희림(柳希霖), 이유중(李有中), 임발영(任發英), 절신군 수곤(節愼君壽崐), 강인(姜絪), 이각(李覺), 유홍(兪泓), 한준(韓準), 영산군 예윤(寧山君禮胤), 금산군 성윤(錦山君誠胤), 순창군 언(順昌君彦), 조공근(趙公瑾), 정창연(鄭昌衍), 유희분(柳希奮), 황신(黃愼), 김권(金權)
3등	갈충진성위성공신(竭忠盡誠衛聖功臣)	이순인(李純仁), 유정립(柳挺立), 춘계도정 원(春溪都正竉), 낭성군 성윤(琅城君聖胤), 의성도정 효충(宜城都正孝忠), 허잠(許潛), 유조인(柳祖訒), 강선(姜璿), 윤건(尹健), 김신원(金信元), 이응인(李應寅), 유기(柳淇), 최산립(崔山立), 유희담(柳希聃), 유대건(兪大建), 장형(張逈), 민사권(閔思權), 박종남(朴宗男), 유몽인(柳夢寅), 박진(朴晉), 오백령(吳百齡), 조응록(趙應祿), 임예신(任禮臣), 조국필(趙國弼), 한수겸(韓守謙), 김탁(金琢), 이상의(李尙毅), 정희

<hr/>

327) 공신교서의 반포는 광해군 5년 3월 12일(경오)에 창덕궁 인정전에서 행해졌다[『광해군일기』 권64, 광해군 5년 3월 12일(경오)].

등위	명칭	참여자
		현(鄭希玄), 장렬(張洌), 신숙(申熟), 이공기(李公沂), 양자검(梁子儉), 최윤영(崔潤榮), 정대길(鄭大吉), 박몽주(朴夢周), 박봉림(朴奉琳), 김언해(金彦海), 이응화(李應華), 윤명은(尹鳴殷), 이언경(李彦慶), 김한걸(金漢傑), 정예남(鄭禮男), 한응록(韓應祿), 김허룡(金許龍), 김원남(金元男), 전유형(全有馨), 김응룡(金應龍), 김충남(金忠男), 허흔(許昕), 허임(許任), 신응록(申應祿), 조흥립(曹興立), 한천두(韓天斗)

위성공신 2등에 녹훈된 황신이 받은 공신교서(功臣敎書)는 현전하고 있으며. 국립민속박물관에 보존되어 있다. 이 공신교서에 의하면, 당시 2등공신에게는 공신교축(功臣敎軸)과 화상(畵像)을 내려주었고, 관작의 품계를 2등급[階]씩 올려주었으며, 그의 부모와 처자도 또한 2등급씩 올려주었다. 공신호는 적장자가 세습하여 녹을 잃지 않도록 하고, 사유의 은전을 영원히 후손 대대로 미치도록 하였다. 자식이 없으면 조카나 사위의 품계를 1등급 올려주었다. 더불어 반당(伴倘) 8인, 노비 4구, 구사(丘史) 4명, 토지[田] 30결, 은자 7냥, 비단[表裏] 1단, 내구마 1필씩을 내려주었다.[328]

황신은 품계가 2등급이나 뛰어올랐기 때문에 정1품 하계인 보국숭록대부가 되었다. 맡고 있는 관직인 호조판서가 정2품직이었으므로, 관계와 관직이 3등급이나 차이가 났다. 11월 22일 광해군은 여러 공신들의 가자를 계하(啓下)한 뒤 "보국 숭록의 품계로도 육조 판서가 된다는 식례(式例)를 밝혀 세우라는 〈뜻을 해조에 말하도록 하라.〉"고 전교하였다. 이 기사의 사론에서는 당시 훈신들이 갑자기 일품에 뛰어오른 경우가 많았으며, 박승종, 황신 등이 판서에서 체직되려 하자, 조정의 의논이 그 사람들을 애석하게 여겨 이런 논의를 하였다고 밝히고 있다.[329] 그리고 광해 5년(1613) 3월 6일

---

328) 이는 황신에게 내린 공신교서에 근거한 것이다. 위성공신 교서는 이외에도 鄭琢 (1526~1605)의 1등공신교서[藥圃遺稿 및 文書-衛聖功臣敎書, 보물], 李誠胤 2등공신교서[李誠胤 衛聖功臣敎書 및 關聯 遺物, 보물], 柳夢寅(1559~1623)의 3등공신교서 [柳夢寅衛聖功臣敎書, 보물], 한천두 3등공신교서[韓天斗 衛星功臣 敎書 및 肖像, 경기도 유형문화재] 등의 실물이 남아 있어 문화재로 지정되어 있다.

의 인사에서 박승종은 겸 병조판서, 황신은 겸 호조판서에 제수되었다. 이 기사에도 정1품에 승진시켰기 때문에 겸 판서에 제수한다는 주기가 달려 있다.330)

광해군 5년(1613) 3월 12일에는 19공신 회맹제가 있었는데, 황신은 여기에 위성공신 2등으로 참여했다. 당시 황신의 정식 공신 호칭은 '갈충진성 동덕찬모 위성공신 보국숭록대부 회원부원군 겸호조판서(竭忠盡誠同德贊謨衛聖功臣輔國崇祿大夫檜原府院君兼戶曹判書)'였다.331) 그런데 황신의 공신 특권은 그리 오래가지 못했다.

광해군 5년(1613)에 계축옥사가 일어났다. 정협·서양갑·박응서 등 7인이 '강변 7우(江邊七友)'라고 자칭하고 한강 변에서 술을 마시며 사회를 원망하다가, 강변을 지나던 상인들의 물화를 겁탈한 사건이 있었다. 이들은 범행이 발각되어 사형을 받게 되자, 이이첨은 이들을 사주하여, '국구(國舅) 김제남과 함께 영창대군을 옹립하려고 꾀하였다'고 거짓 자백을 하도록 했다. 그리고 서양갑 등은 박종인이 거사에 쓸 은자(銀子)를 황신의 집에 숨겨두었다고 거짓 고변을 하였다. 황신은 이 고변에서 이름이 거론되었을 뿐만 아니라, 박종인이 그의 문하에 출입하던 사람이었기 때문에 양사의 탄핵을 받고 파직되었다.

이이첨은 황신의 반대로 대사간이 되지 못한 적이 있었다. 이 일은 이조참판 정사호(鄭賜浩)가 이이첨과 절친했던 황신에게 이이첨에 대해 물었을 때 그의 됨됨이에 대해 사적(私的)으로 말해 준 데서 비롯되었다. 이때의 정황을 전해 들은 이이첨은 황신을 원망하고 있었는데, 계축옥사가 일어나자

---

329) 『광해군일기[중초본]』 권59, 광해 4년 11월 22일(임자).

330) 『광해군일기[중초본]』 권64, 광해 5년 3월 6일(갑자).

331) 『十九功臣會盟錄』(1613, 국립중앙도서관 소장, 한古朝51-나1). 한편, 동일한 명칭의 한국학중앙연구원 소장 『十九功臣會盟錄』(1628, k2-627)은 인조반정 이후 광해군 시기에 녹훈된 공신들을 삭훈하고 인조대에 새로 책봉된 공신들이 참여한 회맹록 이기 때문에 위성공신은 포함되어 있지 않다.

황신에게 죄를 씌워 보복하였던 것이다. 김제남과 영창대군은 사사(賜死)되었고, 무고당한 여러 사람들도 모두 체포되어 삭직(削職)당했다. 황신은 광해군의 비호를 받았으나, 체차[5월 11일], 파직[5월 12일, 방귀전리(放歸田里)[7월 14일], 중도부처(中途付處)[8월 15일] 되었다가, 결국 10월 4일에 황해도 옹진현(翁津縣) 유배로 확정되었다.

그리고 황신은 유배당한 지 5년[만 3년 6개월] 만에 풍토병에 걸려, 1617년(광해군9) 3월 14일 옹진에서 돌아갔다. 향년 56세였다. 다음은 『광해군일기』에 실려 있는 황신의 졸기와 사론이다. 중초본과 정초본의 내용이 동일하다.

전 판서 황신이 유배지인 옹진의 적소(謫所)에서 졸하였다. [황신의 자는 사숙(思叔)이고 호는 추포(秋浦)이다. 굳세고 모가 나서 다른 사람을 잘 인정하려 들지 않았다. 어려서 성혼(成渾)에게 사사하였으며, 무자년의 과거에 장원으로 뽑혔다. 임진년 난리 때 궁료(宮僚)로서 오랫동안 분조(分朝)에 있었는데, 바로 잡아주고 도와준 바가 많았다. 유격(遊擊) 심유경(沈惟敬)의 접반관(接伴官)이 되어 2년 동안을 적진에 있었다. 중국 조정에서 사신을 보내어 왜추(倭酋)를 책봉(冊封)하면서 화친을 맺고자 하였는데, 우리 나라의 신사(信使)와 함께 가기를 요청하였다. 이에 조정에서는 황신을 사신으로 뽑았다. 당시에 왜적이 우리 나라의 변경에 주둔해 있어서 정황이 날마다 변하고 있었으므로, 사람들이 반드시 죽게 될 것이라고들 하였다. 그런데도 황신은 의연한 태도로 어려워하는 기색이 없었다. 바다를 건너가다가 바람을 만나 뱃사람들이 모두 엎드려 있었는데, 황신이 글을 지어 맹세하기를, "늑대와 범이 우글거리는 속에서 2년 동안이나 절개를 지키고 있었는데, 교룡(蛟龍)의 소굴 위에서 또 8월에 사신 가는 배를 타게 되었습니다. 이에 몸바치기를 달갑게 여기어, 머리를 조아려 스스로 맹세하였습니다. 저 황신은 나라가 판탕된 때를 만나 나랏일에 몸바쳐 분주하느라 아무리 험하고 어려운 일일지라도 모두 겪어보았습니다. 그러나 언행이 오랑캐 땅에서 행세할 정도로 독실하기야 하겠습니까. 변하지 않는 단심(丹心)이 있는 것을 힘입어 하늘에 물어도 한 점 부끄러움이 없으니, 4천 리 사신길의 노고를 어찌 감히 추호라도 꺼리겠습니까. 30년 동안 쌓은 공부를 바로 오늘에 시험해 볼 때입니다. 참으로 힘쓰지 않아서는 안될 임금의 일인 데다가 또한 신하로서의 당연한 직분이기에 바로 바람에 돛을 달고 멀리 일본 땅으로 갑니다. 참으로 사직을 편안히 하고 나라를 이롭게만 할 수 있다면 죽음 또한 사양하지 않겠지만, 임금의 명을 욕되게 하고 신의 지조를 잃게 된다면 산다고 한들 또한 무슨 보람이 있겠습니까. 삼가 바라건대 신령께서는 이 정성을 굽어 살피소서. 행여 이 말이 거짓이 아니라면 하늘이 알아주시려니와, 만약 한 생각이 혹시라도 게을러진다면 신(神)은 나를 죽이소서." 하였다. 일본에 도착하여서는 적들이 갖가지 방법으로 능욕하고 핍박하였으므로 일행이 겁을 내어 어찌할 줄을 몰랐으나, 황신은 조금도 동요하지 않았다. 그러자 말하는 자들이 소무(蘇武)에 비하였다. 일본에서 돌아와서는 전라 감사에 제수되었다. 왜구가 물러감에 미쳐서는 상소를 올려서 주사(舟師)로 그들의 뒤를 쳐서 나라의 수치를 씻기를 청하고, 이어서 자신이 선봉장이 되기를 청하였다. 그 일이 비록 시행되지는 않았으나, 사람들이 바른 의논을 하였다고 하였다. 당초에 기축년의 옥사가 일어났을 때 처사(處士) 최영경(崔永慶)이 원통하게 죽었는데, 신축년에 이르러서 남쪽 지방 사람인 문경호(文景虎)가 상소하여 성혼(成渾)을 추론(追論)하면서 '착한 선비를 죄에 얽어 죽여 사림(士林)을 위험한 지경에 빠뜨리려 했다.'고 하였다. 이 때 황신이 대사헌으로 있으면서 그것이 무함임을 극력 말하였다가 드디어 죄를 얻어 쫓겨났다. 그뒤 8년 뒤에 다시 호조 판서로 서용되었다. 그 당시에 조사(詔使)가 자주 나와 경비가 날로 불어났는데, 황신은 6년 동안 자리에 있으면서 치재(治財)를 잘하였고, 또 균전사(均田使)를 내보내어 토지 구획을 잘하는 등 시행한 일이 많았다. 계축년에 박응서(朴應犀)의 옥사가 일어나 정협(鄭浹)이 간흉의 사주를 받아 당시의 명류(名流)들을 무고하였는데, 황신 역시 붙잡혀서 옹진현에 유배되었다. 당초에 정사호(鄭賜湖)가 이조 참판이 되어 이이첨을 간장(諫長)에 주의하고자 하여 여러 사람들에게 물었는데, 황신이 고집을 부리고 허락하지 않았다. 이 사실을 정사호가 누설하자 이이첨이 크게 원망하여 드디어 이 화를 받게 된 것이다. 이때에 이르러 졸하니 나이가 58세였다. 자식은 없다. 황신은 고금의 자사(子史)에 통달하여 다른 사람들이 미칠 수가 없었다. 글을 지음에 있어서는 변려문(騈儷文)에 뛰어났다. 일찍이 세자 책봉(冊封)을 청하는 표문(表文)을 지으면서

'하늘이 장차 이 사람에게 임무를 맡기려고 지성스레 명하였다. 일은 반드시 기다림이 있은 후에 그리 되는 것이니 우선은 천천히 하라고 할 뿐이다.' 하였는데, 세상에서 절묘한 글이라고 칭한다. 뒤에 문민공(文敏公)에 증시(贈諡)되었다.]332)

전 판서 황신이 유배지인 옹진의 적소에서 졸하였다는 소식은 4월 2일에 조정에 보고되었다. 그런데 이날의 기사와 사론은 광해군일기 중초본과 정초본의 내용이 다음과 같이 다르다.

(중초본) 전 판서 황신이 유배지인 옹진의 적소에서 졸하였다. [황신의 자는 사숙(思叔)이고 호는 추포(秋浦)이다. 사람됨이 단아하고 의지가 있었으며 행동이 아름다웠다. 문사(文辭)가 조정에서 뛰어 났으며 풍절(風節)이 볼 만 하였다. 일찍이 왜적의 소굴에 사신으로 가서 명(命)을 더럽히지 않고 돌아오니 사람들이 소무(蘇武)에 비하였다. 호조판서가 되어서는 경비를 잘 관리하였다. 흉당이 질시하여 제멋대로 모함하여 해서에 유배되었다가 이때 이르러 죽었다. 사림(士林)들이 애통해 하였다.]333)

(정초본) [전교하였다. "황신(黃愼)은 나라에 공이 있는 사람인데 적소(謫所)에서 죽었으니, 몹시 불쌍하다. 그의 관작을 회복시키고 예장(禮葬)하라."]334)

삭탈관직되어 유배되었다가 적소에서 죽은 황신에게 4월 13일에 발급된 추증교지가 내려갔다. 그 내용은 '갈충진성동덕찬모위성공신 보국숭록대부 회원부원군 겸 호조판서 동지춘추관사 황신을 대광보국숭록대부 의정부 영의정 겸 영경연 홍문관 예문관 춘추관 관상감사 세자사로 추증하라'이다. 추증사유는 '위성공신 2등을 추증하는 일'이라고 하였다.

---

332) 『광해군일기[중초본]』 권113, 광해 9년 3월 14일(기묘), 『광해군일기[정초본]』 권 113, 광해 9년 3월 14일(기묘).
333) 『광해군일기[중초본]』 권114, 광해 9년 4월 2일(병신).
334) 『광해군일기[정초본]』 권114, 광해 9년 4월 2일(병신).

그런데 6년이 지난 1623년(광해군 15) 3월에 능양군(綾陽君)과 서인 일파가 주도하여 광해군과 대북파를 몰아내고 능양군을 왕으로 옹립한 군사 정변이 일어났다. 이른바 인조반정이다. 인조가 즉위하면서 광해군대에 내렸던 위성공신은 모두 삭훈되었다. 황신의 위성공신 2등 공신호도 삭훈되었고, 그가 받았던 혜택도 취소되었다. 그리고 인조 1년(1623) 7월 6일에 황신에게는 새로운 추증교지가 내려갔다. 그 내용은 '숭정대부 행 호조판서 황신을 대광보국숭록대부 의정부우의정 겸 영경연사 감춘추관사로 추증하라'이다. 추증사유는 '원통하게 죽은 사람을 추증하는 일'이다. 현재 국립민속박물관에는 2점의 황신 추증교지가 모두 남아 있다.

5) 소결

임진왜란기 통신사로 일본에 가서 토요토미 히데요시를 직접 만나고 온 황신은 창원황씨로 14세기 인물인 황석기의 8세손이다. 성혼의 문인으로, 1588년 27세의 나이에 종계변무의 해결로 인해 실시된 알성시 문과에 장원 급제하여 벼슬길에 나아갔다. 장원으로 급제했기 때문에 참외관을 거치지 않고, 곧바로 종6품 참상관 실직에 임명되었으며, 1591년에는 종계변무 해결에 공을 세운 신료들을 포상하는 광국공신의 원종공신 3등으로 추록되어 승품함으로써 정4품 상계인 봉정대부까지 올랐다. 그러나 1590년 언관으로 이산해를 탄핵하다가 고산현감으로 좌천되었고, 1591년에는 건저의 사건과 관련하여 정철의 당여로 분류되던 황신은 고산현감에서도 파직되어 강화의 촌장으로 물러났다.

1592년 임진왜란이 발발하자, 삭탈관직되었던 황신은 고신을 돌려받았을 뿐만 아니라, 임진왜란 극복의 활약으로 7년 후인 37세에는 가선대부 전라도관찰사를 지내고 동지중추부사에까지 올랐다. 황신은 전쟁이 진행되는 7년 동안 봉정대부[정4품 상계]에서 가선대부[종2품 하계]까지 5단계의 승자

(陞資)가 이루어졌으며, 당시의 관료사회에서 오르기 힘든 것으로 인식되고 있었던 당상관에도 오르고, 재상급 관료의 품계인 2품도 선조의 특지로 제수받았다. 황신은 7년간 세자시강원에서 왕세자[광해군]를 지근에서 모셨고, 사역원의 한학교수를 겸직하고 어전통사도 했으며, 명나라에서 온 장수·유격들의 접반관으로 국가의 중대사를 함께 논의했다. 또한 명나라 유격과 함께 왜군의 진영을 드나들었고, 일본에 통신사로 다녀왔다. 정유재란 시기에는 전라도관찰사로 부임하여 그동안 전란의 피해가 없었으나 이제 전쟁의 중심지가 된 호남을 책임지는 중책을 수행하기도 했다. 황신은 임진왜란 전의 단순한 실무관료가 아니었다. 국가의 정책 결정에 깊이 관여하는 정치 관료로 성장해 있었다.

임란 이후의 황신은 가선대부로 호조참판에 임명되었으나, 모친상을 당하여 관직을 떠나 3년간 강화에서 여막살이를 했다. 상을 마친 후에는 한성부 우윤, 사간원 대사간 등을 지냈으며, 선조 34년에는 길운절 역옥사건의 추국에 참여한 공으로 40세의 나이에 종2품 상계인 가의대부에까지 올랐으며, 사헌부 대사헌에 제수되었다. 그러나 스승 성혼을 변호하고, 북인과 동인을 공격하다가 삭탈관직 되었으며, 죄적에 올라 7년간 폐고 당했다. 그후 황신은 선조 38년(1605)에 임진왜란 때 세운 공이 인정되어 호성선무원종공신에 녹훈되었고, 선조 40년(1607)에는 직첩도 환급되었다. 5년 만에 복관(復官)되어 가의대부 직첩을 받았으나, 관직은 서반직인 용양위 부호군에 불과했으며, 조정에 나간 것도 아니었다. 황신은 이 시기에 부여의 촌사(村舍)로 옮겨 우거(寓居)하였다.

1608년 광해군이 즉위하자, 왕세자 시절 세자시강원의 관직에 있었던 황신은 고신교지를 새로 발급받았고, 광해군 습봉을 청하는 주청사의 부사로 명나라에도 다녀왔으며, 그 공으로 가자되어 정2품 하계인 자헌대부에 올랐다. 광해군 재위 시기 초반에는 5년간이나 호조판서로 재임하면서 전후복구에 힘썼다. 관직은 정2품의 판서였지만 품계는 계속 승품하였으니, 정2품 상계인 정헌대부를 거처, 종1품 하계인 숭정대부로, 다시 광해군 5년에는 위성공신 2등에 책훈되면서 2단계의 승자가 이루어져 정1품 하계인 보국숭록대부에까지 올랐다. 그러나 계축옥사가 일어나면서 광해군 5년(1613) 10월에 옹진으로 유배되었고, 유배 당한지 5년만인 광해군 9년(1617) 3월 적소에서 56세로 졸하였다.

광해군일기에는 황신의 졸기가 자세하게 실려 있으며, 부음을 보고받은 광해군은 황신의 관작을 회복시키고 예장하라고 전교하였다. 이때 회복된 관작은 '갈충진성동덕찬모위성공신 보국숭록대부 회원부원군 겸 호조판서 동지춘추관사'였고, 광해군에 의해 추증된 관직은 '대광보국숭록대부 의정부 영의정 겸 영경연 홍문관 예문관 춘추관 관상감사 세자사'였다. 그런데 인조의 정변이 일어나자, 광해군대의 공신훈호가 삭훈되면서 죽은 황신의 위성공신 2등도 추탈되었다. 인조 1년(1623) 7월 6일에 황신에게 새로 내린 추증교지에서는 황신의 생전 최종 직함이 '숭정대부 행 호조판서'이고, 추증된 직함은 '대광보국숭록대부 의정부우의정 겸 영경연사 감춘추관사'로 바뀌었다.

선조~광해군대에 관직 생활을 한 황신은 스승 성혼과 이이, 정철 등과의 연고로 인해 동서분당 초기부터 서인으로 활동했다. 언관으로 있을 때에는 동인 이산해를 탄핵하다가 좌천되었고, 정철의 건저의 사건 때에는 정철과 같은 당여로 간주되어 파직당했다. 임란 후 선조대에는 북인 정인홍 세력이 성혼을 비난하자 이를 변호하고 북인과 동인을 공격하다가 탄핵을 받아 삭탈관직되었다. 광해군 즉위 후 다시 중용되어 호조판서의 직을 5년간이나 수행하였고 위성공신에도 책봉되었으나, 계축옥사로 유배되어 적소에서 졸했다. 사실 황신은 광해군의 왕세자 시절 세자시강원에서 오래 근무했고, 위성공신에도 책훈되었으니, '광해군의 사람'이라고도 할 수 있다. 그러나 그의 삶은 당쟁에서 자유로울 수 없었으며, 사후 후대에는 인조대의 서인 세력에 의해 다른 방향으로 기억되고 있는 듯 하다.

2. 계미(1643)년 통신사행의 종사관 신유

신유(申濡, 1610~1665)는 인조 14년(1636)의 별시 문과에서 27세의 나이로 장원 급제하고,[335] 현종 6년(1665)에 56세의 나이로 예조참판에 이르기까지 30년을 관직에 몸담았으니, 전형적인 문신 관료로서의 삶을 살았다. 또한 곳곳에서 많은 시와 문장을 남긴 시인 묵객으로서의 삶도 살았다. 스스로 직접 편집하여 초고를 만들어 집안에 보관하다가 후대에 산정(刪定)된 『죽당집』에는 총 1,145수의 시가 수록되어 있을 정도이다.[336] 인조 17년(1639)에는 청나라에 볼모로 가는 세자를 수행하여 심양에 두 번 다녀오고, 인조 21년(1643)에는 통신사의 종사관으로 일본 에도[江戶]에 다녀왔으며, 효종 3년(1652)에는 사은부사로 청나라의 수도인 북경[연경]에도 다녀왔다. 당시로서는 드물게 동아시아 삼국을 모두 경험했으니, 국제감각을 지닌 인물이었을 것이다.

그러나 그동안 신유에 대한 연구는 주로 계미통신사 종사관으로서의 활동과 문장가로서의 모습에 치중되어 있다.[337] 동아시아 삼국을 다니면서

---

335) 『한국민족문화대백과사전』의 신유 항목 서술에서는 '1636년에 별시문과에 병과로 급제'했다고 오류를 범하고 있다[1997년 신해순 집필]. 이와 같은 오류는 그대로 답습되어 최근까지도 반복되고 있다. 김묘정, 「17세기 小北八文章의 시세계 연구」(단국대박사논문, 2020, 73쪽)에서도 '1636년 27세에 별시문과에 병과로 급제'했다고 서술하였다.

336) 신유는 17세기에 활동한 '小北八文章'의 범주에 포함되어 있다. 소북팔문장은 沈 廥(1597~1649), 姜栢年(1603~1681), 朴守玄(1605~1674), 任翰伯(1605~1664), 鄭昌胄(1606~1664), 李休徵(1607~1677), 南翺(1609~1656), 申濡(1610~1665) 등이다.

337) 그동안 신유를 직접적으로 다룬 연구는 다음과 같은 성과가 주목된다. 정영문, 「문학 신유의 『해사록』에 나타난 일본체험과 인식고찰」, 『온지논총』 21, 2009; 허경진·조혜, 「신유의 일본과 중국 두 나라 인식에 대한 비교 연구-『해사록』 및 『연대록』을 중심으로-」, 『열상고전연구』 55, 2017; 김묘정(2018), 「竹堂 申濡의 일본체험과 지식의 새 지평-지식기반과 지식영역의 확대 양상을 중심으로-」, 고전과 해석

활동을 했던 국제적 감각과 역량은 어떻게 형성된 것인가? 시서에 능했던 학문적 또는 가문적 배경은 어디에서 찾을 수 있을까? 30년에 걸친 청요직 관직 생활의 실상은 과연 어떠했는가? 등에 대해서는 아직 깊이 있는 고찰이 미흡하다. 신유의 계미통신사행에 대해 보다 심도 있는 이해를 위해서도 그의 가계와 가문의 학문적 배경, 문과에 장원급제 한 이후의 관직생활 등은 검토가 필요할 것이다. 이러한 관점에서 먼저 신유의 가계에 대해 살피고, 관직생활을 검토하고, 그가 종사관으로 참여했던 1643년의 계미통신사행에 대해 살펴보고자 한다.

1) 신유의 가계

신유는 고령신씨 시조 신성용(申成用)의 15세손이다. 조선초기와 중기의 당대 자료를 바탕으로 시조로부터 신유까지의 가계를 간단하게 정리하면 다음과 같다.[338]

고령신씨는 고려시대 (경상도) 고령 고을의 향리였다. 고령은 고려 전기에는 중앙에서 수령이 파견되지 않던 속현으로 작은 고을이다. 명종 5년(1175)에 이르러서야 처음으로 감무(監務)를 두었으며, 조선초기까지도 감무 파견이 계속되다가 태종 13년(1413) 감무를 현감(縣監)으로 고치는 정책에 의해 비로소 현감이 수령으로 부임한 고을이다. 따라서 고려시대 고령현의 읍사(邑司) 운영은 향리들이 주도했으며, 이들의 후예들은 조선초기에『세종실록지리지』고령현의 유력성씨로 등재되어 있다. 신씨는『세종실록지리지』의 고령현 토성 7성 가운데 수위로 올라 있다.[339]

25, 2018; 김묘정,「17세기 小北八文章의 시세계 연구」, 단국대박사논문, 2020.

338) 이 가계도는 후대에 편찬된 족보에 의하지 않고, 申叔舟墓誌[門人 吏曹參判 李坡 撰], 申叔舟墓碑銘[陽城 李承召 撰], 申漼行狀[申濡 撰], 申漼墓誌[申混 撰], 申濆行狀[申混 撰], 申善泳墓誌銘[申景濬 撰] 등 주로 조선시대 당대 자료를 바탕으로 정리한 것이다.

〔도〕 고령신씨 신유의 가계

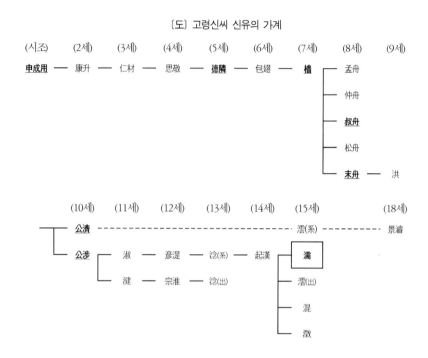

이와 같은 상황을 반영하듯 『신증동국여지승람』 고령현 인물조에도 신
씨가 다수 수록되어 있다. 그런데 고려시대의 첫 번째 인물로 수록된 사람
은 신숙(申淑)이다.340) 그리고 두 번째 수록 인물이 바로 신성용으로 신유의

---

339) 『세종실록지리지』의 고령현 성씨는 土姓이 7이니, 申·朴·李·兪·金·白·鄭이며, 續
   姓이 2이니, 尹(漆原에서 왔다)·趙(근본은 알 수 없고, 지금은 향리가 되었다)이다.
340) 申淑(?-1160, 의종 14)은 고려전기에 우간의대부, 지문하성사, 참지정사 등을 역임
   한 문신으로 오늘날의 인물사전에 고령신씨로 수록되어 있다. 그러나 조선시대
   고령신씨 문중에서는 신숙을 선계로 인식하고 있지 않았다. 참고로 동국여지승람
   고령현 인물조의 신숙에 대한 서술은 다음과 같다. 인종 때에 과거하였고, 청렴·
   근검하고 충직하기로 이름이 나 있었다. 의종 知門下省事로 있을 때, 왕이 宦官 鄭
   諴을 權知閣門祇侯로 삼았는데, 숙이 諫議大夫 金諹 등과 상소하여 간했으나 왕이
   듣지 않았다. 숙이 혼자서 대궐로 들어가 다시 간하였더니 임금이 이르기를, "예
   로부터 대신이 혼자서 간하는 일은 없다." 하니, 숙이 말하기를, "역대 임금님도

시조이다. 이어 신덕린이 수록되어 있고, 조선의 인물로 신포시, 신장, 신숙주, 신면, 신찬, 신종호 등이 수록되어 있다. 이들 인물에 대한 『동국여지승람』의 수록 내용을 신숙주까지 소개하면 다음과 같다.[341]

○ 신성용(申成用) : 본현의 아전이다[本縣吏也]. 과거에 급제하여 벼슬이 검교군기감(檢校軍器監)에 이르렀다.

○ 신덕린(申德隣) : 성용의 4대손이다. 과거에 급제하여 청요직을 역임하였으며, 여러 번 승진하여 벼슬이 예의판서(禮儀判書)에 이르렀다. 글씨 잘 쓰기로 세상에 이름이 났다.

○ 신포시(申包翅) : 덕린의 아들이다. 과거에 급제하고 여러 번 승진하여 벼슬이 공조참의에 이르렀다.

○ 신장(申檣) : 포시의 아들이다. 과거에 급제하여 벼슬이 공조 좌참판에 이르렀다. 장이 큰 글씨를 잘 썼으므로 세종이 일찍이 얻은 설암(雪菴)이 쓴 '위소주병위삼화극연침응청향첩(韋蘇州兵衛森畫戟宴寢凝淸香帖)'에서 빠진, '병위삼(兵衛森)' 세 글자를 장에게 명하여 써서 보충하게 하였다.

○ 신숙주(申叔舟) : 장의 아들이다. 세종조에 두 번 과거에 급제하고 서장관(書狀官)으로 일본에 사신으로 갔을 때, 병풍과 족자를 가지고 와서 시를 써 달라는 사람들이 몰려들어, 그 자리에서 붓을 놀려 조금도 거침없이 써 주었으므로 일본 사람들이 탄복하였고, 사신이 올 때마다 그의 안부를 물었다. 뒤에 세종의 명을 받들어 요동에 갔을 때, 명

환관을 朝官으로 임명한 일은 없습니다." 하였다. 왕이 곧 함의 벼슬을 깎았으나 그가 탄핵을 그치지 않음을 미워하여 守司圃으로 좌천시켰다. 이듬해 벼슬을 버리고 고향으로 돌아와 시를 지었는데, "밭갈이로써 밝은 날을 보내고, 약 캐는 것으로써 청춘을 지낸다. 물이 있고 산이 있는 곳에 영광도 욕됨도 없는 이내몸이여." 하였다.

341) 『신증동국여지승람』 권29, 경상도 고령현 인물.

나라의 전 한림학사 황찬에게 정운(正韻)에 관하여 질문하기 위해 내
왕하기를 무려 13회나 하여『홍무운통고(洪武韻通攷)』를 지었다. 세조
때에는 왕명을 받들어[持節] 야인을 정벌하여 이기고 돌아왔으므로 임
금이 기뻐하여, "숙주는 나의 제갈량이다." 하였다. 네 번 공신이 되고
두 번 수상이 되었다. 모든 의논에 있어 늘 사물 전체의 요강(要綱)을
파악하고 잘고 까다로운 것은 생략하였다. 조야에서 의지하면서 중히
여긴지 거의 20년 만에 죽었다. 시호는 문충(文忠)이고, 그가 지은『보
한재집(保閑齋集)』이 세상에 간행되었다.

위 인물 가운데 글씨 잘 쓰기로 세상에 이름이 났다는 신덕린은 해서와
초서, 예서에 모두 능하여 당대에 이름이 높았으며 특히 팔분체(八分體)에
뛰어나 당시 사람들이 '덕린체(德隣體)'라 부를 만큼 일세를 풍미하였다. 그
의 서체의 모간(模刊)이『고금역대법첩(古今歷代法帖)』에 전한다. 신덕린의
글씨에 대해서는 신숙주의 제자인 이파(李坡, 1434~1486)가 찬한 신숙주의
묘지(墓誌)와 이승소(李承召, 1422~1484)가 찬한 신숙주 묘비명(墓碑銘)에서
도 언급될 정도로 당대에 널리 알려져 있었다.342) 신덕린은 이색 정몽주 등
과 친교가 있었고, 고려가 망하자 관직에서 물러나 광주(光州)에 은거했으
며, 묘는 전라도 옥과(玉果)에 있다.

고령신씨 가문은 조선왕조에 이르러 더욱 현달하였다. 신포시(申包翅,

---

342) 신숙주의 묘지와 묘비명을 소개하면 다음과 같다. 高靈縣人 其先爲本縣鄕吏 累積
不施 以遺後慶 曾祖諱德隣 禮儀判書 工書隸眞草 皆極其妙 祖諱包翅 工曹參議 考諱
檣 工曹左參判 以文章名世 久典文衡 妣鄭氏 知成州事有之女也 以永樂丁酉六月丁酉
生公[申叔舟墓誌:門人吏曹參判李坡撰], 高靈申氏 其先本縣吏 有諱成用者始擢第 官
至檢校軍器監 歷四世至諱德隣 禮儀判書 於公爲曾祖 工眞草隸書 判書生諱包翅 工曹
參議 於公爲祖 參議生諱檣 工曹左參判 於公爲考 久典文衡 爲一世儒宗 自判書而下
以公勳推恩進爵 妣鄭氏 知成州事有之女也 追封貞敬夫人 以永樂丁酉生公[申叔舟墓
碑銘:陽城李承召撰]

1361~?)는 1377년(우왕 3)에 사마시에 합격하고, 1383년(우왕 9)에 생원으로 식년 문과에 급제했으며,[343] 조선 건국 후에는 좌사간 등 언관의 직임을 수행하면서 불교배척, 양천의 분별에 관한 주장을 펼치는 등 개국 초창기 문물제도의 설행에 유교이념적 언론 활동을 하였으며, 관직은 공조참의에 이르렀다. 벼슬에서 물러나 있을 때에는 전라도 남원(南原)에서 살았다.

신장(申檣, 1382~1433)은 변계량의 제자로 1402년(태종 3) 식년문과에 급제했다. 급제 당시 조정에서 급제자들에 대해 논의하고 있는데 신급제(新及第) 신장에 대해 전조(前朝)의 간의(諫議) 신덕린의 손자로, 신덕린이 글씨를 잘 썼는데 신장의 필법은 그와 비슷하다고 하였으며, 그의 부친 신포시와 동년이었던 태종은 이를 가상히 여겨 신장을 상서(尙瑞)의 녹사(錄事)로 임명하였다.[344] 세종은 1420년(세종 2) 집현전을 정비하면서 신장을 직제학(直提學, 종3품직)에 제수했으며, 다음 해 7월에는 집현전의 실질적인 책임자인 부제학(副提學, 정3품직)에 제수하였다. 한편, 신장은 1421년(세종 3) 정월에 원자(元子)에게 『소학』을 가르치기 시작했고, 10월부터는 세자시강원 좌보덕을 겸하였다. 이후 신장은 춘추관 동지사와 공조 좌참판 등을 지냈는데, 음주를 매우 즐겼다고 한다. 윤회(尹淮) 등과 함께 세종의 총애를 받던 신하로서, 그의 졸기에는 사장(詞章)에 능하고, 초서와 예서를 잘 썼다고 평하고 있다.[345] 신장은 나주정씨(羅州鄭氏) 정유(鄭有)의 딸을 맞이하여 5남 2녀의 자녀를 두었다. 장남은 신맹주(申孟舟), 차남은 신중주(申仲舟), 삼남은 영의정 신숙주(申叔舟), 사남은 안동부사 신송주(申松舟), 5남은 사간원 대사간 신말주(申末舟)이며, 장녀는 예조 참판 조효문(曺孝門)의 처, 차녀는 승지(承旨) 최선복(崔善復)의 처이다. 신장의 처가는 전라도 나주의 북쪽 15리쯤에 있는 금안리(金安里)이다. 이곳에서 신숙주의 5형제가 태어나 모두

---

343) 당시 이방원도 급제했으니 신포시는 이방원(태종)과 文科 同年이었다.
344) 『태종실록』 권3, 태종 2년 4월 3일(을묘).
345) 『세종실록』 권59, 세종 15년 2월 8일(임진).

유명한 인물이 되었으므로, 당시 오룡동(五龍洞)이라고 일컬었다.

신장의 아들 가운데 신숙주(1417~1475)와 신말주는 신유에게 가장 깊이 기억되고 있는 선조에 해당한다. 특히 신유가 통신사행으로 일본을 다녀올 때에는 곳곳에서 신숙주를 언급하고 있다. 신숙주는 1443년(세종 25) 2월 오위의 부사직이 되었는데, 세종이 신숙주를 일본 통신사 변효문의 서장관 (書狀官)에 임명하여, 일본 교토[京都]의 무로마치 막부[室町幕府]의 새로운 다이쇼군[大將軍] 아시카가 요시카츠[足利義勝]를 축하하도록 하였다. 돌아 오는 길에, 대마도주(對馬島主) 소오 사다모리[宗貞盛]를 설득하여 「계해약 조」를 맺었다. 당시에 많은 일본의 사행선이 조선의 3포로 몰려왔기 때문에 대마도주가 서계(書契)를 발급하여 일본의 사행선(使行船)을 중간에서 통제 하도록 하였다. 그리하여 일본의 대소 영주들이 한해에 보내는 배[歲遣船]의 숫자를 50척으로 제한하고, 배를 타고 오는 뱃사람[格軍]의 숫자를 대선(大 船)은 40명, 중선은 30명, 소선은 20명으로 한정하였다. 이들에게 조선에서 식량을 지급하되, 일본인이 우리나라 3포에 머물 수 있는 기일을 20일로 정 하였다.

신숙주가 사행에서 돌아올 때 어떤 본국(本國:조선)의 여자가 일찍이 왜 적에게 사로잡혔다가 임신을 하였는데, 이 때에 이르러 같은 배로 오게 되 었다. 배 가운데에서 모두 말하기를, ‘아이 밴 여자는 배가 가는 데에 꺼리 는 바인데, 오늘의 폭풍은 이 여자의 탓이다.’라고 하면서 바다에 던지고자 하였으나, 신숙주가 홀로 말하기를, ‘남을 죽이고 삶을 구하는 것은 차마 할 바가 아니다.’ 하였는데, 얼마 있지 아니하여 바람이 자게 되어서 일행이 모 두 무사하였다. 이와 같이 신숙주는 통신사행으로 친히 일본에 건너가서 무릇 그 산천·관제·풍속·족계(族系)에 대하여 두루 알지 못하는 것이 없었기 때문 에, 성종 2년(1471) 왕명으로 『해동제국기(海東諸國紀)』를 지어 올렸다.346)

---

346) 이상의 통신사행에 대한 업적과 일화, 저술에 대해서는 신숙주의 졸기에서도 자세 히 소개하고 있다. 『성종실록』 권56, 성종 6년 6월 21일(무술).

신유의 7대조인 신말주(1429~1503)는 신숙주의 막내 동생으로 신숙주와 12세 차이이다. 신말주가 단종 2년(1454)에 과거에 급제했을 때 신숙주는 도승지로 있었으며, 그의 집에서 축하연을 베푸니, 단종은 술 30병을 내려 주었다.347) 신말주는 세조가 즉위한 후인 세조 1년(1455) 12월에 원종공신 2등에 녹훈되었으며,348) 이후에는 정언, 헌납, 예조정랑, 사헌부 집의, 사간원 사간, 대사간, 형조참의 등의 요직을 두루 지냈다. 그러나 성종 원년(1470) 봄부터는 병을 칭탁, 관직을 버리고 순창으로 내려가 그곳에서 7, 8년간 머물렀다. 순창은 신말주의 처향으로 별서(別墅)가 있었다. 순창에 머물던 신말주는 신숙주가 졸[성종 6년 6월]한 다음 해인 성종 7년(1746) 9월에야 다시 벼슬길[仕路]에 올라 전주부윤에 제수되었다.349) 당시 전주에서 순창까지는 하룻길이었다. 따라서 신말주는 정사의 여가에 남여(藍輿)를 타고 순창을 여러 번 왕복하였으며, 전주부윤의 임기를 마치고 서울로 올라간 후에도 그의 마음은 늘 순창의 정자에 있었다고 서거정이 찬한 '귀래정(歸來亭)' 기문은 전하고 있다.350) 또한 신말주의 순창 생활과 관련해서는 부인 설씨가 1482년에 작성한 「설씨부인권선문첩」과 1499년에 신말주가 귀래정에서 70세가 넘는 노인인 이윤철·안정·김박·한승유·설산옥·설존의·오유경·조윤옥·장조평의 9인과 더불어 십노계(十老契)라는 계회를 하면서 제작한 계첩인 「십노계첩(十老契帖)」이 현존한다.351)

신말주의 장손인 신공제(申公濟, 1469~1536)는 1495년(연산군 1) 증광 문과에 병과로 급제했으며, 홍문관 부제학, 호조참판, 이조판서 등을 역임한

---

347) 『단종실록』 권12, 단종 2년 11월 12일(기미).
348) 『세조실록』 권2, 세조 1년 12월 27일(무진).
349) 『성종실록』 권71, 성종 7년 9월 10일(경술).
350) 신말주의 歸來亭은 순창군 치소의 남쪽 3리에 있었다. 신증동국여지승람 순창군 누정조에는 서거정의 歸來亭記와 성현의 시가 수록되어 있다.
351) '薛氏夫人勸善文'은 보물 제728호로 지정되었고(1981.07.15. 지정), '申末舟先生의 十老契帖'은 전라북도 유형문화재 제142호로 지정되어 있다(1992.06.20. 지정). 한편, '歸來亭'은 전라북도 문화재자료 제67호이다.(1975.02.05. 지정).

문신으로, 순창의 수석을 사랑하여 한 정자를 짓고 스스로 이계주인(伊溪主人)이라 하였다.352) 초서와 예서에 능하였고 촉체(蜀體)를 잘 썼다. 또한, 『해동명적(海東名蹟)』이라는 동국명인의 필적을 간행하였다. 그의 후손들은 대부분 순창을 세거지로 하였다.

신공제의 동생 신공섭(申公涉)의 벼슬은 안협현감에 머물렀다. 그는 신수근의 사위였기에 중종반정 직후 용담현령 재임 중 탄핵을 받기도 했다.353) 비록 방축(放逐)되지는 않았지만, 아마 이후의 사환에 많은 영향을 미쳤을 것이다. 신공섭의 장자인 신숙(申潚)은 음직으로 창신교위, 차자인 신건(申湕)은 무과에 뽑혀 개천군수에 이르렀으며, 이때부터 신공섭의 자손들이 비로소 한양[京師]에 집을 마련하게 되었다. 세장지(世葬地)는 경기도 양주이다.

신공섭의 장자 계열인 신숙의 아들 신언식(申彦湜)은 사마[명종 1년(1546) 진사시, 거주지 京]에 입격한 후 효행으로 정릉참봉에 제수되었으나 후사가 끊겼다. 차자 계열인 신건의 아들 신종회(申宗淮)는 음직으로 승사랑이 되었는데, 그의 아들 신심(申淰)은 총명하고 학문을 좋아했으며 예서를 잘 썼다. 이 신심이 신언식에게 입후하였는데, 그가 바로 신유의 조부이다. 그러나 신심은 조졸하여 이룬 것은 없다.

신심(申淰)의 아들이며, 신유의 부친인 신기한(申起漢, 1588~1645)은 37세의 나이인 인조 2년(1624)에 생원시에 입격하였다. 당시 사마방목에 적혀있는 신기한의 거주지는 한성[京]이다. 신기한은 주로 작은 고을의 수령을 지냈다. 신기한의 4자 가운데 장자가 신유이다. 그리고 차자인 신운(申濆, 1617~1644)은 순창에 세거하던 신공제의 장손 계열 후사를 잇기 위해 출계하였다[12촌간의 입후]. 그런데 신운이 28세의 나이로 일찍 죽자, 그의 아들 신선영(申善泳, 1638~1702)은 친조부인 신기한의 집에서 길러졌다. 그리하

---

352) 순창군 치소의 동쪽 10리에 伊川이 있다. [『신증동국여지승람』 권39 전라도 순창군 산천 '신증']
353) 『중종실록』 권2, 중종 2년 3월 9일(임자).

여 자연스럽게 순창의 신공제 계열 종가와 한양 신공섭 계열의 두 집안이 일시적으로 통합되는 상황이 이루어졌다.354)

2) 사행 전 신유의 관직생활

신유(申濡, 1610~1665)의 본관은 고령(高靈), 자는 군택(君澤)이다. 자호(自號)는 이옹(泥翁)이고, 대나무 숲 속에 집을 짓고 대나무로 편액을 하였으므로 세상에서는 그를 죽당(竹堂)이라 불렀다고 한다.355) 신유는 광해 2년(1610) 12월 12일 아버지 신기한과 어머니 청풍김씨(淸風金氏, 1591~ 1670) 사이에서 3남 3녀 중 장남으로 출생했다. 사마방목의 신유 거주지는 한양[京]이고, 어머니는 김영국(金英國)의 딸이다.356) 신유는 16세인 1625년(인조 3)에 전주이씨 이효승(李孝承)의 딸과 혼인하였다. 신유의 성장 과정에 대해서는 자세히 알 수 없다. 어렸을 때 택당 이식(李植, 1584~1647)에게서 학문을 배웠으며,357) 재난을 당하여 호서·호남 지역에 떠돌아 다녔다고 한다.358) 사마방목의 거주지가 서울인 것으로 미루어 보아 도성 내의 학당과 성균관의 관학을 통해 과업공부를 했을 가능성도 있다.359)

---

354) 사마방목의 거주지 기록이 申濡와 申善溫(申潘의 子)은 京, 申善泳(申濆의 子)은 순창으로 되어 있다.

355) 泥翁自號也 堂于竹裏 扁以竹 世稱以竹堂[『竹堂集』卷15 附錄 嘉善大夫禮曹參判兼同知經筵春秋館義禁府事五衛都揚府副揚管竹堂申公神道碑銘 幷序(申景濬)]

356) 김영국은 호조·공조·형조의 판서를 지내고, 영중추부사까지 오른 김신국(金藎國, 1572-1657)의 동생이다. 김신국의 색목은 소북이며, 16세기 후반에서 17세기 전반에 활동한 '小北七學士'의 범주에 속한다. 소북칠학사는 南以恭(1565~1640), 金藎國(1572~1657), 李必亨(1571~1607), 朴彝叙(1561~1621), 宋馹(1557~1640), 崔東立(1557~1611), 朴慶業(1560~1626) 등이다.

357) 허경진·조혜, 「신유의 일본과 중국 두 나라 인식에 대한 비교 연구-해사록 및 연대록을 중심으로-」, 『열상고전연구』 55, 2017.

358) 僕少時遭亂 流離兩湖之地 得詩於道途羈役者 翔冠已千首矣 及壯盡棄之[『竹堂集』「竹堂先生集序」自序(申濡)].

신유는 21세인 1630년(인조 8)에 진사시에서 3등 2위(100명의 전체 합격자 가운데 32위)로 입격했으며, 1636년(인조 14)의 별시에서는 27세의 나이로 문과 갑과 1위, 곧 장원으로 급제하였다. 이 별시는 원손(元孫)이 탄생한 경사를 계기로, 과거를 베풀어 취사(取士)하되, 중시(重試)의 대거(對擧)를 합하여 설행한 것이다. 1599년(선조 32) 별시의 예에 따라 서울에 다 모여 초장(初場)에는 논(論)·부(賦)를, 종장(終場)에는 책문(策文)을 시험 보이되, 초시에서 6백명을 선발하는 육백별시였다. 4월에 예조가 청하여 10월에 설행했으며, 11월 23일에 전시를 베풀어 신유 등 11명을 취하였다.360) 그러나 바로 이어지는 병자호란의 발발로 인해 방방은 곧바로 하지 못하고 다음해[1637] 8월에 이르러서야 비로소 방방(放榜)하는 등 우여곡절을 겪었다. 당시의 책문(策問)은 '요무(要務)'였다.361)

당시 문과의 갑과 1위, 즉 장원 급제자에게는 백신(白身)의 경우에도 종6품 실직을 바로 제수하는 것이 관례였으니, 전력이 진사였던 신유로서는 이제 파격적인 입사로가 열린 셈이다. 신유는 인조 15년(1637, 28세) 11월에 이미 정6품 관직인 병조좌랑에 재임하고 있으며, 인조 16년(1638, 29세)에는 예조좌랑, 사간원 정언(정6품직), 사헌부 지평(정5품직), 성균관 전적(정6품직), 홍문관 수찬(정6품직), 종묘서 영(종5품직) 등에 번갈아 제수되었고, 경연(經筵)에 참여하여 왕에게 경전과 역사서를 강론하는 겸임의 정6품 관직인 검토관에도 임명되었다.

---

359) 한문학 분야의 연구에서도 小北文壇은 흔히 문단 형성의 필수 조건으로 규정하는 學脈 혹은 學統을 비롯해 家學의 계승 양상이 명확하게 확인되지 않는다는 점에서 여타 문단의 형성 과정과는 다른 특징이 거론된다. 문단의 형성을 규명하기 위해서는 학맥의 학문적 연원을 상정하는 작업을 비롯해 師承관계가 성립되어야 하는데, 소북문단 구성원의 경우 이 같은 양상이 명확하게 확인되지 않아 사실상 이들만의 공통적인 학맥을 견지했다고 보기 어렵다고 하였다.(김묘정, 앞의 논문, 2020).

360) 『인조실록』 권33, 인조 14년 11월 23일(계해).

361) 『문과방목』 인조 병자(14년) 별시방.

인조 17년(1639, 30세) 정월에는 왕세자 교육을 담당하던 세자시강원 소속의 정5품 관직인 문학(文學)에 제수되었으니, 이는 2월에 세자를 수행하여 심양에 가기 위한 준비였다. 그리고 외교문서와 왕의 교서(敎書)를 짓는 일을 맡아보는 지제교(知製敎)에도 겸직으로 임명되었다. 심양에 갔던 신유는 가을에 문안관(問安官)으로 잠시 귀국하였다가 겨울에 다시 심양으로 돌아갔다. 그런데 몸이 약했던 신유는 귀국하던 도중 평안도에서 평소의 가슴통증[천식] 병세가 위중하여 인조가 그를 구료할 의관과 약을 내려 보냈으며, 20일간의 침과 뜸으로 겨우 병세가 호전될 수 있었다. 신유가 한양에 당도해 보니 당시 부친인 신유한은 지난달에 체관(遞官)되어 장차 돌아갈 상황이었고, 6년 동안 숙질(宿疾)을 앓아 온 모친은 병세를 무릅쓰고 아들을 보기 위해 지방에서 올라오고 있는 중이었다. 효성이 지극한 신유는 국사도 중차대했지만, 이러한 사정을 왕에게 보고한 후 잠시 말미를 얻어 병든 어머니를 뵙고 자신의 질병도 조리할 수 있었다. 그리고 심양에 되돌아갔다가 이듬해 4월 환조하였다.[362]

신유는 인조 18년(1640, 31세) 2월에 겸춘추기사관에 임명되었고, 심양에서 돌아온 이후인 5월에는 홍문관 부수찬에 제수되었다. 인조 19년(1641, 32세)에는 정언, 부교리, 부수찬, 수찬, 겸춘추, 교리, 이조좌랑 등에 제수되었고, 인조 20년(1642, 33세)에는 홍문관 부교리, 이조좌랑, 교리, 이조정랑, 교리, 사간원 헌납, 홍문관 부교리, 수찬 등의 제수를 거쳐 12월 27일에 이조정랑(정5품직)에 제수되었다.[363] 이와 같이 신유의 사환 초기 관직은

---

362) 『竹堂集』에 수록되어 있는 「瀋館錄」은 신유가 侍講院 文學으로 1639년 2월에 세자를 모시고 16개월에 걸쳐 瀋陽에 다녀오는 여정에 읊은 시를 모은 것이다. 鳳凰城, 通遠堡 등 경유한 곳과 도중의 경물을 읊은 시와 차운시 등이 순서대로 실려 있다. 이상의 신유 작품에 대한 설명은 한국고전번역원의 『竹堂集』 해제(金榮植)를 참조함. 이하 同一.

363) 「玉堂錄」은 1640~1641년 사이 홍문관의 여러 직책을 거칠 때 지은 시를 모아 편차한 것이다.

문과 장원급제에 걸맞게 대부분 사간원, 사헌부, 홍문관과 이조의 청요직이
었다. 그런데 인조 20년 겨울의 도목정사에서 이루어진 이조정랑 제수는 이
듬해에 통신사행의 종사관으로 일본에 다녀오기 위한 준비작업이었다.

3) 종사관 신유의 계미통신사행

인조 21년(1643, 34세) 1월 6일의 인사에서 병조참의 윤순지(尹順之)는 통
신상사(通信上使), 전한(典翰) 조경(趙絅)은 부사(副使), 이조정랑 신유는 종사
관이 되었다. 2월 20일에 통신사행이 조정을 떠날 때, 인조는 삼사를 불러
보고 몇 가지 일본에서 있을지 모를 현안에 대한 대처를 지시하였다. 2월에
일본으로 떠난 계미통신사행은 11월에 돌아와 복명하였다.364) 인조는 11월
21일 통신 삼사를 인견하여, 일본의 당시 상황에 대해 자세히 하문하고 삼
사의 설명을 들었다.

1943년의 통신사행 파견목적은 일본 막부 장군의 후계자 탄생을 축하하
기 위해 파견한 것으로 이례적인 것이다. 이전까지 조선은 일본 막부 장군
의 후계자 탄생을 축하하기 위해 사절을 파견한 적이 없었다. 당시 조선은
내외적으로 어려운 상황에 처해 있었음에도 불구하고 통신사 파견을 단행
했다.365)

---

364) 「海槎錄」은 일본 關白 源家光이 아들을 낳고 통신사를 청하자, 請賀使 서장관(종
　　사관)이 되어 9개월 동안 일본을 다녀오며 지은 시이다.

365) 1643년의 계미통신사행에 대해서는 다음의 논문이 참조된다. 신로사, 「1643년 통
　　신사행과 조경의 일본 인식에 관한 소고」,『민족문화』41, 2013; 심경호, 「일본 일
　　광산(동조궁) 동종과 조선의 문장」,『어문논집』65, 2012; 이상규, 「17세기 초중반
　　왜학역관 洪喜男의 활동」,『한일관계사연구』26, 2007; 이정은, 「金明國의 丙子·癸
　　未通信使行 활동작품 분석」,『인문학논총』27집, 2011; 정영문, 「문학 신유의『해
　　사록』에 나타난 일본체험과 인식고찰」,『온지논총』21, 2009; 장혜진, 17세기 중반
　　조선의 日光東照宮 인식-조선후기 외교사료를 중심으로」,『일본문화학보』36,
　　2008; 정장식, 「계미 통신사행과 일본인식」,『일본문화학보』10, 2001; 허경진·김

일본의 에도막부에서는 1641년 9월 17일 3대 쇼군 도쿠가와 이에미쓰(德川家光)의 장남 도쿠가와 이에쓰나(德川家綱)가 태어났다. 당시 이에미쓰는 37세의 나이에 아들이 없다가 처음으로 득남한 것이다. 이 사실은 한달 후인 10월 초에 대마도의 무역사절을 통해 조선에도 알려졌고, 이들에 의해 내년(1642)에 조선에서도 통신사를 파견하여 축하하면 좋을 것이라는 의견이 제기되었다. 이는 동래부사와 경상감사의 보고에 의해 조정에서도 논의되기 시작했으며, 1642년에는 정식으로 통신사 파견 요청이 왔다. 그리고 1643년에 윤순지(尹順之)·조경(趙絅)·신유(申濡)가 통신사로 다녀왔다.[366]

대마도주 평의성(平義成)이 홍희남에게 보낸 글에서 "대군(大君)의 나이가 장차 마흔이 될 것인데, 비로소 한 아들을 얻었으니 귀국에서 축하하는 사신을 보내야 할 것이고, 일광산(日光山)에 있는 덕천가강(德川家康)의 묘후(廟後)에 새로 사당(社堂)을 세우는데 덕천가강은 조선을 위하여 풍신수길(豐臣秀吉)을 섬멸하고 화호(和好)에 성실하였으니, 반드시 물건을 보내어 자취를 남겨야 할 것입니다."라고 하였다. 이 시기는 병자호란을 겪은 직후이다. 따라서 조선에서는 청나라의 병부(兵部)에 자보(咨報)하였고, 회자(回咨)에 '조선과 일본은 도리가 이웃 나라에 속하니 왕이 참작하여 행하도록 하

지인, 「그림과 찬으로 화폭 위에 남긴 朝·日 인사들의 교유」, 『아시아문화연구』 17, 2009; 허경진·조혜, 「신유의 일본과 중국 두 나라 인식에 대한 비교 연구-『해사록』 및 『연대록』을 중심으로-」, 『열상고전연구』 55, 2017.

366) 1643년의 계미사행부터는 통신사에 관련된 문서를 연월일 순으로 모아 필사한 『통신사등록』이 남아 있어서, 이를 활용하면 자세하고 구체적인 사행 서술이 가능하다. 현존 등록은 1641년(인조 19)부터 1811년(순조 11)까지 통신사행에 관련한 공문서를 조선의 예조 典客司에서 등사하여 유형별로 묶은 것이다. 여기에는 통신사 왕래의 시작과 마무리에 걸쳐 작성된 문서가 거의 망라되어 있다. 주요 내용은 일본의 통신사 파견 요청, 국왕의 명령과 조정의 논의, 통신사행에 대한 제반 규정과 운영에 관한 기록, 통신사와 그 수행원에 대한 행동수칙, 일본에 보낼 예물, 통신사 및 수행원의 직위와 성명, 필요한 물품을 각 도에 부담시킨 내용, 파견 후 통신사의 보고 내용, 일본에서 받아온 서계나 국서, 일본이 보낸 선물목록 등으로 주로 1차 사료로서 의의가 있다.

라'고 하였다. 계미통신사는 1643년 4월에 바다를 건너가서 10월에 바다를 건너 돌아왔다. 차왜가 가지고 온 절목을 강정한 내용 24조목이다.[367]

　대체로 조선시대 통신사행은 바로 직전에 있었던 사행을 전례로 삼아 준비하였으나 1643년의 계미사행은 7년 전에 있었던 병자사행의 문서가 모조리 흩어져 버려 잃어버렸으므로 근거로 상고할 수 없었기에, 갑자년(1624)의 사례대로 마련하였다. 1643년 정월 초5일 예조의 계목을 행도승지 정태화 차지로 입계하여 18조목을 윤허받았다.[368]

　계미사행 삼사의 인사는 이상의 조건이 마련된 다음 날인 정월 초6일에 이루어져, 병조 참의 윤순지(尹順之)를 통신 상사(通信上使)로, 전한(典翰) 조경(趙絅)을 부사(副使)로, 이조 정랑 신유(申濡)를 종사관으로 삼았다.[369] 인조는 2월 20일에 사행길에 오르는 삼사를 불러 보았다. 그리고 청나라 상황, 일광산 치제, 약군 배례 등에 대해 준비했다. 주로 정사 윤순지와 부사 조경이 아뢰면 인조가 답변하는 형식으로 진행된 논의는 청나라에 볼모로 가 있는 동궁에 대해 묻는다면 사실대로 말하고, 청국에 대한 조선의 예에 대해 물으면 사실대로 밝히지 말며, 청국의 침략에 대해 일본이 군대를 출동시켜 구원한다고 하면 거절할 것이며, 일광산 치제는 의주대로 하되 혹시 수충의 원당에 대해서도 요청한다면 의리에 해로울 것은 없으니 굳이 거절하지 말도록 지시하였다. 또한 약군의 배례에 대해서도 강보에 싸인 아이라 하더라도 그들이 내보인다면 예절을 다투지 말라고 하였다.[370]

　사행일정의 대강을 보면, 2월 20일 사폐(辭陛)한 후, 4월 10일에 부산포를 출발했다가 바람을 만나 배의 치목이 모두 부러지자 다시 돌아왔다. 4월 24일 다시 부산을 출발하여 5월 1일 대마도 부중(府中)에 도착한 뒤, 7월 8일에 에도[江戶]에 도착하고 7월 19일에 국서를 전달하였다. 7월 27일에는 일

---

367) 강정한 24조목은 본서의 제2장 '5. 1643년의 통신사 [계미통신사]'에 소개하였다.
368) 『通信使謄錄』, 1643년(인조 21) 1월 5일. 18조목의 내용은 본서의 제2장 참조.
369) 『인조실록』 권44, 인조 21년 1월 6일(신축).
370) 『인조실록』 권44, 인조 21년 2월 20일(갑신).

광산(日光山)에 갔다가 7월 30일에 에도로 돌아왔으며, 8월 6일에 에도를 출발하여 귀국길에 올랐다. 9월 27일에 대마도를 출발하여 10월 29일 부산에 도착하였다. 11월 29일에는 상사와 종사관이 복명(復命)하고 11월 30일에는 부사가 복명하였다.

계미사행에서는 1636년에 삼사가 에도에서 갑작스런 요청에 의해 일광산사에 처음 들렸던 것이 이제 정례화되어 간다. 일광산사(日光山社)는 일본의 도쿠가와 이에야스가 안장된 사당이다. 1616년 에도막부(江戶幕府)를 개창했던 도쿠가와 이에야스[德川家康]가 사망하자 처음에 구능산 동조궁(東照宮)에 유골을 안치하였다가, 이듬해 도치기현의 닛쾨[日光] 시에 있는 일광산(日光山) 사당을 건립하여 다시 안치하였다. 이 사당은 에도막부의 3대 쇼군이었던 도쿠가와 이에미쓰[德川家光]대에 들어 크게 확장하였는데, 사당이 준공되자 1642년(인조 20) 2월 왜차(倭差)가 와서 편액(扁額)과 시문(詩文)을 청하므로 조정이 허락하였다.

다소 논란이 있었지만 일본의 요구에 응하여 선조의 여덟째 아들인 의창군(義昌君) 이광(李珖)에게 일광정계(日光淨界)라는 큰 네 글자의 편액을 쓰게 하고 또 종을 주조하여 보내게 하였는데, 이명한(李明漢)이 서(序)를 짓고 이식(李植)이 명(銘)을 짓고 오준(吳竣)이 글씨를 썼다. 시문은 대제학 이명한으로 하여금 먼저 칠언율(七言律) 한 수를 짓도록 하고, 뽑힌 최명길·이식·홍서봉·이명한·이성구·이경전·신익성·심기원·김시국 등으로 화답하게 했으며, 이명한에게는 오언 배율(五言排律)을 더 짓도록 했다.[371] 이후 조선의 통신사가 일본을 방문할 때에는 일광산(日光山)에 제사 지낼 때의 예모에 관한 절목을 조정에서 미리 강구하여 의주(儀註)를 만들어 사신에게 가져가게 하고,[372] 직접 제의(祭儀)에 쓸 물건도 준비하여 치제를 지내게 하

---

371) 『인조실록』 권43, 인조 20년 2월 18일(무오). 당시 김류도 뽑혔으나 그는 아버지 金汝岉이 임진 왜란에 죽었기 때문에 사양하고 짓지 않았다.
372) 『인조실록』 권44, 인조 21년 1월 23일(무오).

였다.373)

　계미사행은 쇄환사가 아니었지만, 피로인을 일부 쇄환했다. 사행을 떠나
기 전에 윤순지는 이제 임진년부터 거의 60년이 되었으니, 아마도 그 당시
잡혀간 사람은 늙어 죽어 남아 있는 자가 얼마 없을 것이고 혹시 생존자가
있더라도 이미 그곳에 안주하여 고향 땅을 그리는 생각이 없을 듯하니, 쇄
환하는 일을 어떻게 조처해야 할지 아뢰었고, 이에 대해 인조는 그들은 비
록 돌아오고 싶은 뜻이 없더라도 우리의 도리로서는 마땅히 말해야 할 듯
하다고 지시한 바 있다.374) 쇄환 결과는 임진·정유년에 사로잡혀간 인민들
은 모두 자손을 두고 그 땅에 안주해 살면서 고향에 돌아가려고 하지 않아
남녀 14명만 데리고 나왔다.375) 그러나 돌아온 사람조차도 비록 본적지로
돌려보낸 하더라도 그 친속들은 필시 생존해 있지 않을 것이니 굶주리고
추위에 떨 것이 염려되었다. 경상 감사에게 양곡을 계속 지급하게 하여 굶
어 죽지 않도록 조치했다.376)

　사행이 돌아온 후, 11월 21일 인조는 삼사를 인견하고 일본의 당시 사정,
관백의 권력 승계 상황, 일본의 인구와 경제, 일본에서의 사행 육로의 노정,
일본의 무비와 군병의 규모, 관백의 인물과 풍속 등에 대해 자세히 묻고 경
청했다.377) 사실 당시 조선에서 일본의 국내 상황을 직접 파악하는 방법은
통신사행만이 유일한 길이었다.

---

373) 『인조실록』 권44, 인조 21년 1월 24일(기미).
374) 『인조실록』 권44, 인조 21년 1월 23일(무오).
375) 『인조실록』 권44, 인조 21년 10월 29일(기축). 이는 10월 29일에 윤순지가 돌아오
　　면서 대마도에서 치계한 내용으로, 오다가 도중에 병들어 죽은 자가 여섯 사람이
　　라고도 밝히고 있다.
376) 『인조실록』 권44, 인조 21년 11월 3일(계사).
377) 『인조실록』 권 44, 인조 21년 11월 21일(신해).

4) 사행 후 신유의 관직생활

조선후기 일본에 다녀오는 통신사행은 중국에 다녀오는 연행사와는 달리 생사를 넘나드는 고역이었다. 때문에 대개 통신사행을 회피하였으며, 주어진 직무를 성공리에 수행하고 돌아왔을 때에는 통신 삼사와 수행원들에게 공로의 보답으로 포상이 주어졌다. 특히 통신 삼사에게는 관직의 가자(加資)나 승서(陞敍)가 이루어졌다. 1607년(선조 40) 제1차 사행을 다녀온 상사 여우길은 동지중추부사, 부사 경섬은 승정원 동부승지, 종사관 정호관은 성균관 사예에 승진 제수되었는데, 이는 모두 일본을 왕래한 공로에 대한 보답이었다.378) 1617년(광해군 9)의 제2차 사행에서도 정사와 부사는 가자하고, 종사관 이하 일행이었던 관원에게는 선조(先朝)의 상을 주었던 규례[先朝施賞規例]에 의하였다.379) 1624년(인조 2)의 제3차 사행에서는 정사와 부사는 가자하고, 종사관은 승서하였으며, 역관·군관에게는 모두 차등 있게 상을 내렸다.380) 이후에도 이러한 포상은 관례가 되었다.381) 다음의 [표 42]는 조선후기 통신 삼사의 관직 제수를 실록과 승정원일기의 해당 기사를 찾아 정리한 것이다.382)

---

378) 『선조실록』 권215 선조 40년 8월 신유(1일); 계유(13일).

379) 『광해군일기』(정초본) 권122 광해 9년 12월 무오(27일).

380) 『인조실록』 권9 인조 3년 4월 경진(3일).

381) 제3차 사행 이후의 加資·陞敍 근거자료는 다음과 같다. 제4차: 『인조실록』 권34 인조 15년 윤4월 병인(28일); 제5차: 『인조실록』 권45 인조 22년 2월 갑신(25일); 제6차: 『효종실록』 권16 효종 7년 3월 임진(13일); 제7차: 『숙종실록』 권13 숙종 8년 11월 임술(19일); 제9차: 『숙종실록』 권65 숙종 46년 1월 임진(25일); 제10차: 『영조실록』 권68 영조 24년 8월 계묘(21일); 제11차: 『영조실록』 권104 영조 40년 7월 무오(8일); 제12차: 『순조실록』 권14 순조 11년 7월 임인(26일). 제8차 사행은 사행 도중에 國諱 문제와 國書 수정 등의 외교문제가 발생하여 귀국 후 삼사 모두 削奪官爵 門外黜送의 처벌을 받았다. 『숙종실록』 권51 숙종 38년 3월 경술(27일).

382) 임선빈, 「己亥使行 通信副使 黃璿의 관직생활」, 『민족문화연구』 81(2018. 11), 218-219쪽에서 재인용. 이 표의 사행 직전 관직은 실록과 『승정원일기』를 참조했다.

[표 42] 조선후기 통신 삼사의 관직

회차	사행연도	삼사	성명	생몰	사행직전 연령	사행직전 관직	사행직후	주요관직
제1차	1607년 (선조 40)	정사	呂祐吉	1567-1632	41	僉知(假銜)	同知中樞府事	공홍도관찰사
		부사	慶暹	1562-1620	46	司䆃寺 正	同副承旨	호조참판
		종사관	丁好寬	1568-1618	40	工曹 佐郎	成均館 司藝	군자감정(파직)
제2차	1617년 (광해 9)	정사	吳允謙	1559-1636	59	僉知中樞府事	加資	좌의정
		부사	朴榟	1564-1622	54	前 典翰	加資	강릉부사
		종사관	李景稷	1577-1640	41	兵曹 正郎	依先朝施賞規例	강화유수
제3차	1624년 (인조 2)	정사	鄭岦	1574-1629	51	安東府使	加資	공조참판
		부사	姜弘重	1577-1642	48	南陽府使	加資	성천부사
		종사관	辛啓榮	1577-1669	48	正言	陞叙	판중추부사
제4차	1636년 (인조 14)	정사	任絖	1579-1644	58	同副承旨	加資	황해도관찰사, 도승지
		부사	金世濂	1593-1646	44	執義	加資	호조판서
		종사관	黃㦿	1604-1656	33	司藝	陞敍	대사성
제5차	1643년 (인조 21)	정사	尹順之	1591-1666	53	兵曹 參知	加資	공조판서, 좌참찬
		부사	趙絅	1586-1669	58	典翰	加資	이조·형조판서, 판중추부사
		종사관	申濡	1610-1665	34	吏曹 正郎	陞敍	형조·호조·예조참판
제6차	1655년 (효종 6)	정사	趙珩	1606-1679	50	大司諫	加資	좌참찬, 예조판서
		부사	兪瑒	1614-1690	42	獻納	加資	예조참의, 개성부유수
		종사관	南龍翼	1628-1692	28	校理	賜暇湖堂	형조판서, 좌참찬·예문관제학(유배)
제7차	1682년 (숙종 8)	정사	尹趾完	1635-1718	48	兵曹 參知	加資	우의정
		부사	李彦綱	1648-1716	35	修撰	加資	형조판서, 좌참찬
		종사관	朴慶後	1644-1706	39	副司果	陞敍	황해도관찰사, 병조참판
제8차	1711년 (숙종 37)	정사	趙泰億	1675-1728	37	吏曹 參議	削奪官爵 門外黜送	대제학, 좌의정
		부사	任守幹	1665-1721	47	掌樂 正	削奪官爵 門外黜送	승지
		종사관	李邦彦	1675-?	37	兵曹 正郎	削奪官爵 門外黜送	정언, 설서
제9차	1719 (숙종 45)	정사	洪致中	1667-1732	53	大司成	加資	영의정
		부사	黃璿	1682-1728	38	輔德	加資	대사간, 경상감사

근거 註는 번거로움을 피해 생략한다.

회차	사행연도	삼사	성명	생몰	사행직전		사행직후	주요관직
					연령	관직		
		종사관	李明彦	1674-?	46	兵曹 正郎	陞敍	대사헌
제10차	1747 (영조 24)	정사	洪啓禧	1703-1771	45	戶曹 參議	加階	이조·예조판서, 판중추부사
		부사	南泰耆	1699-1763	49	弼善	加階	예조판서
		종사관	曹命采	1700-1764	48	副校理	陞敍	대사헌, 예조참판
제11차	1763년 (영조 39)	정사	趙曮	1719-1777	45	吏曹 參議	加資	이조판서, 평안도관찰사
		부사	李仁培	1716-1774	48	校理→修撰	加資	예조참의, 대사간
		종사관	金相翊	1721-1781	43	修撰	加資	도승지(유배,사)
제12차	1811년 (순조 11)	정사	金履喬	1764-1832	48	副提學	加嘉善	우의정
		부사	李勉求	1757-1818	55	副修撰	加通政	대사성
		종사관	-	-	-	-		

계미통신사행으로 일본에 다녀온 신유도 이러한 관례에 따라 승서되었다. 원래 일본에서 돌아온 다음 해 초 신유의 관직은 홍문관의 정4품 관직인 응교였다. 그런데 인조 22년 2월 25일 인조는 다음과 같이 전교하였다.

> 통신사 윤순지와 조경, 역관 이장생 등은 가자(加資)하라. 종사관 신유, 통사 김시성, 군관 정부현과 윤용상 등은 승서(陞敍)하라. 독축관 박안기, 통사 윤제현과 윤성립, 사자관(寫字官) 박숭현과 김의신, 군관 이용 등은 고품(高品)에 부록(付祿)하라. 역관 홍희남에게는 숙마(熟馬) 1필을, 통사 김근행과 이형남 등에게는 각각 반숙마(半熟馬) 1필을 사급(賜給)하라.383)

종사관은 가자가 아니라 승서에 해당하기 때문에 이후의 인사에서도 신유의 관직은 제용감 정, 집의 등에 머물렀다. 그런데 1644년(인조 22, 35세) 심기원역모사건이 발생하고, 이를 다루는 국청에서 신유는 문사낭청(問事郎廳)으로 참여하면서 그 공으로 가자를 받았고, 드디어 당상관에 오르게 되

---

383) 『승정원일기』 인조 22년 갑신(1644) 2월 25일(갑신).

었다. 신유가 처음 제수받은 당상관직은 동부승지였다.384) 원래 승정원의 6승지는 모두 정3품 당상관직으로 품계는 동등하다. 따라서 궐원이 생기면 동부승지에서 우부승지 좌부승지 우승지 좌승지 도승지로 옮기는 것이 관례였다. 그러나 신유는 1645년(36세) 부친상을 당해 관직에서 물러났다. 신기한은 전해인 인조 22년(1644) 6월에 동복현감으로 제수되었으며,385) 재임 중 타계했다. 그리하여 우선 가까운 순창에 묘소를 마련했다.386)

부친상을 마친 신유는 인조 25년(1647, 38세) 3월 호군을 거쳐 형조참의에 제수되었다가, 4월에는 다시 우승지에 제수되었다.387) 그러나 상소하여 체직되었고,388) 다시 7월에 병조참의에 제수되었다가 우승지, 좌승지를 거쳐 8월에는 공산현감에 제수되었다. 당시 공주는 인조 24년(1646)에 역도의 출현으로 공주목을 공산현으로 강등시켰기 때문에 부임하는 수령의 직함은 공주목사가 아니고 공산현감이었다. 신유는 병든 어머니 봉양을 위해 걸군(乞郡)하였다. 그런데 이듬해에 신유는 홍청감사 김소로부터 공산현감직을 파출당했다. 조정에서는 체직이 아닌 박절한 파출은 올바른 처사가 아니었다고 논의했으며, 충청감사에 대한 추고도 있었다. 공산현감 재임 중에 신유는 부친 신기한의 묘소를 공주로 이장했다고 한다.389)

---

384) 「銀臺錄」은 1644년 5월 18일에 당상관에 오르고 20일에 동부승지, 이어서 우부승지가 되어 승정원에 출사할 때 지은 시이다. 그때 尹順之도 통신사의 공로로 가선대부에 올라 도승지가 되었는데, 함께 출퇴근하는 여가에 시를 수창하였다.

385) 『승정원일기』 인조 22년 갑신(1644) 6월 21일(정축).

386) 淳昌郡 畢老里에 거처를 정하고 妙法村에서 초상을 치루었다.

387) 「銀臺後錄」은 1647년 4월 우승지에 제수되었다가 상소하여 체직되고, 7월에 병조참의가 되어 출사하기 전까지 지은 시이다.

388) 「玉川錄」은 1647년 벼슬에서 물러나 玉川에서 거처하던 3월에서 5월 사이에 지은 시이다. 玉川은 전라도 순천에 있는 내 이름이다.

389) 「錦江錄」은 1647년 8월 외직을 청하여 公州牧使[公山縣監]로 나가 이듬해 10월 체직될 때까지 지은 시를 모은 것이다. 용인을 거쳐 공주에 이르는 행로에서 느낀 심정, 〈公山十詠〉처럼 공주의 명승을 읊은 시, 〈私債篇〉처럼 私債로 인해 고통받는 백성의 참상을 읊은 시 등이 다채롭게 실려 있다. 「駱亭錄」은 1648년 겨울부터

인조 27년(1649, 40세) 2월에는 책례 별시(冊禮別試) 초시의 문과 일소(一所)의 시관(試官), 4월에는 정시 문과 대독관을 하였고, 효종이 즉위한 이후인 10월에는 문안사(問安使)로 의주(義州)를 다녀왔으며,[390] 11월에는 다시 승지에 제수되었다. 또한 12월에는 참찬관(參贊官)이 되어 경연에서 강론하였다.[391] 이듬해인 효종 원년(1650)에는 인조의 연주(練主)를 개제(改題)하면서 어떻게 써야 할지 논란이 있었다. 휘호만 쓰던 우주(虞主)와는 달리 연주에는 중조(中朝)의 증시 및 묘호(廟號)를 쓰는 것이 예인데, 이제 종전에 쓰던 '유명(有明)' 대신 '청(淸)'을 써야 하기 때문이었다. 결국 효종은 제주관인 좌부승지 신유에게 묘호와 휘호만 쓰고 국호와 시호는 쓰지 말도록 지시하면서, 대신과 예관에게는 신유가 직접 가서 밀유(密諭)하도록 하교하였다.[392] 신유는 이때의 제주관(題主官) 업무 수행으로 5월에 가자 되었으며,[393] 6월에는 도승지에 올랐다.[394]

효종 2년(1651, 42세)에는 동지경연, 동지의금부사에 제수되었고, 둘째 아들 신선연(申善淵)이 진사시에 입격하였다.[395] 효종 3년(1652, 43세)에는 사은부사가 되어 8월에 연경으로 떠났다가 12월에 돌아와 복명하였다.[396]

1649년 가을까지 駱山 동쪽 後瘳 金蓋國의 별장에 머물 때 지은 시이다.

390) 「龍灣錄」은 1649년 10월 問安使로 義州에 다녀오는 도중에 지은 시이다.

391) 「駱亭後錄」은 1649년 12월에 지은 시에 1650년의 시를 부록한 것이다.

392) 『효종실록』 권4, 효종 1년 5월 3일(을묘), 5월 7일(기미).

393) 『효종실록』 권4, 효종 1년 5월 15일(정묘).

394) 『효종실록』 권4, 효종 1년 6월 11일(계사). 「湖行錄」은 1650년 가을에 도승지로서 휴가를 청하여 淳昌의 선영에 다녀오면서 지은 시이며, 「駱亭續錄」은 1651년 도승지로서 동료들과 주고받은 시이다.

395) 「湖行後錄」은 1651년 11월에 둘째 아들 申善淵이 사마시에 합격하여 순창의 선영에 고하러 다녀오는 중에 지은 시이다.

396) 「駱居錄」은 1652년 낙산 동쪽에 거처하며 지은 시로, 송별시와 輓詩가 많다. 「燕臺錄」은 1652년 6월 4일 謝恩副使에 선발되어 13일에 휴가를 청하여 玉果縣의 모친을 뵙고, 7월 1일에 돌아와 서울에 2개월간 있으면서 지은 시이다. 金溝·金川 등 남쪽을 여행하면서 지은 시 및 평양·압록강·鳳凰山城 등 지나는 노정마다 지은 시가 일정을 따라 가지런히 배열되어 있어서 使行의 모습을 파악할 수 있는 자료

이 시기 인조실록을 편찬하기 위한 실록청이 설치되어 인조실록 편찬을 효종 1년 8월에 시작하여 효종 4년에 마쳤는데, 신유는 일방당상(一房堂上)으로 참여하였다. 효종 4년(1653, 44세) 8월에는 다시 도승지가 되었고, 12월에는 개성유수에 제수되어 이듬해 1월부터 효종 6년(1655, 46세) 3월에 파직되기까지 14개월 동안 근무하였다.[397] 효종 6년 여름에는 병조참판이 되었고,[398] 효종 7년(1656, 47세) 6월에는 다시 도승지가 되었다. 그러나 신유는 이해 5월에 동생 신혼(33세로 卒)을 잃었고, 10월에는 부인 전주이씨의 상을 당했다.

효종 8년(1657, 48세) 3월 신유는 사간원 대사간이 되었다. 그러나 4월에 강계(江界)로 유배되었다. 당시 사헌부 지평 민유중이 장령 오두인과 함께 선조의 손자인 낭성군(朗善君) 이우(李俁)의 종을 체포하여 살인 혐의를 심문하던 가운데 그 종이 죽었다. 효종은 낭성군의 말을 듣고 매우 노하여, 오두인은 북청 판관(北靑判官)으로, 민유중은 경성판관(鏡城判官)으로 좌천시켰다. 대사간 신유는 이 사건에 대해 종실 낭선군(朗善君)의 종이 일으킨 분쟁에 대신(臺臣)만 처벌받는 것은 부당하다는 상소를 올렸다가 효종의 노여움을 사 유배되었다. 신유의 유배가 부당하다는 조정의 여론이 형성되었고 여러 차례 상언이 있었으나 쉽게 돌아오지 못했다. 10월에 찬선 송준길이 비록 잘못한 점이 있지만 이런 추운 겨울철에 멀리 변방으로 유배하여 팔십 노모가 밤낮으로 울부짖고 있으니 보기에 불쌍할 뿐만 아니라 죄에 맞게 벌을 준다는 뜻에 어긋난 것 같다고 아뢰자 겨우 천안으로 양이되었다.[399]

---

397) 「雪山錄」은 1653년 봄에 옥과현의 모친을 뵙고 오는 길에 지은 것으로, 아우 申混과 수창한 시가 많다. 「駱居後錄」은 1653년 가을 이후로 낙산 동쪽에 거처하며 지은 시이다. 「松都錄」은 1654년 1월 開城 留守가 되어 이듬해 3월 파직될 때까지 14개월 동안 지은 시이다.

398) 「騎省錄」은 1655년 여름 병조 참판에 제수되고부터 이듬해 봄까지 낙산에 있으면서 지은 시이다.

399) 「淸源錄」은 1657년 4월 대사간으로 상소를 올리다 유배되어 10월에 天安으로 移

유배에서 풀려난 것은 효종이 승하하고 현종이 즉위한 1659년(50세) 7월의
일이다.

신유는 해배된 후에도 1년 6개월이나 지난 현종 2년(1661, 52세) 정월에
이르러서야 형조참판에 제수되어 다시 사환의 길을 걸었다.[400] 그리고 현
종 4년(1663, 54세) 4월에는 외직으로 나가 회양부사가 되었으며, 이듬해 5
월 병으로 체직되었다.[401] 현종 5년(1664, 55세) 9월에는 호조참판이 되었
고, 현종 6년(1665, 56세) 2월에 예조참판이 되었다가, 이해 11월 졸하였다.
현종실록에는 그가 졸한 기사가 실려있지 않고, 현종개수실록에는 특별한
설명 없이 '전 참판 신유가 졸하였다[前參判申濡卒]'고만 수록되어 있다.[402]
부친 신기한이 천장되어 묻혀 있는 공주 술북리(현 충남 공주시 이인면 달
산리 산28-1번지) 선영에 장사지냈으며, 현종은 예조좌랑 김방걸을 보내 지
제교 이단하가 지은 제문을 내렸다.

100여년 지난 후, 신유의 종증손(從曾孫) 신경준(申景濬, 1712~1781)은 양
근에 살고 있던 5세손 신현록(申顯祿, 1743~1789)의 부탁으로 신유의 신도
비문을 지으면서, 그의 관직생활을 다음과 같이 요약하였다.

公之職官 二十一進士 二十七擢文科第一 例授成均館典籍 在六部 佐郞則吏禮兵 正郞惟吏
參議則吏兵刑 參判則禮戶兵刑工 在臺閣 司諫院正言獻納大司諫 司憲府持平執義 在兩館 弘文
館副修撰修撰副校理校理應敎副提學 藝文館直提學 議政府檢詳舍人 侍講院文學 承政院承旨六

配될 때까지 지은 시를 모은 것이다. 淸源은 江界의 별칭이다. 「兜率錄」은 1657년
10월 강계에서 천안으로 移配되고부터 1659년 해배되어 서울로 돌아올 때까지 지
은 시를 모은 것이다. 兜率은 天安의 별칭이다.

400) 「養痾錄」은 1657년 상을 당하여 3년간 시를 읊지 못하다가 1661년 봄부터 지은
시이다. 〈無夢〉, 〈自歎〉처럼 노년의 쇠약한 정신과 친척 붕우가 점차 사라지는 데
대한 비감의 시가 많고, 輓詩가 특히 많다.

401) 「交州錄」은 1663년 4월 淮陽 府使로 나가서 이듬해 5월에 병으로 체직될 때까지
1년간 지은 시로 회양과 금강산 일대의 풍광을 읊었다.

402) 『현종개수실록』 권14, 현종 6년 11월 10일(임진).

京兆右左尹 憲文王實錄纂修官 樞府惣府籌司金吾 皆歷踐 累典貢擧 知製教常兼帶之 外庸公山
松都淮陽也403)

5) 소결

1643년(인조 21) 계미통신사의 종사관 신유(1610~1665)는 고령신씨 시조
신성용의 15세손이다. 고령 고을의 향리였던 고령신씨는 고려후기 과거를
통해 중앙에 진출하기 시작했다. 고려말 인물인 신덕린은 해서·초서·예서
를 잘 써서 당대는 물론 후대에도 명성이 자자했으며, 그의 학문과 서법은
조선초기에 활동한 손자 신장에게 이어졌다. 특히 신장의 걸출한 5형제 가
운데 신숙주와 신말주의 활약상은 2세기 후의 신유에게도 큰 영향을 미쳤
다. 신숙주는 1443년(세종 25) 일본에 통신사 서장관으로 다녀오면서 많은
업적을 남기고 성종초에 왕명을 받아『해동제국기』를 집필했는데, 이러한
신숙주의 업적은 1643년(인조 21) 통신사 종사관으로 일본을 찾은 신유에
게 여러 곳에서 소환되고 있다. 신유의 직계 7대조인 신말주의 처향은 순창
인데, 이곳은 이후 고령신씨와 깊은 인연을 맺기 시작했다. 특히 귀래정은
후손들의 물질적·정신적 토대가 되었다. 신유는 신말주 종손(宗孫) 계열
이 아니고, 또한 신유의 직계 5대조[신말주의 손자]가 근거지를 서울[京師]
로 옮겼기 때문에 순창에서 점차 멀어졌다. 그러나 신유의 동생 신운이 후
사가 끊어진 신말주의 장손 계열로 입후하면서 순창은 다시 신유의 생활에
서 중요한 공간으로 자리 잡았다.

신유는 1636년 별시 문과에서 27세의 나이로 장원 급제하였으며, 이후
30년간 청요직을 거치는 관직 생활을 했다. 그의 학문 연원은 구체적으로

---

403)『竹堂集』卷15 附錄 嘉善大夫禮曹參判兼同知經筵春秋館義禁府事五衛都揚府副揚管
竹堂申公神道碑銘 幷序 [申景濬] 당시 신경준의 관직은 '通政大夫 承政院左承旨 兼
經筵參贊官春秋館修撰官'이었다.

확인하기 어렵지만, 여말선초부터 내려오는 가학의 전통이 이어졌을 것이다. 소북팔문장의 범주에 속하는 신유는 정치적으로 소북칠학사로 일컫는 외백조부 김신국의 영향도 받았을 것이다. 신유의 사후 100여년이 지난 시점에서 종증손(從曾孫)인 신경준의 시각으로 정리한 신유의 관직은 '이조·예조·병조의 좌랑과 이조정랑, 이조·병조·형조의 참의, 예조·호조·병조·형조·공조의 참판, 사간원의 정언·헌납·대사간, 사헌부의 지평·집의, 홍문관의 부수찬·수찬·부교리·교리·응교·부제학, 예문관의 직제학, 의정부의 검상·사인, 시강원 문학, 승정원의 여섯 승지, 한성부의 우윤·좌윤, 인조실록 편수관을 지내고, 중추부·도총부·비변사·의금부의 여러 벼슬을 차례로 거쳤으며, 여러 번 과거 시험관을 맡았고, 지제교는 항상 겸하였으며, 외직으로는 공산현감·송도유수·회양부사로 부임하였다'. 신유는 대사간으로 재임 중 적극적인 간쟁으로 효종의 미움을 받아 2년 3개월에 걸친 유배 생활을 하기도 했다. 이렇게 바쁜 관직 생활 중에도 수시로 시와 문장을 지었으며, 본인의 문집 초고본을 직접 편집하기도 했다. 신유의 생애는 17세기의 대표적인 학자적 문신 관료의 삶이었다.

신유가 34세에 통신사 종사관으로 참여하여 다녀온 계미통신사행은 일본 막부 장군의 후계자 탄생을 축하하기 위한 사절로 이와 같은 통신사 파견 목적은 전무후무하다. 당시 조선은 대내외적으로 어려움이 많았지만, 대마도주의 통신사 파견 요청에 대해 호란을 경험한 후 일본과의 선린외교가 더욱 필요했기 때문에 적극적으로 대응하였다. 계미통신사행은 통신사가 직접 기록한 사행록이 3종이나 남아 있을 뿐만 아니라, 이전의 통신사행과는 달리 『통신사등록』도 현전하기 때문에 이전의 통신사행에 비해 구체적이고 자세한 상황을 알 수 있다. 계미사행은 1636년의 병자통신사행에서 일본 에도[江戶]에서의 갑작스런 요청에 의해 삼사가 도쿠가와 이에야스의 사당인 일광산사(日光山社)에 처음 들렀던 것이 이제 정례화되었으며, 일본의 요청으로 '일광정계(日光淨界)' 편액과 종을 주조하여 보냈다는 점에서 선린

외교의 의미가 깊다. 또한 계미사행이 쇄환사는 아니었지만, 일본에 남아
있던 임진왜란의 피로인 일부를 쇄환하기도 했다.

3. 기해(1719)년 통신사행의 부사 황선

황선(黃璿, 1682-1728)은 장수황씨로 조선초기 명재상으로 알려져 있는
황희(黃喜, 1363-1452)의 13대손이다.[404] 자는 성재(聖在)이고, 호는 노정(鷺
汀)이며, 시호는 충렬(忠烈)이다. 황선의 조카 황경원(黃景源, 1709~1787)이
지은 황선의 행장과 묘표에서는 황선에 대해 대제학을 지낸 황정욱의 7세
손으로, 증조 황이징은 정산현감을 지내고 사헌부 집의에 추증되었으며, 조
부 황성은 이조참의에 추증되었고, 부친 황처신은 호조정랑을 지내고 이조
판서에 추증되었다고 기록하고 있다.[405]

황경원은 황선의 선조 가운데 황희 이후 가장 주목되는 인물로 황정욱
(黃廷彧)을 꼽은 것이다. 황정욱은 종계변무의 주청사로 명나라에 다녀온 공
으로 광국공신 1등에 녹훈되었고 장계부원군(長溪府院君)이라는 봉호를 받
았으며, 사후에는 문정(文貞)이라는 시호도 받았다. 그러나 황정욱 이후 황
선까지는 두드러진 사환을 하지 못하고 있다. 오히려 황정욱의 증손이며 황
선의 고조부인 황상이 1612년(광해군 4)에 일어난 김직재 옥사에서 역모죄
로 몰려 22세의 나이에 할아버지 황혁과 함께 처형당하면서 가문은 한때

---

404) 황희 이후 황선까지의 계보는 黃喜-黃致身(1397-1484)-黃事長-黃蟾-黃起峻(1470-
1544)-黃悅(1501-1575)-黃廷彧(1532-1607)-黃赫(1551-1612)-黃坤厚-黃裳(1591-1612)-黃
爾徵(1609-1650)-黃贼-黃處信(1658-1724)-黃璿으로 이어진다.

405) 黃景源,「嘉善大夫慶尙道觀察使兼兵馬水軍節度使巡察使大丘都護府使贈議政府左贊
成諡忠烈黃公墓表」,『江漢集』권20 墓表;「嘉善大夫慶尙道觀察使兼兵馬水軍節度使
巡察使大丘都護府使贈議政府左贊成諡忠烈黃公行狀」,『江漢集』권20 行狀.

위기에 처해진다. 당시 황상의 어린 아들 황이징은 외숙부인 장유[황상의 처남]의 집에서 성장하였다. 이후 황이징은 정산현감을 지냈고,[406] 그의 아들 황휘(黃暉)[황처신의 생부]는 삼등현령까지 올랐으며,[407] 황이징의 손자로 황선의 부친인 황처신은 음보로 입사하여 마전군수에 이르렀다.[408] 이와 같이 황선의 가까운 선계로 고위직에 오른 인물은 찾을 수 없으나, 사환(仕宦)은 계속 이어지고 있었다. 이러한 상황에서 황선은 숙종 말부터 영조 초까지 관직생활을 했다.

황선의 유년시절과 학문적 수학에 대해서는 자세히 알 수 없다. 그는 29세에 진사시 입격과 문과 급제를 통해 사환의 길을 걷기 시작했다. 비교적 늦은 나이에 벼슬길에 나아갔지만, 40세가 되기 전에 이미 당상관에 오르고, 40대 후반에는 2품의 재상급 관료가 되었다. 일반적으로 알려져 있는 관료들의 관직생활에 비해 고속 승진을 하였다. 그가 비교적 짧은 사환기간에 당상관과 재상급 관료로까지 승진한 계기는 무엇이었을까?

황선은 30대 말에 기해사행의 통신부사로 일본에 다녀왔으며, 47세에 경상감사로 재임 중 경상도의 무신란을 진압하였으나, 감영에서 갑자기 죽었다. 그의 죽음에 대해서 당대는 물론, 후대에도 한동안 의혹의 눈길이 이어졌다. 또한 무신란 진압에서의 공훈에 대해서도 후대인들 사이에서 논란이 분분했다. 이와 같은 황선의 관직생활과 후대의 추숭에 대해 살펴본다.[409]

황경원이 지은 행장에서는 황선의 문집 5권이 당시 집안에 소장되어 있

---

406) 『승정원일기』 93책(탈초본 5책) 인조 24년 3월 4일(신해). 이후 『승정원일기』 인용 시 탈초본 책수는 '탈초본' 표기 없이 책수만 ( ) 안에 기록한다.

407) 『승정원일기』 263책(13책) 숙종 4년 1월 14일(병술).

408) 『승정원일기』 549책(29책) 경종 3년 1월 8일(무자). "下直, 麻田郡守黃處信." 『승정원일기』에서 확인되는 黃處信의 관직은 戶曹佐郎(숙종 43), 平康縣監(숙종 43), 平市令(경종 11), 麻田郡守(경종 3) 등으로, 황경원이 찬한 황선 행장과는 다르다.

409) 황선에 대한 본 절의 글은 필자의 논문(「己亥使行 通信副使 黃璿의 관직생활」, 『민족문화연구』 81, 고려대학교 민족문화연구원, 2018. 11, 201~234쪽)을 본 학술서의 취지에 맞추어 재정리하였다.

다고 하였다.410) 그러나 오늘날에는 확인되지 않는다. 따라서 황선의 문집을 활용할 수 없다. 여기에서는 황선의 행장과 묘표를 기본 자료로 이용하고, 실록과 『승정원일기』, 『비변사등록』, 기해사행 때 제술관으로 일본에 함께 다녀온 신유한(申維翰)의 기행문 『해유록(海游錄)』 등에 흩어져 있는 관련 자료들을 수합하여 작성하였다.

1) 입사와 초기 사환

황선은 29세인 숙종 36년(1710) 진사시에 3등 41위로 입격하고, 한 달도 지나지 않은 같은 해에 실시된 증광문과에서 병과 30위로 급제하였다. 이해의 과거시험은 세자가 바로 전해(1709) 가을에 학질에서 회복되었고, 숙종의 환후도 2월에 완쾌되어 왕실에 거듭된 경사가 있었기 때문에 이를 경하하기 위해 실시된 증광별시였다.411) 6월 8일 실시된 전시에서는 모두 41명을 뽑았다.412) 증광시였기 때문에 식년시 정원인 33명보다 8명 더 많은 41명을 선발하였으며, 황선은 41명의 급제자 가운데 40위였다.413) 급제한 과차가 높은 것은 아니었지만, 진사시에 입격한 직후의 문과 급제였으니 큰 경사였을 것이다.

조선시대에 문과에 급제하면, 실직에 제수된 자를 제외한 급제자들은 모두 재품 등을 평가하여 문한 관서인 홍문관·승문원·성균관·교서관의 임시직인 권지(權知)에 제수하여 실무를 익히도록 하는 것이 원칙이었다. 당시 과거 급제자들이 분관되기를 선호하는 관서는 홍문관·성균관·승문원·교서

410) 黃景源, 「嘉善大夫慶尙道觀察使兼兵馬水軍節度使巡察使大丘都護府使贈議政府左贊成謚忠烈黃公行狀」, 『江漢集』 권20 行狀. "享年四十七, 有文集五卷, 藏于家."
411) 『숙종실록』 권48 숙종 36년 2월 경술(15일).
412) 『숙종실록』 권48 숙종 36년 6월 임인(8일). 유학 朴徵賓이 장원급제하였고, 무과의 장원은 金重胤이었다.
413) 『국조문과방목』 권13 숙종조 경인(36년) 증광방.

관의 순이었다. 진사의 전력으로 응시하여 병과로 급제한 황선도 정9품 품
계를 받고 4관 중 한 관서인 승문원에 분관되어 권지로 근무하기 시작했다.

그런데 황선은 승문원의 권지로 근무하면서 숙종 36년 6월 21일부터 37
년 5월까지 1년간은 수시로 승정원의 사변가주서로 차출되어 활동하기도
했다.414) 가주서는 승정원의 정7품 관직인 주서가 유고할 경우 임시로 차출
하여 임명되었다. 이들은 주서의 주요 임무였던 『승정원일기』를 기록·정리
하는 일을 대신하였으며, 주서와 함께 조보(朝報)의 발행에도 참여했다. 황
선은 이러한 과정을 통해 행정 실무를 서서히 익혀 나갔을 것이다.

황선은 1년 후인 숙종 37년 5월에 율봉찰방에 제수되었다.415) 율봉도는
충청도 지역에 편성되어 있던 역도이다. 율봉찰방은 율봉역·쌍수역·저산
역·장양역·태랑역·시화역·증약역·가화역·토파역·순양역·화인역·전민역·
덕류역·회동역·신흥역·사림역·원암역 등 17개 속역을 관할하였다.416) 청주
를 중심으로 북쪽으로 진천, 동북쪽으로 청안, 동남쪽으로 보은-회인-상주
방면, 남쪽으로 문의-옥천-영동-황간-추풍령 방면으로 이어지는 역로와, 옥
천에서 무주 방면을 연결하는 역로를 관할하였다. 외관직인 율봉찰방은 충
청도관찰사의 포폄을 받도록 되어 있었는데, 황선은 숙종 38년(1712)의 추
동등(秋冬等) 포폄에서 중을 받았다.417) 좋은 성적을 받은 것이 아니다. 그
리하여 찰방에서 체직된 것으로 추측된다. 중앙으로 돌아온 후에는 다시 가
주서로 차출되어 근무하였다.418)

숙종 40년(1714, 황선 33세) 4월에는 승문원 저작에 제수되었다.419) 드디

---

414) 『승정원일기』에서 숙종 36년 6월 21일(을묘)부터 37년 5월 26일(갑인)까지 황선이
    사변가주서로 활동하고 있는 것을 30여 회 확인할 수 있다.

415) 『승정원일기』 461책(25책) 숙종 37년 5월 26일(갑인) 除授 7월 2일(기축) 下直.

416) 『경국대전』 권1 이전 외관직 충청도 찰방 율봉도.

417) 『승정원일기』 476책(25책) 숙종 39년 2월 20일(무진).

418) 이 시기 황선의 事變假注書 근무는 『승정원일기』에 숙종 39년 윤5월 13일(기미)부
    터 시작되어 10월 6일(경진)까지 기록되어 있다.

419) 『승정원일기』 483책(26책) 숙종 40년 4월 4일(을해).

어 경관직 실직에 제수된 것이다. 저작은 홍문관·승문원·교서관 등에 속하여 실무를 담당한 정8품 관직이다. 승문원은 吏文의 교육과 사대문서의 제술 등을 담당한 관서이므로, 황선은 이곳에 근무하면서 외교의 실무를 익혔을 것이다.420)

그러나 곧 바로 5월에 설서(說書)에 제수되었다.421) 설서는 왕세자의 교육을 담당하던 세자시강원 소속의 정7품직이다. 세자시강원에서 최하위직이지만,422) 관원들이 7품에서 6품으로 올라가는 중요한 자리였다. 황선도 설서에 제수된 지 6개월 만에 정6품직인 성균관 전적(典籍)에 제수되었다가,423) 다시 세자시강원 사서(司書)로 옮기고 있다.424) 사서 또한 정6품 관직이다. 황선은 숙종 41년 2월에는 식년문과초시의 시관, 5월에는 의금부 삼성추국(三省推鞫)의 문사낭청(問事郞廳) 명단에 포함되기도 했다.425)

숙종 41년(1715) 7월에는 지평(持平)에 제수되었다.426) 지평은 사헌부의 정5품 관직으로 정원은 2명이다. 그러나 황선이 지평에 제배된 지 오래도록 사헌부에는 서경(署經)에 참여할 3원이 갖추어지지 않아 대간의 서경이 이

---

420) 승문원의 관원은 판교(정3품, 1명), 참교(종3품, 1명), 교감(종4품, 1명), 교리(종5품, 2명), 교검(정6품, 2명), 박사(정7품, 2명), 저작(정8품, 2명), 정자(정9품, 2명), 부정자(종9품, 2명)로 구성되어 있었다.

421) 『숙종실록』권55 숙종 40년 5월 계축(13일); 『승정원일기』483책(26책) 숙종 40년 5월 13일(계축). 說書는 '經書를 설명한다'는 의미이다.

422) 세자시강원 관원은 겸임관원과 전임관원으로 구성되어 있었다. 겸임관원은 의정부와 육조의 2품 이상 관료가 맡는 반면, 전임관원은 종3품(경종 3년에 정3품으로 승자)의 보덕 1명, 정4품의 필선 1명, 정5품의 문학 1명, 정6품의 사서 1명, 정7품의 설서 1명 등 5명으로 이루어졌다.

423) 『승정원일기』486책(26책) 숙종 40년 11월 5일(계묘).

424) 『숙종실록』권55 숙종 40년 11월 을묘(17일); 『승정원일기』486책(26책) 숙종 40년 11월 21일(기미).

425) 『승정원일기』487책(26책) 숙종 41년 2월 20일(정해); 『승정원일기』488책(26책) 숙종 41년 5월 11일(병오).

426) 『숙종실록』권56 숙종 41년 7월 경자(7일); 『승정원일기』489책(26책) 숙종 41년 7월 7일(경자).

루어지지 않았다. 사헌부에서는 9월에 이르러서야 3원이 갖추어지지 않은 상태에서 서경을 진행했으며,427) 황선의 지평 직무 수행은 이후에야 가능했다.

숙종 42년(1716) 2월에는 오위(五衛)에 소속된 정5품 서반직인 사직(司直)에 제수되었다가,428) 다시 7월에는 정언(正言)이 되었다.429) 정언은 사간원의 정6품 관직이다. 그리고 9월 2일에 부사직으로 옮겼다가,430) 10월 18일 다시 정언에 제수되었다.431) 그러나 황선은 패초(牌招)에 나오지 않다가,432) 11월 2일에 사은하였다.433) 12월 27일에는 정언에서 체차되고, 다시 부사과에 제수되었다.434)

숙종 43년(1717) 2월에는 세자시강원 소속의 정5품 관직인 문학(文學)에 제수되었다.435) 4월에는 문학에서 체차되고,436) 다시 지평에 제수되었다.437) 그리고 8월 8일 병조좌랑,438) 8월 16일 다시 문학에 제수되었으

---

427) 『승정원일기』 490책(26책) 숙종 41년 9월 6일(무술).
428) 『승정원일기』 492책(26책) 숙종 42년 2월 2일(계해).
429) 『숙종실록』 권58 숙종 42년 7월 임오(25일); 『승정원일기』 497책(26책) 숙종 42년 7월 25일(임오).
430) 『승정원일기』 498책(26책) 숙종 42년 9월 2일(무오).
431) 『숙종실록』 권58, 숙종 42년 10월 갑진(18일); 『승정원일기』 499책(26책) 숙종 42년 10월 18일(갑진).
432) 『승정원일기』 499책(26책) 숙종 42년 10월 19일(을사).
433) 『승정원일기』 499책(26책) 숙종 42년 11월 2일(무오).
434) 『승정원일기』 499책(26책) 숙종 42년 12월 27일(계축).
435) 『승정원일기』 500책(27책) 숙종 43년 2월 10일(을미) 제수; 『승정원일기』 500책(27책) 숙종 43년 2월 11일(병신) 謝恩. 文學은 '학문을 빛나게 한다.'는 의미이다. 서연에 참석하여 세자의 학문과 품성을 빛나게 함으로써 세자의 선에 대한 학문적 기초와 실천적 토대를 확립하고자 하였다.
436) 『승정원일기』 501책 (탈초본27책) 숙종 43년 4월 21일(을사).
437) 『숙종실록』 권59 숙종 43년 4월 무신(24일); 『승정원일기』 501책 (27책) 숙종 43년 4월 24일(무신) 제수; 『승정원일기』 502책(27책) 숙종 43년 5월(미상) 기사 사은; 『숙종실록』 권60 숙종 43년 9월 병인(15일); 『숙종실록』 권61 숙종 44년 4월 정해(9일); 『숙종실록』 권62 숙종 44년 7월 경신(13일); 『숙종실록』 권62 숙종 44년 9

며,439) 8월 27일에는―문학으로 있으면서―문과 초시 시관을 맡기도 했
다.440) 그러나 9월 6일에는 병이 중하여 소대(召對) 등에 참석하지 못했다
는 이유로 문학에서 체직되기를 청하는 상서를 올리고 있다.441) 그리하여
9월 15일에 지평에 제수되어,442) 11월까지 근무하였다. 그런데 11월 9일 승
정원에서 황선을 패초하여 조명겸 등을 처치하게 할 것을 청하는 계를 올
렸으며,443) 이에 따라 황선을 패초하였으나 나아오지 않아 지평에서 파직
되었다.444)

숙종 44년(1718)에는 1월 병조정랑,445) 2월 문학,446) 4월 지평에 제수되
었고,447) 4월 25일에는 세자빈인 단의빈(端懿嬪)의 상장(喪葬) 때에 역사를
감독한 노고에 대한 상사(賞賜)에서, 황선은 만장서사관(輓章書寫官)으로 참
여한 공으로 상현궁(上弦弓) 1장을 사급(賜給)받았다.448) 앞서 2월 7일 왕세
자빈이 창덕궁 장춘헌에서 졸서하여 경극당에 빈궁을 마련하였고, 3개월 뒤
4월에 양주에 있는 숭릉의 청룡 밖 유좌묘향 언덕에 장례를 치르고, 반우
(返虞)하여 미리 마련한 혼궁에 신주를 봉안하였는데,449) 이 단의빈 상장에
황선은 만장서사관으로 참여한 것이다. 7월에는 다시 지평에 제수되었
고,450) 9월에도 지평에 제수되었으며,451) 11월에는 정언에 제수되었고,452)

월 신사(6일).
438) 『승정원일기』 503책(27책) 숙종 43년 8월 8일(기축).
439) 『승정원일기』 503책(27책) 숙종 43년 8월 16일(정유).
440) 『승정원일기』 503책(27책) 숙종 43년 8월 27일(무신).
441) 『승정원일기』 504책(27책) 숙종 43년 9월 6일(정사).
442) 『승정원일기』 504책(27책) 숙종 43년 9월 15일(병인).
443) 『승정원일기』 505책(27책) 숙종 43년 11월 9일(기미).
444) 『승정원일기』 505책(27책) 숙종 43년 11월 9일(기미).
445) 『승정원일기』 506책(27책) 숙종 44년 1월 17일(무인[병인]).
446) 『승정원일기』 507책(27책) 숙종 44년 2월 26일(을사).
447) 『승정원일기』 507책(27책) 숙종 44년 4월 9일(정해).
448) 『승정원일기』 508책(27책) 숙종 44년 4월 25일(계묘).
449) 『숙종실록』 권61 숙종 44년 4월 18일(병신).
450) 『승정원일기』 509책(27책) 숙종 44년 7월 13일(경신).

12월에는 헌납에 제수되었다.453)

황선이 문과에 급제한 후, 30대에 근무하고 있던 관서는 주로 세자시강원·사헌부·사간원 등이다. 이러한 부서의 관직은 청요직의 대표관직이다. 한편, 황선이 세자시강원에 근무할 때의 세자는 후에 경종으로 즉위하였는데, 이러한 관직제수와 인연은 40대 이후 황선의 사환에도 영향을 미쳤을 것이다.

2) 통신부사 직무수행과 가자승서

기해 통신사행은 조선 후기에 12차례 일본에 보냈던 통신사행 가운데 9차 사행에 해당한다. 이 시기는 동아시아의 국제관계가 비교적 안정된 시기였다. 일본에서는 1716년 4월 30일 일본의 7대장군 도쿠가와 이에쓰구[德川家繼]가 서거하고, 전 기이(紀伊) 번주(藩主)인 도쿠가와 요시무네[德川吉宗]가 8대 장군으로 습직하면서, 노중(老中) 쯔찌야 마사나오[土屋政直]는 대마번(對馬藩)의 소우 요시미찌[宗義方]를 시켜 조선에 고부(告訃)·고경참판사(告慶參判使)를 파견하여 이 사실을 알렸다. 그리고 대마는 다시 1717년 10월 23일에 수빙참판사(修聘參判使)를 보내어 조선이 2년 후에 통신사를 파견해 줄 것을 정식으로 요청하였다.454)

---

451) 『승정원일기』 510책(27책) 숙종 44년 9월 6일(신사). 실록에 여러 차례 지평 제수 기사가 등장하고 있는 것은 활발한 언론활동으로 파직과 제수가 반복되었을 것으로 추측된다.

452) 『숙종실록』 권62 숙종 44년 11월 병신(22일).

453) 『숙종실록』 권62 숙종 44년 12월 기사(26일); 『승정원일기』 511책(27책) 숙종 44년 12월 27일(경오).

454) 이상의 기해통신사 파견 동기에 대해 기해사행의 제술관으로 다녀온 신유한은 '일본 關白 源吉宗이 새로 즉위하여 對馬島太守 平方誠으로 하여금 使者를 보내어 東萊倭館에 와서, 새 임금이 나라를 이어 받았으니 예전처럼 國書를 받들고 와 이웃 간의 친목을 표시하기를 청하므로 조정에서 허락하였다.'라고 기록하였다. 申維翰, 『海游錄』上 肅廟 44년 무술 정월 일. 그동안 기해통신사에 대해서는 주로 신유한

조선 조정에서는 숙종 44년(1718) 초부터 통신사 파견에 대한 논의가 이루어지기 시작했다. 우선 동래부사 조영복이 장계를 올려 통신사를 시기에 맞추어서 차출할 것을 건의했고, 2월 30일에 영의정 김창집은 세자에게 조영복의 장계 내용을 해조에 분부하여 시행하고 아울러 접위관의 보고서를 기다렸다가 사신도 차출하기를 아뢰었다.[455] 당시에는 숙종이 건강이 좋지

의 『해유록』을 활용한 연구가 이루어졌다. 기해통신사와 『해유록』에 대해서는 다음의 논문이 참조된다. 강혜선, 「신유한의 『해유록』 다시 읽기」, 『문헌과 해석』 제41호, 태학사, 2007; 고운기, 「신유한의 해유록 재론·1 : 朝日 필담창수 자료 대비를 중심으로」, 『열상고전연구』 제34집, 열상고전연구회, 2011; 「신유한의 해유록 재론·2 : 필담창수집 『桑韓星槎答響』과의 대비를 중심으로」, 『열상고전연구』 제37집, 열상고전연구회, 2013; 김상조, 「청천 신유한의 일본 인식과 雨森芳州 이해」, 『영주어문』 제23집, 영주어문학회, 2012; 박화진, 「조선통신사의 에도(강호) 입성 과정 : 제9차 통신사행(1719년)을 중심으로」, 『조선통신사연구』 제4호, 조선통신사학회, 2007; 이재훈, 「대마도종가문서 壹岐島에서의 기록 : 기해사행의 기록을 『해유록』과 비교하며」, 『일어일문학연구』 제68집 2권, 한국일어일문학회, 2009a; 「기해사행의 嚴原에서의 예법논쟁 : 『해유록』과 종가문서를 비교하여」, 『일어일문학연구』 제71집 2권, 한국일어일문학회, 2009b; 「기행사행(1719)에서의 말을 둘러싼 분쟁 연구」, 『열상고전연구』 제63집, 열상고전연구회, 2018; 「기해사행의 당상역관 : 대마도 종가문서에서 등장양상을 중심으로」, 『한일관계사연구』 제57집, 한일관계사학회, 2017; 이혜순, 「신유한 『해유록』」, 『한국사시민강좌』 제42집, 일조각, 2008; 「충격과 조화 : 신유한의 해유록 연구」, 『동방문학비교연구총서』 2, 한국동방문학비교연구회, 1992; 이효원, 「1719년 필담창화집 『航海唱酬』에 나타난 일본 지식인의 조선관 : 水足屛山과 荻生徂徠의 대비적 시선에 착안하여」, 『고전문학연구』 제41집, 한국고전문학회, 2012; 정영문, 「통신사가 기록한 국내사행노정에서의 전별연」, 『조선통신사연구』 제7호, 조선통신사학회, 2008; 정은영, 「신유한의 일본정보 탐색방식 연구」, 『한민족어문학』 제71집, 한민족어문학회, 2015; 정장식, 「1719년 신유한이 본 일본」, 『일본문화학보』 제20집, 한국일본문화학회, 2004; 한승희, 「기해통신사의 儀式改定에 대한 새로운 검토」, 『한일관계사연구』 제16집, 한일관계사학회, 2002; 「기해통신사에 대한 各藩의 御馳走役」, 『한일관계사연구』 제25집, 한일관계사학회, 2006; 한태문, 「신유한의 『해유록』 연구」, 『동양한문학연구』 제26집, 동양한문학회, 2008; OBATA Michihiro, 「신유한의 『해유록』에 나타난 일본관과 그 한계」, 『한일관계사연구』 제19집, 한일관계사학회, 2003.

455) 『숙종실록』 권61 숙종 44년 2월 기유(30일).

않아 왕세자[후의 경종]가 대리청정을 하고 있었기 때문에 정무를 왕세자가
주관하고 있었다.

4월 3일에는 약방에서 입진(入診)하여 침을 놓기를 끝낸 숙종의 어전에서
통신사 차출에 앞선 통신사행의 폐단과 경비 절감에 대한 논의가 이루어졌
다. 영의정 김창집은 통신사가 지나가는 연로(沿路)에서 접대하는 것이, 다
른 사객(使客)에 비하여 지극히 우대하기 때문에 작은 고을에서 들어가는
경비도 수백 냥에 이르니, 마땅히 감생(減省)하는 방도가 있어야 하겠다고
아뢰었다. 제조 민진후는 통신사가 지나가는 곳은 마치 난리를 겪은 것과
같으니, 지금 경비를 감생하더라도 또한 반드시 풍성하고 사치스러워질 것
이라고 우려를 표했고, 도제조 이이명은 통신사의 노자(奴子)도 3중(三重)으
로 된 자리를 깐다고 하니 그 밖의 것은 미루어 짐작할 수 있다고 하였다.
그러나 숙종은 바다를 건너는 사행(使行)은 실로 사생(死生)과 관계되기 때
문에 이처럼 사치스럽게 접대하는 예(禮)가 있는 것이라고 하면서, 신묘년
(1711)에 경비를 억제하여 줄이자는 청이 있었으나 끝내 허락을 받지 못했
던 것도 이유가 있었기 때문이라고 하였다. 그러나 대신들의 계달이 이와
같으니 경비를 감생하도록 분부하되, 너무 매몰찬 지경에 이르지 말게 하는
것이 마땅하다는 절충안을 지시하였다.[456]

조선후기 통신사행의 규모는 100여명으로 이루어진 전기와는 달리 매우
거창하였다. 정사를 비롯하여 부사·종사관으로 구성되는 삼사(三使), 역관·
군관·제술관·양의(良醫)·사자관(寫字官)·의원·화원·서기(書記)·자제군관·별
파진(別破陣)·전악(典樂)·이마(理馬)·소동(小童)·노자(奴子), 취수(吹手)와 각
종 기수(旗手)를 비롯한 악대 및 의장대 일행, 사공과 격군 등 도합 450명에

---

456) 『숙종실록』 권61 숙종 44년 4월 신사(3일). 직전의 통신사행인 제8차 사행[1711년,
　　신묘사행]에서 대마도에서 돌아오는 귀국 도중에 비바람에 의하여 부사의 선박이
　　파손되어 사망자도 생기고 선박들이 뿔뿔이 흩어져 표류하는 상태가 되었다가 거
　　우 경상 左水營에 도착한 사고도 있었다.

서 500여 명에 달하는 대규모 사절단으로 편성되었다.

기해사행의 통신 삼사에 해당하는 정사, 부사, 종사관의 인사가 언제 이루어졌는지는 정확히 알 수 없다. 그러나 통신부사로 처음부터 황선이 정해진 것은 아니었다. 처음에는 1718년(숙종 44) 9월 17일 정사효(鄭思孝)를 통신부사로 제수했다.457) 그러나 12월 7일 사헌부에서는 일본에서 전대(專對)하는 임무, 즉 외국에 사신으로 나간 사람이 본국과 상의 없이 임의로 물음에 대답하거나 임시로 일을 처리하던 것은 반드시 한 시대에 가장 뛰어난 인재를 선발해야 하는데, 정사효는 지난 경력이 이미 가벼워 물정에 맞지 않으니 통신부사에서 개차(改差)하기를 청하였다.458) 처음에는 받아들이지 않았으나, 사흘 후에 다시 사헌부에서 통신부사 정사효의 개차를 청하였고,459) 결국 황선으로 바뀌게 되었다. 그렇다면 황선은 정사효를 개차하면서 미흡하다고 언급된 자질인 '전대' 능력을 충분히 갖추고 있었기 때문에 통신부사로 제수되었다고 볼 수 있겠다.460) 당시 황선의 나이는 38세에 불

---

457) 『승정원일기』 510책(27책) 숙종 44년 9월 17일(임진).

458) 『숙종실록』 62권 숙종 44년 12월 경술(7일); 『승정원일기』 511책(27책) 숙종 44년 12월 7일(경술). 정사효(1665-1730)는 온양정씨로 숙종 15년(1689) 증광시에서 병과로 급제하였으며, 숙종 23년(1697) 중시에서 갑과 1위[8명의 급제자 중에서 장원]로 급제하기도 했다. 정유악의 아들로 예빈시 정(1697), 능주목사(1711), 상주목사(1716) 등을 지냈으며, 1718년 당시 54세로 부사였다. 이후 강원도관찰사, 승지, 전라도관찰사 등을 거쳤으며, 1728년 무신란에 관련되어 파직당한 후 하옥되어 국문을 받던 중에 장살 당했다. 당색은 남인이다.

459) 『승정원일기』 511책(27책) 숙종 44년 12월 10일(계축).

460) 기해사행에서 통신사의 자질로 '專對'능력이 중요하게 거론된 것은, 직전의 통신사행인 1711년(숙종 37)의 신묘사행에서 발생한 외교마찰 때문이었다. 당시 일본에서 덕천막부 6대 장군 家宣의 侍講이었던 新井白石의 주도로 통신사빙례 개정·개혁이 이루어짐으로써, 통신사행 도중에 日本國王號·犯諱 문제 등 많은 마찰이 발생했다. 신묘통신사는 돌아온 후에 문책을 당하여 삼사는 도성에 들어오자마자 곧바로 구속되어 감금되었다가, 削奪官爵 후 門外黜送되는 엄한 처벌을 받았고, 교섭의 실무를 맡았던 역관들도 流配와 杖刑 등의 처벌을 받았다. 그러나 기해통신사행에서는 이와 같은 일본의 외교의례 개변이 대내외적으로 많은 문제를 일으

과했다.461)

통신사 파견이 구체화되자 정책적인 사안이 논의되기 시작했다. 먼저 1719년(숙종 45) 1월 19일 그동안 동래부사로 있던 조영복을 승지로 제수하였다.462) 또한 1월 25일에는 비변사의 차대(次對) 때 훈련대장 이홍술(李弘述)이 근래에 각궁(角弓)은 종자가 멸절되어 각 군문의 군기(軍器)와 궁자(弓子)를 만들 수가 없으니, 통신사의 행차 때 금령을 늦추어 그들로 하여금 많은 수량을 무역해 오기를 청하자, 세자가 이를 허락하였다.463)

1719년 1월 29일은 종일 바쁜 하루였다. 이날 통신 정사 홍치중, 부사 황선, 종사관 이명언 등이 청대하자, 왕세자가 이들을 불러 보았다. 이 자리에서 황선은 인솔 잡류 가운데 작폐자는 율에 의거 무겁게 다스리고 奴子 등을 거느리고 오는 사람에 대해 각별히 규책(糾責)하는 문제, 궁자 제작에 필요한 흑각의 사무역 문제, 일행 중에 양식과 반찬[糧饌]을 척매(斥賣)하는 자는 잠상률(潛商律)로 논단할 것, 소공물종(所供物種)에 대해 상관(上官) 이상은 일공(日供)하는 문제 등을 아뢰었고 왕세자는 이를 모두 허락했다. 황선이 아뢴 구체적인 내용은 다음과 같다.464)

키자 일본에서 8대 장군 吉宗의 명에 따라 1682년 임술통신사행의 의례로 회귀하였으므로 실제 황선의 '전대'능력이 발휘되지는 않았다. 신묘통신사행의 의례문제에 대해서는 하우봉, 「조선시대의 통신사외교와 의례문제」, 『조선시대사학보』제58집, 조선시대사학회, 2011 참조.

461) 조선후기 통신 삼사의 평균나이는 정사 49세, 부사 47세, 종사관 40세였다. 통신부사만을 비교했을 때, 황선의 38세는 제7차 사행[1682년, 숙종 8년]의 통신부사 이언강의 35세 다음으로 젊은 나이였다.

462) 『숙종실록』 권63 숙종 45년 1월 임진(19일).

463) 『숙종실록』 권63 숙종 45년 1월 무술(25일).

464) 『비변사등록』 72책 숙종 45년 2월 2일. 이 내용은 『승정원일기』에도 비국등록을 인용하여 실려 있다. 『승정원일기』 512책(27책) 숙종 45년 1월 29일(임인). 그러나 『숙종실록』에는 흑각무역에 관한 내용만 실려 있다. 『숙종실록』 권63 숙종 45년 1월 임인(29일). 1월 29일에 아뢴 내용이지만, 『비변사등록』에는 2월 2일자에 수록되어 있으며, 통신정사 홍치중과 종사관 이명언 등이 아뢴 내용[1월 29일]은 2월 1일자와 2월 2일자의 『비변사등록』에 나뉘어 실려 있다.

○ 일행의 상하 원역(員役)이 거의 500명에 달하여 아무리 잘 검칙하여도 으레 난잡한 폐단이 많았습니다. 이번에 거느리고 가는 잡인들 중 우리나라의 각 역참을 지날 때 뇌물을 요구하며 행패를 부린 자와, 일본에 도착한 뒤 설치된 장막이나 즙물을 몰래 훔치는 자들은 법률대로 엄중히 캐물어야 할 것입니다. 또한 노자(奴子)와 사령 및 격군(格軍)들은 해당 영솔자에게 각별히 책임지우는 것이 어떻겠습니까?

○ 요전 비국의 차대 때에 훈련대장 이홍술이 아뢰어, 흑각의 품절로 활을 만들 수 없으니 이번 통신사 행차에 수입을 결정하였습니다. 흑각은 금지하는 물품으로 통신사가 돌아올 때 왜인들은 으레 검사하는 일이 있습니다. 혹 드러나서 붙잡히는 일이 있으면 조정의 명령이라고 말할 것입니까? 매우 방애스런 일로써 결코 시행하기 어려울 것입니다. 또 을미년의 통신사 행차 때 비국에서 수역(首譯)에게 분부하여 초황(硝黃)을 무역해 오도록 하였습니다. 돌아올 때 대마도에 이르러 왜인들이 다른 일로 노하여 초황을 트집 잡았으므로 상당히 난처한 일이 있었습니다. 이번에 개인적으로 흑각을 무역하는 것을 막는 것이 어떻겠습니까?

○ 그전 통신사가 갈 때의 등록을 상고하니, 통신사 일행이 일본에 도착하여 체류할 때 조석의 수요를 왜인들이 5일마다 건물(乾物)을 납부하였습니다. 그런데 그 수량이 상당히 넉넉하여 하루의 공궤로 2·3일은 지탱할 수 있었습니다. 그래서 일찍이 병자년[인조 14, 1636]의 통신사 행차 때는 남는 양미(糧米)를 관소(館所)에 두고 왜인들이 금을 바꾸어 보냈습니다. 그러나 이를 가지고 오지 못하고 그 금을 바다에 버렸습니다. 계미년[인조 21, 1643]에는 남는 미곡 840석[俵]을 관반왜(館伴倭)가 금으로 바꾸어 통신사가 돌아온 뒤에 추후로 보냈습니다. 이를 비국의 회계(回啓)로 인해 예단은자(禮單銀子)의 규례대로 공목(公木)으로 바꾸었습니다. 을미년[효종 6, 1655]에는 조정에서 통신사

일행의 하인들이 찬물(饌物)로 은을 무역하는 일을 각별히 금지시키라는 뜻을 일행에게 신칙하였습니다. 그러나 그때의 소통사(小通事)가 경주(慶州)의 관노(館奴)와 짜고 약간의 양미를 팔았다가 곧장 발각되었습니다. 이에 중한 형장(刑杖)으로 다스리고 목칼[枷]을 씌워 동래로 보내 밀무역의 죄로 논하였으니, 이로써 법령의 지엄했음을 엿볼 수 있습니다. 근래는 따라가는 사람들이 각기 잉여를 취하여 소통사를 시켜 팔도록 하고 은을 받아들입니다. 또한 쌀·간장·어물 등도 가격을 정하지 않은 것이 없으며 조금이라도 결함이 있으면 담당자를 구타하여 시끄러운 단서가 한도가 없다고 합니다. 대체로 찬거리를 파는 것이 얼마나 자질구레한 일인데 사람들은 법을 두려워하지 않고 염치도 잊은 채 공공연히 시장에서 거래하며 작은 이익도 놓치지 않습니다. 이런 때문에 일행이 난잡해지고 체모를 떨어뜨리니 통렬히 금하지 않을 수 없습니다. 이번의 일행 중에 만약 양미나 찬거리를 파는 자가 있으면 한결같이 을미년의 전례대로 밀무역의 죄로 논하여 결단해야 할 것입니다. 공궤하는 물품에 있어서는 그중 상한들이 받아먹는 물건을 일일이 간섭할 수는 없을 것입니다. 그러나 이른바 상관(上官) 이상은 매일 공궤에 소용될 만큼 헤아려 수량을 줄여서 갖다 써야 할 것입니다. 또한 중간에서 속이는 폐단이 없지 않으면 수량대로 다 받아온 뒤, 병자년과 을미년의 전례대로 나머지를 계산해 두었다가 세 사신이 상의해서 처리하여 간교한 습관을 막는 것이 마땅할 듯하여 감히 아룁니다.

앞서 처음에 통신부사로 결정되었던 정사효가 황선으로 바뀐 것은 '전대' 때문이라고 했다. 위 내용을 통해 볼 때, 승문원에 근무했던 경험을 지닌 황선은 외교 사안에 해박하고, 사안의 처리가 매우 주도면밀함을 엿볼 수 있다. 한편, 통신부사로 정해진 황선은 열흘 후인 2월 10일 필선에 제수되었다.465) 필선은 세자시강원 소속의 정4품 관직이다.466) 사흘 후인 2월 13일에 필선 황선은 호조판서가 출사하지 않아서 행중원역(行中員役)들에게 은자(銀子)를 아직 출급(出給)하지 못하고 있는데, 행기(行期)가 며칠 남지 않았으므로 다음 당상에게 속히 출급하게 할 것을 청하고 있다.467) 이제 본격적인 사행준비를 시작한 것이다. 3월 2일에는 황선이 사복시 정에 제수되었다.468) 사복시 정은 정3품 당하관이다. 3월 11일 다시 헌납에 제수되었으며,469) 4월 3일에는 집의에서 체차되고, 4월 4일에 보덕에 제수되었다.470) 보덕은 세자시강원 소속의 종3품 관직이다.471) 필선 제수부터 보덕 제수에 이르기까지 두 달에 걸친 일련의 관직제수는 통신부사로 가는 황선에게 그

---

465) 『승정원일기』 513책(27책) 숙종 45년 2월 10일(계축).

466) 弼善은 '선을 보필한다.'는 의미이다. 조선시대의 세자는 장차 왕이 될 신분이므로 세자의 제왕학 교육 목표 역시 세자 개인의 선뿐만 아니라 궁극적으로 백성들의 선까지도 개발·육성하는 데 있었다. 조선시대에는 필선으로 하여금 세자의 품성과 학문을 인도하게 함으로써, 세자의 선에 대한 학문적 기초와 실천적 토대를 확립하고자 하였던 것이다.

467) 『승정원일기』 513책(27책) 숙종 45년 2월 13일(병진). "弼善黃璿達曰, 臣極爲惶恐, 而旣係見任使事, 且在外使臣, 欲令臣陳稟, 故敢此仰達. 頃日臣等入對時, 因正使洪致中所達, 行中員役等處, 自戶曹給貸銀子三千兩, 俾得治行事, 定奪蒙許矣. 戶曹判書時未出仕, 所貸銀子, 尙不出給云, 目今行期只隔五十餘日, 治裝一事, 萬分迫急, 遷就度日, 事極可慮, 近來地部緊急公事, 則次官擧行, 玆事旣據前例, 又有達下擧條, 則雖靡長官, 可以擧行, 令本曹次堂上, 斯速出給, 以爲及期治行之地, 何如? 令曰, 依爲之."

468) 『승정원일기』 514책(27책) 숙종 45년 3월 2일(갑술[을해]).

469) 『승정원일기』 514책(27책) 숙종 45년 3월 11일(갑신).

470) 『승정원일기』 515책(27책) 숙종 45년 4월 4일(병오).

471) 輔德은 '덕을 보좌한다'는 의미이다. 유교 제왕학은 인간의 내면에 있는 선한 본성을 적극 개발·육성하여 작게는 개인의 선을 완성하고 크게는 천하의 선을 완성하는 데 있었다. 조선시대의 세자는 장차 왕이 될 신분이므로 세자의 제왕학 교육 목표 역시 세자 개인의 선뿐만 아니라 궁극적으로 백성들의 선까지도 개발·육성하는 데 있었다. 조선시대에는 보덕으로 하여금 세자의 덕성과 학문을 보좌하게 함으로써 세자의 선에 대한 학문적 기초와 실천적 토대를 확립하고자 하였던 것이다. 보덕의 품계가 『경국대전』에는 종3품이지만, 경종 3년에 정3품으로 승품되어 『대전통편』에는 정3품으로 수록되어 있다.

에 부합하는 관직을 주기 위한 과정이었다. 드디어 황선은 4월 11일 통신 정사 홍치중, 종사관 이명언과 함께 통신부사로 출거(出去)하였다.472) 신유 한의 『해유록』에는 삼사에 대해 다음과 같이 기술하고 있다.

> 호조참의 홍치중을 통신정사로, 시강원 보덕 황선을 부사로, 병조정랑 이명언을 종사관으로 삼고, 어서(御書)·예물(禮物) 및 사행의 요좌(僚佐)·기인 (技人)·역부(役夫) 등 데리고 갈 인원수는 임술년의 전례에 준하도록 하였다. 이 행차에서 세 사신은 각기 군관, 서기, 의원과 특별히 제술관(製述官) 한 사람을 두었다.473)

정3품 당상관인 호조참의를 정사로 하고, 종3품 당하관인 세자시강원 보 덕을 부사로, 정5품 병조정랑을 종사관으로 한 통신사 행렬이 꾸려진 것이 다. 당시 부사 황선이 데리고 간 군관은 홍덕망(洪德望)이었다.474) 임술년의 전례는 숙종 8년(1682)에도 막부의 제5대 장군 덕천강길(德川綱吉)의 취임 을 축하하기 위해 파견한 사행을 일컫는 것으로, 정사 윤지완, 부사 이언강, 종사관 박경후와 함께 다녀온 통신사 일행은 모두 473명이었다.

4월 11일 진시에 통신 삼사 이하가 대궐에 나아가 절하고 하직하였다. 제 술관 역관 사자관 외에 군관과 서기는 숙배가 없었다. 왕세자는 존현각에 앉아 맞이하였다. 이 자리에서 홍치중 등은 차왜(差倭)에게 보낼 예조의 서 계(書契)를 역관이 받아가는 문제, 왜공미(倭供米)를 수급(輸給)할 때 화수(和 水)의 폐단을 신칙(申飭)하는 문제, 왜홍목(倭洪木) 수표(手標)의 매입을 금하

---

472) 『승정원일기』 515책(27책) 숙종 45년 4월 11일(계축).
473) 申維翰, 『海游錄』 上 肅廟 44년 무술(1718) 정월 일.
474) 『승정원일기』 512책(27책) 숙종 45년 1월 29일(임인). "致中日, 副使黃璿軍官, 初欲 以洪德望帶去, 旣已擇定, 而再昨日政, 除授楊根郡守矣. 楊根, 以治盜之故, 雖有武弁 中擇送之令, 而此則通堂上堂下, 固不患無人, 副使軍官, 則只以堂下中擇人, 故可堪者 絶少, 尤難得人, 誠甚可慮. 洪德望, 姑爲改差, 仍任前職, 使之帶去, 何如? 令曰, 仍任 前職, 使之帶去, 可也."

는 문제 등에 대해 언급하고 논의하였다.475) 세 사신은 국서(國書)를 받들고 절월(節鉞)을 받아, 숭례문으로 도성을 나왔으며, 관왕묘에 이르러서는 일행이 청포(靑袍)로 바꾸어 입었고, 이날 양재역에서 잤다.

이렇게 기해사행의 대장정이 시작되었다. 삼사와 상상관, 제술관 등을 포함한 475명 일행은 4월 11일 한성을 출발하여 5월 13일에 부산에 도착하였고, 6월 6일에 대마로부터 조선의 사신을 호행하는 영빙참판사(迎聘參判使)가 부산에 도착하자, 같은 달 20일에 부산을 출발하여 일본으로 향했다. 그리고 10월 1일에는 에도[江戶]에서 의례를 통해 쇼군[將軍]에게 국서를 전달했다. 『해유록』의 「사행수륙노정기(使行水陸路程記)」에 수록되어 있는 에도까지의 통신사행 노정은 다음과 같다.476)

○ 부산[永嘉臺]에서 좌수포(佐須浦)[사스나]까지 4백 80리, 풍기(豐碕)까지 40리, 서박포(西泊浦)까지 30리, 선두포(船頭浦)까지 1백 20리, 마도부중(馬島府中)까지 70리, 마도(馬島)에서 풍본포(風本浦)까지 4백 80

---

475) 『승정원일기』 515책(27책) 숙종 45년 4월 11일(계축). "(…) 令曰, 萬里將遠行. 致中日, 受國命令, 雖赴湯蹈火, 死且不避, 況此涉海之役, 何敢言哉? 第臣素無才能, 倭人本來狡詐, 方受國重任, 赴萬里絶海, 恐有債事之慮. 卽今聖候未寧, 未見復常之節, 而方當遠離, 不任區區微誠. 使行凡事, 曾已稟定, 別無可達之事. 而禮曹以我國漂海人, 因便出送後, 勿別送差奴之意, 書契成付於使行事, 達下矣. 蓋書契, 乃禮曹之移于島主者, 則使行之受去, 事體不當. 自[一字缺]曹, 分付譯官, 則所當受去. 而第其書契之事, 如有相較之端, 則未[一字缺]前使行之經發爲難, 欲留亦難, 此甚難便. 今番則書契勿付使行事, [一字缺]成送似宜. 大臣之意亦如此矣. 近來人心不淑, 倭供米輸給之[五行四字缺]者多, 此爲弊端. 今此使行入島, 則島主必以是爲言. 自今申飭萊[三字缺]條未收者, 流伊輸給後, 勿買其手標. 凡干詐僞之事, 亦宜痛禁[三字缺]副承旨兪崇曰, 使臣, 以倭洪木手標勿買事陳達, 此後一切嚴禁事, 申飭宜矣. 令曰, 依爲之. 致中曰, 倭人, 本來狡詐, 不分事之是非曲直, 唯以務[一字缺]爲主, 事之有無, 不可懸度, 而或不幸有辱國之事, 臣等雖不肖, 當以死爭之, 似不至辱命. 其外事不大段, 則當以便宜從事矣. 兪崇曰, 使臣受專對之任, 細事不必稟于朝矣. 令曰, 依. 兪崇曰, 使臣處別無分付事乎? 令曰, 水路險遠, 無事往返焉. (…)"

476) 申維翰, 「附 使行水陸路程記」, 『海游錄』 下.

리, 남도(藍島)[아니노시마]까지 3백 50리, 적간관(赤間關)[시모노세키]
까지 2백 80리, 삼전고(三田尻)까지 1백 80리, 상관(上關)[가미노세키]
까지 1백 60리, 겸예(鎌刈)[시모카마가리]까지 2백 리, 도포(韜浦)[도모
노우라]까지 2백 리, 우창(牛窓)[우시마도]까지 2백 40리, 실진(室津)
[무로쓰]까지 1백 리, 병고(兵庫)[효고]까지 1백 80리, 하구(河口)까지
1백 리.[이상은 바다로 갔다]

○ 하구에서 대판(大坂)[오사카]까지 30리, 평방(平方)까지 50리, 정성(淀
城)까지 40리.[이상은 강으로 갔다]

○ 정성에서 왜경(倭京)까지 40리, 대진(大津)까지 30리, 수산(守山)까지
50리, 팔번산(八幡山)까지 60리, 좌화성(佐和城)까지 60리, 금수(今須)
까지 40리, 대원(大垣)까지 40리, 우기(于起)까지 50리, 명호옥(名護屋)
까지 60리, 명해(鳴海)까지 40리, 강기(岡崎)[오카자키]까지 50리, 적판
(赤坂)까지 30리, 길전(吉田)[요시다]까지 40리, 황정(荒井)까지 50리,
빈송(濱松)[하마마쓰]까지 40리, 견부(見付)까지 40리, 현천(懸川)까지
40리, 금곡(金谷)까지 40리, 등지(藤枝)[후지에다]까지 30리, 준하부중
(駿河府中)까지 50리, 강고(江尻)[에지리]까지 30리, 길원(吉原)까지 70
리, 삼도(三島)[마시마]까지 60리, 소전원(小田原)[오다와라]까지 80리,
대기(大磯)까지 40리, 등택(藤澤)[후지사와]까지 40리, 신내천(神奈川)
까지 30리, 품천(品川)[시나가와]까지 50리, 강호(江戶)[에도]까지 30
리.[이상은 육로로 갔다]

에도에서는 10월 11일에 일본 관백의 화답 국서를 받았으며, 13일에 관
백의 명으로 관반이 베푼 상마연에 참석하고, 15일에 에도를 출발했다. 돌
아오는 길은 갔던 길을 그대로 밟아 왔다.477) 다음 해 1월 6일에는 대마로
부터 부산까지 송빙참판사(送聘參判使)의 호위를 받아 귀국한 후, 1월 24일

---

477) 구체적인 사행노정과 행사 및 내용에 대해서는 申維翰의 『海游錄』 참조.

에 한성으로 돌아오면서 사행을 마쳤다.[478] 그런데 통신사 일행이 서울에 도착하기도 전인 숙종 46년(1720) 1월 21일 이비(吏批)에서 홍치중은 예조 참의로, 황선은 장악원 정으로 제수되었다.[479] 23일에 판교에서 자고, 24일에는 아침에 한강을 건넜다. 태상시(太常寺)의 하인 몇 사람이 미리 와서 기다리고 있었다. 세 사신의 행차는 성남 관왕묘에 도착하여 일제히 홍단령(紅團領)으로 갈아 입고 차례로 말을 타고 서울에 들어가서 복명하였다.[480]

다음 날인 1월 25일에 숙종은 일본에 사신으로 다녀온 노고를 치하하여 홍치중·황선 등은 가자(加資)하고 이명언 등은 승진하여 서용하라는 비망기를 내렸다.[481] 조선후기 일본에 다녀오는 통신사행은 중국에 다녀오는 연행사와는 달리 생사를 넘나드는 고역이었다. 때문에 대개 통신사행을 회피하였으며, 주어진 직무를 성공리에 수행하고 돌아왔을 때에는 통신 삼사와

---

478) 통신사의 국내사행노정은 갈 때는 좌도를 경유하여 가고, 올 때는 우도를 경유하여 돌아왔다. 좌도는 양재·판교·용인·양지·죽산·무극·숭선·충주·안보·문경·유곡·용궁·예천·풍산·안동·일직·의성·청로·의흥·신령·영천·모량·경주·구어·울산·용당·동래의 경로이다. 한양 유곡 구간은 영남대로와 일치하지만, 경상도에 이르면 안동, 경주 등으로 우회한다. 우도는 유곡에서 직진하여 낙동진을 건너, 대구까지 읍을 지나지 않고 직행하는 영남대로와 달리 문경에서 함창·상주·오리원·선산·안동·송림사·대구·오동원·청도·유천·밀양·무흘·양산을 거쳐서 동래로 가는 경로이다. 국내사행노정에 대해서는 정영문, 앞의 글, 참조.

479) 『승정원일기』 521책(28책) 숙종 46년 1월 21일(무자). 장악원은 주로 국가와 왕실의 공식적인 행사에서 樂, 歌, 舞를 담당한 예조 소속의 정3품 관서이다.

480) 申維翰, 『海游錄』; 『승정원일기』 521책(28책) 숙종 46년 1월 24일(신묘). "謝恩, 禮曹參議洪致中, 掌樂正黃璿."

481) 『승정원일기』 521책(28책) 숙종 46년 1월 25일(임진). "備忘記, 通信正使禮曹參議洪致中, 副使掌樂正黃璿, 堂上譯官韓後瑗, 上通使韓重億, 並加資, 從事官司直李明彥, 上通事判官李樿·鄭昌周, 先來軍官崔必蕃·韓世元, 並陞敍, 堂上譯官嘉善朴再昌·金圖南, 各熟馬一匹賜給, 製述官著作申維翰, 寫字官鄭世榮·金景錫, 並高品付祿, 押物通使朴春瑞·金震爀, 並令本衙門準職除授, 次上通使, 丙·壬兩年, 俱無前例, 勿論." 조선시대의 인사는 吏批와 兵批 그리고 왕의 특지나 비망기로 관직을 제수하던 인사 관행인 中批가 있었는데, 이러한 중비는 관직을 제수 받는 신료의 입장에서는 영광스러운 제수라고 할 수 있겠다.

수행원들에게 공로의 보답으로 포상이 주어졌다. 특히 통신 삼사에게는 관직의 가자나 승서(陞敍)가 이루어졌다. 1607년(선조 40) 제1차 사행을 다녀온 상사(上使) 여우길은 동지중추부사, 부사(副使) 경섬은 승정원 동부승지, 종사관 정호관은 성균관 사예에 승진 제수되었는데, 이는 모두 일본을 왕래한 공로에 대한 보답이었다.[482] 1617년(광해군 9)의 제2차 사행에서도 정사와 부사는 가자하고, 종사관 이하 일행이었던 관원에게는 선조(先朝)의 상을 주었던 규례[先朝施賞規例]에 의하였다.[483] 1624년(인조 2)의 제3차 사행에서는 정사와 부사는 가자하고, 종사관은 승서하였으며, 역관·군관에게는 모두 차등 있게 상을 내렸다.[484] 이후에는 이러한 포상이 관례가 되었다.[485]

　그런데 통신부사 황선의 가자 포상에 문제가 생겼다. 황선이 일본에서 돌아온 직후 제수 받은 관직은 정3품직인 장악원 정이었으나, 원래 관직이 낮았던 황선은 통신사로 일본에 가기 직전에 관직을 서둘러 승진시켜 보냈기 때문에 비록 장악원 정이 준직(准職)인 정3품 하계에 해당하는 관직이라고 하더라도 아직 품계는 자궁에 미치지 못하였다. 자궁(資窮)이란 조선사회에서 당하관으로서는 더 이상 오를 수 없는 가장 높은 품계인 정3품 하계를 일컫는다. 자궁은 품계를 의미하는 '資'와 끝을 의미하는 '窮'이 만나서 이루어진 용어로, 과거나 문음을 통해서 관직에 오른 이들이 일상적으로 오

482) 『선조실록』 권215 선조 40년 8월 신유(1일); 계유(13일).

483) 『광해군일기』(정초본) 권122 광해 9년 12월 무오(27일).

484) 『인조실록』 권9 인조 3년 4월 경진(3일).

485) 제3차 사행 이후의 加資·陞敍 근거자료는 다음과 같다. 제4차: 『인조실록』 권34 인조 15년 윤4월 병인(28일); 제5차: 『인조실록』 권45 인조 22년 2월 갑신(25일); 제6차: 『효종실록』 권16 효종 7년 3월 임진(13일); 제7차: 『숙종실록』 권13 숙종 8년 11월 임술(19일); 제9차: 『숙종실록』 권65 숙종 46년 1월 임진(25일); 제10차: 『영조실록』 권68 영조 24년 8월 계묘(21일); 제11차: 『영조실록』 권104 영조 40년 7월 무오(8일); 제12차: 『순조실록』 권14 순조 11년 7월 임인(26일). 제8차 사행은 사행 도중에 國諱 문제와 國書 수정 등의 외교문제가 발생하여 귀국 후 삼사 모두 削奪官爵 門外黜送의 처벌을 받았다. 『숙종실록』 권51 숙종 38년 3월 경술(27일).

를 수 있는 참상관 최상위 품계이다. 동반은 통훈대부, 서반은 어모장군이
여기에 해당한다. 통훈대부까지는 고만(考滿)에 따라서 참하관은 450일, 참
상관은 900일을 기준으로 정기적인 평가에 의해서 진급이 가능하였다.[486]
그러나 당하관에서 당상관으로 오르는 것은 근무 일수에 따른 정례적인 진
급에 의한 것이 아니었다. 당하관이 당상관에 오르는 것은 왕과 대신의 정
치적인 판단에 의한 것이었다. 그러므로 관료들은 정3품 하계인 자궁에 이
르면, 더 이상 올라가지 못하고 대기할 수밖에 없었다. 언제 당상관으로 승
진할지 알 수 없었다. 심지어 국가적인 큰 경사에 모든 관원에게 자급을 부
여하는 경우에도 이들의 경우에는 본인의 품계를 당상으로 올릴 수 없었으
므로, 아들 사위 손자 아우 조카[子·壻·孫·弟·姪] 등이 대신 자급을 받도록
하였다.[487] 다만 통례원 통례, 승문원 판교, 봉상시 정, 훈련원 정은 임기가
차면 당상으로 올리는 것이 상례였다. 그런데 황선의 경우에는 관직은 나흘
전에 정3품직인 장악원 정에 제수되었으나, 품계는 아직 이러한 자궁인 통
훈대부에 미치지 못하고 있었다. 그러나 숙종은 황선에게 특별히 가자하도
록 명하였다.[488]

황선은 이제 39세의 젊은 나이에 당상관에 오른 것이다.[489] 그것도 자궁
을 거치지 않은 상태에서 당상관인 통정대부에 오른 것이다. 그리고 2월 3
일의 이비에서 국왕을 측근에서 모시는 승지에 제수되었다.[490] 승지는 품
계가 정3품 상계인 통정대부에 해당하는 당상관직이다. 10개월에 걸쳐 일

---

486) 『경국대전』권1 이전 경관직.
487) 李成茂, 『朝鮮初期 兩班研究』, 일조각, 1980, 155-156면; 최승희, 「조선시대 양반의
    代加制」, 『진단학보』60, 진단학회, 1985.
488) 『승정원일기』521책(28책) 숙종 46년 1월 27일(갑오). "吏批, (…) 又啓曰, 通信副使
    掌樂院正黃璿加資事, 命下矣. 雖已准職, 未及資窮, 何以爲之? 敢稟. 傳曰, 特爲加資."
489) 『승정원일기』521책(28책) 숙종 46년 1월 27일(갑오). "吏批, (…) 參議洪致中, 今加
    嘉善, 掌樂正黃璿, 今加通政."
490) 『승정원일기』521책(28책) 숙종 46년 2월 3일(경자). "吏批, 以黃璿爲承旨, 洪致中
    爲禮曹參判, (…)" 이날 홍치중은 예조참판이 되었다.

본에 다녀온 황선은 이날 청원서를 제출하고 휴가를 떠났다. 2월 15일까지 승정원에 출근하지 않고 외방에 있었다. 강원도 평강에 다녀온 것이다.491) 황선은 2월 16일에 이르러서야 우부승지로 첫 출근을 하고, 임금에게 사은 하였다.492)

황선은 1710년에 과거에 급제하여 관직생활을 시작한 지 10년 만인 1720년에 당상관에 올랐다. 이렇게 단기간에 당상관직에 오르는 것은 조선시대 관료사회에서 결코 흔한 일이 아니었다. 예컨대 16세기 인물이기는 하지만, 윤복(1512-1577)은 27세에 별시 문과에서 을과 1위[亞元, 15명의 합격자 가운데 2위]로 급제했음에도 불구하고, 통훈대부가 되기까지 22년이나 걸렸으며, 다시 13년간 통훈대부에 머문 후, 62세가 되어서야 당상관인 통정대부가 될 수 있었다.493) 35년이나 걸린 것이다. 그러나 황선의 당상관 승진은 10년밖에 걸리지 않았다. 그것도 자궁에 해당하는 통훈대부를 거치지 않고 국왕의 특지를 통해 곧바로 당상관 통정대부에 제수되었다. 여기에는 통신 부사로 일본에 다녀온 기유사행이 결정적인 계기가 되었다.

3) 무신란 진압과 후대 추숭

당상관에 오르고 승지에 제수된 황선은 석 달 만에 형조참의로 옮겨 제수되었다.494) 그리고 한 달 여 지난 6월 8일 숙종이 승하하고, 경종이 즉위했다. 사실 황선은 경종의 왕세자 시절에 세자시강원의 설서, 사서, 문학, 필선, 보덕 등으로 근무했던 경력이 있었기 때문에 경종과는 각별한 인연을

---

491) 『승정원일기』 521책(28책) 숙종 46년 2월 4일(신축). "政院達曰, 新除授同副承旨黃 璿, 時在江原道平康地, 斯速乘馹上來事, 下諭, 何如? 令曰, 依."

492) 『승정원일기』 521책(28책) 숙종 46년 2월 16일(계축).

493) 임선빈, 「16세기 行堂 尹復의 관직생활 : 吿身 활용을 위한 제언」, 『역사민속학』 제54호, 역사민속학회, 2018.

494) 『승정원일기』 522책(28책) 숙종 46년 5월 6일(임신).

지니고 있었다. 경종의 즉위와 함께 황선은 중용되었다. 경종은 형조참의로
있던 황선을 석 달 만인 8월 2일 다시 승정원 승지로 임명하였다.[495] 국왕
의 가장 측근으로 옮긴 것이다. 이후 황선은 우부승지와 좌부승지를 지내
고, 12월 10일에는 참지(參知)가 되었다.[496] 참지는 병조의 정3품 당상 관직
이다. 육조 가운데 국방과 직결된 병조의 업무가 가장 많은 까닭으로 육조
의 다른 기관에는 없는 당상관 직책으로 참지 1명을 설치하여 운영하였는
데, 여기에 제수된 것이다. 그러나 황선은 숙배를 하지 않았으며, 이후에도
계속 승지로 근무하고 있다. 그러다가 다음 해인 경종 1년(1721) 8월 8일에
판결사에 제수되었다.[497] 판결사는 장예원(掌隸院)의 장관으로, 정3품 당상
관이다. 장예원에서 담당한 노비 관련 송사를 낭청(郎廳)인 사의·사평과 함
께 의논하여 판결하였다. 당시 노비는 중요한 재산이었기 때문에 노비 관련
송사를 담당한 판결사는 그 임무가 매우 중요하여 엄격히 가려서 임명되었
다. 바로 이러한 자리에 황선이 임명된 것이다. 그러나 이즈음 황선은 곤액
(困厄)에 처하게 된다.

　　일찍이 숙종이 세상을 떠나고 경종이 즉위하자 유학(幼學) 조중우(趙重遇)
가 장희빈을 추존해야 한다는 주장을 제기했었다.[498] 장희빈은 경종의 친
모이다. 그러자 노론 측에서 선왕이 떠난 지 한 달 만에 이러한 의견을 주
장하는 것은 옳지 않다며 극렬히 반대했고, 결국 조중우 및 조중우의 의견
에 동의한 이들은 유배형에 처해졌는데, 이 과정에서 조중우는 사망하고 말
았다.[499] 당시 황선은 형조참의였다. 경종은 황선에게 조중우를 심문토록
명했는데, 그가 죽은 것이다. 이로 인해 황선은 상대의 미움을 받게 되었다.

　　또한 10여 년 전에 이정익(李禎翊)과 김일경(金一鏡) 사이에 논척(論斥)한

---

495) 『경종실록』 권1 경종 즉위년 8월 병신(2일).
496) 『승정원일기』 528책(28책) 경종 즉위년 12월 임인(10일).
497) 『승정원일기』 532책(28책) 경종 1년 8월 병인(8일).
498) 『경종실록』 권1 경종 즉위년 7월 병술(21일).
499) 『경종실록』 권1 경종 즉위년 7월 기축(24일).

적이 있었는데, 경종이 즉위하자 이 문제가 다시 재개되었다. 동부승지 김일경이 올린 상소에 대해 경종이 이정익을 '흉인(兇人)'이라고 지적하여 말한 바가 있었는데, 황선이 승정원 승지로 있으면서 은밀히 품하여 비답을 개정(改正)하였다는 것이다. 이로 인해 황선은 끝내 김일경에게 미움을 받고 파직되었다.[500] 그리고 한참 뒤에 병조참지에 배수되었는데, 참지 황선은 12월 19일 소를 올려 비지를 개정하도록 청한 일에 대해 다음과 같이 변명하고 있다.

> 일전에 김일경에 대한 소비(疏批)가 정원에 내려왔으므로, 요원(僚員)과 더불어 품백(稟白)할 것을 상의하였는데, 이미 품달하면 회답을 받들기 전에는 조지(朝紙)에 등출(謄出)하지 않는 것이 본래 정원의 정해진 전례이니, 처음 비답을 반시(頒示)하지 못했던 것은 그 형세가 그러했던 것입니다. 비지(批旨)를 개정하여 내림에 미쳐 신이 즉시 하리(下吏)로 하여금 미품(微稟)[간단한 일에 대하여 격식을 갖추지 않고 넌지시 구두로 상주함]한 일과 아울러 써서 김일경에게 보냈으니, 그때의 사정이 이와 같은 것에 지나지 않았습니다. 그런데 송성명(宋成明)의 소에 이르기를, '은밀하게 사알(司謁)을 부르고 몰래 이서(吏胥)에게 경계했다.'고 하며, 마치 신이 한두 명의 사인(私人)과 더불어 으슥하고 은밀한 곳에서 귀를 맞대고 주밀하게 계획을 세워서 고의로 숨기고 비밀로 한 듯이 말했으니, 그 말의 음험함이 어찌 이에 이를 수가 있겠습니까?[501]

이에 대해 경종은 의례적인 비답을 내렸다. 그러나 다시 1년이 지난 경종 1년 12월 12일에 사간 이진유·헌납 이명의 등이 김창집·이의명 등의 죄를 논하면서, 황선에 대해서 "지난해 김일경의 상소에 대한 비답에, '흉인' 두 글자는 이정익을 확실히 지적한 것인데, 승지 황선은 감히 성교(聖敎)를 잘못 생각한 것으로 돌려 사알을 불러 방자하게 고치기를 청하였습니다. 억누

---

500) 『경종실록』 권1 경종 즉위년 8월 갑자(30일).
501) 『경종실록』 권2 경종 즉위년 12월 신해(19일).

르고 우롱하며 기탄하는 바가 없었으니, 청컨대 멀리 귀양보내소서."라고 탄핵하였다. 이에 경종은 윤허하였다.[502] 김일경이 용사(用事)를 하게 되자, 황선은 전에 왕지를 고치라고 아뢰었다는 죄로 무장현에 유배된 것이다.[503] 이윽고 김일경이 조중우의 아우 조중수를 시켜 상언하여 형을 위해 복수해 달라고 간청하였다. 그러나 경종의 비답이 없어 일이 여기까지 이르지는 않 았다.

하지만 황선은 계속 유배생활을 해야만 했다. 3년이 지나 무장에서 양덕 현으로 이배되었다.[504] 그 다음 해(1724) 친상을 당했음에도 달을 넘기고 나서야 비로소 분상(奔喪)이 허락되었고,[505] 장례를 치르고 나서는 다시 양 덕현으로 유배되었다.[506] 영조 즉위년(1724)에는 평산부로 이배되었고,[507] 김일경이 복주되고 나서야 석방되어 돌아올 수 있었다.[508]

황선은 영조 2년(1726)에 복을 벗고 5월에 형조참의에 제수되었다가, 6월 에 승정원 좌승지로 개임되었다.[509] 승지 황선은 참찬관을 겸하였기 때문 에 경연에서 영조에게 정책 제언도 자주 하였다. 그리고 10월에 경종의 신 주를 태묘(太廟)에 부묘(祔廟)하고, 단의왕후 신주도 함께 부묘할 때에는 제 주관(題主官)으로 단의왕후 신주의 묘주(廟主)를 썼다.[510] 영조는 단의왕후

502) 『경종실록』 권5 경종 1년 12월 무진(12일).
503) 『경종실록』 권5 경종 1년 12월 무진(12일); 『경종수정실록』 권2 경종 1년 12월 무 진(12일).
504) 『경종수정실록』 권4 경종 3년 11월 정유(21일).
505) 『승정원일기』 563책(30책) 경종 4년 2월 18일(임술).
506) 『승정원일기』 567책(30책) 경종 4년 윤4월 6일(기묘).
507) 『승정원일기』 576책(31책) 영조 즉위년 10월 19일(기축). 茂長縣은 전라도에 속하 고, 陽德縣은 평안도에 속하며, 平山都護府는 황해도에 속한다.
508) 『영조실록』 권3 영조 1년 1월 병오(7일); 신해(12일) 敍用.
509) 『영조실록』 권9 영조 2년 5월 임인(11일); 『영조실록』 권9 영조 2년 6월 을유(24일).
510) 端懿王后는 경종의 첫 번째 비로 靑恩府院君 沈浩의 딸이다. 앞서 살펴보았듯이 황선은 숙종 44년 단의빈 상장 때 만장서사관으로 참여한 적이 있었다. 그런데 1720년(경종 즉위) 경종이 즉위한 뒤 왕후로 추봉되자 단의빈 혼궁을 혼전으로 격 상하면서 '영휘전'이라는 혼전명을 붙였다. 그리고 1724년(경종 4) 경종이 승하하

묘주를 쓴 공에 대한 포상으로 10월 16일 비망기를 내려 황선을 가선대부로 가자하였다.511) 가선대부는 종2품 하계(下階)에 해당한다. 그리고 이틀 후인 10월 18일 종2품 관직인 형조참판에 제수되었다.512) 황선은 이제 재상급 관료가 된 것이다.

조선시대 2품 이상의 관직자에게는 많은 특전이 부여되었다. 초헌을 탈 수 있었고, 국왕이 부를 때에는 쇄마를 지급받았으며, 병이 심할 때에는 약재를 내려 주었고, 2품 이상 천첩자녀는 자기 비(婢)를 장예원에 바치고 속신할 수 있었다. 죄가 있어도 반드시 국왕에게 보고한 다음에 처결하였으며, 조상 3대를 추증 받을 수 있었다.513) 이제 황선도 그러한 위치에 오른 것이다.

영조 3년(1727) 1월에는 대사간에 제수되었으나,514) 2월초 체직되었고, 5월 29일에는 다시 기용되어 경상도관찰사에 제수되었다.515) 그러나 황선은 경상감사에 적임자가 아니라는 이유로 체차를 청하고,516) 부모의 분산(墳山)을 살피기 위해 말미를 청하고,517) 바로 부임하지 않았다. 도승지 김동필은 황선을 패초하여 속히 부임시킬 것을 거듭 청하였으며,518) 7월 15일에는 황선에게 경상감사 교서가 내려가고,519) 16일에는 영조의 인견에 입시

자, 그의 혼전을 敬昭殿에 마련하였는데, 이제 경종의 3년 상제가 끝나자 1726년 (영조 2) 10월 12일 영조는 경소전에서 告動駕祭를 거행한 다음 날인 10월 13일에 경종의 신주를 옮겨 태묘에 부묘하고, 영휘전에 있던 단의왕후 신주도 함께 부묘하였다. 이때 단의왕후의 신주를 황선이 쓴 것이다.

511) 『승정원일기』 625책(34책) 영조 2년 10월 16일(갑술).
512) 『승정원일기』 625책(34책) 영조 2년 10월 18일(병자).
513) 李成茂, 앞의 책, 93-95면.
514) 『승정원일기』 631책(34책) 영조 3년 1월 20일(정미); 『영조실록』 권11 영조 3년 1월 20일(정미).
515) 『영조실록』 권11 영조 3년 5월 갑신(29일).
516) 『승정원일기』 640책(34책) 영조 3년 6월 미상.
517) 『승정원일기』 640책(34책) 영조 3년 6월 22일(정미).
518) 『승정원일기』 641책(35책) 영조 3년 7월 12일(병인); 7월 13일(정묘).
519) 『승정원일기』 641책(35책) 영조 3년 7월 15일(기사).

하여 알현하였다.[520)

경상감사의 정식 관직명은 '경상도관찰사 겸병마수군절도사 순찰사 대구도호부사'이다. 조선시대의 관찰사는 병마수군절도사직을 당연직으로 겸하였다. 그리고 임란 이후에는 외방사신 업무였던 순찰사도 겸직하였으며, 조선후기에는 관찰사가 감영 고을의 수령직도 겸하는 제도의 시행으로 경상도관찰사는 대구도호부사직도 겸하였다.

그런데 황선이 경상감사로 재위하고 있던 영조 4년(1728)에 무신란이 발발했다.[521) 무신란은 경종의 죽음에 영조가 관련되었다는 의혹을 명분으로 경상도·전라도를 비롯해 기호 지방까지 반란군이 결성되어 활동하였으며, 중앙의 금군 별장 남태징과 평안병사 이사성 등도 가담했다. 지방 거병의 총책임자는 이인좌가 맡았고, 그의 주도 아래 경상도는 상주와 안동을 중심으로 정희량(鄭希亮)·김홍수(金弘壽) 등이 세력을 포섭하였다. 영남의 정희량은 할머니의 묘를 옮긴다는 명분을 내걸고 군사를 모았다. 이어 3월 20일 정희량은 이인좌의 동생인 이웅보와 함께 안음에서 반란을 일으켜 거창과 안음을 점령한 뒤 합천에 거주하는 조성좌의 도움으로 합천까지 점령하였다. 이때 거창현감 신정모는 성을 버리고 도망갔고, 안음현감 오수욱 역시 반란군 측에서 보낸 투서에 겁을 먹고 병영으로 도망갔다.[522) 이에 경상감사 황선은 성주목사 이보혁을 우방장으로, 초계군수 정양빈을 좌방장으로 삼아 주변의 관군을 통솔해 토벌하였다.[523) 그러나 황선은 난을 토벌한 직후인 4월 11일 군중에서 갑자기 죽었다.[524) 향년 47세였다. 다음은 『영조실록』에 실려 있는 황선의 졸기이다.

---

520) 『승정원일기』 642책(35책) 영조 3년 7월 16일(경오).

521) 이종범, 「1728년 무신란의 성격」, 『조선시대 정치사의 재조명』, 이태진 편, 범조사, 1985, 171-234면.

522) 『영조실록』 권16 영조 4년 3월 정축(27일).

523) 『영조실록』 권16 영조 4년 3월 정축(27일).

524) 『영조실록』 권17 영조 4년 4월 신묘(11일).

경상도관찰사 황선이 졸하였다. 이때 본도에 역란(逆亂)이 막 평정되어
그 남은 무리를 제치(除治)하고 있었다. 황선은 본디 병이 없었으며, 졸한
날에도 또한 일을 보살피고 손님을 접대하며 저녁에 이르기까지도 몸이 좋
았는데, 날이 어두운 뒤 된죽을 먹고 나서 조금 있다가 병이 발작하여 갑
작스럽게 죽었으며, 죽은 뒤에 중독(中毒)의 증상이 많았으니, 듣는 사람들
이 모두 의심하고 두려워하였다. 대신(臺臣)의 말에 따라 본영의 다비(茶婢)
및 감선(監膳) 하는 아전을 경옥으로 잡아와서 죄를 다스려 고문하였으나
실상을 알아내지 못하였다. 황선은 조정에 있을 때 그다지 이름이 알려지
지 않았으나, 일본에 사신으로 가서 신칙(申飭)과 면려(勉勵)로 칭찬을 받았
으며, 후에 큰 번병(藩屏)을 맡게 되어 영적(嶺賊)이 갑자기 창궐하였으나, 조
치가 마땅함을 얻어 흉추(凶醜)를 쳐 평정하여 변란이 겨우 진정되었는데,
별안간 졸하였다. 사람들이 혹 그가 중독되었는가를 의심하여 안핵 조사했
으나, 마침내 실상을 알아내지 못하였다. 좌찬성으로 추증하고 시호를 '충
렬(忠烈)'이라 하였다.[525]

졸기의 황선에 대한 서술은 실록이 편찬될 때 정리된 것이다. 따라서 『영
조실록』 황선 졸기의 내용도 실록 편찬이 이루어진 정조 5년(1781) 시점의
기록이다. 이는 황선이 죽은 지 53년이 지난 시기의 정리된 기록이다. 그렇
다면 죽은 황선에게 증직이 이루어진 것은 언제일까? 졸서한 황선의 녹훈
(錄勳)에 대해서는 조정에서 처음부터 논란이 있었다. 간원에서 고 영남 감
사 황선은 공이 있으므로 녹훈해야 한다고 논하였으나, 원훈중신(元勳重臣)
은 탑전(榻前)에서 '그가 분발하여 적을 치지 못했다.'고 매우 배척했다고
한다. 영조 4년 5월 2일 황선이 졸서할 때 영남 안무사였던 도승지 박사수
는 황선의 녹훈을 적극적으로 주장했으나, 영조의 비답은 중외를 획책한 대
신(大臣)도 참여하지 못했는데, 도신(道臣)이 한때 지휘한 것을 어찌 논공까
지 하겠느냐고 부정적인 입장이었다.[526] 그러나 1년이 지나자 황선을 증직

---

525) 『영조실록』 권17 영조 4년 4월 갑오(14일).
526) 『영조실록』 권18 영조 4년 5월 임자(2일).

하고 있다.527) 그런데 이 증직은 졸기에 기록되어 있는 좌찬성이 아니고, 이조판서였다.

영조 5년(1729) 4월 30일에 예조판서 송인명은 변란이 일어났을 적에 경상 감사 황선의 공이 가장 많았으니 의당 녹훈되었어야 하는데, 지금은 일이 지났다고 아뢰었다. 그러나 영조는 황선은 직분상 해야 할 일을 한 것에 불과하다고 하교하였다.528) 이 문제는 5월 10일에 다시 거론된다. 호조참판 박사수는 '황선은 직분상 해야 할 일을 한 것에 불과하다는 하교는 전하의 실언'이라고 아뢰었고, 송인명도 '사신은 반드시 영남의 역적은 경상 감사 황선이 토평했다고 쓸 것'이라고 아뢰었다. 그러나 우의정 이태좌는 송인명의 말은 한쪽만 옹호하고 있다고 반박하면서 오명항이 안성·죽산의 싸움에서 승리했기 때문에 영남의 역적이 풍문만 듣고 저절로 무너진 것이라고 주장하였다. 이에 대해 영조는 양쪽의 주장이 모두 흠이 있다고 하면서, 대신이 말한 풍문만 듣고 무너졌다는 이야기도 지나친 것이고, 재신이 영남의 역적은 황선이 토평했다고 한 말도 지나친 것이라고 정리한다.529) 이후의 관찬 연대기 자료에서 황선의 좌찬성 증직 시기가 확인되지는 않지만, 조카 황경원이 찬한 황선의 행장에서는 졸서한 2년 후(영조 6)에 원종(原從)의 공으로 숭정대부 의정부좌찬성 겸 판의금부사 지경연춘추관성균관사 홍문관 대제학 예문관대제학 오위도총부도총관에 가증(加贈)되었다고 기록하고 있다.530)

영조 9년(1733)에는 황선의 증시가 거론된다. 9월 18일 주강에서 지경연사 김재로가 황선의 공훈을 거론하면서 시호 내려주기를 청하였고, 또 그의

---

527) 『영조실록』 권22 영조 5년 4월 경진(6일).
528) 『영조실록』 권22 영조 5년 4월 갑진(30일).
529) 『영조실록』 권22 영조 5년 5월 갑인(10일).
530) 黃景源, 「嘉善大夫慶尙道觀察使兼兵馬水軍節度使巡察使大丘都護府使贈議政府左贊成諡忠烈黃公行狀」, 『江漢集』 권20 行狀. "後二年, 以原從功, 加贈崇政大夫議政府左贊成兼判義禁府事知經筵春秋館成均館事弘文館大提學藝文館大提學五衛都摠府都摠管."

노모와 처자가 굶주림과 추위로 떠도는 신세를 면치 못하고 있으니, 아들을 녹용(錄用)하여 그 어미를 봉양하게 하자고 아뢰었다. 그리하여 영조는 훈신(勳臣)의 예에 따라 그 아들을 녹용하라고 명하였다.531) 그러나 이때에는 아직 시호는 내려주지 않았다. 증시는 영조 24년(1748)에 이루어졌으니, 증찬성 황선에게 '충렬(忠烈)' 시호가 내려졌다.532)

황선의 유족은 처지가 곤궁하였다. 황선이 죽은 지 51년이 지난 정조 3년(1779) 2월 정언 유맹양은 "고(故) 감사 황선은 무신년[1728] 영남에서 세운 공이 혁혁하여 기록할 만한 것이었는데, 중도에 갑자기 죽었는데도[卒逝] 아직 죄인을 잡지 못하고 있습니다. 이제 그의 아내는 나이가 팔순인데 자손이 없다고 하니, 청컨대 식물(食物)을 내려주어[賜給] 공신을 은혜롭게 예우하는 뜻을 보이소서."라고 아뢰었고, 정조는 그대로 따랐다.533)

정조 12년(1788) 3월은 무신란을 진압한 지 60주년이 되는 달이었다. 정조는 영조의 공덕을 추모하여 충신·공신을 추록하고 자손들의 서용과 치제를 명하였다. 이때 황선도 그 대상이었다. 그리하여 "고 영백 황선은 밤낮으로 힘을 다해 마침내 영남을 보전하였다. 그가 죽은 것을 온 나라 사람들이 지금까지 슬퍼하고 있다. 그 후손은 나이 먹기를 기다려 우선적으로 조용(調用)하라."고 명하였다.

한편, 경상도의 사민들은 무신란 직후 공훈이 누락된 고 감사 황선의 훈적(勳籍)을 민충사(愍忠祠)라는 사우를 세워 기리고 있었다. 이 사우에 영조 17년(1741) 경상감사 정익하가 면세지 10결을 지급하여 수호하도록 하자고 상소하였다. 그러나 당시에는 서원의 건립을 금지하고 있으니 사우의 건립도 허락할 수 없다는 논리에 의해 전지의 지급을 허락하지 않았으며, 오히려 사우를 처음 세울 때의 도신(道臣)은 추고하고 수령은 파직하였다.534) 그

---

531) 『영조실록』 권35 영조 9년 9월 병신(18일).
532) 『영조실록』 권68 영조 24년 10월 갑신(3일).
533) 『정조실록』 권7 정조 3년 2월 계해(8일).
534) 『영조실록』 권53 영조 17년 3월 기사(4일).

리고 이때 사우도 훼철된 듯하다. 그러나 철종 5년의 경상좌도 암행어사 박
규수의 별단 가운데에는 다음과 같은 조항이 있다.

> 일. 대구에 고 관찰사 황선의 무신년 기공비[故觀察使黃璿戊申紀功之碑]가 있
> 는데, 그 공적이 매몰되어 전해지지 않게 해서는 안 되므로 도신에게 사당
> 을 세워 제향하게 하고 이어서 은액을 하사하는 일입니다. 아름다운 일을
> 칭송하고 공적을 기리는 것은 원래 이 나라 사람들의 후덕한 풍습입니다.
> 일을 부지런히 하고 우환을 막은 것이 어찌 『예경(禮經)』에서만 인정하는
> 것이겠습니까? 개인의 사당이 마구 철폐되어 공의(公議)가 오랫동안 울적해
> 하고 있으니, 제향을 지내는 은전을 허락하지 않아서는 안 됩니다. 해조에
> 서 품지하여 시행하게 하소서.535)

이 암행어사의 별단에 대해 철종은 윤허한다고 답하였다. 경상도 사민(士
民)들이 자발적으로 세운 민충사라는 사우가 영조 17년(1741)에 훼철되었
고, 기공비만 남아 있었는데, 철종 5년(1854)에 경상도관찰사에게 명하여
다시 사당을 세워 제향토록 한 것이다.

4) 소결

1719년(숙종 45)에 기해통신사의 부사로 일본에 다녀온 황선(1682~1728)
의 관직생활에 대해서는 문집이 남아 있지 않은 상태에서 관찬 연대기자료
와 통신사의 제술관으로 함께 다녀온 신유한의 기행문을 주된 사료로 이용
하였다. 특히 『승정원일기』를 적극적으로 활용하여 황선의 관직생활을 재
구성하고, 사환의 성격을 정리하였다. 황선은 1710년 29세의 나이에 진사시
입격과 증광문과 급제를 통해 관직에 나아갔다. 처음에는 승문원에 권지로
분관되어 근무하였으며, 수시로 승정원에 사변가주서로 차출되었다. 30대에

---

535) 『비변사등록』 241책 철종 5년 12월 21일.

는 외직인 율봉찰방에 근무하기도 했으나, 대부분을 승문원의 저작, 세자시강원의 설서·사서·문학, 사헌부의 지평, 사간원의 정언·헌납, 병조좌랑 등 주로 중앙부서의 실무직에 근무하였다.

황선의 관직생활에서 결정적인 변화의 계기는 1719년의 기해사행에서 일본통신사의 부사로 참여한 일이다. 황선이 처음부터 통신부사에 선정된 것은 아니고, 그가 지녔을 것으로 여겨지는 '전대(專對)' 능력으로 인해 통신사행에 참여하게 되었다. 그런데 당시 황선은 38세의 젊은 나이였으며, 관직은 통신부사에 부합하지 않는 낮은 직위였으므로, 사행을 떠나기 전 2개월에 걸쳐 여러 차례의 관직 제수를 통해 종3품 관직인 세자시강원 보덕에까지 오르게 되었다. 또한 10개월에 걸친 통신사행을 다녀온 후에는 그 노고에 대한 치하의 의미로 정3품직인 장악원 정에 제수되었고, 다시 나흘 후에는 품계가 자궁(資窮)에 미치지 못했음에도 불구하고 국왕의 특지에 해당하는 비망기(備忘記)를 통해 가자되어 당상관에 오르고, 또 다시 열흘도 지나지 않아 국왕을 측근에서 모시는 승정원 승지에 제수되었다. 보통 2, 30년이 걸려도 오르기가 쉽지 않은 당상관직을 황선은 통신부사의 직무수행으로 인해 10년 만에 제수받은 것이다. 그것도 자궁에 해당하는 통훈대부를 거치지도 않고, 곧바로 당상관 통정대부에 오르고 승지에 제수되었다.

당상관이 된 이후의 관직생활에서는 경종과의 인연도 중요했다. 황선은 경종의 왕세자 시절 세자시강원 근무를 통해 경종과 각별한 인연을 맺을 수 있었다. 따라서 경종이 즉위하자 다시 승지가 되어 최측근에서 근무하게 된다. 그러나 승지로 근무할 때의 직무수행으로 인해 3년 이상 유배생활을 해야만 했다. 한편, 일찍이 경종의 세자빈인 단의빈 상장 때 만장서사관으로 참여하여 상현궁을 사급 받았던 황선은 영조 2년, 경종을 종묘에 모시면서 단의왕후 신주를 옮겨 함께 모시는 부묘시에 단의왕후 제주관으로 묘주(廟主)를 쓴 공으로 가선대부로 승진했다. 황선은 경종 재위시기보다는 오히려 영조 재위시기의 관직생활이 화려했으니, 45세에 종2품으로 승서되어 재상급 관료가 되었다.

영조 3년 종2품 외직인 경상도관찰사에 제배된 황선은 다음 해에 발발한 무신란에서 경상도 지역의 난을 토벌했다. 그러나 난을 토벌한 직후인 4월 11일 47세의 나이로 갑자기 군중에서 죽었다. 황선의 졸서에 대해서 당대는 물론 후대에도 의혹이 분분했으며, 그의 녹훈에 대해서도 논란이 있었다. 그러나 마침내 황선은 좌찬성에 증직되고, 충렬(忠烈)이라는 시호가 증시되었으며, 후손들도 녹용될 수 있었다. 한편, 경상도 지역민들에 의해 황선의 훈적을 기리는 사우 민충사(愍忠祠)가 세워졌는데, 이 사우는 중앙 조정의 정국동향과 서원정책에 따라 훼철과 복원이 진행되기도 했다. 황선의 관직 생활을 사례로 선택하여 자세히 검토해본 결과, 일본통신사의 통신부사 경력이 그의 승진에 큰 도움이 되었으며, 국왕을 측근에서 모신 직무가 관직 생활의 진퇴에 어떠한 영향을 미쳤는지 확인할 수 있었다.

4. 신미(1811)년 통신사행의 정사 김이교

죽리 김이교는 조선후기 정조와 순조조에 40여년간 관직생활을 하였다. 1811년 신미통신사행의 정사로 일본에 다녀왔으며, 성균관 대사성, 사헌부 대사헌, 도승지, 한성판윤, 공조판서, 형조판서, 예조판서, 이조판서 등을 두루 지내고, 홍문관과 예문관의 대제학을 겸임했으며, 최종관직은 우의정에 까지 오른 전형적인 관직자의 삶을 살았다. 그러면 이와 같은 김이교의 관직생활에 대해 살펴 보자.

먼저 신안동김씨로 알려진 김이교의 가계를 간략하게 알아보고, 정조 재위 중·후기에 과거를 통해 관직에 나아간 입사 경로와 이후 실무자로서의 관직 생활이 어떠했는지, 순조 재위 시기 당상관으로 활동하면서 통신정사가 되어 일본에 다녀오는 과정과 이후 통신사의 경험을 활용하면서 순조 재위 후반기에 고위직 관료로서 활동한 모습, 사후 순조 묘정의 배향공신으로 선정되는 과정 등을 살펴볼 것이다.

김이교에 관한 백과사전의 서술에 의하면, 그의 저서로 『죽리집(竹里集)』이 있다고 한다.536) 그런데 필자는 다방면으로 알아보고 수소문해 보았으나, 아직 『죽리집』의 현존 여부를 확인하지 못했다.537) 김이교의 행장이나 비문, 연보 등도 입수하지 못했다. 부득이 실록, 승정원일기, 비변사등록, 일성록, 방목 등에 흩어져 있는 김이교 관련 기사 들을 습유하여 작성하였다.

1) 김이교의 가계

김이교의 본관은 [신]안동으로, 선원(仙源) 김상용(金尙容)의 7세손이다. 김상용은 그의 조부가 성종의 아들인 경명군(景明君) 이침(李忱)의 사위[신천군수를 지낸 金生海]였으며, 그의 부친 김극효(金克孝, 1542-1618)는 정유길(鄭惟吉, 1515-1588)의 문하에서 수학하고, 정유길의 셋째 딸과 혼인했다. 정유길은 관직이 좌의정에 이르렀으며, 광해군의 장인인 유자신(柳自新)을 둘째 사위로 두었으므로, 김극효는 광해군의 처이모부가 된다. 김극효의 관직은 동지돈녕부사에 이르렀으며, 사후에 영의정에 추증되었다. 그는 슬하에 다섯 아들을 두었는데, 그 중에서 장남 김상용은 우의정, 4남 김상헌은 좌의정까지 올랐다. 그의 가문에서 고관대작이 조선말까지 끊이지 않고 배출되었으므로, 신안동김씨(新安東金氏)는 김극효를 중시조로 삼는다. 김상용으로부터 김이교까지의 세계를 간단히 제시하면 다음과 같다.

---

536) 『한국민족문화대백과사전』의 '김이교' 항목[1996년 정중환 집필]을 비롯한 여러 사전의 서술에서 김이교의 저서로 『죽리집』이 언급되어 있다.
537) 문집의 편찬은 이루어졌으나, 간행되지 않았을 가능성도 없지 않다.

김상용[文] ____ 김광현[文] ____ 김수민 ____ 김성도 ____ 김시찬[文] ____ 김방행[文] ____ 김이교[文]
金尙容　　　金光炫　　　金壽民　　　金成道　　　金時粲　　　金方行　　　金履喬

　　　　　　　　　　　　　　　　　　　　　　　　　　　　　　　　　　　김이재[文]
　　　　　　　　　　　　　　　　　　　　　　　　　　　　　　　　　　　金履載

　김상용(1561-1637, 향년 77세)은 성혼과 이이의 문인으로, 1582년(선조 15) 2월 진사시에 입격하였으나, 문과는 30세인 1590년(선조 23)에 이르러서야 급제하였다. 1592년(선조 25) 32세 때 임진왜란이 일어나자, 부모를 모시고 가족과 함께 피난을 다니다가 강화도에 들어가서 선원촌(仙源村:지금 강화도 선원면 냉천리)에 임시로 거처하였으므로, 스스로 호를 '선원(仙源)'이라고 불렀고, 그의 후손들을 '선원파'라고 일컫는다. 김상용은 임진왜란 중 왕의 측근에서 전란 중의 여러 사무를 보필했으며, 1598년(선조 31)에는 성절사로 명나라에 다녀오기도 했다. 정치적으로 서인에 속하였으며, 인조 때에는 노서(老西)의 영수가 되었다. 관직은 판돈녕부사, 이조판서 등을 역임하고, 1630년(인조 8) 기로사(耆老社)에 들어갔으며, 1632년 우의정에 발탁되었으나 늙었다는 이유를 들어 바로 사퇴하였다. 1636년 병자호란 때 묘사(廟社)의 신주를 받들고 빈궁·원손을 수행해 강화도에 피난했다가 이듬해 성이 함락되자 성의 남문루(南門樓)에 있던 화약을 폭발시키고 손자 김수전과 함께 폭사하였다. 부인 안동 권씨는 영의정 권철(權轍)의 손녀로 3남 3녀를 낳았는데, 1594년 강화도에서 병에 걸려 33세로 세상을 떠났다. 차남 김광환은 상주목사, 3남 김광현은 호조참판을 지냈으며, 차녀와 장유(張維, 최종관직 우의정) 사이에서 태어난 딸이 봉림대군에게 시집가서 뒤에 효종의 왕비인 인선왕후가 되었다. 김상용은 1661년(현종 2)에 효종의 묘정에 배향되었다.

　김광현(金光炫, 1584-1647, 향년 64세)은 김상용의 셋째 아들로 1612년(광해 4)에 생원시와 진사시에 모두 입격하였으나, 광해군 시대에는 관직에 나아가지 않았다. 1623년(인조 1)에 이르러서 정시(庭試)에 병과 2위[4/4]로 급제하고(40세), 1626년(인조 4) 중시에서 다시 병과 1위[4/8]로 급제하였다. 사간·응교·대사헌·대사간·예조참의 등을 거치고, 1634년 홍문관 부제학이 되었으나 언론 활동으로 삼수에 유배당하기도 했다. 병자호란 때 강도함몰로 부친이 순절하자 홍주의 오촌동(鰲村洞)에 은거하였다. 이후 여러 차례의 관직 제수가 있었으며, 가선대부 이조참판에까지 오르고, 오위도총부부총관, 세자좌빈객 등을 겸하였다. 그러나 1646년 소현세자빈 강씨의 옥이 일어나 강씨가 사사되자, 강빈의 오빠 강문명(姜文明)이 사위였던 까닭에 순천부사로 좌천되었으며, 이듬해 그 곳에서 울분 끝에 죽었다. 사마방목(1612년)의 김광현 거주지 기록은 미상이다.

김수민(金壽民, 1623-1672, 향년 50세)은 1652년(효종 3) 증광시에서 진사시에 입격하고, 덕산현감을 지냈으며, 1674년(현종 15)에 효자의 정문(旌門)을 받았다.[538] 사마방목의 김수민 거주지는 한성([京])이다. 김성도(金盛道, 1662-1707, 향년 46세)는 1699년(숙종 25, 38세)의 증광시에서 생원시와 진사시 양시에 입격하였으며, 관직은 중훈대부 행공조좌랑을 지냈다. 사마방목의 김성도 거주지는 홍주(洪州)로 기록되어 있다. 김성도는 1831년(순조 31)에 증손자인 김이교가 우의정이 되자 3대를 추증하는 제도에 따라서 이조판서에 추증되었다.

김시찬(金時粲, 1700-1766, 향년 67세)은 1721년(경종 1) 증광시에서 진사시에 입격하고, 1735년(영조 11) 증광시 문과에서 병과 29위(39/42)로 급제하였다. 사마방목의 김시찬 거주지는 홍주로 기록되어 있다. 예문관 검열을 거쳐, 규장각 대교로 조태구(趙泰耇)·유봉휘(柳鳳輝)·이광좌(李光佐) 등 소론 일파의 처벌을 청하였는데, 당시 탕평책에 반대한다 하여 흑산도로 유배되었다가 1740년(영조 16) 수찬으로 복관되었다. 김시찬은 1752년(영조 28) 1월부터 1754년 4월까지 충청도 관찰사로 재임하기도 했다.[539] 1754년(영조

538) 『현종실록』 권22, 현종 15년(1674) 7월 4일(병인)
539) 『금영공안』에 의하면, 1751년 12월 3일의 都目政에서 忠淸道觀察使兼巡察使에 제

30) 대사간에 임명되었으며, 1759년(영조 35) 홍문관 부제학을 제수받고 이를 사양하는 글을 바쳤으나, 그 글 속에 불경스러운 구절이 있다 하여 다시 흑산도에 유배되었고,[540] 1764년(영조 40)에 이르러서야 죄적(罪籍)에서 벗어나 방석(放釋)되었다.[541] 후에 이조판서에 추증되고 1806년(순조 6) 충정(忠正)이라는 시호를 받았으며,[542] 1831년(순조 31)에는 손자인 김이교가 우의정이 되자 3대를 추증하는 법전의 규정에 따라서 좌찬성에 추증되었다. 김시찬 이후의 후손들도 아들(김방행), 손자(김이교, 김이재), 증손자(김영순) 등이 대를 이어 문과에 급제하였다.

김방행(金方行, 1738-1793, 향년 56세)은 1773년(영조 49)의 증광시 문과에서 병과 10위(20/60)로 급제하였다. 방목의 거주지는 대흥(大興)이다. 김방행은 교리로 있을 때 사우(死友) 홍상간(洪相簡, 1745-1777)이 역적으로 몰려 죽임을 당하자 그 시체를 거두어 매장하였다가 논죄되었으며,[543] 1777년(정조 1)에 특별 방면되었다.[544] 그 뒤 1782년(정조 6)에 다시 등용되었으며, 1791년에는 평안도 도사(都事)에 임명되어 평안도의 폐해를 상소하기도 하였다. 같은 해 대사성에 임명되었고, 1793년(정조 17)에는 2월에 황해도 관찰사로 부임하였으나, 4월에 재직 중 임지에서 죽었다[당시 김이교는 30세]. 김방행은 1806년(순조 6)에 아들 김이교가 강원도 관찰사에 제수되면서 이조참판으로 추증되었고, 1818년(순조 18)에 김이교가 도총관에 제수되자 다시 이조판서에 추증되었으며, 1824년(순조 24) 김이교가 판의금부사에 제수되자 좌찬성으로 추증되었고, 1831년(순조 31) 김이교가 우의정에 제수

수되었으며, 이듬해 1월 24일에 辭朝하고, 27일에 충청도에 到界하였으며, 1754년 2월 25일에 瓜遞하여 3월 17日政에 대사간에 除拜되었고, 4월 7일에 交龜하였다. 김시찬이 충청감사로 현지 근무한 기간은 2년 3개월에 달한다.

540) 『영조실록』 권93, 영조 35년 윤6월 13일(신묘).
541) 『영조실록』 권103, 영조 40년 1월 12일(갑자).
542) 『순조실록』 권9, 순조 6년 9월 24일(무진).
543) 『정조실록』 권3, 정조 1년 5월 6일(경오).
544) 『정조실록』 권6, 정조 2년 8월 5일(임술).

되자 영의정으로 추증되었다.545)

2) 입사와 청요직 사환

김이교는 1764년(영조 40) 10월 19일 인시(寅時)에 김방행과 심황(沈鎤)의
딸 사이에서 태어났다. 출생지가 어디인지는 알 수 없으나, 김이교와 동생
인 김이재(金履載), 김이회(金履會)의 방목에 기록된 거주지가 모두 경(京)인
것으로 보아, 서울에서 태어났을 가능성이 높다. 김이교의 수학 과정에 대
해서도 자세히 알 수 없다. 추측컨대 한양에 거주하면서 과업에 몰두했다
면, 한성부 내의 사부학당과 성균관을 출입하면서 공부했을 가능성이 높다.
    김이교의 사환은 과거를 통해 시작되었다. 1787년(정조 11, 김이교 24세)
정조가 인정전에 나아가 도기 유생(到記儒生)의 제술(製述)을 시험하였는데,
진사 김이교가 으뜸을 차지하여 직부 전시(直赴殿試)를 받았다.546) 도기과는
1747년(영조 23)에 영조가 처음으로 실시해서 수석을 차지한 사람에게 전
시에 곧바로 응시할 수 있는 직부전시의 특전을 주기 시작했는데,547) 당시
성균관의 유생을 대상으로 하는 도기과는 제술로 치루고 있었다. 김이교는
이전에 진사시에 입격하여 성균관에 머물면서[居齋] 과거시험을 준비하고
있었던 것으로 추측된다. 직부전시란 문과의 경우 정규 과거 이외에 시행하
는 과시(課試), 즉 전강(殿講)·춘추도기(春秋到記)·절일제(節日製)·황감제(黃
柑製) 등 각종 특별 시험이나, 지방 유생들에게 시행하는 특별 시험에서 우
수한 성적을 거둔 자에게 초시·회시를 거치지 않고 전시에 곧바로 나아갈

---

545) 崇禎紀元後四丙戌[1826년]에 김이재가 지은 묘지문[承旨兼大司成金公墓誌]에 의하
    면, 당시 金方行의 官職은 通政大夫承政院同副承旨兼經筵參贊官春秋館修撰官成均
    館大司成이었고, 贈職은 崇政大夫議政府左贊成兼判義禁府事知經筵事弘文館大提學
    藝文館大提學知春秋館成均館事 世子貳師 奎章閣提學五衛都摠府都摠管이다.
546) 『정조실록』 권24, 정조 11년 7월 28일(계사).
547) 『영조실록』 권65, 영조 23년 5월 1일(경인).

수 있도록 하는 것을 말한다. 전시에서는 등수만 결정하는 것이므로, 직부
전시자는 사실상 문과에 급제한 것이나 마찬가지인 셈이다. 그러나 식년 문
과 전시가 실시되기를 기다렸다가 전시에 참여하여 답안을 성편(成篇)하고
제출해야 합격증[홍패(紅牌)]을 받을 수 있었다. 그리하여 김이교도 다음 식
년시인 1789년(정조 13, 26세)을 기다려 전시에 직접 참여하였고, 여기에서
병과(丙科) 8위(18/60)로 급제하였다.[548] 그리고 방방이 이루어지고 며칠 지
난 3월 20일에는 의정부에서 강제(講製)할 문신 13명을 뽑아 아뢰었는데,
김이교는 이 명단에도 서영보, 정약용 등과 함께 포함되어 있다.[549]

　과거에 급제한 당해연도에 김이교는 주로 승정원의 임시 관직인 가주서
(假注書) 또는 사변가주서(事變假注書)로 활동하였다.[550] 주서(注書)는 승정
원의 정7품 관직으로 『승정원일기』 편찬을 주관하였다. 주요 임무가 국왕
의 모든 일과를 현장에서 바로 기록한다는 점에서 사관이나 다를 바 없었
다. 그런데 조선후기에는 승정원의 역할이 확대되면서 가주서가 설치되었
으며, 이들은 주서가 사고로 결근하게 되면 임시로 임명되어 주서가 수행한
기능과 임무를 담당하였다. 이 가운데 사변가주서는 주로 군사 업무나 국문
관련 기록을 담당하였다.

　승정원 업무를 돕던 김이교는 이듬해인 1790년(정조 14, 27세)에 전임사
관이 되었다. 전임사관은 예문관에 소속된 정7품의 봉교 2명, 정8품의 대교
2명, 정9품의 검열 4명을 일컫는다.[551] 원래 봉교 이하를 처음 임명할 때에

---

548) 3월 10일에 시험을 보고, 3월 13일에 합격자 발표를 했다. 당시 정조는 인정전에
　　거둥하여 문과를 시행하여 徐榮輔 등 60인을 뽑고, 춘당대에 거둥하여 무과 전시
　　를 보였다. 정조가 시험 문제를 직접 써서 내려 시행한 시험으로, 시험문제는 '御
　　題 銘 觀豐閣'이다.
549) 『정조실록』 권27, 정조 13년 3월 20일(정축).
550) 김이교가 가주서 또는 사변가주서로 활동하는 기사는 『승정원일기』의 1789년(정
　　조 12) 기사에서 수차례 확인된다.
551) 『經國大典』의 규정에 의하면, 예문관의 관직은 정1품 영사 1명, 정2품 대제학 1명,
　　종2품 제학 1명, 정3품 직제학 1명, 정4품 응교 1명, 정7품 봉교 2명, 정8품 대교

는 의정부에서 이조·홍문관·춘추관·예문관과 함께 『자치통감』·『좌전』 및
제사(諸史) 중에서 강(講)하게 하여 합격한 자에 한해 서용하도록 했으며,
후보자를 전임(前任) 한림이 추천하도록 했다. 그런데 이 사관 자천제는
1741년 3월 유수원(柳壽垣)이 올린 관제서승도(官制序陞圖)를 계기로, 붕당
혁파 정책의 일환으로 혁파되었다. 그리고 한림 자천제를 대신하는 한림회
권(翰林會圈)을 시행할 목적으로 10조에 걸친 「한천이정절목(翰薦釐正節目)」
을 의정하였다.552) 이 조치는 한림권점(翰林圈點), 즉 한림본관권점(翰林本館
圈點) → 도당권점(都堂圈點), 즉 한림관각회점(翰林館閣會點) → 한림소시(翰
林召試)로 정리되어, 『속대전』에 실리게 되었다.

김이교의 전임사관 임명도 이에 준하여 진행되었다. 1790년 2월 26일 도
당(都堂)에서 한림 회권을 행하여 심능적·김이교·정약용·정문시·홍낙유·윤
지눌을 뽑았으며,553) 2월 29일에 이들을 대상으로 한림 소시를 거행하여
최종적으로 정약용과 김이교가 전임사관으로 뽑혔다.554) 예문관의 전임사
관은 문과 출신 중에서 임명되어 검열을 거쳐 차례대로 승진하는 차차천전
(次次遷轉) 방식으로 진급하였으므로, 검열이 된 김이교555)도 이후 대교를

2명, 정9품 검열 4명으로 구성되어 있었다. 그런데 이 가운데 제학 이상은 겸관이
며, 직제학은 도승지가 겸하고, 응교는 홍문관의 직제학과 교리 중에서 겸하도록
되어 있었으므로, 봉교 이하의 8명만 예문관의 전임관이었다. 봉교 이하는 한림이
라고도 하였는데, 춘추관의 기사관을 겸하였다. 이들은 史官으로서 時政記·史草
등을 작성하는 중요한 직책이었다.
552) 『영조실록』 권53, 영조 17년 4월 22일(병진).
553) 『정조실록』 권29, 정조 14년 2월 26일(정축).
554) 『정조실록』 권29, 정조 14년 2월 29일(경진). 이날은 한림 소시를 거행하기 전 도
당의 한림권점에 대한 논란이 있었으며, 정조가 직접 출제한 소시 箋文의 제목도
'本朝의 경연관이 翰林 선발을 추천 방식에서 권점 방식으로 고침으로써 붕당을
지어 자기편을 두둔하고 남과 알력을 일으키는 풍조를 막아버릴 것을 청하였던
데 대하여 논의하라.'라는 것이어서 김이교를 비롯한 응시생들이 처음에는 글 짓
기를 회피하여 정조의 추궁이 따르기도 하고, 이를 두둔하던 규장각 제학 정민시
가 파직되는 등 많은 우여곡절이 있었다.
555) 『승정원일기』 정조 14년 5월 3일(계미) / 吏曹口傳政事, 檢閱丁若鏞·金履喬, 竝單付.

거쳐 봉교로 차례차례 승진했을 것이다.

김이교는 1791년(정조 15, 28세)에 사간원의 정6품 관원인 정언이 되었으며,[556] 1792년(정조 16, 29세) 3월 병조좌랑을 거쳐,[557] 4월에는 홍문관 부교리가 되었다.[558] 궁궐 서적을 관장하고 경연(經筵)을 맡아 왕의 고문(顧問)을 담당하던 관서인 홍문관의 직제는 영사부터 제학까지는 모두 겸직이었고, 실질적인 책임자는 정3품의 부제학이어서 부제학을 장관(長官)이라고 부르는 정3품의 아문이다. 홍문관의 제학에서 정자까지의 관직을 18학사라고 불렀으며, 이들에게는 주로 저술, 지제교, 경연 등의 임무가 맡겨졌다. 종5품직인 부교리는 왕의 교서를 제술하는 지제교(知製教)의 임무를 겸하였고, 경연에서는 교리[정5품직]를 보좌하여 시독관(試讀官) 임무를 맡았으며, 춘추관의 기주관(記注官)을 겸직하면서 직접 기록을 작성하는 사관(史官)의 직무도 수행했다.

따라서 홍문관 관원을 처음 뽑을 때에는 다른 관원과는 달리 뽑기 이전에 그 후보자의 명단이라고 할 수 있는 홍문록(弘文錄)을 미리 작성해 두었으며, 홍문관원 중에 결원이 발생하면 홍문록 안에서만 천거하여 선발할 수 있었다. 홍문록의 작성 과정은 세 단계를 거쳤으니, 먼저 홍문관에서 권점(圈點) 방식으로 본관록(本館錄)을 작성하고, 다음으로 이조(吏曹)에서 본관록을 바탕으로 같은 방식으로 추천하여 이조록(吏曹錄)을 작성하고, 이조록이 의정부에 보고되면 의정부에서 최후로 첨삭한 도당록(都堂錄)으로 확정되었다.[559] 김이교는 1792년(정조 16) 3월 22일의 홍문록에서 권점 5점을

---

556) 『승정원일기』 정조 15년 3월 15일(기축), 동 정조 15년 7월 5일(무인). 정언이 속한 사간원은 간쟁·탄핵·시정·인사 등의 직무를 수행했다.
557) 『승정원일기』 정조 16년 3월 25일(갑오).
558) 『승정원일기』 정조 16년 4월 2일(경자).
559) 이는 홍문관원의 임무를 다른 관원과 달리 중시한 것으로, 홍문관 관원을 뽑는 과정에서 이조의 영향력을 되도록 배제하고 공정한 인재 선발 원칙을 적용하기 위한 것이었다.

맞아 뽑히고,560) 3월 28일의 도당록에서 4점을 맞아 뽑혔으며,561) 4월 2일에 홍문관의 망단자가 들어가자 홍대협과 함께 낙점을 받았고,562) 4월 7일에 이현도와 함께 부교리에 제수되었다.563)

부교리 김이교는 다음 달인 윤4월 6일에 4부학당의 하나인 동부학당의 교수[종6품직]를 겸하였으나, 6월 22일에는 외관직인 북평사에 제수되었다. 평사는 평안도와 함경도의 병영(兵營)에 설치되어 행정 업무나 문학 기풍 진작 등을 맡아보던 문신으로 임명된 서반 외관직이다. 병마평사(兵馬評事)의 약칭으로, 정6품 관직이다. 평안도와 함경도의 병영에 소속되어 군사 조치에 참여하며, 문부를 관장하고, 군자(軍資)와 고과 등의 일을 맡았다. 아울러 군기 제작과 군사들의 군장(軍裝)을 점검하는 업무도 담당하였다. 무관직이었으나 문신이 임명되었다. 이는 권한이 막강했던 양계병마절도사(兩界兵馬節度使)와 그 휘하에 포진했던 첨절제사·만호·권관(權管) 등의 변장들과 상당수에 달하는 무신 수령들을 견제하기 위해서였다. 평사는 군사를 지휘하는 직책은 아니었으나 때때로 직접 군사를 통솔하며 방어에 나서기도 했다. 특히 병마절도사가 군사(軍事) 등의 일로 자리를 비우거나 다른 지역으로 이동하는 경우에는 도내의 국방을 총괄하였다. 이로 인해 임무가 막중해

---

560) 『정조실록』 권34, 정조 16년 3월 22일(신묘). 부제학 李義弼, 응교 李太亨, 교리 朴奎淳, 수찬 尹致性, 부수찬 沈興永이 참여한 홍문록에서 권점 5점을 맞은 자는 宋俊載·張至顯·李景溟·朴師默·李顯道·鄭來百·韓商新·李之聃·韓興裕·韓致應·尹悌東·李相璜·丁若鏞·朴崙壽·金履喬·尹魯東·李明淵·金達淳·李翊模·洪秀晩·李肇源·洪大協·南公轍·鄭東榦이었다.

561) 『정조실록』 권34, 정조 16년 3월 28일(정유). 좌의정 蔡濟恭, 우의정 朴宗岳, 대제학 吳載純, 좌참찬 金華鎭, 이조판서 金思穆, 참판 朴祐源이 참여하여 거행한 都堂錄에서 권점 4점을 맞은 자는 李義駿·宋俊載·柳河源·張至顯·金熙稷·李景溟·朴師默·李顯道·李福潤·沈奎魯·鄭來百·韓商新·李之聃·韓致應·尹悌東·李相璜·丁若鏞·朴崙壽·金履喬·兪漢寓·尹魯東·李明淵·金達淳·李翊模·洪秀晩·李肇源·洪大協·鄭東榦이었다.

562) 『승정원일기』 정조 16년 4월 2일(경자).

563) 『승정원일기』 정조 16년 4월 7일(을사).

지자 본 품계인 종6품보다 높은 품계의 사람을 임명하는 일이 많았으며, 4
품의 관원을 보임하는 경우도 있었다. 지역 사정상 실제 전투에 참여할 수
도 있어서 문무를 겸비한 문신을 택하는 것이 일반적이었다. 중종 때에는
선비면서 장수인 유장(儒將) 후보자로 선발된 사람을 임명하도록 정해졌다.
진장(鎭將)들이 왕명으로 다른 지방에 출사(出使)할 때에는 군대를 동원하는
표지로 쓰던 나무패인 병부(兵符)를 항상 몸에 차고 있어야 하며, 사망이나
사고로 자리를 비울 때는 상관을 통해 병마절도사에게 반납해야 했다. 이때
병마절도사가 없으면 평사가 대신 처리하였다. 평사는 후기에 들어와 북방
지역의 상황이 크게 달라지면서 함경북도에 1명만 남기고 다른 곳은 모두
혁파하였다. 이로 인해 북평사(北評事)로 불리기도 했다. 나중에는 근무한
지 1년이 되면 교체되었다. 또한 함경도관찰사와는 상피(相避)하도록 규정
하였다. 그만큼 군사 일보다 민정 쪽의 업무가 중요해졌다. 이로 인해 직무
에도 변화가 생겼다. 먼저 가뭄이나 홍수 등의 피해를 입은 전답의 세(稅)를
면해주는 재결(災結) 업무를 맡았다. 함경북도의 경우, 추첨으로 정해진 대
상 지역을 호조에서 배당받아 다시 심사해서 조사하는 임무를 수행하였다.
또한 식년문과(式年文科) 초시(初試)의 향시(鄕試)에는 몇 번 바뀐 끝에, 함경
남도는 도사가, 함경북도는 평사가 시험을 감독하도록 하였다.

　김이교는 북평사에 근무하던 중에 그의 부친인 김방행이 1793년(정조
17) 2월에는 황해도 관찰사로 부임하였으나, 4월에 재직 중 임지에서 죽었
다[당시 김이교 30세]. 따라서 김이교는 관직을 사직하고 3년간의 부친상을
치루어야만 했다.

　부친상을 마친 김이교는 1795년(정조 19, 32세)에 다시 관직에 나아가 5
월 24일 이비(吏批)에서 중학교수가 되었다.564) 그리고 5월 28일의 이비에
서는 정언[사간원 정6품직]이 되었고, 7월 4일의 이비에서는 헌납[사간원
정5품직]이 되었으며, 8월 17일의 이비에서는 교리[홍문관 정5품직]가 되었

---

564)『승정원일기』정조 19년 5월 24일.

다.565) 그러나 8월 27일에는 다시 대사간의 헌납으로 낙점받았다. 1796년 (정조 20) 3월에는 다시 홍문관 수찬[홍문관 정6품직]에 제수되었고, 6월에는 동학교수를 겸직하였으며, 7월에는 다시 헌납에 낙점되었다. 1797년(정조 21)에도 김이교는 이비에서 헌납, 교리, 부교리, 수찬, 부수찬, 장령 등에 올랐다. 이와 같이 부친상을 마친 김이교는 32세에서 34세까지 3년간 주로 사간원, 홍문관 등의 요직을 제수받았다.

그리고 1798년(정조 22, 35세) 정월 김이교는 청도군수에 제수되어 이듬해 말까지 2년간 근무하였으며, 목민관으로서도 치적을 남기고 있다. 1798년 4월 영남 암행어사로 다녀온 여준영이 복명하여 올린 서계에서는 '청도군수 김이교는, 경연관의 반열에 있다가 나간 사람인데도 행정 업무를 꺼리지 않으며, 기민들을 구휼할 때에는 스스로 참작해 헤아렸고 창고의 포흠을 적발한 데서 치밀하고 총명함이 드러났습니다. 지금 칭송이 한창이고 쌓인 폐단들이 해소될 수 있을 것입니다.'라고 하였다.566) 청도군수로 재임한 지 1년이 된 12월 29일에는 김이교가 직접 상소하여 고을과 백성의 폐막을 진달하였으며,567) 이 상소문의 내용은 조정 대신들의 논의를 거쳤는데, 그 가운데 본읍의 번질(反作)하여 포흠(逋欠) 난 곡물을 연한을 정해 나누어서 거두어들이게 해 달라는 일에 대해서는 도신을 신칙하여 엄히 독촉해서 다

---

565) 『승정원일기』 정조 19년 5월 28일, 7월 4일, 8월 17일. 8월 5일의 정조실록 기사에 김이교가 부교리로서 정조에게 아뢴 기사가 수록되어 있는 것으로 보아[정조실록 43권, 정조 19년 8월 5일 계미], 김이교의 교리 인사는 이미 홍문관에 부교리로 근무하고 있다가 교리로 승진한 것으로 추측된다.

566) 『일성록』 정조 22년(1798) 4월 27일(신유). 5월 7일의 경상감사 李亨元의 장계에서는 청도군수 김이교가 救急을 9차례 시행하였는데, 청도군의 飢民이 1만 3639구이고, 진휼곡으로 분급한 租[分賑租]가 606섬 1말 2되 남짓이고, 牟가 245섬 14말 2되 남짓이며, 죽을 쑤어 분급하는 데 들어간 미[粥米]가 16섬 5말 9되 남짓이고, 太가 15섬 4되이고, 醬이 5말 1되이고, 鹽이 2섬 4말 2되 남짓이며, 藿이 13丹이라고 보고하면서, 군수 金履喬가 自備한 것이라고 밝히고 있다. [『일성록』, 정조 22년(1798) 5월 7일(경오)]

567) 『일성록』 정조 22년(1798) 12월 29일(무오).

받아들이게 하고, 도내의 환곡을 고르게 안배하는 일에 대해서는 전에 내린 명령대로 거행하도록 도신에게 분부하며, 공인(貢人)들의 외수(外受)에 관한 일에 대해서는 해당 경상 감사에 대해 현고(現告)를 바치게 하여 엄히 감죄(勘罪)하며, 각 읍의 원회부곡(元會付穀)의 모조(耗條)를 돈으로 바꾸고 그 나머지로 아전들의 녹봉을 삼자는 일에 대해서는 그냥 두며, 각 읍의 재결(災結)을 배분할 때 곧바로 감하지 못하도록 하자는 일에 대해서는 도신과 수령이 서로 권면하라는 내용으로 여러 도에 신칙하며, 지방 고을 아전의 숫자를 줄이는 일은 분부대로 시행하라고 명하였다.568)

1799년(정조 23, 36세) 12월의 도목정사에서 김이교는 교리에 제수되었다가, 다시 장령이 되었다.569) 그리고 1800년(정조 24, 37세)의 이비에서는 겸문학, 남학교수, 성균관 직강, 부교리, 교리, 성균관 사성, 수찬, 부교리 등의 제수가 있었다. 그러나 정조가 타계하고 순조가 즉위하면서 김이교의 사환은 험난해졌다.

1800년 6월 28일에 정조가 승하하고 순조가 즉위하였다. 당시 순조는 11세의 어린 나이였기 때문에 새로 왕대비에서 대왕대비가 된 영조의 계비 정순왕후가 희정당에서 수렴 청정(垂簾聽政)을 하게 되었으며, 벽파의 지도자인 심환지가 영의정에 임명되어 정국을 주도하였다. 정순왕후는 영조·정조대 중요한 정치 현안을 선왕, 곧 자신의 부군(夫君) 영조의 유지(遺旨)라는 명분으로 해석하여 정조대의 충역(忠逆)을 뒤바꾸는 정치력을 발휘하였다.

1800년 12월 18일에 정순왕후는 대신들이 정조의 의리를 제대로 밝히지 못한다며, 특히 심환지에게 선왕의 의리를 밝힐 것을 요구하였다. 정조 후반 노론 벽파 세력을 주도한 심환지(沈煥之)는 정조 홍거 후, 김관주(金觀柱) 김일주(金日柱) 등의 척신 세력과 연합하여 '벽파 정권'을 형성하였다

---

568) 『일성록』 정조 23년(1799) 3월 28일(병술)
569) 『일성록』 정조 23년(1799) 12월 20일(계묘), 『승정원일기』 정조 23년(1799) 12월 20일, 12월 26일.

노론 시파의 김이교는 이와 같은 분위기에서 자유로울 수 없었다. 특히 김이교의 조부인 김시찬은 경주김씨로 정순왕후의 당숙이었던 김한록과 구원이 있었다. 정조는 1800년 5월 29일에 이조판서 이만수의 사직소 내용을 흠잡은 수찬 김이재를 언양현으로 유배보내고, 다음날인 30일에 오회연교를 내린 바 있었다. 그리고 약 2개월 후에 정조가 훙거하였다. 이러한 상황에서 정순왕후가 실권자가 된 것이다.

정순왕후는 12월 29일에 언양현에 유배되어 있던 김이재를 다시 강진현 고금도의 절도로 안치시키면서, 그의 형인 김이교도 명천부에 정배시켰다.[570] 이후 김이교는 다음해 11월에야 방축 향리(放逐鄕里)되었고,[571] 1805년(순조 5, 42세)에 이르러서야 방면되었다.[572]

3) 당상관직 제수와 통신정사 활동

순조초 정순왕후와 심환지가 연합한 벽파정권의 심환지는 1802년(순조 2)에 타계하였고, 1803년(순조 3) 12월 28일에는 정순왕후도 수렴청정을 거두었다. 이제 순조의 친정이 시작되었다. 그리고 1805년(순조 5) 1월 정순왕후가 타계하자 이후 벽파세력은 급격히 약화되었다.

향리에 방축되었던 김이교는 1805년(순조 5, 42세) 3월 방면되었으며, 다시 윤6월에는 직첩(職牒)도 돌려받았다. 삭탈관직당하고 유배를 간지 5년[만 4년 7개월]만의 일이다. 그리고 이듬해인 1806년(순조 6, 43세) 5월에 이르러 다시 관직에 서용되었다.

김이교는 1806년 5월에 수찬에 제수되었고, 6월에는 승정원 동부승지에 낙점받았다. 승정원의 6승지는 모두 정3품 당상관직으로 품계는 동등하다.

---

570) 『순조실록』 권1, 순조 즉위년 12월 29일(정축).
571) 『순조실록』 권3, 순조 1년 11월 12일(을유).
572) 『순조실록』 권7, 순조 5년 3월 22일(병오).

김이교는 관료로서 6년간의 공백이 있었으나, 이제 당상관직인 승정원의 승지로서 순조의 측근에서 근무하게 되었다.

　10월 2일에는 호조참의가 되고, 10월 24일에는 강원도관찰사에 제수되었다.573) 참의는 정3품 당상 관직이고, 관찰사는 종2품 외관직으로 각 도에 파견되어 지방 통치의 책임을 맡았던 지방의 최고 장관이다.574) 강원도관찰사 김이교는 11월 17일 하직하고 곧바로 한양을 출발하여 부임지로 향했다.575) 조선시대의 관찰사는 병마수군절도사직을 당연직으로 겸하였고, 조선후기에는 순찰사직도 겸하였다. 강원도관찰사에 제수된 김이교도 강원도 병마수군절도사직과 순찰사직을 당연직으로 겸하였다. 강원도관찰사로 부임한 김이교는 얼마나 근무했을까? 승정원일기에 강원감사 김이교의 장계가 순조 8년 1월 18일까지 수록되어 있고,576) 후임 관찰사 정상우의 인사가 순조 8년 1월 25일에 있었던 것으로 보아,577) 김이교는 강원감사로 2년 남짓 근무한 것으로 추산된다. 그런데 이후 김이교의 사환기록은 수년간 보이지 않는다. 그 이유는 1808년(무진년) 1월 23일에 모친상을 당했기 때문이다.578)

　어머니 상을 마친 김이교는 1810년(순조 10, 47세) 3월 다시 승지가 되었으며, 4월 병조참지가 되었다. 참지는 병조(兵曹)의 정3품 당상(堂上) 관직으로 육조(六曹) 가운데 국방과 직결된 병조의 업무가 가장 많은 까닭에, 육조의 다른 기관에는 없는 당상관 직책으로 참지(參知)를 설치하여 운영한 것

---

573) 『순조실록』 권9, 순조 6년 10월 24일(정유).
574) 조선시대 2품 이상의 관직자에게는 많은 특전이 부여되었다. 초헌을 탈 수 있었고, 국왕이 부를 때에는 쇄마를 지급받았으며, 병이 심할 때에는 약재를 내려 주었고, 2품 이상 천첩자녀는 자기비를 장예원에 바쳐 속신할 수 있었다. 죄가 있어도 반드시 국왕에게 보고한 다음에 처결하였으며, 조상 3대를 추증받을 수 있었다.
575) 『승정원일기』 순조 6년 11월 17일(경신).
576) 『승정원일기』 순조 8년 1월 18일(을묘).
577) 『순조실록』 권11, 순조 8년 1월 25일(임술).
578) 김이교의 모친인 청송심씨의 생졸 기록[기미년 10월 14일~무진년 정월 23일]은 김방행의 묘지명을 통해 확인된다.

이다. 김이교는 5월에 다시 승지에 제수되었고, 6월 13일에는 성균관 대사성에 제수되었다. 대사성은 성균관의 정3품 당상관 관직이다. 전국 유생의 사표(師表)로 인식되었으며, 성균관 유생의 교육을 총괄하였다. 따라서 그 자격 요건이 엄격하였다.579)

김이교는 8월에 다시 승지에 제수되었다가, 10월 10일에 통신정사에 제수되었다. 그런데 통신사로 가기 위한 준비와 일본을 다녀오기 위해서는 승지로서의 직무를 수행할 수 없었기 때문에 11월 6일에 홍문관 부제학으로 옮겨 제수되었다. 그리고 김이교는 이듬해인 2월 12일 통신부사 이면구와 함께 사폐하고, 통신사행을 시작했다.

1811년의 신미통신사행은 이전의 통신사행과는 성격이 달랐다. 1763년의 계미[갑신] 통신사행 이후 거의 50년만의 통신사행이었다. 또한 에도까지 가지 않고, 대마도에서 이루어진 역지통신이었다. 신미통신사행의 배경과 과정을 간략하게 정리해 보면 다음과 같다.

일본에서는 1786년 일본의 10대 쇼군 도쿠가와 이에하루(德川家治)가 사망하고, 1787년 그의 양자인 도쿠가와 이에나리(德川家齊)가 쇼군(將軍)직을 이어받았다. 1786년 10월 6일 덕천가치의 부고를 왜관 관수가 조선측 역관에게 전달했으며, 1787년 3월 14일 정식으로 관백고부차왜 등번경이 왜관에 도착했고, 7월 5일에는 관백고경승습차왜 평창상이 왜관에 도착했다가 11월 24일 대마도로 돌아갔다. 조선에서는 차왜를 접대하면서 통신사 청래에 대한 준비를 하고 있었다.580)

그러나 1788년 통신사청퇴차왜(通信使請退差倭)가 비로소 나와서 연빙(延

---

579) 성균관 대사성은 師儒錄에 등재된 자들 가운데에서 차출되었다. 사유록은 의정부와 이조, 館閣堂上 등이 모여 의논해서 師儒에 적합한 자를 선정하여 작성하는 것이다. 따라서 사유록은 당시 학문이 뛰어나고 행실이 모범이 될 만한 자들의 명부라고 할 수 있다.

580) 1811년의 역지통신에 대해서는 정장식, 「1811년 역지통신과 통신사」, 『조서통신사사행록 연구총서』 8, 251~286쪽 참조.

聘)이라 칭하고 관백(關白)의 뜻을 전하였다. 서경(西京 경도)에 불이 나서
재력이 다 없어졌고, 동무(東武 강호)에 해마다 흉년이 들어서 통신사행을
접대할 가망이 거의 없으므로 잠시 시기를 물려 정하여 점차 좋아지기를
기다려 달라고 하였다. 처음에는 규정 이외의 일이라 해서 접대를 허락하지
않았는데, 차왜가 끝내 돌아가지 않았다. 막부에서 빙례 연기를 주도한 마
츠다히라 사다노부(松平定信)는 '계속되는 흉년으로 서민들이 곤궁하고 교
통의 요지가 쇠퇴하여 접대를 담당하는 다이묘(大名)들이 경제적 어려움을
호소하고 있다는 것'을 그 이유로 들었다. 실제 일본에서는 1783년 이래 소
위 덴메이(天明) 대기근이 계속되었으며, 1786년에는 강호와 동북 지역에서
대홍수를 비롯하여 전국적인 대흉작 때문에 수확이 1/3로 감소되는 실정이
었다. 그 결과 각지에서 폭동과 쌀 소동이 일어나는 등 사회불안이 가중되
고 있었다. 이러한 때에 백성 구제라는 커다란 현안을 앞두고 막대한 재력
을 기울여 조선 통신사를 맞이하기는 어렵다는 것이 막부의 판단이었다.

1789년(정조 13)에 동래 부사 김이희(金履禧)의 장계에 대한 판부(判付)
내에서 "이것은 보통 약조를 어기는 것과는 차이가 있다. 통신사를 마땅히
보내야 하나 그 일을 담당할 만큼 재력이 허락할 때에 한한다. 지금과 같이
물리기를 요청하면 우리의 교린(交隣)하는 도리에 있어서 어찌 사신을 보낼
수가 있겠는가. 또 원래 정했던 시일과 어긋난다고 해서 끝내 이를 거절하
여 오랫동안 지체하는 폐단을 만든단 말인가. 특별히 허락하도록 하니 경접
위관(京接慰官)을 보내어 접대하도록 하고, 또 그들이 요청한 통신사의 파견
을 늦추는 일도 역시 그대로 시행토록 하라."고 하였다.581) 조선은 처음에
는 막부의 연기 요청을 거부하였으나, 여러 차례 논의를 거듭한 끝에 정조
(正祖)의 뜻에 따라 연기 요청을 받아들인 것이다.

1791년에 차왜가 또 와서 '의빙(議聘)'을 칭하면서 관백의 명령을 전하기
를, 통신사 일행이 강호(江戶)까지 갈 것이 아니라, 대마도(對馬島)까지만 오

---

581) 『정조실록』 권27, 정조 13년 2월 14일(신축).

도록 함으로써 피차간의 폐단을 덜자고 하였다.582) 이 또한 규정 밖의 일이
어서 접대하지 않았는데, 차왜가 이렇게 버티어 4년이 되어도 돌아갈 생각
이 없었다.583) 1794년에 비로소 다만 서계(書契)만 바치고 돌아가겠다고 하
므로 이를 허락하였다.584) 1791년(정조 15) 막부가 빙례 연기에서 더 나아
가 역지빙례를 추진한 것은 통신사 접대에 막대한 경비가 지출된다는 경제
적 이유가 제시되고 있다. 그러나 이면적으로는 18세기 이래 막부 안에서
조선에 대한 인식 변화가 나타난 것이 중요한 요인이기도 하였다. 처음 조
선에서는 선례가 없는 일이라 해서 역지빙례의 뜻을 전하는 일본 측 서계
(書契)의 접수마저 단호히 거부하였으나, 조선의 입장에서도 통신사 일행이
강호까지 가게 되면 그만큼 많은 경비를 부담해야 하였고, 예단으로 가져가
는 물품을 마련하는 일도 결코 쉬운 것이 아니었다. 따라서 통신사 일행의
인원, 예물, 접대 비용 따위를 줄이기 위한 하나의 방법으로서 일본의 역지
빙례 요청을 신중하게 고려해 볼만 하였다. 한편 일본과 조선의 외교 교섭
사무를 맡고 있던 대마번에서는 막부의 방침을 지지하는 오모리(大森) 일파
가 실권을 장악하면서 역지빙례를 성사시키기 위하여 적극적으로 교섭에
나서게 되었다.

1796년에 문위행(問慰行)이 갔을 때, 역관이 대마도 봉행(奉行)들과 통신
사의 일을 의논했는데, 대접하기 어렵다는 뜻이 현저하므로 드디어 이 내용
을 돌아와서 조정에 보고하였다. 1797년에 특별히 보낸 문위당상역관(問慰
堂上譯官) 박준한(朴準漢)이 관수왜(館守倭) 및 대마도의 여러 봉행(奉行)들과
강호(江戶)에 왕복할 일을 상의했는데, 10년을 물려서 정하기로 관수왜 원
창명(源暢明)의 약서(約書)를 받아가지고 왔다.

1804년 에도막부는 5년 후 역지빙례를 실시할 것을 명하였으며, 이 사실

---

582) 『정조실록』 권33, 정조 15년 11월 24일(을미).
583) 『정조실록』 권42, 정조 19년 윤2월 1일(계미).
584) 『정조실록』 권40, 정조 18년 8월 27일(신사).

은 대마도를 통하여 조선에 전해졌고, 막부의 서계도 조선에 전달되었다. 이에 조선에서는 강정역관(講定譯官)을 일본 대마도에 파견하여 역지빙례 실시를 위한 구체적인 실무 교섭을 벌인 후, 강정역관이 귀국하여 일본에서 합의를 보지 못한 안건을 조정과 상의한 뒤 그 결과를 가지고 왜관(倭館)에서 일본을 상대로 마지막 교섭을 벌이고자 하였다.

1805년(순조 5)에 통신사를 청하러 온 차왜가 나와서 다시 간절히 장소를 바꾸어 통신사를 보내라고 하였으나 또 허락하지 아니하였다.585) 그러나 10년 동안을 서로 버티면서 간절히 애걸하기를 그치지 아니하므로, 줄곧 완강히 거절하는 것은 절대 먼 나라를 무수(撫綏)하는 도리가 아니기 때문에, 1809년(순조 9) 문위 당상역관 현의순(玄義洵), 당하역관 변문규(卞文圭), 면담 당상역관 최석(崔昔) 등 강정역관 일행이 대마도에서 교섭하고 돌아왔다.586) 이 교섭 과정에서 조선은 역지빙례가 막부의 방침이라는 것, 일본의 재정적 어려움이 심각하다는 것을 확인할 수 있었다. 그리고 이들의 귀국 후 조선에서는 역관 일행의 보고를 토대로 하여 강정역관과 대마번 가로(家老) 사이의 협정안에 기초하여 통신사행 절목을 정하기로 하였다.

1810년 강정역관에 현식(玄烒)을 임명하고 이어서 현의순을 별견강정역관에 임명하여 왜관에서 마지막 협상을 벌이도록 하였다. 대마도와 왜관에서 있었던 두 차례의 교섭에서는 통신사 접견, 국서·서계의 교환과 관련된 의식이 가장 중요하게 논의되었다.

강정절목의 내용에 따라 장군의 칭호는 대군(大君)으로 하였으며, 양측에서는 모두 상사(上使)와 부사(副使)만을 보내되, 인원은 350명 이내로 하여 규모를 줄일 것을 결정하였다. 예물 역시 장군을 제외한 어삼가(御三家), 노

---

585) 『순조실록』 권7, 순조 5년 11월 12일(신유).
586) 『순조실록』 권8, 순조 6년 1월 6일(갑인), 3월 10일(무오), 3월 11일(기미), 동 권9, 순조 6년 5월 20일(정묘), 12월 10일(계미), 동 권10, 순조 7년 4월 20일(임진), 7월 29일(기사), 9월 2일(경자), 『순조실록』 권11, 순조 8년 4월 25일(신묘), 5월 30일(을축), 8월 6일(기해), 동 권12, 순조 9년 5월 12일(신미).

중(老中)의 것은 모두 폐지하고, 사신의 사적인 예단도 생략하기로 하였다. 조선에서 파송되는 기선(騎船)과 복선(卜船)의 숫자도 각 2척으로 감해졌다. 한편, 『순조실록』에는 차왜강정절목 외에도 공예단과 증급(贈給)하는 예단(禮單) 물건(物件), 통신사의 응행사건, 통신사가 가지고 가는 일행의 금단절목도 함께 수록되어 있다.

조선 통신사는 정사 김이교, 부사 종3품 홍문관(弘文館) 전한(典翰) 이면구(李勉求)[587]를 비롯하여 모두 328명으로 구성되었다. 이들은 1811년 3월 29일 대마도 부중(府中)에 도착하였고, 일본 측 정사 오가사와라 다다카타[小笠原忠固], 부사 와키사카 야스타다(脇坂安董)를 비롯한 일행들은 4월 15일에 도착하였다.

빙례는 대마번주의 저택에서 행해졌다. 국서 전달식을 비롯하여 모두 네 차례의 외교 의례가 있었다. 제일 먼저 막부의 상사가 통신사의 객관을 방문하여 장군의 뜻을 대신 전하는 객관위로의(客館慰勞儀)가 있었으며, 이어서 대마번주의 거성에서 조선 왕의 국서를 전달하는 전명의(傳命儀), 대마번주가 베푸는 향연인 사연의(賜宴儀), 대마번주 거성에서 막부의 답서를 받아오는 수답서의(受答書儀)가 있었다. 이어 통신사는 6월 25일에 대마도를 떠났고 7월 27일 한성으로 돌아와 순조에게 복명하였다. 일본의 통신사가 도쿠가와 이에나리(德川家齊) 쇼군에게 복명한 것은 8월 15일이다.

역지빙례의 목적대로 일본 측에서는 통신사 빙례에 따르는 비용의 절감이 이루어졌다. 역지빙례를 위해 대마번에서는 객관의 신축, 관사(館舍) 수리, 항구·도로의 정비 등을 실시하였다. 하지만 빙례가 대마도에서 막부로부터 역할을 위임 받아서 치루는 것이었기 때문에, 그 비용 부담은 모두 막부의 재정 원조로 해결할 수 있었다. 게다가 당시 통신사 빙례에 들었던 체재 비용을 그 이전의 1763년 계미사행과 비교하면 약 1/4 이상을 절감할 수 있었다. 이는 사행 과정에서 양국의 경제적 부담을 덜어 주는 데 기여하였다.

---

587) 『순조실록』 권13, 순조 10년 10월 10일(신묘).

조선후기 열두 차례의 통신사행 중 11차까지는 대체로 덕천막부(德川幕府)의 정치적 거점이자 일본의 정치·경제적 중심지였던 강호(江戶)에서 국서 교환 빙례가 이루어졌으나, 김이교가 통신정사로 다녀온 1811년의 통신사행은 장소를 바꾸어 종전의 강호가 아닌 대마도에서 교빙(交聘)이 이루어졌으므로 역지빙례(易地聘禮) 혹은 역지통신(易地通信)이라 칭하였다. 이 빙례는 조선후기 260여 년 동안의 대일외교사에서 마지막 통신사 빙례가 되었다.

4) 재상직 수행과 순조 묘정 배향

통신사로 일본을 다녀온 이후의 김이교는 관인으로 더욱 활발한 활동을 하였다. 우선 김이교는 통신사행을 수행하고 돌아온 공으로 1811년(순조 11, 48세) 7월 26일 가선대부에 가자되었다.[588] 가선대부는 문산계 종2품 하계(下階)이다. 조선 사회에서 2품 이상의 관직자에게는 원칙적으로 많은 특전이 부여되었다. 초헌을 탈 수 있었고, 국왕이 부를 때에는 쇄마를 지급받았으며, 병이 심할 때에는 약재를 내려 주었고, 2품 이상 천첩자녀는 자기비를 장예원에 바쳐 속신할 수도 있었다. 김이교가 이와 같은 특전을 부여받는 가선대부 품계에 오른 것은 통신정사로 일본 사행을 성공리에 수행하고 돌아왔기 때문이었다.

김이교는 이어 8월 15일의 이비 도목정에서 다시 성균관 대사성에 제수되었으며, 9월 19일의 인사에서 동지의금부사(종2품직으로 타관이 겸직)를 겸직하게 되었고, 11월 8일에는 호조 참판(종2품직으로 호조의 亞卿)에 제수되었다.

1812년(순조 12, 49세) 2월에는 사역원 제조도 맡았다. 통역을 담당하는 역관을 양성하던 사역원은 예조의 속아문으로 관서의 장인 정(正)이 정3품

---

588) 『순조실록』 권14, 순조 11년 7월 26일(임인).

당하관이라 직계할 수 없었기 때문에 2품이상의 제조직(도제조 1원, 제조 2
원)을 겸직으로 두었다. 김이교가 사역원 제조를 겸직한 것도 일본에 통신
사로 다녀왔기 때문일 것이다. 8월 3일에는 동지성균관사(종2품, 겸관)에
제수되었는데, 이 또한 일찍이 성균관의 장관인 대사성을 거쳤기에 성균관
의 겸관인 동지사에 제수되었을 것이다.[589]

　　1813년(순조 13, 50세)에는 3월 한성부 좌윤(종2품직)을 거쳐 4월에 사헌
부 대사헌[종2품직]이 되었다. 대사헌은 정사(政事)를 논하고 백관을 규찰하
는 사헌부의 장관이다. 6월에는 비변사 제조에 차제(差除)되었다. 비변사는
조선 후기 문무 합의를 통해 국정 운영을 주도하던 관서로 정1품 아문인데,
특히 세도정치기에는 소수의 가문들이 집권체제를 견고히 유지하기 위한
기관으로 활용되고 있었다. 이 시기에는 경주김씨를 축출한 안동김씨의 세
도정치 운영과도 밀접한 관련을 지닌다고 할 수 있겠다. 7월에는 규장각 직
제학에 제수되고, 10월에는 다시 사헌부 대사헌이 되었으며, 11월에는 홍문
관 부제학이 되었다.

　　1814년(순조 14, 51세)에는 다시 대사헌을 지내고, 승지가 되어 경연의
동지사를 겸하였으며, 1815년(순조 15, 52세)에는 홍문관 부제학, 사헌부 대
사헌, 세자시강원 우부빈객(종2품의 겸임관원) 등에 제수되었으며, 1816년
(순조 16, 53세)과 1817년에는 거듭 승정원 도승지를 맡았다.

　　이와 같이 중앙 부서의 요직을 지내던 김이교는 1818년(순조 18, 55세)
정월 도총관의 지위에 올랐다.[590] 조선전기의 도총관이 오위도총부 소속으
로 왕의 호위와 궁궐의 숙위(宿衛)를 책임지던 직책과는 달리, 조선후기 정
조 이후에는 궁궐 내의 숙위를 숙위대장이 관할하면서 도총관은 정2품의
명예직으로 수여되었다. 김이교가 정2품직인 도총관에 오르자 선고(先考)인

---

589) 성균관은 정3품 당상관직인 대사성이 장관이고, 겸관으로 정2품의 지사, 종2품의
　　　동지사를 두었다.
590) 『승정원일기』 순조 18년 1월 25일(계해).

김방행의 증직도 예겸(例兼)으로 증이조참판에서 증이조판서로 바뀌어 제수되었다.[591] 그리고 3월에는 김이교도 드디어 육조판서의 하나인 공조판서(정2품직)에 제수되었다. 또한 이 시기 김이교는 지경연사, 지의금부사, 내의원 제조, 홍문관 제학 등도 겸임하였다. 그런데 이 해에 중궁전에서 공주가 탄생하였으므로 약방 제조였던 김이교는 산실청 업무를 잘 수행한 공으로 정2품 상계인 정헌대부에 가자되었다.[592]

1819년(순조 19, 56세)에는 2월에 한성부 판윤[정2품직], 12월에 형조판서에 제수되었고, 1820년(순조 20, 57세) 6월에는 문관의 전선(銓選) 부서인 이조의 판서에 제수되어 이를 1년간 수행했다. 그리고 1821년(순조 21, 58세) 5월에 평안감사 이노익이 임소에서 졸하자, 김이교가 대신 평안감사를 맡게 되었다. 김이교는 평안감사로 있으면서도 예문관 제학을 겸직하고 있었으므로 1821년 3월에 승하한 효의왕후[정조의 비]의 행장을 지었고, 그 공으로 9월 20일에 종1품 하계인 숭정대부에 가자되었다.

김이교는 1823년(순조 23, 60세)에 다시 경관직으로 옮겨 한성부 판윤, 이조판서를 거쳐, 의정부 우참찬, 좌참찬에 제수되었다. 참찬은 의정부에 속한 정2품 관직이다. 그리고 1824년(순조 24, 61세) 7월에는 판의금부사에 제수되었다.[593] 의금부는 왕의 특명을 받아 특수한 범죄에 관한 조사 및 처리를 담당하던 최고 사법기관으로 종1품직인 판의금부사가 장관이었다. 그런데 관례가 내의원 제조는 형옥의 관직을 겸대할 수 없었기 때문에 1818년부터 겸직하던 김이교의 내의원 제조는 이날 체직되었다.[594] 그리고 김이교가 종1품직에 올랐기 때문에 선고(先考)인 김방행의 증직도 증이조판서

---

591) 『승정원일기』 순조 18년 1월 28일(병인).

592) 9월 6일에 산실청을 설치하고, 10월 26일에 중궁전에서 공주가 탄생하였으므로, 약방 제조였던 김이교는 11월 4일에 正憲大夫에 가자되었다. 『순조실록』 권21, 순조 18년 9월 6일(신축), 동 10월 26일(신묘), 동 11월 3일(정유).

593) 『승정원일기』 순조 24년(1824) 7월 24일(을유).

594) 『승정원일기』 순조 24년(1824) 7월 24일(을유).

에서 증좌찬성으로 바뀌어 제수되었다.595)

종1품직에 오른 김이교의 이후 관직을 승정원일기를 통해 1830년까지 확인해 보면, 군기제조(軍器提調), 훈련도감제조(訓鍊都監提調), 금위제조(禁衛提調), 어영제조(御營提調), 예문제학(藝文提學), 경모궁제조(景慕宮提調), 내의제조(內醫提調), 교서제조(校書提調), 전생제조(典牲提調), 사직제조(社稷提調), 선공제조(繕工提調), 전의제조(典醫提調), 상호군(上護軍), 우부빈객(右副賓客), 좌부빈객(左副賓客), 우빈객(右賓客), 좌빈객(左賓客), 판윤(判尹), 공조판서(工曹判書), 예조판서(禮曹判書), 이조판서(吏曹判書), 형조판서(刑曹判書), 판의금(判義禁), 부총관(副摠管), 도총관(都摠管), 수원유수(水原留守), 겸화령전제조(兼華寧殿提調), 총리사(摠理使), 규장각제학(奎章閣提學), 겸홍문관대제학(兼弘文館大提學), 겸예문관대제학(兼藝文館大提學), 겸지성균관사(兼知成均館事), 금오당상(金吾堂上), 우참찬(右參贊), 좌참찬(左參贊), 명정서사관(銘旌書寫官) 등 당상관의 정직과 겸직, 제조직 등의 다양한 관직을 품계를 넘나들면서 제수되고 있다.

이 가운데 특기할 만한 것은 1826년 3월에 규장각 제학이 되었고, 4월에는 도당의 회권을 거쳐 겸홍문관대제학과 겸예문관대제학에 제수된 것이다. 홍문관과 예문관의 대제학은 정2품 관직으로 겸직이지만, 학문의 저울, 문장의 기준이며 학자 가운데 으뜸이라는 뜻에서 문형(文衡)이라고도 일컬었는데, 문무 양반을 통틀어 가장 영예로운 관직이었다.

양관 대제학이 된 김이교는 1827년 2월 순조가 왕세자에게 대청(代聽)을 명하면서 인정전에 나아가 하례를 받고 내린 반교문(頒敎文), 9월 9일의 중궁전 옥책문(玉冊文)과 명정전에 나아가 하례를 받고 내린 반교문, 1830년 7월 15일 빈궁에게 시호를 내린 시책문(諡冊文), 9월 15일의 교명문(敎命文) 등을 제술하였다. 1927년 9월 10일에는 중궁전 옥책문 제술관의 공으로 가자를 받아 문산계 종1품 상계인 숭록대부에 오를 수 있었다.

---

595) 『승정원일기』 순조 24년(1824) 7월 29일(경인).

　김이교는 1831년(순조 31, 68세) 정월 19일의 복상(卜相)에서 드디어 의
정부 우의정에 올랐다. 그리고 승문원 도제조와 내의원 도제조도 맡았다.
또한 3대를 추증하는 제도에 의해 김이교의 증조부 김성도는 증직 이조참
판에서 이조판서로, 조부 김시찬은 증직 이조판서문형에서 좌찬성문형규장
각제학으로, 부 김방행은 증직 좌찬성문형규장각제학에서 영의정으로 각각
증직되었다.596) 우의정 재임시 김이교는 세손의 학문 진력 등에 힘썼으며,
형조와 한성부·양사(兩司) 및 양포청(兩捕廳) 등 법관이 부정을 행할 시 이
에 대한 단속을 엄중히 하도록 하였다. 1832년 4월에 호위대장에 제수되었
고, 5월에는 1827년 2월부터 순조의 대리로 국정을 다스리다가 1830년 5월
에 병사한 효명세자(孝明世子)의 사당인 문호묘(文祜廟)의 입묘도감(入廟都
監) 도제조를 맡았다. 김이교는 1832년(순조 32, 69세) 7월 5일에 차자를 올
려 장마로 인한 수재의 허물을 자인(自引)하고 상직(相職)을 사면하기를 청
하였으나 끝내 허락받지 못했으며, 7월 30일에 졸하였다.

　김이교가 우의정에 재직하고 있던 이 시기에 영의정 남공철은 1831년 5
월 16일 병으로 해면을 허락받았다가 1832년 7월 29일에 다시 영의정에 제
배되었고,597) 좌의정 이상황은 1832년 1월 16일 휴치를 호소하는 상소를
올려 관직에서 물러났다가 33년 4월 24일에 다시 좌의정에 제배되었다.598)
따라서 1832년 정월부터 7월에 김이교가 졸하기까지의 반년간은 영의정과
좌의정이 모두 공석이었고, 우의정인 김이교가 혼자 국정을 도맡아 수행하
고 있었다.

　우의정 김이교가 졸하자 순조는 다음과 같이 하교하였다.

　　지난밤에 어의가 돌아오는 편에 증세가 위중함을 알기는 하였으나 그래

---

596) 『승정원일기』 순조 31년 2월 21일(갑진).
597) 『순조실록』 권32, 순조 31년 5월 16일(정묘), 동 순조 32년 7월 29일(계유).
598) 『순조실록』 권32, 순조 32년 1월 16일(갑자), 동 권33, 순조 33년 4월 24일(갑자).

도 만에 하나 다행하기만을 바랐는데, 지금 서단(逝單)을 대하니 통석함을 이기지 못하겠다. 이 대신의 공경스럽고 돈후(敦厚)함과 충신(忠信)스럽고 질직(質直)함은 고인(古人)에게 비해도 부끄러움이 없을 뿐 아니라, 성실함은 족히 사람을 움직일 만하고 행의(行誼)는 풍속을 바루기에 넉넉하였다. 더욱이 평일 조집(操執)의 엄정함은 다만 나라만 알았고 안위(安危)에 처신한 절목은 종시토록 변함이 없었으니, 몇 조정을 손꼽아보아도 실로 짝이 될 만한 이가 드물었다. 내가 전후로 마음을 쏟고 의지한 것은 이 점을 믿었기 때문이었는데, 이제는 끝이 났으니 거듭 슬퍼서 어쩌지 못하겠다. 작고한 우의정 김이교 집의 예장(禮葬) 등절(等節)은 해조(該曹)로 하여금 전례대로 거행하게 하고, 성복일(成服日)에는 승지를 보내서 치제(致祭)하며, 녹봉(祿俸)은 3년을 한하여 보내 주도록 하라.599)

김이교에게는 1832년(순조 32) 12월에 문정(文貞)이라는 시호가 내려졌다. 충청남도역사박물관에 소장되어 있는 '증시 교지'의 풀이에 의하면, 文은 忠信接禮(충성스럽고 믿을 수 있으며 예로써 손님을 대한다)이고, 貞은 淸白自守(맑고 곧으며 자기를 지킨다)이다. 순조가 승하한 후 3년이 지난 1836년(헌종 2) 10월에 순종대왕(純宗大王, 후의 순조) 묘정(廟庭)에 배향할 신하를 빈청 회권(賓廳會圈)하였을 때, 우의정 김이교는 영의정 이시수·김재찬, 이조 판서 조득영과 함께 9점을 받았다. 충청남도역사박물관에는 1836년(헌종 2, 道光 16) 12월 28일에 발급된 김이교를 순조의 묘정에 배향한다는 교서도 소장되어 있다.600)

---

599) 『순조실록』 권32, 순조 32년 7월 30일(갑술). 이 기사에 이어지는 김이교 졸기에는 '김이교는 安東人이니, 忠正公 金時粲의 손자이다. 우아하여 문학이 있고 돈후하여 外華를 몰라, 당시에 德度로 추중되었고 뒤에는 廟庭에 배향되었다. 그러나 정승이 되어서는 별로 해놓은 일이 없으니, 대체로 재주가 미치지 못하였던 것이다.'라고 수록되어 있다.

600) 순조의 묘정에 배향된 공신은 李時秀, 金載瓚, 金履喬, 李球(南延君), 趙得永, 趙萬永 등이다.

5) 소결

　1811년(순조 11) 신미통신사[易地通信] 정사로 대마도에 다녀온 김이교(1764~1832)는 신안동김씨로 김극효의 장자인 선원 김상용의 7세손이다. 김상용의 후손들인 선원파와 김상헌 후손들인 청음파 집안에서는 조선말까지 문과급제자와 고관들이 다수 배출되었다. 김이교 가문은 5대조인 김광현부터 충청도 홍주에 거주하기 시작했으며, 이후에는 김이교에 이르기까지 방목의 거주지가 홍주[또는 대흥]와 서울[경]로 기록되어 있듯이 충청도 내포지역과 서울이 주된 근거지였다. 노론 시파에 해당하는 김이교 집안은 노론 벽파의 정순왕후 가문인 경주김씨와 심한 갈등이 있었으며, 김이교의 관직생활도 여기에서 자유로울 수 없었다.

　정조조에 과거를 통해 벼슬길에 나아간 김이교는 일찍이 정조로부터 제술 능력을 인정받았다. 젊은 시절 김이교의 관직생활은 전임사관과 사간원·홍문관·경연 등의 청요직으로 근무하면서 실무를 익혔고, 북평사와 청도군수로 재임하면서 외직 경험도 쌓았다. 그러나 순조가 즉위하고 정순왕후가 수렴청정을 시작하면서 김이교는 5년간 유배 생활과 향리로 방축되는 위기를 겪기도 했다.

　정순왕후 사후 노론 시파 정권으로 바뀌자, 김이교는 삭탈관직된 지 6년 만인 1806년에 43세의 나이로 다시 서용되었다. 이후 김이교는 승정원 승지, 호조참의, 강원도관찰사, 병조참지, 성균관 대사성, 홍문관 부제학 등의 당상관직을 두루 거쳤으며, 1811년에는 신미통신사행의 정사가 되어 일본에 다녀왔다. 신미통신사가 역지통신으로 에도[江戶]까지는 가지 않고 대마도에서 교빙이 이루어졌지만, 4개월에 걸친 일본 견문은 이후 김이교의 관직생활에도 많은 영향을 미쳤다. 통신사행을 수행한 포상으로 종2품인 가선대부에 가자되었으며, 호조참판, 사역원 제조, 평안감사 등에 제수된 것 또한 통신사행의 경험과 무관하지 않을 것이다.

50대 이후의 김이교 관직은 사헌부 대사헌, 승정원 도승지, 홍문관 부제학, 오위도총부 도총관, 한성부 판윤, 공조판서, 형조판서, 예조판서, 이조판서, 판의금부사, 수원유수 등 중앙 주요부서의 장관직과 의정부의 좌·우 참찬 등을 두루 지냈다. 또한 외직으로는 평안도 관찰사를 지냈다. 그런데 가장 특기할 만한 것은 63세부터 홍문관과 예문관의 대제학을 겸임한 사실이다. 정2품 관직인 대제학은 겸직이지만, 학문의 저울, 문장의 기준이며 학자 가운데 으뜸이라는 뜻에서 문형(文衡)이라고도 일컬어졌으며, 문무 양반을 통틀어 가장 영예로운 관직이었다. 제술 능력이 뛰어났던 김이교는 수시로 효의왕후 행장, 순조의 반교문, 중궁전 옥책문 등을 제술함으로써 가자를 비롯한 포상을 여러 차례 받았다.

68세에 의정부 우의정에 오른 김이교는 69세로 타계하기 직전까지 국정 운영에 헌신하였다. 졸하기 직전의 반년간은 영의정과 좌의정이 공석인 상황에서 혼자 국정을 도맡아 수행하기도 했다. 김이교가 받은 시호 '문정(文貞)'의 의미에는 이와 같은 평생의 관직 생활 모습을 담고 있다고 하겠다. 순조의 묘정에 배향된 것도 우연이 아닐 것이다. 한편 김이교의 관직생활도 18세기말 19세기초의 당쟁에서 자유로울 수 없었다. 특히 경주김씨-안동김씨로 이어지는 세도정치와 관련하여 김이교의 사환은 부침도 있었다.

제5장

맺음말

　조선 후기 통신삼사에 대해 통신사 파견의 추이, 통신 삼사의 인물별 개황, 통신사 인물 사례 연구로 나누어 살펴보았다.

　조선 후기 통신사 파견의 추이는 "조선후기 통신삼사의 국내활동"이라는 본 연구의 배경에 해당한다. 조선 후기 통신사행은 선조 40년(1607)에 처음 다녀왔으며, 순조 11년(1811)에 끝났다. 205년간에 걸친 평화적인 교류였다. 전근대 시기 한반도와 일본열도 사이에서 이 시기의 외교가 가장 안정적이었다. 사행 파견 간격은 10년, 7년, 12년, 7년, 12년, 27년, 29년, 8년, 15년, 48년 등으로 평균 17년 간격이었다. 선조·광해·효종·순조대에는 1회씩 파견했고, 영조대 2회였으며, 인조대와 숙종대에는 3회씩 파견했다. 사행의 임무는 처음에는 강화·국정탐색·피로인쇄환, 피로인쇄환·오사카평정축하, 피로인쇄환·쇼군습직축하, 태평축하, 쇼군탄생축하 등이었으나, 효종 6년(1655)의 6차 사행부터는 쇼군습직축하를 위한 파견이었다. 사행단의 인원은 적을 때에는 300명이었으나, 많을 때에는 500명에 달하는 대규모였다. 따라서 양국간의 재정적인 부담이 컸으며, 특히 사행단을 접대하는 일본의 부담이 크게 작용하였다. 처음에는 전쟁 후 일본의 국내상황을 알아보기 위한 정보수집에 관심이 컸으나, 후기에는 점차 의례적인 성격이 강해졌다.

　통신 삼사의 인물별 개황에서는 조선 후기 12차례에 걸쳐 파견된 통신사행의 통신 삼사 35명에 대한 전체 인물을 공통된 형식으로 정리하였다. 내용은 우선 각 사행마다 정사, 부사, 종사관 순으로 인물별 '가계 및 배경', '사행 전 사환', '통신사행', '사행 후 활동'으로 구분하여 살폈다. 기존에 연구된 인물에 대해서는 연구성과를 수용했으며, 그 외에 사마방목과 문과방목, 해당 인물의 문집, 연대기 자료인 실록의 기록 등을 활용하였다. 일부의 인물은 관련 연구가 단행본이 출간될 정도로 상세하게 이루어져 있으나, 이방언, 이명언 등과 같은 일부 인물은 그동안 생몰년도 확인되지 않고 사전 [한국민족문화대백과사전, 인물사전 등]에 조차 소개되지 않을 정도로 잘 알려지지 않은 상황이다. 그러나 이들도 최대한 자료를 찾아서 정리하였다. 인물별 편차가 크지만, 가능하면 통일된 형식으로 정리하였다.

조선 후기 통신삼사는 특정 성씨가 차지하고 있지 않다. 전주이씨 4명[이경직·이언강·이방언·이면구], 풍천임씨 2명[임광·임수간], 남양홍씨 2명[홍치중·홍계희]을 제외하면, 21명이 각각 단일 성씨이다. 연행사와는 달리 바다를 건너야 하는 위험을 감수해야만 하는 통신사는 당시의 관료들이 다녀오고 싶은 사행이 아니었다. 따라서 특정 성씨가 통신 삼사를 장악하고 있지 않았다. 그러나 35명 모두 문과에 급제한 인물들이다. 사마방목의 거주지를 통해 확인해 보면, 이들은 정립[미상], 홍치중[여주], 홍계희[전주], 남태기[미상], 조명채[미상]의 5명을 제외한 30명의 거주지[태생지]가 한성이었다. 통신사의 자질로 전대 능력을 중시했는데, 이는 학문의 수준도 갖추어야 하지만, 임기응변의 대처를 잘 할 수 있는 사람을 보내다 보니 주로 서울 출신이 선정된 것이 아닐까 추측된다.

통신 삼사는 문장력과 함께 외국어 능력도 필요했다. 전문 통역관인 통사가 함께 다녀오지만, 문신 관료 중에서 일본어가 가능한 인물이라면 우선적으로 선정되었다. 그런데 연행사와는 달리 통신 삼사로 다녀온 인물은 재차 일본에 가는 경우가 없었다. 통신 삼사로 다녀온 인물은 대부분 홍문관에 근무한 경력이 있었으며, 승정원의 승지로도 근무하였다. 특히 부사나 종사관의 경우에는 통신사행 이후에 당상관으로 승진하면서 우선적으로 승정원 승지로 근무하고 있다. 조선 후기 통신 삼사 35명의 주요 이력을 일목요연하게 정리하면 [표 43]과 같다.

[표 43] 조선후기 통신 삼사의 주요 이력

회차	사행연도	삼사	성명	본관	문과	거주지	사행직전 연령	사행직전 관직	전임사관	양사	홍문관	승정원	주요관직
1	1607년 (선조 40)	정사	呂祐吉	咸陽	별시 (1591)	한성 [京]	41	僉知 (假銜)		○			관찰사, 우윤, 동지사, 진위사
		부사	慶暹	淸州	증광 (1590)	한성 [京]	46	司䆃寺 正		○	○	○	관찰사, 참판, 서장관
		서장관	丁好寬	羅州	별시 (1602)	한성 [京]	40	工曹 佐郞	○	○			지평, 군자감정, 군수
2	1617년 (광해 9)	정사	吳允謙	海州	별시 (1597)	한성 [京]	59	僉知中樞 府事			○	○	판서, 영의정, 등극사, 동지사
		부사	朴梓	高靈	별시 (1602)	한성 [京]	54	前 典翰		○	○		강릉대도호부사
		서장관	李景稷	全州	증광 (1606)	한성 [京]	41	兵曹 正郞		○		○	관찰사, 도승지, 강화유수, 판서, 호차접반사
3	1624년 (인조 2)	정사	鄭岦	延日	별시 (1600)	미상	51	安東府使				○	참판, 주청사, 문안사
		부사	姜弘重	晉州	식년 (1606)	한성 [京]	48	南陽府使		○		○	관찰사, 명도독 접반사
		서장관	辛啓榮	靈山	알성 (1619)	한성 [京]	48	正言		○			강도유수, 참판, 판부사, 소현세자부빈객(심양)
4	1636년 (인조 14)	정사	任絖	豊川	증광 (1624)	한성 [京]	58	同副承旨		○	○	○	관찰사, 참판, 우윤, 소현세자빈객(심양)
		부사	金世濂	善山	증광 (1616)	한성 [京]	44	執義		○	○	○	관찰사, 대사헌, 판서, 세자시강원 부빈객(심양)
		종사관	黃㦿	昌原	증광 (1624)	한성 [京]	33	司藝		○	○		동래부사, 대사성, 대사간, 사은부사
5	1643년 (인조 21)	정사	尹順之	海平	정시 (1620)	한성 [京]	53	兵曹 參知		○	○	○	관찰사, 판서, 참찬, 연행사 부사
		부사	趙絧	漢陽	정시 (1626)	한성 [京]	58	典翰		○	○	○	판서, 참찬, 대사성, 대제학
		종사관	申濡	高靈	별시 (1636)	한성 [京]	34	吏曹 正郞		○	○		도승지, 참판, 사은부사
6	1655년 (효종 6)	정사	趙珩	豊壤	식년 (1630)	한성 [京]	50	大司諫	○	○	○		관찰사, 참찬, 판서, 판윤, 동지사,
		부사	兪瑒	昌原	증광 (1650)	한성 [京]	42	獻納		○		○	관찰사, 참판, 고부사
		종사관	南龍翼	宜寧	정시 (1648)	한성 [京]	28	校理		○	○	○	도승지, 관찰사, 판서, 참찬, 판윤, 대제학, 원접사, 문안사

회차	사행연도	삼사	성명	본관	문과	거주지	사행직전 연령	사행직전 관직	전임사관	양사	홍문관	승정원	주요관직
7	1682년 (숙종 8)	정사	尹趾完	坡平	증광 (1662)	한성 [京]	48	兵曹 參知		○	○		관찰사, 우의정, 돈녕부·중추부영사, 숙종묘정배향
		부사	李彦綱	全州	증광 (1678)	한성 [京]	35	修撰		○	○	○	관찰사, 판서, 판윤, 참찬, 사은부사, 동지사
		종사관	朴慶後	咸陽	증광 (1675)	한성 [京]	39	副司果		○		○	관찰사, 청사 접반사
8	1711년 (숙종 37)	정사	趙泰億	楊州	식년 (1702)	한성 [京]	37	吏曹 參議	○	○	○	○	관찰사, 판서, 대제학, 좌의정, 반송사, 원접사
		부사	任守幹	豊川	알성 (1694)	한성 [京]	47	掌樂 正		○	○	○	승지
		종사관	李邦彦	全州	식년 (1702)	한성 [京]	37	兵曹 正郎		○			정랑
9	1719 (숙종 45)	정사	洪致中	南陽	정시 (1706)	여주 (驪州)	53	大司成	○	○	○	○	판서, 판윤, 우·좌·영의정
		부사	黃璿	長水	증광 (1720)	한성 [京]	38	輔德		○		○	대사간, 참판, 관찰사
		종사관	李明彦	韓山	정시 (1712)	한성 [京]	46	兵曹 正郎		○		○	의주부윤, 부제학, 대사헌, 대사성, 참판, 사은부사, 사은사겸주부사
10	1748 (영조 24)	정사	洪啓禧	南陽	별시 (1737)	전주 (全州)	45	戶曹 參議		○	○	○	관찰사, 판서, 판윤, 좌의정, 봉조하
		부사	南泰耆	宜寧	정시 (1732)	미상	49	弼善		○		○	의주부윤, 관찰사, 도승지, 판서, 판윤, 참핵사
		종사관	曹命采	昌寧	정시 (1736)	미상	48	副校理		○	○	○	도승지, 대사헌, 참판, 좌윤
11	1763년 (영조 39)	정사	趙曮	豊壤	정시 (1752)	한성 [京]	45	吏曹 參議		○	○	○	대사성, 대사헌, 판서, 관찰사
		부사	李仁培	全義	식년 (1756)	한성 [京]	48	校理→修撰	○	○	○	○	참의, 승지, 대사간
		종사관	金相翊	光山	정시 (1725)	한성 [京]	43	修撰		○	○	○	관찰사, 부제학, 도승지, 대사헌, 사은사 부사
12	1811년 (순조 11)	정사	金履喬	安東	식년 (1789)	한성 [京]	48	副提學	○	○	○	○	관찰사, 판서, 판윤, 우의정, 대제학, 순조묘정배향
		부사	李勉求	全州	별시 (1803)	한성 [京]	55	副修撰		○	○	○	대도호부사, 의주부윤, 대사성, 보덕

통신사 인물 사례 연구는 35명의 통신 삼사 가운데 일부의 인물을 사례로 선정하여 구체적인 연구를 진행한 것이다. 우선 통신정사, 부사, 종사관을 각각 1명씩 선정하였는데, 1811년 통신사행의 정사 김이교, 1719년 통신사행의 부사 황선, 1643년 통신사행의 종사관 신유 등이다. 이들은 본서를 준비하기 전에는 그동안 거의 연구가 이루어지지 않았던 인물들이다. 그리고 조선 후기의 통신삼사에 포함되지는 않지만, 임진왜란 시기에 통신사로 일본에 다녀왔고 임진왜란이 끝난 이후에도 선조 후반기와 광해군 재위 시기에 걸쳐서 많은 활약을 했던 황신을 함께 다루었다. 이들은 모두 필자가 본 연구를 진행하는 과정에서 학술지에 논문으로 발표한 글이다. 연구결과를 요약하면 다음과 같다.

먼저 임진왜란 시기에 통신사로 조선을 침략했던 도요토미 히데요시를 직접 만나고 온 황신은 성혼의 문인으로, 1588년 27세의 나이에 종계변무의 해결로 인해 실시된 알성시 문과에 장원급제하여 벼슬길에 나아갔다. 장원으로 급제했기 때문에 참외관을 거치지 않고, 곧바로 종6품 참상관 실직에 임명되었으며, 1591년에는 종계변무 해결에 공을 세운 신료들을 포상하는 광국공신의 원종공신 3등으로 추록되어 승품함으로써 정4품 상계인 봉정대부까지 올랐다. 그러나 1590년 언관으로 이산해를 탄핵하다가 고산현감으로 좌천되었고, 1591년에는 건저의 사건과 관련하여 정철의 당여로 분류되던 황신은 고산현감에서도 파직당해 강화의 촌장으로 물러났다. 그러나 1592년 임진왜란이 발발하면서 고신을 돌려받았을 뿐만 아니라, 전쟁이 진행되는 7년 동안 봉정대부[정4품 상계]에서 가선대부[종2품 하계]까지 5단계의 승자(陞資)가 이루어졌으며, 당시의 관료사회에서 오르기 힘든 것으로 인식되고 있었던 당상관에도 오르고, 재상급 관료의 품계인 2품도 선조의 특지로 제수받았다. 황신은 7년간 세자시강원에서 왕세자[광해군]를 지근에서 모셨고, 사역원의 한학교수를 겸직하고 어전통사도 했으며, 명나라에서 온 장수·유격들의 접반관으로 국가의 중대사를 함께 논의했다. 또한 명나라 유격과 함께 왜군의 진영을 드나들었고, 일본에 통신사로 다녀왔다. 정유재란 시기에는 전라도관찰사로 부임하여 그동안 전란의 피해가 없었으나 이제 전쟁의 중심지가 된 호남을 책임지는 중책을 수행하기도 했다. 황신은 임진왜란 극복의 활약으로 7년 후인 37세에 가선대부 전라도관찰사를 지내고 동지중추부사에까지 올랐다. 이제 황신은 임진왜란 전의 단순한 실무관료가 아니었다. 국가의 정책 결정에 깊이 관여하는 정치 관료로 성장해 있었다.

임란 이후의 황신은 가선대부로 호조참판에 임명되었으나, 모친상을 당하여 관직을 떠나 3년간 강화에서 여막살이를 했다. 상을 마친 후에는 한성부 우윤, 사간원 대사간 등을 지냈으며, 선조 34년에는 길운절 역옥사건의 추국에 참여한 공으로 40세의 나이에 종2품 상계인 가의대부에까지 올랐으며, 사헌부 대사헌에 제수되었다. 그러나 스승 성혼을 변호하고, 북인과 동인을 공격하다가 삭탈관직 되었으며, 죄적에 올라 7년간 폐고 당했다. 그후 황신은 선조 38년(1605)에 임진왜란 때 세운 공이 인정되어 호성선무원종 공신에 녹훈되었고, 선조 40년(1607)에는 직첩도 환급되었다. 5년 만에 복관(復官)되어 가의대부 직첩을 받았으나, 관직은 서반직인 용양위 부호군에 불과했으며, 조정에 나간 것도 아니었다. 황신은 이 시기에 부여의 촌사(村舍)로 옮겨 우거(寓居)하였다.

1608년 광해군이 즉위하자, 왕세자 시절 세자시강원의 관직에 있었던 황신은 고신교지를 새로 발급받았고, 광해군 습봉을 청하는 주청사의 부사로 명나라에도 다녀왔으며, 그 공으로 가자되어 정2품 하계인 자헌대부에 올랐다. 광해군 재위 시기 초반에는 5년간이나 호조판서로 재임하면서 전후복구에 힘썼다. 관직은 정2품의 판서였지만 품계는 계속 승품하였으니, 정2품 상계인 정헌대부를 거쳐, 종1품 하계인 숭정대부로, 다시 광해군 5년에는 위성공신 2등에 책훈되면서 2단계의 승자가 이루어져 정1품 하계인 보국숭록대부에까지 올랐다. 그러나 계축옥사가 일어나면서 광해군 5년(1613) 10

월에 옹진으로 유배되었고, 유배 당한지 5년만인 광해군 9년(1617) 3월 적
소에서 56세로 졸하였다.

　1643년(인조 21) 계미통신사의 종사관 신유(1610~1665)는 고령신씨로 조
선초기 대일 외교에서 주목되는 인물인 신숙주의 방손이다. 신유의 10대조
인 고려말 인물 신덕린은 해서·초서·예서를 잘 써서 당대는 물론 후대에도
명성이 자자했으며, 그의 학문과 서법은 조선초기에 활동한 손자 신장에게
이어졌다. 특히 신장의 걸출한 5형제 가운데 신숙주와 신말주의 활약상은
2세기 후의 신유에게도 큰 영향을 미쳤다. 신숙주는 1443년(세종 25) 일본
에 통신사 서장관으로 다녀오면서 많은 업적을 남기고 성종초에 왕명을 받
아『해동제국기』를 집필했는데, 이러한 신숙주의 업적은 1643년(인조 21)
통신사 종사관으로 일본을 찾은 신유에게 여러 곳에서 소환되고 있다. 신유
의 직계 7대조인 신말주의 처향은 순창인데, 이곳은 이후 고령신씨와 깊은
인연을 맺기 시작했다. 특히 귀래정은 후손들의 물질적·정신적 토대가 되
었다. 신유는 신말주의 종손(宗孫) 계열이 아니고, 또한 신유의 직계 5대조
[신말주의 손자]가 근거지를 서울[京師]로 옮겼기 때문에 순창에서 점차 멀
어졌다. 그러나 신유의 동생 신운이 후사가 끊어진 신말주의 장손 계열로
입후하면서 순창은 다시 신유의 생활에서 중요한 공간으로 자리 잡았다.

　신유는 1636년 별시 문과에서 27세의 나이로 장원 급제하였으며, 이후
30년간 청요직을 거치는 관직 생활을 했다. 그의 학문 연원은 구체적으로
확인하기 어렵지만, 여말선초부터 내려오는 가학의 전통이 이어졌을 것이
다. 신유의 사후 100여년이 지난 시점에서 종증손(從曾孫)인 신경준의 시각
으로 정리한 신유의 관직은 '이조·예조·병조의 좌랑과 이조정랑, 이조·병
조·형조의 참의, 예조·호조·병조·형조·공조의 참판, 사간원의 정언·헌납·
대사간, 사헌부의 지평·집의, 홍문관의 부수찬·수찬·부교리·교리·응교·부
제학, 예문관의 직제학, 의정부의 검상·사인, 시강원 문학, 승정원의 여섯
승지, 한성부의 우윤·좌윤, 인조실록 편수관을 지내고, 중추부·도총부·비변

사·의금부의 여러 벼슬을 차례로 거쳤으며, 여러 번 과거 시험관을 맡았고, 지제교는 항상 겸하였으며, 외직으로는 공산현감·송도유수·회양부사로 부임하였다'. 신유는 대사간으로 재임 중 적극적인 간쟁으로 효종의 미움을 받아 2년 3개월에 걸친 유배 생활을 하기도 했다. 이렇게 바쁜 관직 생활 중에도 수시로 시와 문장을 지었으며, 본인의 문집 초고본을 직접 편집하기도 했다. 신유의 생애는 17세기의 대표적인 학자적 문신 관료의 삶이었다.

신유가 34세에 통신사 종사관으로 참여하여 다녀온 계미통신사행은 일본 막부 장군의 후계자 탄생을 축하하기 위한 사절로 이와 같은 통신사 파견 목적은 전무후무한 일이었다. 당시 조선은 대내외적으로 어려움이 많았지만, 대마도주의 통신사 파견 요청에 대해 호란을 경험한 후 일본과의 선린외교가 더욱 필요했기 때문에 적극적으로 대응하였다. 계미통신사행은 통신사가 직접 기록한 사행록이 3종이나 남아 있을 뿐만 아니라, 이전의 통신사행과는 달리 『통신사등록』도 현전하기 때문에 이전의 통신사행에 비해 구체적이고 자세한 상황을 알 수 있다. 계미사행은 1636년의 병자통신사행에서 일본 에도[江戶]에서의 갑작스런 요청에 의해 삼사가 도쿠가와 이에야스의 사당인 일광산사(日光山祠)에 처음 들렀던 것이 이제 정례화되었으며, 일본의 요청으로 '일광정계(日光淨界)' 편액과 종을 주조하여 보냈다는 점에서 선린외교의 의미가 깊다. 또한 계미사행이 쇄환사는 아니었지만, 일본에 남아 있던 임진왜란의 피로인 일부를 쇄환하기도 했다.

1719년(숙종 45)에 기해통신사의 부사로 일본에 다녀온 황선(1682~1728)의 관직생활은 『승정원일기』를 적극적으로 활용하여 재구성하였다. 황선은 1710년 29세의 나이에 진사시 입격과 증광문과 급제를 통해 관직에 나아갔다. 처음에는 승문원에 권지로 분관되어 근무하였으며, 수시로 승정원에 사변가주서로 차출되었다. 30대에는 외직인 율봉찰방에 근무하기도 했으나, 대부분을 승문원의 저작, 세자시강원의 설서·사서·문학, 사헌부의 지평, 사간원의 정언·헌납, 병조좌랑 등 주로 중앙부서의 실무직에 근무하였다.

황선의 관직생활에서 결정적인 변화의 계기는 1719년의 기해사행에서 일본통신사의 부사로 참여한 일이다. 황선이 처음부터 통신부사에 선정된 것은 아니고, 그가 지녔을 것으로 여겨지는 '전대(專對)' 능력으로 인해 통신사행에 참여하게 되었다. 그런데 당시 황선은 38세의 젊은 나이였으며, 관직은 통신부사에 부합하지 않는 낮은 직위였으므로, 사행을 떠나기 전 2개월에 걸쳐 여러 차례의 관직 제수를 통해 종3품 관직인 세자시강원 보덕에까지 오르게 되었다. 또한 10개월에 걸친 통신사행을 다녀온 후에는 그 노고에 대한 치하의 의미로 정3품직인 장악원 정에 제수되었고, 다시 나흘 후에는 품계가 자궁(資窮)에 미치지 못했음에도 불구하고 국왕의 특지에 해당하는 비망기(備忘記)를 통해 가자되어 당상관에 오르고, 또 다시 열흘도 지나지 않아 국왕을 측근에서 모시는 승정원 승지에 제수되었다. 보통 2, 30년이 걸려도 오르기가 쉽지 않은 당상관직을 황선은 통신부사의 직무수행으로 인해 10년 만에 제수받은 것이다. 그것도 자궁에 해당하는 통훈대부를 거치지도 않고, 곧바로 당상관 통정대부에 오르고 승지에 제수되었다.

당상관이 된 이후의 관직생활에서는 경종과의 인연도 중요했다. 황선은 경종의 왕세자 시절 세자시강원 근무를 통해 경종과 각별한 인연을 맺을 수 있었다. 따라서 경종이 즉위하자 다시 승지가 되어 최측근에서 근무하게 된다. 그러나 승지로 근무할 때의 직무수행으로 인해 3년 이상 유배생활을 해야만 했다. 한편, 일찍이 경종의 세자빈인 단의빈 상장 때 만장서사관으로 참여하여 상현궁을 사급 받았던 황선은 영조 2년, 경종을 종묘에 모시면서 단의왕후 신주를 옮겨 함께 모시는 부묘시에 단의왕후 제주관으로 묘주(廟主)를 쓴 공으로 가선대부로 승진했다. 황선은 경종 재위시기보다는 오히려 영조 재위시기의 관직생활이 화려했으니, 45세에 종2품으로 승서되어 재상급 관료가 되었다.

영조 3년 종2품 외직인 경상도관찰사에 제배된 황선은 다음 해에 발발한 무신란에서 경상도 지역의 난을 토벌했다. 그러나 난을 토벌한 직후인 4월

11일 47세의 나이로 갑자기 군중에서 죽었다. 황선의 졸서에 대해서 당대는 물론 후대에도 의혹이 분분했으며, 그의 녹훈에 대해서도 논란이 있었다. 그러나 마침내 황선은 좌찬성에 증직되고, 충렬(忠烈)이라는 시호가 증시되었으며, 후손들도 녹용될 수 있었다. 한편, 경상도 지역민들에 의해 황선의 훈적을 기리는 사우 민충사(愍忠祠)가 세워졌는데, 이 사우는 중앙 조정의 정국동향과 서원정책에 따라 훼철과 복원이 진행되기도 했다. 황선의 관직생활을 살펴보면, 일본통신사의 통신부사 경력이 그의 승진에 큰 도움이 되었으며, 국왕을 측근에서 모신 직무가 관직생활의 진퇴에 어떠한 영향을 미쳤는지 확인할 수 있다.

1811년(순조 11) 신미통신사[易地通信] 정사로 대마도에 다녀온 김이교 (1764~1832)는 신안동김씨로 김극효의 장자인 선원 김상용의 7세손이다. 김상용의 후손들인 선원파와 김상헌 후손들인 청음파 집안에서는 조선말까지 문과급제자와 고관들이 다수 배출되었다. 김이교 가문은 5대조인 김광현부터 충청도 홍주에 거주하기 시작했으며, 이후에는 김이교에 이르기까지 방목의 거주지가 홍주[또는 대흥]와 서울[경]로 기록되어 있듯이 충청도 내포지역과 서울이 주된 근거지였다. 노론 시파에 해당하는 김이교 집안은 노론 벽파의 정순왕후 가문인 경주김씨와 심한 갈등이 있었으며, 김이교의 관직생활도 여기에서 자유로울 수 없었다.

정조조에 과거를 통해 벼슬길에 나아간 김이교는 일찍이 정조로부터 제술 능력을 인정받았다. 젊은 시절 김이교의 관직생활은 전임사관과 사간원·홍문관·경연 등의 청요직으로 근무하면서 실무를 익혔고, 북평사와 청도군수로 재임하면서 외직 경험도 쌓았다. 그러나 순조가 즉위하고 정순왕후가 수렴청정을 시작하면서 김이교는 5년간 유배 생활과 향리로 방축되는 위기를 겪기도 했다.

정순왕후 사후 노론 시파 정권으로 바뀌자, 김이교는 삭탈관직된 지 6년만인 1806년에 43세의 나이로 다시 서용되었다. 이후 김이교는 승정원 승지, 호조참의, 강원도관찰사, 병조참지, 성균관 대사성, 홍문관 부제학 등의 당상관직을 두루 거쳤으며, 1811년에는 신미통신사행의 정사가 되어 일본에 다녀왔다. 신미통신사가 역지통신으로 에도[江戶]까지는 가지 않고 대마도에서 교빙이 이루어졌지만, 4개월에 걸친 일본 견문은 이후 김이교의 관직생활에도 많은 영향을 미쳤다. 통신사행을 수행한 포상으로 종2품인 가선대부에 가자되었으며, 호조참판, 사역원 제조, 평안감사 등에 제수된 것 또한 통신사행의 경험과 무관하지 않다.

50대 이후의 김이교 관직은 사헌부 대사헌, 승정원 도승지, 홍문관 부제학, 오위도총부 도총관, 한성부 판윤, 공조판서, 형조판서, 예조판서, 이조판서, 판의금부사, 수원유수 등 중앙 주요부서의 장관직과 의정부의 좌·우 참찬 등을 두루 지냈다. 또한 외직으로는 평안도 관찰사를 지냈다. 그런데 가장 특기할 만한 것은 63세부터 홍문관과 예문관의 대제학을 겸임한 사실이다. 정2품 관직인 대제학은 겸직이지만, 학문의 저울, 문장의 기준이며 학자 가운데 으뜸이라는 뜻에서 문형(文衡)이라고도 일컬어졌으며, 문무 양반을 통틀어 가장 영예로운 관직이었다. 제술 능력이 뛰어났던 김이교는 수시로 효의왕후 행장, 순조의 반교문, 중궁전 옥책문 등을 제술함으로써 가자를 비롯한 포상을 여러 차례 받았다.

68세에 의정부 우의정에 오른 김이교는 69세로 타계하기 직전까지 국정 운영에 헌신하였다. 졸하기 직전의 반년간은 영의정과 좌의정이 공석인 상황에서 혼자 국정을 도맡아 수행하기도 했다. 김이교가 받은 시호 '문정(文貞)'의 의미에는 이와 같은 평생의 관직 생활 모습을 담고 있다고 하겠다. 순조의 묘정에 배향된 것도 우연이 아닐 것이다. 한편 김이교의 관직생활도 18세기말 19세기초의 당쟁에서 자유로울 수 없었다. 특히 경주김씨-안동김씨로 이어지는 세도정치와 관련하여 김이교의 사환은 부침도 있었다.

본서에서는 조선후기 통신삼사 35명에 대하여 종합적으로 정리하였으며, 임란기의 통신사 황신과 조선후기의 통신사 3명[정사, 부사, 종사관 각 1명]

을 사례로 선택하여 구체적인 연구를 진행하였다. 그런데 연구기간 중에 예기치 못한 코로나19라는 역질의 발생으로 인하여 계획했던 현지조사는 제대로 진행하지 못했다. 좀 더 다양한 인물의 사례 연구와 현지조사는 추후 과제로 남겨둔다.

참고문헌

(1) 원전

『朝鮮王朝實錄』, 『承政院日記』, 『備邊司謄錄』, 『日省錄』, 『春官志』, 『通文館志』, 『邊例集要』, 『攷事撮要』, 『增正交隣志』, 『通信使謄錄』, 『經國大典』, 『續大典』, 『大典通編』, 『大典會通』, 『國朝文科榜目』, 『海行摠載』, 『息波錄』

사행록 : 『海槎錄』(경섬), 『東槎上日錄』(오윤겸), 『東槎日記』(박재), 『扶桑錄』(이경직), 『東槎錄』(강홍중), 『丙子日本日記』(임광), 『海槎錄』(김세렴), 『東槎錄』(황호), 『東槎錄』(조경), 『海槎錄』(신유), 『癸未東槎日記』, 『扶桑日記』(조형), 『扶桑錄』(남용익), 『東槎錄』(김지남), 『東槎錄』(홍우재), 『東槎錄』(임수간), 『東槎錄』(김현문), 『海槎日記』(홍치중), 『海游錄』(신유한), 『扶桑紀行』(정후교), 『扶桑錄』(김흡), 『奉使日本時見聞錄』(조명채), 『隨使日錄』(홍경해), 『日本日記』, 『海槎日記』(조엄), 『癸未使行日記』(오대령), 『癸未隨槎錄』・『日本錄槎上記』(성대중), 『日東壯遊歌』(김인겸), 『辛未通信日錄』(김이교), 『東槎錄』(유상필), 『島遊錄』(김선신)

문집 : 『楸灘集』(오윤겸), 『東溟集』(김세렴), 『漫浪集』(황호), 『涬溟齋詩集』(윤순지), 『龍洲遺稿』(조경), 『竹堂集』(신유), 『秋潭集』(유창), 『壺谷集』(남용익), 『謙齋集』(조태억), 『遜窩遺稿』(임수간) 외 통신삼사와 관련 있는 문집 다수

(2) 논저

강재언, 『조선통신사의 일본견문록』, 2005, 한길사.
구지현, 『1763 계미통신사 사행문학 연구』, 2006, 보고사.
_____, 『통신사 필담창화집의 세계』, 2011, 보고사.
김문식, 『조선후기 지식인의 대외인식』, 2009, 새문사.

김의환,『조선통신사의 발자취』, 1985, 정음문화사.
김현영,『통신사, 동아시아를 잇다』, 2013, 한국학중앙연구원.
김형태,『통신사 의학 관련 필답창화집 연구』, 2011, 보고사.
나카오 히로시, 유종현 역,『조선통신사 이야기: 한일 문화교류의 역사』, 2005, 한울.
나카오 히로시·하우봉 편,『조선통신사: 한일교류사의 여러 양상』, 2012, 보고사.
민덕기,『전근대 동아시아세계의 한·일관계』, 2007, 경인문화사.
박찬기,『조선통신사와 일본근세문학』, 2001, 보고사.
박화진·김병두,『에도 공간 속의 통신사: 1711년 신묘통신사행을 중심으로』, 2010, 한울.
손승철,『조선시대 한일관계사 연구』, 1994, 지성의 샘.
_____,『조선시대 한일관계사 연구: 교린관계의 허와 실』, 2006, 경인문화사.
_____,『조선통신사, 일본과 통하다』, 2006, 동아시아.
_____,『조선 통신사의 길위에서: 한일관계의 미래를 읽다』, 2018, 역사인.
신성순·이근성,『조선통신사』, 1994, 중앙일보사.
이원식,『조선통신사』, 1991, 민음사.
이혜순,『조선통신사와 문학』, 1996, 이화여대출판부.
정장식,『통신사의 길을 따라 에도시대를 가다』, 2005, 고즈윈.
조규익·정영문 편,『조선통신사 사행록 연구총서』, 2008, 학고방.
하우봉,『조선시대 해양국가와의 교류사』, 2014, 경인문화사.
_____,『조선시대 바다를 통한 교류』, 2016, 경인문화사.
허경진 편,『통신사 필담창화집 문학 연구』, 2011, 보고사.
후마 스스무, 하정식 외 역,『연행사와 통신사』, 2008, 신서원.
姜在彦,『朝鮮通信使がみた日本』, 2002, 明石書店.
李進熙,『江戸時代の日本と朝鮮: 李朝の通信使』, 1976, 講談社.
_____,『江戸時代の朝鮮通信使』, 1987, 講談社.
李元植 等,『朝鮮通信使と日本』, 1992, 學生社.
仲尾宏,『朝鮮通信使と德川幕府』, 1997, 明石書店.

강룡길,「김세렴 해사록 중의 일본형상 연구」, 연변대학석사논문, 2014.
강순애,「李彦瑱의「海覽篇」에 나타난 癸未使行 路程」,『소통과인문학』 11, 2010.
강재언,「1764년도의 조선통신사의 일본사행에 대하여」,『아세아문화연구』 4, 2000.
강혜선,「신유한의『해유록』다시 읽기」,『문헌과 해석』 41, 2007.

_____, 「조선 통신사의 일본에서의 演行: 『海行摠載』를 통해 본 17, 18세기 조선 통신사의 연행」, 『우리문학연구』 55, 2017.

고운기, 「신유한의 해유록 재론·1: 朝日 필담창수 자료 대비를 중심으로」, 『열상고전연구』 34, 2011.

_____, 「신유한의 해유록 재론·2: 필담창수집 『桑韓星槎答響』과의 대비를 중심으로」, 『열상고전연구』 37, 2013.

구지현, 「하버드 대학 소장 『扶桑日記』의 구성과 의미」, 『열상고전연구』 17, 2003.

권정원, 「筆談과 唱和의 同異性 고찰: 일본 사행기를 중심으로」, 『한자한문교육』 25, 2010.

김덕진, 「1811년 통신사의 사행비와 호조의 부담」, 『역사와경계』 55, 2005.

김묘정, 「竹堂 申濡의 일본체험과 지식의 새 지평: 지식기반과 지식영역의 확대 양상을 중심으로」, 『고전과 해석』 25, 2018.

김문식, 「18세기 조선 지식인의 네덜란드 이해」, 『사학지』 39, 2007.

_____, 「조선후기 통신사행원의 대일인식」, 『대동문화연구』 41, 2002.

김상조, 「청천 신유한의 일본 인식과 雨森芳州 이해」, 『영주어문』 23, 2012.

김승대, 「담와 홍계희의 경세서 편찬과 금석문 고찰」, 『사림』 33, 2009.

김영죽, 「1760년, 조선사신 洪啓禧와 안남사신 黎貴惇의 만남」, 『동방한문학』 54, 2013.

김윤희, 「조선후기 사행가사의 세계 인식과 문학적 특질」, 고려대박사논문, 2010.

김종수, 「壺谷 南龍翼의 일본문명 견문」, 『민족문화』 41, 2013.

_____, 「壺谷 南龍翼의 『燕行錄』과 華夷論」, 『장서각』 28, 2012.

김학목, 「『순언』에 대한 홍계희의 입장」, 『도교학연구』 17, 2001.

김학수, 「조선후기 近畿 少論 吳允謙家의 학문·정치적 성향과 문벌의식」, 『조선시대사학보』 63, 2012.

김효정, 「東溟 金世濂의 『槎上錄』 考察」, 『동양한문학연구』 51, 2018.

민덕기, 「조선후기 對日 通信使行이 기대한 반대급부」, 『한일관계사연구』 24, 2006.

박권수, 「조선후기의 象數學的 年代記書와 時憲曆」, 『동국사학』 64, 2018.

박문열, 「『동사수창록』에 관한 연구」, 『한국문헌정보학회지』 46, 2012.

박선희, 「18세기 이후 통신사 복식 연구」, 이화여대박사논문, 2011.

박찬기, 「『航海獻酬錄』에 나타난 일본과 조선 학사의 선현인식」, 『비교일본학』 44, 2018.

박화진, 「조선통신사의 에도(江戶) 입성 과정: 제9차 통신사행(1719년)을 중심으로」, 『조선통신사연구』 4, 2007.

손민희, 「譯官 洪禹載의 일본인식: 『東槎錄』을 중심으로」, 명지대석사논문, 2008.

손승철, 「외교적 관점에서 본 조선통신사: 그 기록의 허와 실」, 『한국문학과예술』 2, 2008.

_____, 「조선시대 통신사 개념의 재검토」, 『조선시대사학보』 27, 2003.

_____, 「조선시대 통신사 연구의 회고와 전망」, 『한일관계사연구』 16, 2002

신로사, 「1643년 통신사행과 趙絅의 일본 인식에 관한 小考」, 『민족문화』 41, 2013.

_____, 「金世濂의 『海瑳錄』에 관한 연구: 聞見雜錄을 중심으로」, 2014.

신영미, 「南龍翼의 『壺谷漫筆』연구」, 성균관대석사논문, 2017.

신항수, 「홍계희의 편찬 및 간행 활동과 도통 의식」, 『역사와담론』 66, 2013.

심민정, 「조선후기 대외관계사 연구의 회고와 전망 : 국내 대일관계 연구를 중심으로」, 『항도부산』 23, 2007.

_____, 「조선후기 通信使 선발과정 중 三使의 自辟에 대하여」, 『조선통신사연구』 7, 2008.

_____, 「조선후기 通信使 員役의 선발실태에 관한 연구」, 『한일관계사연구』 23, 2005.

안대회, 「임란 이후 海行에 대한 당대의 시각: 통신사를 보내는 문집 소재 送序를 중심으로」, 『정신문화연구』 35-4, 2012.

안수현, 「통신사행 동래부 왜학역관과 일본 시가문학」, 『항도부산』 35, 2018.

양흥숙, 「17세기 전반 회답겸쇄환사의 파견과 경제적 의미」, 『항도부산』 21, 2005.

오소미, 「『海行摠裁』에 수록된 朝鮮後期 日本使行錄의 書誌學的 硏究」, 이화여대석사논문, 2007.

유채연, 「조선후기 통신사행의 三使 선발과 대일정책」, 『한일관계사연구』 41, 2012.

_____, 「조선후기 통신사행의 삼사 선발에 관한 연구」, 전북대석사논문, 2010.

이 훈, 「한국에 있어서의 한일교류사 연구와 과제」, 『일본학』 20, 2001.

이경근, 「무진통신사의 학술·문화 교류 연구」, 『고전문학과교육』 29, 2015.

_____, 「趙曦 『詩帖』 硏究」, 『규장각』 43, 2013.

이영주, 「조선통신사 축제의 三使臣 朝服 고증」, 발표문, 2016.

이재두, 「1635년(인조 13) 현풍현감 김세렴의 『포산지』 편찬」, 『퇴계학과 유교문화』 58, 2016.

이재훈, 「기해사행의 당상역관 : 대마도 종가문서에서 등장양상을 중심으로」, 『한일관계사연구』 57, 2017.

_____, 「기해사행의 嚴原에서의 예법논쟁 : 『해유록』과 종가문서를 비교하여」, 『일어일문학연구』 71-2, 2009.

_____, 「기행사행(1719)에서의 말을 둘러싼 분쟁 연구」, 『열상고전연구』 63, 2018.

_____, 「대마도종가문서 壹岐島에서의 기록 : 기해사행의 기록을 『해유록』과 비교하며」, 『일어일문학연구』 68-2, 2009.

_____, 「申維翰의 '仙': 『海游錄』의 '仙'과 그 배경을 중심으로」, 경희대박사논문, 2013.

이주영, 「18세기 조선통신사행의 三使臣·上上官·上官 복식 고찰」, 『지역과역사』 23, 2008.

이주형·김상원, 「慶暹의 『海槎錄』에 나타난 1607년 조선통신사 해로 여정 고찰」, 『어문논집』 68, 2016.

이혜순, 「신유한 『해유록』」, 『한국사시민강좌』 42, 2008.

_____, 「충격과 조화: 신유한의 해유록 연구」, 『동방문학비교연구총서』 2, 1992.

이효원, 「1719년 필담창화집 『航海唱酬』에 나타난 일본 지식인의 조선관: 水足屛山과 荻生徂徠의 대비적 시선에 착안하여」, 『고전문학연구』 41, 2012.

_____, 「『海游錄』의 글쓰기 특징과 일본 인식」, 서울대박사논문, 2015.

임선빈, 「己亥使行 通信副使 黃璿의 관직생활」, 『민족문화연구』 81, 2018.

_____, 「16세기 행당 윤복의 관직생활; 告身 활용을 위한 제언」, 『역사민속학』 54, 2018.

_____, 「조선초기 귀화인의 賜鄕과 특징」, 『동양고전연구』 37, 2009.

_____, 「관인으로서의 김이교」, 『충청학과충청문화』 31, 2021.

_____, 「신유의 관직 생활과 계미통신사」, 『충남연구』 8, 2021.

_____, 「추포 황신의 관직생활과 정치활동」, 『한국학』 170, 2023.

장순순, 「조선시대 통신사 연구의 현황과 과제: 한국측 연구성과를 중심으로」, 『한일역사공동연구보고서』 2, 2005.

_____, 「조선후기 대일교섭에 있어서 尹趾完의 通信使 경험과 영향」, 『한일관계사연구』 31, 2008.

장진엽, 「1617년 회답겸쇄환사의 사행문학 검토: 『東槎日記』 수록 朴梓의 使行詩를 중심으로」, 『열상고전연구』 62, 2018.

전지혜, 「필담창화집에 나타난 한·일 문사의 상호인식 비교 『좌간필어』와 『강관필담』을 중심으로」, 경북대석사논문, 2015.

정도상, 「동명 김세렴의 『사상록』 고찰: 택당 이식의 비평을 중심으로」, 『한문학논집』, 2002.

정성미, 「오윤겸의 생애와 정치활동」, 『역사와담론』 61, 2012.

정성일, 「趙曔과 일본 표류 제주 지역의 고구마 전래」, 『조선통신사연구』 23, 2017.

_____, 「南龍翼의 『扶桑錄』 研究」, 『조선통신사연구』 2, 2006.

_____, 「문학 신유의 『해사록』에 나타난 일본체험과 인식 고찰」, 『온지논총』 21, 2009.

_____, 「통신사가 기록한 국내사행노정에서의 전별연」, 『조선통신사연구』 7, 2008.

정은영, 「신유한의 일본정보 탐색방식 연구」, 『한민족어문학』 71, 2015.

정장식, 「1655年 通信使行과 日本研」, 『일본학보』 44, 2000.

_____, 「1719년 신유한이 본 일본」, 『일본문화학보』 20, 2004.

_____, 「1711년 통신사와 조선의 대응」, 『일어일문학연구』 40, 2002.

_____, 「1811년 역지통신과 통신사」, 『일본문화학보』 26, 2005.

조 광, 「통신사에 관한 한국학계의 연구성과와 쟁점사항」, 『한일역사공동연구보고서』 2, 2005.

조성산, 「18세기 洛論系의 『磻溪隨錄』 인식과 홍계희 경세학의 사상적 기반」, 『조선시대사학보』 30, 2004.

조영심, 「윤지완 사행문학의 양상과 의미」, 『열상고전연구』 46, 2015.

_____, 「조선통신사와 류큐사절단의 筆談(對談): 아라이 하쿠세키(新井白石)를 중심으로」, 『열상고전연구』 41, 2014.

_____, 「조태억의 사행문학 연구: 대일관을 중심으로」, 연세대석사논문, 2014.

_____, 「필담창화집 『鴻臚筆談』에 대하여: 위작과 그 의의를 중심으로」, 『열상고전연구』 49, 2016.

진영미, 「조선과 일본 문헌에서의 통신사행원 명단 비교 고찰: 『통신사등록』과 『조선통신총록』을 중심으로」, 『열상고전연구』 49, 2016.

차홍석, 「雨念齋 李鳳煥의 使行文學研究: 戊辰使行을 중심으로」, 성균관대석사논문, 2015.

하우봉, 「계미통신사행의 문화교류 양상과 특징」, 『진단학보』 126, 2016.

_____, 「김성일의 일본인식과 귀국보고」, 『한일관계사연구』 43, 2012.

_____, 「조선시대의 통신사외교와 의례문제」, 『조선시대사학보』 58, 2011.

_____, 「통신사 연구의 현황과 과제」, 『비교일본학』 43, 2018.

한승희, 「기해통신사에 대한 各藩의 御馳走役」, 『한일관계사연구』 25, 2006.

_____, 「기해통신사의 儀式改定에 대한 새로운 검토」, 『한일관계사연구』 16, 2002.

한태문, 「福禪寺 소장 通信使 遺墨 관련 자료 연구」, 『어문연구』 80, 2014.

_____, 「신유한의 『해유록』 연구」, 『동양한문학연구』, 26, 2008.

_____, 「乙未通信使(1655) 창화시집 『朝鮮三官使酬和』 연구」, 『동양한문학연구』 46, 2017.

_____, 「조선후기 통신사의 진장연」, 『어문연구』 73, 2012.

허경진, 「7차 통신사 필담집의 시화적 성격: 『任處士筆語』를 통하여」, 『한국문학연구』 37, 2009.

_____, 「그림과 찬으로 화폭 위에 남긴 朝·日 인사들의 교유」, 『아시아문화연구』 17, 2009.

_____, 「신유의 일본과 중국 두 나라 인식에 대한 비교 연구: 『해사록』 및 『연대록』을 중심으로」, 『열상고전연구』 55, 2017.

_____, 「하야시 라잔(林羅山)의 창수시를 통해 본 한일문사 초기교류의 양상」, 『한국어문학연구』 53, 2009.

황현우, 「1748년 通信使行 筆談唱和集 『星軺餘轟』에 관하여」, 『동양한문학연구』 45, 2016.

OBATA Michihiro, 「신유한의 『해유록』에 나타난 일본관과 그 한계」, 『한일관계사연구』 19, 2003.

箕輪吉次, 「壬戌年 信使記錄의 集書」, 『한일관계사연구』 50, 2015.

미노와요시쯔구, 「壬戌 1682년 使行과 후지산시(富士山詩)」, 『동방학지』 153, 2011.

이와가타 히사히코, 「19세기 조선의 대일 역지통신 연구」, 고려대박사논문, 2014.

_____, 「조선통신사 연구에 대한 비판적 검토와 제안」, 『지역과역사』 38, 2016.

姜在彦, 「室町·江戸時代の善隣關係」, 『季刊三千里』 37, 三千里社, 1984.

三宅英利, 「近世日朝關係史の研究」, 九州大學박사논문, 1986.

李元植, 「朝鮮通信使の訪日と筆談唱和の研究」, 京都大學박사논문, 1987.

박찬기, 「朝鮮通信使と日本近世文學」, 二松學舍大學박사논문, 1994.

文嬉眞, 「前近代における韓國の日本認識-通信使が見た日本」, 名古屋大學박사논문, 1998.

鄭英實, 「朝鮮通信使と日本知識人の相互認識研究: 雨森芳洲·新井白石·林羅山と林家を中心に」, 關西大學박사논문, 2013.

鄭銀志, 「朝鮮通信使の服飾に關する研究」, 日本女子大學박사논문, 2009.

찾아보기

임선빈

문학박사, 역사학자(조선시대사 전공)
충남 공주 출신(1960년 생), 공주사대 역사교육과를 졸업하고, 한국학중앙연구원 한국학대학원 역사학과에서 조선시대사를 연구하여 석·박사학위를 취득했다. 공주대·충남대·대전대·한남대·목원대·배재대·원광대·홍익대 등(대학/대학원)에서 강의(강사/겸임교수)를 하였고, 충남연구원 연구위원, 충청남도역사문화연구원 연구위원을 거쳐 한국학중앙연구원에서 연구직으로 정년퇴직했으며(2020), 한국연구재단 전문위원, 경기도문화재위원장(기념물분과) 등으로 활동했다. 현재(2024) 충청남도시장군수협의회 전문위원으로 재직하고 있으며, 문화재활용사업(국가유산청) 평가위원, 국가유산옴부즈만 위원, 천안시립박물관 운영자문위원장, 뿌리회 부회장(학술담당) 등으로 활동하고 있다.

주요저서
『역사적 실재와 기억의 변주곡』(민속원, 2020), 『삼전도비의 기억』(글로벌마인드, 2024), 『심춘순례』(역주, 경인문화사, 2013), 『백두산근참기』(역주, 경인문화사, 2013), 『조선을 이끈 명문가 지도』(공저, 글항아리, 2011), 『명문가, 그 깊은 역사』(공저, 글항아리, 2014), 『돈암서원』(공저, 한국학중앙연구원출판부, 2018), 『인산부원군 홍윤성 연구』(공저, 경인문화사, 2023), 『적상산사고의 운영과 봉안 자료 연구』(공저, 한국학중앙연구원출판부, 2020) 등 다수.

주요논문
「조선초기 외관제도 연구」(박사논문), 「금강의 지명변천과 국가제의」, 「내포지역의 지리적 특징과 역사문화적 성격」, 「절재 김종서의 사후평가와 '영웅만들기'」, 「조선시대 '해미읍성'의 축성과 기능변천」, 「17세기 무성서원의 건립과 운영」, 「좌명공신 류기의 '난언사'와 친족의 연좌죄」 등 60여 편.

조선후기 통신삼사의 국내활동

2024년 05월 23일 초판 인쇄
2024년 05월 30일 초판 발행

지 은 이   임선빈
발 행 인   한정희
발 행 처   경인문화사
편 집 부   김지선 한주연 이보은 김숙희
마 케 팅   하재일 유인순
출판신고   제406-1973-000003호
주   소   파주시 회동길 445-1   경인빌딩 B동 4층
대표전화   031-955-9300   **팩 스**   031-955-9310
홈페이지   http://www.kyunginp.co.kr
이 메 일   kyungin@kyunginp.co.kr

ISBN 978-89-499-6797-4   93910
값 36,000원